上海合作组织：回眸与前瞻

（2001—2018）

Shanghai Cooperation Organization:
Looking Back and Looking Forward (2001-2018)

中国上海合作组织研究中心　编著

主编 / 戚振宏
执行主编 / 邓浩

世界知识出版社

图书在版编目（CIP）数据

上海合作组织：回眸与前瞻（2001—2018）/ 中国上海合作组织国家研究中心编著. —北京：世界知识出版社，2018.10
ISBN 978—7—5012—5855-0

Ⅰ.①上… Ⅱ.①中… Ⅲ.①上海合作组织—2001—2018 Ⅳ.①G125

中国版本图书馆CIP数据核字（2018）第222051号

书　　名	上海合作组织：回眸与前瞻（2001—2018） Shanghai Cooperation Organization: Looking Back and Looking Forward (2001-2018)
编　　著	中国上海合作组织研究中心
主　　编	戚振宏
执行主编	邓　浩
责任编辑	范景峰
责任出版	王勇刚
责任校对	马莉娜
出版发行	世界知识出版社
地址邮编	北京市东城区干面胡同51号（100010）
网　　址	www.ishizhi.cn
电　　话	010-65265923（发行）　010-85119023（邮购）
经　　销	新华书店
印　　刷	北京虎彩文化传播有限公司
开本印张	165×240毫米　1/16　24印张
字　　数	487千字
版次印次	2018年11月第1版　2018年11月第1次印刷
标准书号	ISBN 978-7-5012-5855-0
定　　价	80.00元

Editorial Committee

Редакционная коллегия

Авторы (по алфавиту)

Ван Минчан Ван Цун Дэн Хао Кан Цзе Ли Инин

Ли Ицзюнь Ли Цзыго Ся Гуаньчжун Хань Лу

Чжао Минвэнь Чжао Чжэнь Чэн Минь Ян Ли

前　言

从2001年在上海登上国际关系大舞台，到2018年在青岛成功举行扩员后的首次峰会，上海合作组织走过了整整17年的发展历程，目前已经成长为一个由8个成员国、4个观察员国、6个对话伙伴国共18个国家组成的大家庭，是当今世界幅员最广、人口最多、前景看好的最大的区域性国际组织，在欧亚地区乃至全球事务中正在发挥日益重要的作用。

上海合作组织的创立和发展是21世纪国际关系史上具有里程碑意义的重大事件，给冷战后的世界吹来了一股强劲新风，开创了国家间关系和区域合作的新天地，为地区和全球治理贡献了新理念、新智慧和新方案。上海合作组织的成功经验集中体现在提出并践行了以“互信、互利、平等、协商、尊重多样文明、谋求共同发展”为内涵的“上海精神”。这是上海合作组织17年合作经验的理论结晶，是指导上海合作组织一切工作的行动指南。它倡导以合作共赢为核心的新安全观、新合作观和新文明观，颠覆和超越了冷战思维、零和游戏、文明冲突的窠臼，为全球治理指明了一条新的希望之路，对建立更加民主、公正、合理的国家政治经济新秩序具有重大现实意义和普适价值。根据“上海精神”，上海合作组织制定并出台了《上海合作组织宪章》和《上海合作组织成员国长期睦邻友好合作条约》这两部集中反映上海合作组织新理念、新主张的纲领性文件，不仅规定了上海合作组织的大政方针，也为地区和全球治理贡献了“上海合作组织智慧”和“上海合作组织方案”。在17年的发展过程中，上海合作组织严格遵守互相尊重独立、主权和领土完整，互不干涉内政、平等互利原则，始终坚持不结盟、不对抗、不针对第三方的对外开放方针，积极倡导并践行结伴而不结盟、对话而不对抗的新型伙伴关系，为构建相互尊重、公平正义、合作共赢的新型国际关系树立了典范。

17年来，在“上海精神”指引下，上海合作组织不论在内部建设还是在对外合作上均取得了引人注目的成就，政治、安全、经济、人文、机制建设、对外合作六大领域的合作蔚为壮观，展现出良好的发展势头。上海合作组织一直把安全置于优先位置，倡导并践行新型安全观，旗帜鲜明地坚决打击“三股势力”及毒品贩运、武器走私、非法移民等跨国犯罪行径，从而有力地维护了整个地区安全稳定大局，为成员国经济社会发展和民众安定生活营造了良好环境。在经济合作上，上海合作组织坚持互利共赢原则，积极推进贸易和投资便利化进程，不断完善区域经济合作制度安排，逐步深化各领域务实合作，开创了区域合作新局面。在人文交流上，上海合作组织倡导尊重多样文明和文化互学互鉴，在文化、教育、科技、环保、卫生、旅游、青年、媒体、体育等领域开展了有声有色、富有成效的合作，展现了文明交融发展的新气象。在对外交往上，上海合作组织秉持开放性、透明性原则，在平等互利基础上，不断扩大“朋友圈”，形成了成员国、观察员国、对话伙伴三位一体的开放性格局，并与联合国、东盟、集体安全条约组织、亚信等诸多国际和地区性组织建立了联系机制。2017年印度、巴基斯坦作为正式成员加入上海合作组织，彰显了组织强大的感召力和吸引力，成为组织旺盛活力的重要象征。

中国是上海合作组织的发祥地，一直高度重视上海合作组织的发展。从倡导新安全观、“上海精神”“和谐地区”到提出构建上海合作组织命运共同体，从提出将“上海五国”会晤机制变成合作机制到积极促进上海合作组织的机制化，从向成员国提供9亿美元优惠出口买方信贷到青岛峰会习近平主席宣布在上海合作组织银联体框架内设立300亿人民币等值专项贷款，中国为上海合作组织的成长壮大做出了突出贡献。在2018年青岛峰会上，习近平主席发表了重要讲话，明确提出要以创新、协调、绿色、开放、共享的发展观，共同、综合、合作、可持续的安全观，开放、融通、互利、共赢的合作观，平等、互鉴、对话、包容的文明观，共商共建共享的全球治理观，进一步弘扬“上海精神”，构建上海合作组织命运共同体。同时，习主席从政治、安全、经济、人文、对外合作五大方面提出了中方对构建上海合作组织命运共同体的规划和主张，彰显了中国的大国担当。中国是上海合作组织命运共同体的热心倡导者、积极参与者和重要贡献者。

当前，上海合作组织正处在一个承前启后、继往开来的新的历史发展时期，在此重要关头举行的青岛峰会对新时期的上海合作组织来说具有领航定向的作用。正是在青岛峰会上，成员国元首一致赞同继续弘扬光大

“上海精神”，从而进一步夯实了其核心价值地位。同时，提出了全球治理的上海合作组织主张，强调要以平等、共同、综合、合作、可持续安全为基础构建更加公正、平衡的国际秩序，明确要推动建设相互尊重、公平正义、合作共赢的新型国际关系，确立了构建人类命运共同体的共同理念。毫无疑问，青岛峰会赋予上海合作组织新的历史使命，指明了上海合作组织的发展目标和前进方向，将对上海合作组织的前途命运产生深远影响。

17年只是历史的一个瞬间，但对年轻的上海合作组织来说却是一段值得回味的峥嵘岁月。认真梳理其走过的风雨历程，总结其经验启示，无疑对迈入“成年”的上海合作组织来说具有格外重要的警醒启示作用。正是本着“总结过去，开辟未来”的精神，中国上海合作组织国家研究中心推出了这本上海合作组织蓝皮书，旨在全面总结上海合作组织17年所走过的道路，展示上海合作组织全方位、多领域合作的概貌，以勾勒上海合作组织成长壮大的全景。本书是中心第一次以蓝皮书的形式研究上海合作组织的尝试，今后计划每年出版上海合作组织研究蓝皮书，切实加强对上海合作组织的理论、战略、对策与动态研究，为上海合作组织的健康稳定发展提供有力的智力支持。

本书是集体智慧的结晶，集资料性、知识性、学术性为一体。作者以国研院专家为主，同时吸收了外单位专家参与。国研院副院长、中心高级顾问徐坚同志认真协助审读全书。中心秘书长邓浩研究员从大纲设计、内容修订和统一体例、文风上做了大量工作。国研院欧亚所李自国代所长审改了部分稿件并积极做好组织工作。欧亚所康杰博士负责组稿、编辑工作，并为本书出版积极协调。欧亚所白联磊博士也协助做了编辑工作。世界知识出版社领导高度重视本书出版，资深编辑范景峰从编辑体例、文字规范和装帧设计上进行了高效、严谨的工作。在此我们一并表示衷心的谢意。如果本书能有助于职能部门、学术机构和广大读者更好地了解和认识上海合作组织，那就达到了本书作者的心愿和目的了。

中国上海合作组织国家研究中心主任

中国国际问题研究院院长

戚振宏

2018年10月于北京

目　录

第一章　总　论

第二章　上海合作组织的发展历程

第三章　成员国、观察员国和对话伙伴国与上海合作组织

第四章　上海合作组织与西方关系演进

第五章　上海合作组织面临的挑战和前景展望

附录一：上海合作组织大事记

附录二：上海合作组织重要文件

Contents

Chapter I Introduction

Chapter II Development of the SCO

Chapter III Member States, Observer States and Dialogue Partners and the SCO

Chapter IV the SCO's Interactions with the West

Chapter V Challenges and Prospects for the SCO

Appendix I: Chronology of the SCO

Appendix II: Important Documents of the SCO

Содержание

Глава I. Введение

Глава II. Эволюция ШОС

Глава III. Государства-члены, государства-наблюдатели, партнёры по диалогу и ШОС

Глава IV. Эволюция отношений ШОС с Западом

Глава V. Вызовы перед ШОС и перспективы

Приложение I Большие события ШОС

Приложение II Важные документы ШОС

第一章
总 论

Chapter 1
Introduction

第一节 上海合作组织的简要回顾

2001年6月15日，在欧亚地区诞生了一个新型的令人瞩目、潜力巨大的区域性国际组织——上海合作组织。这是欧亚地区在进入21世纪后建立的第一个区域性国际组织，也是第一个以中国城市命名、总部设在中国的国际性组织，其显著特点是倡导并践行“互信、互利、平等、协商、尊重多样文明、谋求共同发展”的“上海精神”，这是一个超越冷战思维的全新理念，开创了欧亚地区崭新的区域合作模式，为建立公正合理的国际政治经济新秩序做出了创新性的有益探索，翻开了世界国际组织史上崭新绚丽的篇章。

2018年6月9—10日，在我国青岛成功举行了上海合作组织第十八次元首理事会会议。这是我国第四次作为轮值主席国举办上海合作组织峰会，也是上海合作组织正式接纳印度、巴基斯坦为新的正式成员后举行的首次峰会。此次峰会通过了包括《上海合作组织元首理事会青岛宣言》在内的多项重要文件，确立了构建人类命运共同体的共同理念，开启了建立上海合作组织命运共同体的新征程，规划了未来合作蓝图，为上海合作组织发展注入强大活力和强劲动力，成为上海合作组织发展进程中的一个里程碑事件。

从2001年到2018年，上海合作组织走过了17年辉煌却并不平坦的历程。17年来，上海合作组织严格遵循“上海精神”，对内遵循互相尊重独立、主权和领土完整，互不干涉内政，互不使用武力，平等互利原则，对外坚持不结盟、不针对其他国家和地区及对外开放原则，有效应对了各种威胁和挑战，维护了地区经济社会稳定发展，实现了成员国共存共荣，成为欧亚地区开展区域合作的典范。上海合作组织最初由6个成员国组成，即哈萨克斯坦、中国、吉尔吉斯斯坦、俄罗斯、塔吉克斯坦、乌兹别克斯坦，目前已发展为由8个成员国（增加了印度、巴基斯坦）、4个观察员国（阿富汗、白俄罗斯、伊朗、蒙古国）、6个对话伙伴国（阿塞拜疆、亚美尼亚、柬埔寨、尼泊尔、土耳其、斯里兰卡）总共18个国家组成的大家庭，成员国人口由最初占世界25%上升到44%，面积由3016.79万平方公里扩大到3384.34万平方公里，占整个地球面积的四分之一，在全球GDP

占比由15%增加至近25%，上海合作组织已成为欧亚地区乃至全球人口最多、幅员最广、潜力巨大的区域性国际组织，在地区和国际事务中发挥着越来越重要的作用。

上海合作组织的历史可以上溯到1996年诞生的“上海五国”机制。上海合作组织正是在其基础上发展演变而来。从“上海五国”建立至今，上海合作组织主要经历了以下四个阶段的发展变化。

第一阶段（1996—2001）——准备萌芽阶段。这一阶段是“上海五国”会晤机制建立和发展阶段，是上海合作组织的前身，为上海合作组织的诞生准备了必要条件，奠定了坚实基础。一是本着平等协商、互谅互让精神，抓住苏联解体重大契机，中国、俄罗斯、哈萨克斯坦、吉尔吉斯斯坦、塔吉克斯坦五国开始谈判解决历史遗留的边界问题。1996年4月26日，中、俄、哈、吉、塔五国元首在上海举行首次会晤，标志着五国会晤机制建立，成为上海合作组织的源头。二是1996—1997年中国与俄、哈、吉、塔四国签署关于在边界地区加强军事领域信任协定和在边界地区相互裁减军事力量协定，成功解决中国与俄、哈、吉、塔四国总长达7593公里的边界问题，并开启中国与俄、哈、吉、塔四国多边交往的序幕。三是“上海五国”会晤机制不断扩大。1997年4月以后，中国与俄、哈、吉、塔四国的五国两方谈判过渡到五国五方多边谈判，会晤内容逐渐从边界安全扩大到地区安全和经济合作，会晤机制除元首会晤外又增加了总理、外交、国防、公安、安全、边防等多个经常性磋商协作机制。2000年7月，乌兹别克斯坦以观察员身份首次参加“上海五国”元首会晤，标志着会晤成员实现扩大化。[①]

第二阶段（2001—2004）——建立起步阶段。这一阶段上海合作组织的工作重心主要是内部建设。一是昭告成立。2001年6月14—15日，中、俄、哈、吉、塔、乌六国元首在上海举行首次会谈并签署《上海合作组织成立宣言》，正式宣告上海合作组织诞生，明确了加强友好合作、致力于维护和保障地区和平、安全、稳定和推动建立民主、公正、合理国际政治经济新秩序的宗旨，推出以“互信、互利、平等、协商、尊重多样文明、谋求共同发展”为基本内容的“上海精神”。二是定章立制。签署《上海

① 邓浩：《“丝绸之路经济带”与中国的中亚外交》，载李凤林主编《欧亚发展研究》，北京：中国发展出版社，2018年，第180—181页。

合作组织宪章》，对组织的宗旨、任务、原则、合作方向、机构、经费、成员的吸收和退出、对外关系等一系列重大问题作出明确的法律规定，是上海合作组织的基础性、纲领性文件。同时，签署《关于打击恐怖主义、分裂主义和宗教激进主义上海公约》，明确界定了“三股势力”的内涵，确立了合作的原则、方式和各方承担的权力义务，为成员国开展有效安全合作奠定了基本法律基础。三是机制建设。2003年5月29日，上海合作组织建立秘书处作为常设行政机构，主要为组织框架内的活动提供组织技术保障。2004年6月，设在塔什干的地区反恐怖机构作为上海合作组织另一常设机构亦随之启动。[①]

第三阶段（2004—2017）——成长壮大阶段。这一阶段是内部建设和对外扩大齐头并进阶段，显著标志是成功实现首次扩员。一是开始持续13年的成员扩大进程。以蒙古国在2004年6月17日上海合作组织塔什干峰会上获得观察员地位为开端，上海合作组织开启扩大进程；以2017年6月9日印度和巴基斯坦正式成为上海合作组织成员为标志，上海合作组织完成首次扩员，发展成为由8个成员国、4个观察员国、6个对话伙伴共18个国家组成的欧亚地区最大的国际性组织。二是进一步加强基础性法律制度和机制化建设。2007年8月16日，上海合作组织比什凯克峰会签署《上海合作组织成员国长期睦邻友好合作条约》，从法律上明确了成员国在安全、经济、立法、环保、应对自然灾害和人为突发重大事件、人文等领域开展合作的原则、权利和义务，表明了各方致力于建设和平、合作、繁荣、和谐地区和世代友好的坚强决心，标志着上海合作组织基础性法制建设取得又一新的重要成果。2015年7月10日，上海合作组织乌法峰会通过了《上海合作组织至2025年发展战略》，确立了未来十年组织的基本战略和合作方向。2009年、2017年，上海合作组织成员国元首相继签署《反恐怖主义公约》和《反极端主义公约》，进一步夯实了上海合作组织安全合作的法律基础。这一时期，除元首理事会和政府首脑理事会外，陆续建立了安全会议秘书，外交、国防、经济、救灾、文化、教育、卫生和边防部门领导人、总检察长、最高法院院长及国家协调员定期会议机制。三是开展全方位合作。政治安全上，2005年7月4日，在阿斯塔纳峰会上，成员国一致

---

① 马振刚主编：《稳步向前的上海合作组织》，北京：世界知识出版社，2006年，第237—238页。

呼吁美国等制定撤离驻中亚军事基地期限。同时，定期举行反恐联合军事演习。经济合作上，2003年9月23日，在上海合作组织北京政府首脑会议上，六国总理签署了《上海合作组织成员国多边经贸合作纲要》，明确规定了上海合作组织框架内经济合作的基本目标和任务、合作的优先方向及具体实施措施，并在2004年政府首脑会议上，批准了多边经贸合作纲要，落实措施计划涉及11个领域的127个项目。在2014年杜尚别峰会上，成员国元首签署了《上海合作组织成员国政府间国际道路运输便利化协定》，标志着上海合作组织经济合作取得阶段性重要进展。人文交流上，成员国相继签署了关于教育、文化、卫生、科技、旅游等领域的合作协定或合作纲要，并于2009年正式启动上海合作组织大学。

第四阶段（2017年6月至今）——巩固发展阶段。印巴加入大大增强了上海合作组织的影响力和辐射力，开启了中亚和南亚两大区域融合发展的新征程，尤其是青岛上海合作组织峰会通过《青岛宣言》等多份重要文件，赋予上海合作组织新的崇高使命和历史担当，将上海合作组织发展推向一个崭新的境界，一是突出了“上海精神”，进一步奠定了其核心价值地位。同时，形成了命运共同体意识，确立了构建人类命运共同体的共同理念。二是提出了全球治理的上海合作组织主张，强调要以平等、共同、综合、合作、可持续安全为基础构建更加公正、平衡的国际秩序，明确要推动建设相互尊重、公平正义、合作共赢的新型国际关系。三是规划了未来合作蓝图，通过了《上海合作组织睦邻友好合作条约》未来5年实施纲要和打击“三股势力”未来3年合作纲要，发表了关于贸易便利化联合声明，提出了一系列重大合作举措，为上海合作组织发展规划了路线图。四是务实合作取得新的突破性进展。成员国领导人在青岛峰会上共同批准了环保合作构想，确立了致力于维护生态平衡、实现绿色和可持续发展的战略目标。同时，通过了《2018—2023年上海合作组织成员国禁毒战略》及其落实行动计划和《上海合作组织预防麻醉品和精神药品滥用构想》，在禁毒问题上迈出新的重要一步。

第二节 上海合作组织的宗旨、原则

《上海合作组织成立宣言》(2001年)、《上海合作组织宪章》(2002年)、《上海合作组织成员国长期睦邻友好合作条约》(2007年)是指导上海合作组织的三个基础性、纲领性文件，规定了上海合作组织的宗旨、任务、原则和合作方向，是上海合作组织存在和发展的依据所在，并在实践中得到不断丰富和发展。

《上海合作组织成立宣言》是在2001年6月15日上海合作组织成立之日由成员国元首在上海共同签署的，第一次全面阐述了上海合作组织奉行的宗旨和原则。其中确立的宗旨和任务是：加强成员国之间的互相信任与睦邻友好；鼓励成员国在政治、经济、科技、文化、教育、能源、交通、环保和其他领域的有效合作；致力于维护和保障地区的和平、安全与稳定，共同打击恐怖主义、分裂主义、极端主义，以及毒品走私、武器贩运及其他跨国犯罪；加强在地区和国际事务中的磋商与协调行动，在重大国际和地区问题上互相支持和密切合作，推动建立民主、公正、合理的国际政治经济新秩序。确立的原则包括对内与对外两大原则，对内原则是：严格遵守《联合国宪章》宗旨与原则，互相尊重独立、主权和领土完整，互不干涉内政，互不使用或威胁使用武力，平等互利，通过相互协商解决所有问题，不谋求在相毗邻地区的单方面军事优势；对外原则是：奉行不结盟、不针对其他国家和地区及对外开放的原则，与其他国家及有关国际和地区组织开展各种形式的对话、交流与合作，在协商一致的基础上吸收认同上海合作组织框架内合作宗旨和任务及其他各项条款，其加入能促进实现这一合作的国家为上海合作组织新成员国。《上海合作组织成立宣言》特别强调和突出了“上海精神”，指出上海合作组织进程中形成的以“互信、互利、平等、协商、尊重多样文明、谋求共同发展”为基本内容的“上海精神”，是本地区国家合作中积累的宝贵财富，应继续发扬光大，使之成为新世纪上海合作组织成员国国家关系的基本准则。

《上海合作组织宪章》是在上海合作组织成立的第二年，即2002年圣彼得堡峰会上由成员国元首共同签署的，这是上海合作组织第一次以法律条约的形式规定了组织的宗旨、任务、原则和合作方向，为组织的活动和行为提供了明确的法律依据。《上海合作组织宪章》在重申《上海合作组织成立宣言》宗旨原则的基础上提出了新的任务和合作方向：促进地区经济、社会、文化的全面均衡发展，不断提高各成员国人民的生活水平、改善生活条件；促进保障人权及基本自由；就裁军和军控问题进行磋商；有效合理利用交通运输领域内的现有基础设施，完善成员国的过境潜力，发展能源体系；保障合理利用自然资源，包括利用地区水资源模式是共同保护自然的专门计划和方案；相互提供援助以预防自然和人为的紧急状态并消除其后果。

《上海合作组织成员国长期睦邻友好合作条约》是在2007年比什凯克峰会上由成员国元首共同签署的，这是在《上海合作组织宪章》签署五周年后成员国新签的明确组织宗旨原则的基础性法律文件。与《上海合作组织宪章》相比，其新增和进一步完善的内容是：发展长期睦邻、友好和合作关系；以和平方式解决彼此间的分歧；相互尊重各自根据本国历史经验和国情选择政治、经济、社会和文化发展道路的权利；不参加任何针对其他成员国的联盟或集团，不支持任何敌视其他成员国的行动；恪守国界不可侵犯的原则，积极致力于加强边境地区军事领域信任；出现威胁某一成员国安全的情况时，该成员国可与其他成员国举行磋商，以妥善应对出现的局势；保障生活在其境内的其他成员国公民的合法权益，并相互提供必要的法律协助，相互承认并保护位于本国境内的其他成员国的财产的合法权益。

《上海合作组织至2025年发展纲要》（2015）和《上海合作组织元首理事会青岛宣言》（2018）两个重要文件是新时期对《上海合作组织宪章》和《上海合作组织成员国长期睦邻友好合作条约》基本宗旨原则的发展，进一步丰富了其时代内涵。

《上海合作组织至2025年发展纲要》是各国元首在2015年乌法峰会上签署的，强调"上海精神"的原则今后仍然是上海合作组织成员国关系的基础，重申协商一致作出决定的原则，坚持政治外交手段解决彼此间分歧，不针对第三方和国家间组织，不谋求建立拥有超国家管理机构的军事政治联盟或经济集团。值得注意的是，该文件明确将"丝绸之路经济带"作为推动上海合作组织地区经济合作的手段之一，提出把上海合作组织建成和平、稳定发展、经济增长、互信、睦邻友好和繁荣的地区。

《上海合作组织元首理事会青岛宣言》是2018年6月10日成员国元首

在青岛峰会上共同签署的，是上海合作组织在印度、巴基斯坦加入后出台的一个全面体现上海合作组织新理念新使命的重要文件，其中主要包括：1. 以平等、共同、综合、合作、可持续安全为基础，构建更加公正、平衡的国际秩序，推动建设相互尊重、公平正义、合作共赢的新型国际关系，确立构建人类命运共同体的共同理念；2. 强调不允许以打击恐怖主义和极端主义为名干涉别国内政，不允许利用恐怖主义、极端主义和激进团伙谋取私利，反恐应综合施策、标本兼治，合力打击旨在吸收青年参与恐怖主义、分裂主义、极端主义团伙的企图，在青年教育、精神和道德培养方面开展综合性工作；3. 加强政策沟通、设施联通、贸易畅通、资金融通、民心相通，发展安全、能源、农业等领域合作，推动贸易和投资便利化，逐步实现商品、资本、服务和技术的自由流通。

概而言之，成立17年来，上海合作组织一直坚持以“上海精神”为核心的宗旨和原则，并根据新形势新要求不断注入新的时代内涵，从而使之始终保持旺盛的活力，成为维系上海合作组织的有力支柱。

第三节 上海合作组织的核心价值——“上海精神”

上海合作组织成立伊始庄严提出的以“以互信、互利、平等、协商、尊重多样文明、谋求共同发展”为基本内容的“上海精神”是上海合作组织成员国合作经验的结晶，体现了上海合作组织超越冷战思维的创新理念，确保上海合作组织不断发展壮大，成为凝聚上海合作组织大家庭的核心价值，是“上海合作组织智慧”的集中体现。

“上海精神”来源于“上海五国”的成功实践。苏联解体后，在毗邻中国的周边出现了俄罗斯、哈萨克斯坦、吉尔吉斯斯坦和塔吉克斯坦等四个新的邻国，如何处理彼此的关系，尤其是处理苏联遗留下来的边界问题，刻不容缓地摆在了五国面前。正是本着“上海精神”的基本理念，五国签署了关于在边境地区加强军事领域信任和裁减军事力量两大重要协定，成功地解决了边界问题，为世界其他地区解决类似问题树立了典范，并在此基础上将合作范围扩大到地区安全和经济合作，最终促成了上海合作组织的诞生。也正是在“上海精神”的指引下，面对成员国在政治制度、经济发展和文化传统上的巨大差异和国际形势的复杂变化，上海合作组织经受住了风雨考验，实现了成员国在上海合作组织这样一个多元复杂地区的共存共荣。事实证明，“上海精神”是一个解决地区难题的有效“药方”，是上海合作组织贡献给世界的“上海合作组织智慧”。

“上海精神”是超越冷战思维的全新理念。上海合作组织是在冷战结束、美国西方继续奉行冷战思维的背景下建立的，正是顺应世界多极化、经济全球化的历史潮流，出于应对面临的共同威胁和维护和平发展国际环境的现实需要，上海合作组织提出并践行了完全不同于以往西方主导的国际组织的新的理念，这就是“上海精神”，它打破了传统和现存的很多国际组织和集团都不同程度具有的封闭性、排他性、强制性的特点，开创了结伴而不结盟、合作而不对抗的新型国家关系模式。“上海精神”的新颖之处主要体现在三个方面：第一，以平等协商为核心的新合作观。即坚持大小国家主权平等、协商一致，以合作促和平，以合作谋发展，维护成员国核心利益，以平等互利方式推动区域合作，实现合作共赢。第二，以共同、合作、综合和可持续安全为内容的新安全观。即秉持不结盟、不对抗、不针对第三方基本原则，坚持不干涉内政，以开放合作方式增强战略互信，为成员国发展创造稳定的安全环境。第三，以多元包容为特征的新文明观。即充分尊重文明的多样性与彼此的自主选择，倡导在求同存异中兼容并蓄，推动文明间交流对话，促进区域认同与和谐区域建设。

“上海精神”是指导上海合作组织一切工作的基本遵循。不论是上海合作组织的宗旨原则，还是上海合作组织的机制运转和制度建设乃至具体工作，都是严格按照“上海精神”行事的。17年来，从元首会议、总理会议到国家协调员会议和专家会议，无论提出、讨论和决定什么问题，各方都会遵循“上海精神”，本着互信互利原则，做到协商一致，平等相待，没有出现大国强加小国，多数强加少数，一方强加另一方的情况。“上海精神”也适用于上海合作组织观察员国、对话伙伴，适用于与上海合作组织有合作关系的国际组织。

“两个构建”为“上海精神”注入新的时代内涵。习近平主席提出的构建“相互尊重、公平正义、合作共赢”的新型国际关系和构建以“持久和平、普遍安全、共同繁荣、开放包容、清洁美丽”世界为目标的人类命运共同体是新时代中国特色大国外交的两大支柱，也是中国为上海合作组织未来发展贡献的“中国方案”和“中国智慧”，已得到上海合作组织成员国广泛认可和支持，并被写入上海合作组织青岛峰会通过的《上海合作组织元首理事会青岛宣言》中。“两个构建”在理念上和“上海精神”是一脉相承的，是对“上海精神”提出以来上海合作组织17年实践经验的理论总结和理念升华，昭示了“上海精神”新的时代内涵，这就是习近平主席在青岛峰会上提出的五大观念，即共同、综合、合作、可持续的安全观，创新、协调、绿色、开放、共享的发展观，开放、融通、互利、共赢的合作观，平等、互鉴、对话、包容的文明观和共商共建共享的全球治理观。这五大观念与当前上海合作组织国家的利益诉求和发展理念高度契合，反映了当代国际和地区形势变化的新特点、新要求，进一步丰富完善了“上海精神”，堪称“上海精神”的升级版，是指导构建上海合作组织命运共同体全面系统的指导思想。

第四节 上海合作组织的组织架构

上海合作组织始终把机制建设放在重要位置。2001年6月15日，上海合作组织成员国元首在组织成立之日签署的《上海合作组织成立宣言》中即批准建立成员国国家协调员理事会，拉开了上海合作组织机制建设的序幕。2002年在圣彼得堡峰会上，成员国元首一致通过了《上海合作组织宪章》，明确规定上海合作组织共有七个正式机构：国家元首会议、政府首脑（总理）会议、外交部长会议、各部门领导人会议、国家协调员理事会、地区反恐怖机构、秘书处，并对各个机构的职能范围进行了明确界定。此后，上海合作组织根据形势的发展和自身需求又增加了若干机构，如银联体、实业家委员会、上海合作组织论坛等。目前，上海合作组织已基本完成机制建设任务，形成了涵盖不同层次、涉及众多领域的较完善的机构体系，为自身发挥职能和作用奠定了坚实基础。17年来，上海合作组织各种机制平稳运行，制定出台了一系列法律法规，举行了丰富多彩的大量活动，为地区稳定和发展作出了积极贡献。

上海合作组织的组织机构包括会议机制、常设机构和相关机构三部分。

组织架构示意图

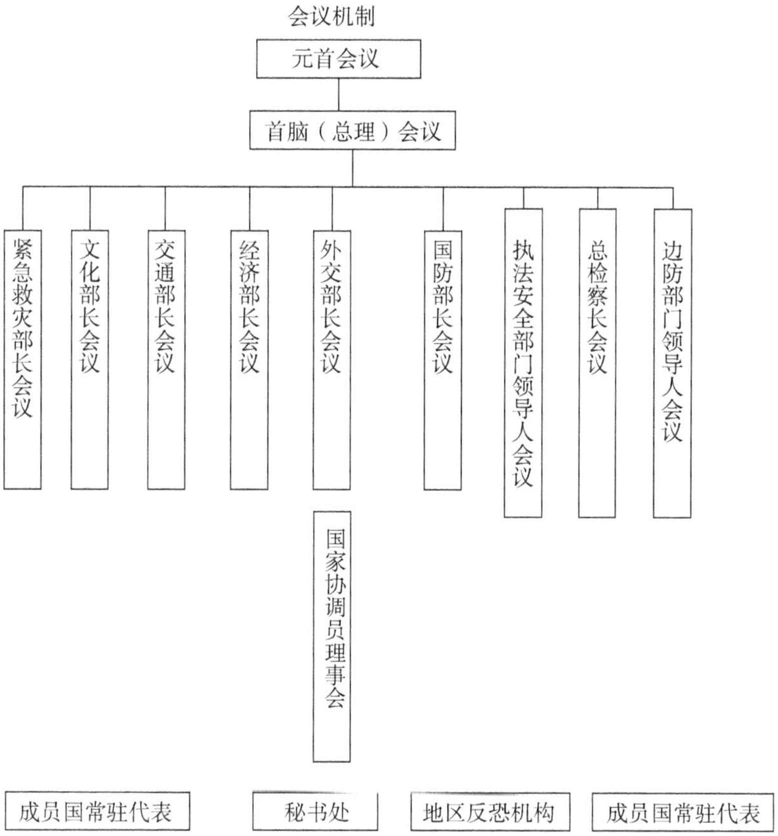

一、会议机制

国家元首会议。该机制是上海合作组织的最高机构，确定本组织活动的优先领域和基本方向，决定其内部结构和运作、与其他国家及国际组织相互协作的原则问题，同时研究最迫切的国际问题。元首会议例会每年举行一次。例会主办国元首担任国家元首会议主席。例会举办地按惯例根据本组织成员国国名俄文字母的排序确定。迄今为止，元首理事会已召开18次会议，为上海合作组织成立、发展和壮大奠定了坚实的基础，指明了方向。一是促进了上海合作组织的机制化、法制化建设。2002年元首会议签署的《上海合作组织宪章》为组织机制化和法制化建设奠定了基础。此后元首会议通过了《上海合作组织对话伙伴关系条例》《上海合作组织接受新成员条例》《上海合作组织程序规则》《关于申请国加入上海合作组织义务的备忘录范本》等文件，对组织的运作、扩大进行了规范，大大提高了上海合作组织的机制化、法制化水平。二是不断拓展深化成员国合作领域。17年来，在国家元首会议的直接推动下，上海合作组织的合作从最初的安全先行逐步到安全和经济合作双轮驱动，最终形成了安全、经济、人文三大支柱。当前，上海合作组织政治、安全、经济、人文、对外交往、机制建设六大领域合作稳步推进，整体合作水平不断提升。三是指明组织不同阶段发展方向。2006年元首峰会签署的《上海合作组织五周年宣言》、2011年《上海合作组织十周年阿斯塔纳宣言》和2016年《上海合作组织成立十五周年塔什干宣言》在总结既往经验的基础上，分别指出了不同阶段组织发展的目标和方向。2015年元首会议批准的《上海合作组织至2025年发展战略》为组织做出了远景规划，2016年峰会批准了此战略《2016—2020年落实行动计划》。2018年青岛峰会通过了《上海合作组织成员国长期睦邻友好合作条约》未来五年实施纲要和打击“三股势力”未来3年合作纲要。国家元首会议在上海合作组织进程中发挥了决定性作用。

历届元首会议一览表

会议	时间	地点	会议内容及相关文件
第一次元首会议	2001年6月15日	中国上海	六国元首签署了《上海合作组织成立宣言》，宣告上海合作组织正式成立。
第二次元首会议	2002年6月7日	俄罗斯圣彼得堡	六国元首签署《上海合作组织宪章》《关于地区反恐怖机构的协定》《上海合作组织成员国元首宣言》等三个重要文件，为上海合作组织的机制化和法律化建设奠定了基础。
第三次元首会议	2003年5月29日	俄罗斯莫斯科	六国元首讨论了在新形势下如何抓住机遇、应对挑战、加强协调、扩大合作、促进地区和平与发展等重大问题，并达成广泛共识。签署了《上海合作组织成员国元首宣言》。
第四次元首会议	2004年6月17日	乌兹别克斯坦塔什干	六国元首正式启动上海合作组织地区反恐怖机构，签署、批准了《塔什干宣言》、反毒合作协议等多份重要文件，并决定采取新举措，推进安全和经济方面的务实合作，建立成员国外交部间协作机制等。塔什干峰会标志着成立三年的上海合作组织正式结束初创阶段，进入了全面发展的新时期。会上，蒙古国被吸收为上海合作组织观察员。

续表

会议	时间	地点	会议内容及相关文件
第五次元首会议	2005年7月5日	哈萨克斯坦阿斯塔纳	六国元首签署了《上海合作组织成员国元首宣言》等重要文件，并决定给予巴基斯坦、伊朗、印度观察员地位。
第六次元首会议	2006年6月15日	中国上海	六国元首围绕弘扬“上海精神”、深化务实合作、促进和平发展的主题，提出了上海合作组织发展的远景规划，签署了《上海合作组织五周年宣言》等重要文件，为上海合作组织的下一步发展确定了方向和任务。
第七次元首会议	2007年8月16日	吉尔吉斯斯坦比什凯克	六国元首签署了《上海合作组织成员国长期睦邻友好合作条约》，把成员国人民“世代友好、永保和平”的思想以法律形式确定下来。
第八次元首会议	2008年8月28日	塔吉克斯坦杜尚别	六国元首就上海合作组织发展和合作重点方向、相互关系准则、对外交往基本立场等达成新的重要共识。会议通过了《上海合作组织成员国元首杜尚别宣言》《上海合作组织对话伙伴条例》等重要文件。
第九次元首会议	2009年6月15日	俄罗斯叶卡捷琳堡	六国元首签署了《叶卡捷琳堡宣言》和《反恐怖主义公约》等重要文件。会议决定给予斯里兰卡和白俄罗斯对话伙伴地位。
第十次元首会议	2010年6月11日	乌兹别克斯坦塔什干	会议发表了《上海合作组织成员国元首理事会第十次会议宣言》，批准了《上海合作组织接收新成员条例》和《上海合作组织程序规则》。
第十一次元首会议	2011年6月15日	哈萨克斯坦阿斯塔纳	签署《上海合作组织十周年阿斯塔纳宣言》，对上海合作组织未来10年的发展方向作出战略规划。
第十二次元首会议	2012年6月6日	中国北京	签署了《上海合作组织成员国元首关于构建持久和平、共同繁荣地区的宣言》等10个文件。上海合作组织成员国元首一致同意接收阿富汗为上海合作组织观察员国、土耳其为上海合作组织对话伙伴国。
第十三次元首会议	2013年9月13日	吉尔吉斯斯坦比什凯克	签署了《上海合作组织成员国元首比什凯克宣言》。峰会批准《〈上海合作组织成员国长期睦邻友好合作条约〉实施纲要（2013—2017）》。习近平发表《弘扬“上海精神”，促进共同发展》的重要讲话。中方在峰会上宣布已成立中国上海合作组织睦邻友好合作委员会。
第十四次元首会议	2014年9月12日	塔吉克斯坦杜尚别	习近平发表《凝心聚力精诚协作，推动上海合作组织再上新台阶》的讲话，提出4点主张。成员国元首签署并发表了《杜尚别宣言》，签署了《上海合作组织成员国政府间国际道路运输便利化协定》，批准《给予上海合作组织成员国地位程序》和《关于申请国加入上海合作组织义务的备忘录范本》修订案。

续表

会议	时间	地点	会议内容及相关文件
第十五次元首会议	2015年7月10日	俄罗斯乌法	习近平发表《团结互助共迎挑战，推动上海合作组织实现新跨越》的重要讲话。共同签署并发表了《乌法宣言》。批准包括《上海合作组织至2025年发展战略》在内的一系列文件，签署《上海合作组织成员国边防合作协定》，通过关于启动接收印度、巴基斯坦加入上海合作组织程序等决议，发表成员国元首关于世界反法西斯战争胜利70周年的声明、关于应对毒品问题的声明，以及会议《新闻公报》。
第十六次元首会议	2016年6月24日	乌兹别克斯坦塔什干	与会各方就携手应对地区和国际新挑战、全面提升上海合作组织各领域合作水平，以及上海合作组织未来发展等问题深入交换意见。习近平主席发表题为《弘扬上海精神，巩固团结互信，全面深化上海合作组织合作》的重要讲话。成员国元首发表《上海合作组织成立十五周年塔什干宣言》和《新闻公报》，批准《〈上海合作组织至2025年发展战略〉2016—2020年落实行动计划》等文件，签署印度、巴基斯坦加入上海合作组织义务的备忘录，有关部门授权代表签署了《上海合作组织成员国旅游合作发展纲要》。
第十七次元首会议	2017年6月9日	哈萨克斯坦阿斯塔纳	成员国元首签署并发表《阿斯塔纳宣言》，发表《新闻公报》《上海合作组织成员国元首关于共同打击国际恐怖主义的声明》，签署《上海合作组织反极端主义公约》，批准给予印度、巴基斯坦上海合作组织成员国地位等7份决议。峰会期间，各方授权代表还签署了《2017—2018年落实〈上海合作组织成员国旅游合作发展纲要〉联合行动计划》《上海合作组织秘书处与红十字国际委员会谅解备忘录》。
第十八次元首会议	2018年6月10日	中国青岛	习近平发表《弘扬“上海精神”，构建命运共同体》的讲话；成员国领导人签署了《上海合作组织组织成员国元首理事会青岛宣言》；发表了《上海合作组织成员国元首理事会会议新闻公报》《上海合作组织成员国元首关于贸易便利化的联合声明》《上海合作组织成员国元首致青年共同寄语》《上海合作组织成员国元首关于在上海合作组织地区共同应对流行病威胁的声明》。

政府首脑（总理）会议。其地位仅次于国家元首会议。政府首脑（总理）会议的职能主要是贯彻和落实成员国元首会议的精神和决议；研究本组织框架内发展多边合作的战略、前景和优先方向；解决在宪章确定的现实领域，特别是经济领域发展合作的原则问题，包括在本组织框架内缔结相关政府间多边条约和文件；批准组织年度预算。政府首脑（总理）会议每年举行一次，也可以根据规定召开非例行会议。例会主办国政府首脑（总理）担任会议主席。例会举办地由成员国政府首脑（总理）预先商定。

自2001年以来，上海合作组织成员国总理共举行了17次会议。17年来，政府首脑会议先后通过并签署了《上海合作组织成员国多边经贸合作纲要》《〈上海合作组织成员国多边经贸合作纲要〉落实措施计划》等多项指导性文件；确定了组织框架内经济合作的优先方向；批准成立了银行联合体、实业家委员会等。

历届政府首脑（总理）会议一览表

会议	时间	地点	会议内容及相关内容
第一次政府首脑（总理）会议	2001年9月14日	哈萨克斯坦阿拉木图	签署了《上海合作组织成员国政府间关于区域经济合作的基本目标和方向及启动贸易和投资便利化进程的备忘录》；通过了《关于建立负责对外经济和对外贸易活动的部长会晤机制》的决议、《关于制定多边经贸合作项目方案》的决议、谴责发生在美国的恐怖主义行为的声明。
第二次政府首脑（总理）会议	2003年9月23日	中国北京	批准了《上海合作组织成员国多边经贸合作纲要》；签署了《技术上启动上海合作组织北京（中国）秘书处和塔什干地区反恐怖机构这两个常设机构备忘录》；通过了《上海合作组织2004年度预算》及《上海合作组织常设机构编内工作人员工资、保障和补贴条例》的决议；批准了《上海合作组织地区反恐怖机构执行委员会的机构设置和人员编制方案》。

续表

会议	时间	地点	会议内容及相关内容
第三次政府首脑（总理）会议	2004年9月23日	吉尔吉斯斯坦比什凯克	批准了2003年9月23日北京总理会议通过的《上海合作组织成员国多边经贸合作纲要》的落实措施计划、《上海合作组织财政保障条例》、《上海合作组织预算划分条例》《上海合作组织秘书处关于落实〈上海合作组织成员国多边经贸合作纲要〉进度的报告；通过了《建立专家组制定上海合作组织发展基金建立程序和运作规则的决定》；签署了《就上海合作组织实业家理事会问题建立委员会的决议》；进行了《上海合作组织区域经济合作官方网站》HTTP://WWW.SCO-EC.GOV.CN的展示仪式。
第四次政府首脑（总理）会议	2005年10月26日	俄罗斯莫斯科	批准了《上海合作组织财政规则》，签署了《上海合作组织银行间合作（联合体）协议》《上海合作组织成员国政府间救灾互助协定》。
第五次政府首脑（总理）会议	2006年9月15日	塔吉克斯坦杜尚别	签署了《关于加快制定上海合作组织成员国政府间国际道路运输便利化协定草案的谅解备忘录》。
第六次政府首脑（总理）会议	2007年11月2日	乌兹别克斯坦塔什干	签署了《上海合作组织成员国海关合作与互助协定》。
第七次政府首脑（总理）会议	2008年10月30日	哈萨克斯坦阿斯塔纳	签署了《上海合作组织成员国海关能源监管信息交换议定书》。
第八次政府首脑（总理）会议	2009年10月14日	中国北京	签署了《上海合作组织成员国海关培训和提高海关关员技能合作议定书》；批准了《上海合作组织成员国关于加强多边经济合作、应对全球金融经济危机、保障经济持续发展的共同倡议》；通过了《上海合作组织地区防治传染病联合声明》。
第九次政府首脑（总理）会议	2010年11月25日	塔吉克斯坦杜尚别	批准了《上海合作组织常设机构人员条例》。
第十次政府首脑（总理）会议	2011年11月7日	俄罗斯圣彼得堡	通过了《上海合作组织成员国政府首脑（总理）关于世界和上海合作组织地区经济形势的联合声明》；签署了《上海合作组织银联体中期发展战略（2012—2016年）》。
第十一次政府首脑（总理）会议	2012年12月5日	吉尔吉斯斯坦比什凯克	签署了《上海合作组织成员国海关关于开展知识产权保护合作的备忘录》。

续表

会议	时间	地点	会议内容及相关内容
第十二次政府首脑（总理）会议	2013年11月29日	乌兹别克斯坦塔什干	通过了《关于成立上海合作组织开发银行和上海合作组织发展基金（专门账户）下一步工作的决议》《上海合作组织成员国政府首脑（总理）关于进一步开展交通领域合作的联合声明》。
第十三次政府首脑（总理）会议	2014年12月15日	哈萨克斯坦阿斯塔纳	签署了《上海合作组织成员国海关关于发展应用风险管理系统合作的备忘录》《上海合作组织成员国海关执法合作议定书》。
第十四次政府首脑（总理）会议	2015年12月15日	中国郑州	通过了《上海合作组织成员国政府首脑（总理）关于区域经济合作的声明》《上海合作组织开发银行和上海合作组织发展基金（专门账户）开展工作的决议》；签署了《2016—2021年上海合作组织成员国海关合作纲要》。
第十五次政府首脑（总理）会议	2016年11月3日	吉尔吉斯斯坦比什凯克	通过了《2017—2021年上海合作组织进一步推动项目合作的措施清单的决议》《上海合作组织科技伙伴计划》《上海合作组织公路协调发展规划的决议》。
第十六次政府首脑（总理）会议	2017年12月1日	俄罗斯索契	通过了《上海合作组织秘书处关于〈上海合作组织成员国多边经贸合作纲要〉落实情况的报告》，批准了上海合作组织2018年预算，并就上海合作组织常设机构的一系列财务和组织问题签署决议。

部门领导人会议。在元首和政府首脑理事会框架下，分别设有外交、经济、交通、文化、国防、执法安全、监察、边防等年度会晤机制。

外交部长会议。讨论组织当前活动问题，筹备国家元首会议和在组织框架内就国际问题进行磋商。必要时，外交部长会议可以本组织名义发表声明。外交部长会议例会按惯例在每次国家元首会议前一个月举行。召开外交部长非例行会议须有至少两个成员国提出建议，并经其他所有成员国外交部长同意。例会和非例会地点通过相互协商确定。国家元首会议例会主办国外交部长担任外交部长会议主席，任期自上次国家元首会议例会结束日起，至下次国家元首会议例会开始日止。根据会议工作条例，外交部长会议主席对外代表组织。迄今为止，已经召开18次例会。

国家协调员理事会。《上海合作组织成立宣言》第十一条规定：为协调“上海合作组织”成员国主管部门的合作并组织其相互协作，兹建立该组织成员国国家协调员理事会，并由外长批准该理事会暂行条例来规范其活动。国家协调员理事会是上海合作组织日常活动的协调和管理机构，是上海合作组织的基层协调机制。理事会会议每年至少举行三次。理事会主席由元首会议例会举办国国家协调员担任，经外长会议主席授权，可对外代表组织。

此外，其他部门领导人会议也相继成立并开展工作。截至2018年6月，上海合作组织成员国国防部长会议召开了15次。上海合作组织成员国最高法院院长会议召开了13次。上海合作组织成员国安全会议秘书会议召开了13次。最高检察长会议召开了15次，文化部长会议召开了15次，经贸部长会议15次，科技部长会议4次。首次旅游部长会议于2018年6月9日在武汉举行。

二、常设机构

上海合作组织秘书处。秘书处是本组织主要常设执行机构，设在北京，2004年1月正式启动。秘书处最高行政长官是秘书长。秘书长由国家元首会议根据外交部长会议的推荐任命。秘书长由各成员国公民按其国名俄文字母排序轮流担任，任期三年，不得连任。副秘书长由外交部长会议根据国家协调员理事会的推荐任命。秘书处共有编制34人，由成员国根据各自交纳的会费分摊比例所确定的名额派遣本国公民组成，人员基本上为各国外交官。秘书处主要职能有：为本组织的活动提供协调、信息分析、法律和组织技术保障；秘书处根据上海合作组织条约法规文件协调本组织同观察员国和对话伙伴合作，就涉及本组织活动的问题同其他国家和国际组织联系，以及经成员国同意，就上述目标缔结相关文件；秘书处还可根据规范其活动的条约法规文件，同上海合作组织框架下的非政府机构开展合作；组织和协调上海合作组织观察员团观察总统或议会选举以及全民公决的活动；秘书处定期为平面和电子媒体代表举行吹风会；制作和发行秘书处通讯；维持秘书处网站运作；经商成员国同意，在预算拨款范围内签订一次性合同，招聘学术专家完成本组织感兴趣的课题研究工作，并举办学术研讨会议；秘书处为本组织框架内制定的条约和法规文件提供前期法律及财务评估；行使保存本组织框架内通过的文件的职能，核对并向成员国及本组织地区反恐机构（如文件涉及该机构）提交核对无误的文件副本；秘书处根据本组织机构细则，并与会议举办国合作，为本组织各机构会议提供组织技术保障。

地区反恐怖机构。上海合作组织常设机构，总部设在乌兹别克斯坦首都塔什干，2004年6月正式启动。成立地区反恐机构的协定于2002年6月在上海合作组织圣彼得堡峰会上签署。主要任务和职能包括：就打击恐怖主义、分裂主义、极端主义与本组织成员国主管机关及国际组织保持工作联系，加强协调；参与准备打击恐怖主义、分裂主义和极端主义问题的国际法律文件草案，与联合国安理会及其反恐委员会、国际和地区组织共同致力于建立应对全球性挑战与威胁的有效反应机制；收集和分析成员国提供的有关打击恐怖主义、分裂主义和极端主义的信息等。它具有独立的法人地位，拥有签定协议、开设银行账户、拥有动产和不动产等权力。地区反恐怖机构由理事会和执委会组成。理事会由成员国主管机关领导人组成，是反恐机构的决策和领导机关。执行委员会是常设执行机关，执委会主任由元首会议任命，任期3年。

三、相关机构

1. 上海合作组织专业工作小组。依据各部门领导人会议决议产生，主要任务是对各领域合作现状进行综合性分析，找出制约合作因素，提出措施建议。工作组成员由各成员国政府相关主管部门的官员参加。目前，上海合作组织在经贸合作领域已经设立6个工作小组，负责各个具体领域的协调合作事宜，分别是中国牵头的电子商务工作组、俄罗斯牵头的海关工作组、哈萨克斯坦牵头的贸易便利化工作组、塔吉克斯坦牵头的投资促进工作组、乌兹别克斯坦牵头的发展过境潜力工作组、吉尔吉斯斯坦牵头的现代信息和电子技术工作组。

2. 上海合作组织论坛。根据上海合作组织成员国首脑的决定于2006年5月22日在莫斯科成立，是成员国建立的一个多边学术机构和非政府专家咨询机构，由各成员国具有上海合作组织国家研究中心地位的权威机构组成，主要职能是为上海合作组织的发展提供智力支持。首次会议在俄罗斯莫斯科国立国际关系大学举行。论坛独立确定自己的研究题目、研究方向和研究计划，并组织科学讨论会和其他活动。

3. 上海合作组织银联体。2005年10月，为发展上海合作组织地区的经济贸易关系，上海合作组织成员国政府授权金融机构在莫斯科签署了《上海合作组织银行联合体（合作）协议》，标志着上海合作组织银行联合体正式成立。2005年6月，上海合作组织银行联合体成员行通过《关于支持上海合作组织区域经济合作的行动纲要》，确定了初期阶段银联体合作的工作目标和计划。银联体的基本合作方向是：为成员国的基础设施、基础产业、高技术领域、扩大出口、社会领域及其他区域性合作项目提供融资支持；按照国际惯例提供、吸收银团贷款，提供出口前信贷，交流客户和项目信息，在人员培训、互访和业务考察等领域以及其他各方感兴趣的方面开展全面积极的合作。工作重点是对上海合作组织成员国具有重要经济意义的能源、交通基础设施、农业、中小企业等领域的项目提供融资。经过多年发展，银联体在促进成员国发展经济、扩大就业、改善民生等方面发挥了重要作用，成为上海合作组织框架下最重要的投资融资合作机制和平台。

4. 实业家委员会。上海合作组织实业家委员会在2006年6月15日正式成立。该组织的任务是通过充分调动民间力量，促使民间广泛参与上海合作组织的经济活动，以便为执行《多边经贸合作纲要》及其落实措施计划提供有效协助。除能源、交通、电信、银行信贷、农业等领域外，实业家委员会还关注上海合作组织成员国在教育、科技、卫生等人文领域合作。实业家委员会以理事会形式工作。理事会成员由上海合作组织各成员国的实业家委员会各派三名代表组成，理事会主席由上海合作组织当年轮值主席国的国家实业委员会主席担任，理事会副主席由下一年主席国的国家实业委员会主席担任。理事会会议每年举办一次，依照“协商一致”原则工作。成立至今，上海合作组织实业家委员会举行多次会议，议题涉及经济和社会多个领域，如卫生保健、教育、保险、能源、交通等。

第五节 上海合作组织的制度体系

作为一个区域性国际组织，上海合作组织一直高度重视制度建设，2001年6月15日成立之日，成员国元首通过并签署了《上海合作组织成立宣言》和《打击恐怖主义、分裂主义和极端主义上海公约》，为最初上海合作组织的运行提供了必要的法律依据，拉开了上海合作组织制度建设的序幕。17年来，上海合作组织根据联合国宪章和公认的国际法准则，紧密结合自身实际，通过平等协商不断加强制度建设，已建立起比较完备的法律制度体系，形成了各个领域合作基本有法可依、有章可循的良好局面，为上海合作组织的正常有序运转提供了制度保障和法律依据，有效维护了地区稳定，促进了成员国共同发展。

上海合作组织的制度体系可以追溯到“上海五国”时期，1996年和1997年由中国、俄罗斯、哈萨克斯坦、吉尔吉斯斯坦和塔吉克斯坦五国签署的关于在边境地区加强军事信任和裁减军事力量两个协议，不仅为“上海五国”机制的建立和发展提供了基础性的法律支撑，创新性地开启了五国合作进程，也为“上海五国”机制发展成为上海合作组织创造了先决条件，是上海合作组织制度建设的源头所在。

上海合作组织成立至今在制度建设上成果斐然，迄今为止已出台实施各类法律和文件逾百项。从内容上来看，上海合作组织的法律和文件可以具体分为以下几类：

一、基本法律文件

基本法律文件指对上海合作组织存在和发展具有指导性、奠基性的纲领性文件，是上海合作组织运行的法律基础，也可称之为上海合作组织的“宪法”。上海合作组织的基础性法律文件有两个，一个是2002年6月7日，即上海合作组织成立的第二年由成员国元首在俄罗斯圣彼得堡峰会上签署的《上海合作组织宪章》；另一个是2007年8月16日成员国元首在吉尔吉斯斯坦比什凯克峰会上签署的《上海合作组织成员国长期睦邻友好合作条约》。

《上海合作组织宪章》共包括26个条款，规定了该组织的目标和任务、活动的原则和合作方向，确定了其职能运作和工作程序的主要机构，明确了成员国的概念，与其他国家和国际组织的相互关系、执法能力、通过和执行决议的程序、特权与豁免权，以及官方语言等。该文件在上海合作组织制度体系中处于最高层次，是成员国公认的上海合作组织的宪法性文件。

《上海合作组织成员国长期睦邻友好合作条约》也包括26个条款，明确了成员国在安全、经济、立法、环保、应对自然灾害和人为突发重大事件、人文等领域开展合作的原则、权利和义务，强调要巩固成员国的友好关系，使成员国人民的友谊世代相传。该文件是在《上海合作组织宪章》实施五年后出台的，总结吸收了上海合作组织新的法律实践经验，顺应了时代需要，体现了成员国的愿望，是上海合作组织的又一个基础性文件。

二、综合性法律文件

综合性法律文件指对上海合作组织某一领域或某一时期具有指导性的综合性文件，如《打击恐怖主义、分裂主义和宗教极端主义上海公约》（2001年）、《上海合作组织成员国多边经贸合作纲要》（2003年）、《上海合作组织至2025年发展战略》（2015年）等。

《打击恐怖主义、分裂主义和极端主义上海公约》系成员国元首签署的第一个重要法律文件，奠定了上海合作组织安全领域尤其是非传统安全领域合作的法律基础。该公约首次提出并从法律上界定了恐怖主义、分裂主义和极端主义定义，明确规定了各主管机构开展协作的内容、范围和方式，以及承担的义务、工作语言、经费承担等。

《上海合作组织成员国多边经贸合作纲要》是在2003年9月成员国政府首脑第二次会议上批准的上海合作组织经贸合作的基础性文件。该纲要规定了上海合作组织经贸合作的基本目标和任务，确立了合作的优先方向、实施机制，明确提出要实现货物、资本、服务和技术的自由流动。

《上海合作组织至2025年发展战略》是成员国元首在2015年乌法峰会上签署的，规定了2015—2025年十年期间上海合作组织发展的目标和任务，确立了遵循的原则和理念，明确了在政治、安全、经贸、人文、新闻、开放和伙伴关系，以及国际合作等领域开展协作的内容和目标。

属于综合性文件的还有上海合作组织成员国签署的政府间合作协议，它是有关合作领域的指导性文件，是成员国开展相关合作的基础，如《上海合作组织成员国政府间教育合作协定》（2006年6月）、《上海合作组织成员国政府间文化合作协定》（2007年8月）、《上海合作组织政府间合作打击犯罪协定》（2010年）、《上海合作组织成员国政府间卫生合作协定》（2011年6月）、《上海合作组织成员国政府间科技合作协定》（2013年9月）、《上海合作组织成员国边防合作协定》（2015年）、《上海合作组织旅游合作发展纲要》（2016年6月）、《上海合作组织成员国环保合作构想》（2018年6月）等。

三、专门性合作文件

专门性合作法律文件一般指上海合作组织通过的单一性具体合作文件，主要包括两大类，一类是具有较强约束力的专门性合作文件，如《上海合作组织成员国关于打击非法贩运麻醉药品、精神药物及前体的协议》（2004年6月）、《关于查明和切断在上海合作组织成员国境内参与恐怖主义、分裂主义和极端主义活动人员渗透渠道的协定》（2006年6月）、《上海合作组织成员国政府间合作打击非法贩运武器、弹药和爆炸物品的协定》（2008年8月）、《上海合作组织反恐怖主义公约》（2009年）、《上海合作组织成员国政府间国际道路运输便利化协定》（2014年）、《上海合作组织反极端主义公约》（2017年）等。此类协议是各成员国在充分协商的基础上对《上海合作组织宪章》和《上海合作组织成员国长期睦邻友好合作条约》中相关规定的具体落实和详尽规范，针对性和操作性都比较强。另一类是具有一定指导意义的专门性具体合作文件，如《上海合作组织保障国际信息安全行动计划》（2007年8月）、《上海合作组织成员国海关能源监管信息交换议定书》（2008年10月）、《上海合作组织成员国传染病疫情通报方案》（2013年11月）、《上海合作组织成员国海关关于利用莫斯科地区情报联络中心案件数据库执法平台渠道全天候联络站开展信息互助的规程》（2018年6月）等。

四、程序性文件

程序性文件主要包括涉及上海合作组织机制建设制度、组织机构设置运行程序和对外合作规程等方面内容的文件，如关于组织内部机制建设、运行程序方面的《技术上启动上海合作组织北京（中国）秘书处和塔什干地区反恐怖机构这两个常设机构备忘录》（2003年9月）、《就上海合作组织实业家理事会问题建立委员会的决议》（2004年9月）、《上海合作组织关于应对威胁本地区和平、安全与稳定事态的政治外交措施及机制条例》（2009年）等；关于对外合作规程方面的《上海合作组织观察员条例》（2004年）、《上海合作组织对话伙伴国条例》（2012年）、《上海合作组织接受新成员条例》（2014年6月）等。

五、行政事务性文件

行政事务性文件系指上海合作组织内部的规章制度，以保障常设机构和内部机制的有效运行。如《上海合作组织常设机构编内人员工资、保障和补贴条例》（2003年9月）、《上海合作组织财政保障条例》（2004年9月）、《上海合作组织预算划分条例》（2004年9月）、《上海合作组织财政规则》（2005年10月）、《上海合作组织秘书处条例》（2006年6月）、《上海合作组织成员国反恐怖机构情报技术保护协定》（2006年）、《上海合作组织常设机构人员条例》（2010年11月）、《上海合作组织程序规则》（2010年10月）等。

（邓浩、杨莉）

第二章
上海合作组织的发展历程

Chapter II
Development of the SCO

第一节　政治安全合作发展历程

上海合作组织是以确保成员国和地区安全与稳定为己任的区域性国际组织。从成立之日起，上海合作组织就把安全合作置于重要位置，奉行安全优先原则，正如《上海合作组织成立宣言》第八款所说："上海合作组织尤其重视并尽一切必要努力保障地区安全。各成员国将为《打击恐怖主义、分裂主义和极端主义上海公约》而紧密协作。"① 迄今为止，政治安全合作已成为上海合作组织不断发展壮大的重要驱动，是上海合作组织最富有活力和最富有成效的领域之一。成员国秉持"上海精神"，共同维护了地区和平、安全与稳定，为地区经济和社会的安定提供了强有力的保障。

一、上海合作组织政治安全合作的特性

一般来讲，政治安全系指政治主体在政治意识、政治需要和政治活动等方面免遭来自内外各种因素侵害或威胁所处于没有，或少有危险的客观状态，即指政治主体在政治方面不会受到各种内外因素侵害和威胁的安全状态。政治安全包括传统安全和非传统安全。通常，人们把军事威胁视为传统安全威胁，将军事以外的安全威胁统称非传统安全威胁。

传统安全威胁系指传统意义上的国家所面临的来自国际和国内军事上的威胁和威胁国际安全的军事因素，包括外部敌对势力和国内颠覆势力与国家政权间的尖锐矛盾和冲突。政治安全在传统安全观中占据首要地位。

非传统安全系指人类社会过去没有遇到，或很少经历过的不很突出的安全威胁，即除军事、政治和外交冲突以外的其他对主权国家及人类整体生存与发展构成侵害的因素，诸如，恐怖主义、跨国有组织犯罪、武器扩散、走私贩毒、非法移民、海盗、洗钱、生态破坏等。非传统安全威胁的日益突出是冷战结束和两极对抗格局终结，以及人类生存环境日趋恶化等背景下形成的，并导致出现犯罪活动国际化、恐怖主义蔓延，以及温室气体过量排放、环境恶化等全球性问题。

---

① 《上海合作组织成立宣言》，央视网，2001年6月15日。http://www.cctv.com/special/1037/-1/88231.html（上网时间：2018年4月6日）。

上海合作组织是以解决非传统安全问题为重点的区域性国际合作组织，其政治安全合作也主要侧重在非传统安全领域展开，这也是吸引成员国的最重要因素和保持上海合作组织生命力的根本所在。上海合作组织是最早提出反恐的国际组织之一，在组织和协调成员国防范和打击恐怖主义、切断恐怖主义资金来源、维护地区安全与稳定等方面发挥着重要作用。

非传统安全威胁的特点：具有跨国性特点，其危害不仅是对某个国家构成安全危害，而且还对别国国家安全构成不同程度的威胁。非传统安全威胁的特点决定了成员国不能以单一军事手段来应对，而是需要与其他国家或组织合作，通过政治、外交、法律、经济、金融等综合手段来共同应对。

在国际关系体系全面转型、现有多数国际组织（首先是联合国和欧洲安全与合作组织）发生危机和无所作为、整个国际法体系濒临危机的背景下，上海合作组织在寻求自身的定位过程中践行“上海精神”，创建了全新的国家关系模式，它不以政治或意识形态统一为前提。与结盟关系不同，上海合作组织成员国建立了不使用或不威胁使用武力的关系机制，排除了采取破坏地区稳定的军事行动的可能性。

上海合作组织秉持的新安全观是一种非排他性的政治安全合作，强调共同安全意识，通过加强成员国、观察员国、对话伙伴以及上海合作组织以外国家和组织的对话与合作，树立以互信、互利、平等、协作为核心的理念，构建防范和解决非传统安全威胁的国际安全体系。

上海合作组织在安全合作方面的宗旨和原则主要是：严格遵循《联合国宪章》宗旨与原则，相互尊重独立、主权和领土完整，互不干涉内政，互不使用或威胁使用武力，平等互利，通过相互协商解决所有问题，不谋求在相毗邻地区的单方面军事优势；奉行不结盟、不针对其他国家和地区及对外开放的原则；加强各成员国之间的相互信任与睦邻友好；重视并尽一切努力维护和保障地区和平、安全与稳定；加强在地区和国际事务中的磋商与协调行动，在重大国际和地区问题上相互支持和密切合作，共同促进和巩固本地区及世界的和平与稳定。

二、“上海五国”边界谈判和边境军事互信机制的演进

随着苏联解体，中苏两国的边界谈判出现了中国与俄罗斯、哈萨克斯

坦、吉尔吉斯斯坦和塔吉克斯坦四国组成的“五国两方”谈判格局。经过长达5年、多达22轮的磋商和谈判，“两方”终于就增强军事领域互信和裁减“后中苏”边境地区的军事力量问题达成一致。

1996年4月，中国、俄罗斯、哈萨克斯坦、吉尔吉斯斯坦和塔吉克斯坦五国元首在上海签署《关于边境地区加强军事领域信任的协定》，规定各方部署在边境地区的军事力量互不进攻；不进行针对对方的军事演习；限制军事演习规模、范围和次数；相互通报边境100公里纵深地区的重大军事活动情况；相互邀请观察本国实兵演习；预防危险军事活动；加强边境地区军事力量和边防部队的相互友好交往。这一协定的签署标志着“上海五国”开始从解决边界问题的谈判向相互建立军事互信合作机制的转变。

1997年4月，“上海五国”元首在莫斯科签署《关于在边境地区相互裁减军事力量的协定》，规定中国与俄罗斯、哈萨克斯坦、吉尔吉斯斯坦和塔吉克斯坦四国的边境地区军事力量要裁减到与睦邻友好相适应的最低水平，使其只具有防御性；各方互不使用武力或以武力相威胁，不谋求单方面军事优势；双方部署在边境地区的军事力量互不进攻；裁减和限制部署在边界两侧各100公里纵深的陆军、空军、防空军航空兵、边防部队的人员和主要种类的武器数量；交换边境地区军事力量的有关资料，使各自在边境地区的武装力量裁减到最低水平，只具有防御性，不谋求单方面的军事优势。这一协定的签署进一步确保了中国与四国边境地区的长期和平与安宁。

这两份协定的签署极大地推动了苏联解体遗留的中国与俄罗斯、哈萨克斯坦、吉尔吉斯斯坦和塔吉克斯坦四国边界问题的解决进程，在中国与上述四国的7000多公里边界地带首次建立了信任和透明、军事活动可预测和可监控的区域，为五国边境地区和平、安宁和稳定提供了可靠保障，并逐渐成为毗邻国家人民友好交往的纽带和桥梁，从而使五国能够专注于国内发展。正是在这两个协定精神原则指导下，中国与俄罗斯率先解决了两国边界西段的遗留问题，进而使中国与哈萨克斯坦的1700多公里边界和与吉尔吉斯斯坦的1000多公里边界问题，以及与塔吉克斯坦的边界地段问题得到全面解决。

随着国际和地区安全形势的发展，根据成员国的普遍诉求，“上海五国”不再仅局限于保持边境地区的军事力量减少和相互军事上的互信，开始将这一谈判机制赋予更多的安全合作内涵。

1998年7月，五国领导人首次以各自独立一方出席在阿拉木图举行的“上海五国”元首第三次会议，结束了此前中国与俄罗斯和中亚三国的“双边”谈判形式，成为“上海五国”机制质的转变，并为“上海五国”发展为区域国际组织创造了重要条件。这次会议发表的《阿拉木图声明》首次提出，成员国要坚持相互尊重主权和领土完整、平等互利、互不干涉等公认的国际关系准则；坚持通过友好协商解决国家间分歧和争端；共同打击各种形式的民族分裂和宗教极端势力、恐怖活动、偷运武器及走私和贩毒等本地区公害；与国际社会共同努力制止南亚核军备竞赛，维护国际核不扩散机制等。①

1999年8月，在比什凯克举行的“上海五国”成员国元首第四次会晤决定，由“上海五国”执法和安全部门领导人组成的“比什凯克小组”负责协调各成员国在非传统方面的有关行动，以共同打击本地区的恐怖主义和分裂势力。各成员国将互通情报、统一部署军力，共同打击国际恐怖主义、民族分裂主义和宗教极端主义、走私贩毒及其他跨国犯罪行为，决不允许利用本国领土从事损害五国中任何一国主权、安全及社会秩序的行为。②

2000年7月，在杜尚别举行的“上海五国”成员国元首第五次会晤将五国的这一边界谈判和边境军事互信机制进一步向具有开展各领域多边合作功能的地区机制转变。五国元首首次明确的“上海五国”现阶段四项任务中有两项涉及政治安全领域：一是在国际问题上协调立场、相互支持、密切合作。二是联合打击对地区安全稳定和发展构成严重威胁的民族分裂主义，宗教极端主义和国际恐怖主义三股势力。五国元首认为，今后“上海五国”讨论国际和地区形势并协调共同立场是适宜的。有必要深化五国在政治、安全、外交和经济等领域合作，并将“上海五国”机制建设成成员国多领域和多层次的合作机制；首次宣称要坚决捍卫《联合国宪章》的宗旨与原则，强调各国有根据本国国情选择本国政治、经济和社会发展道路的正当权利，反对以“人道主义”和“保护人权”为借口干涉别国内政，支持彼此为维护国家独立、主权、领土完整和社会稳定所作的努力；将恪

① 《阿拉木图声明（1998年7月3日）》，中国经济网，2006年6月8日。http://www.ce.cn/xwzx/gnsz/gdxw/200606/08/t20060608_7269214.shtml（上网时间：2018年4月2日）。

② 《比什凯克声明（1999年6月8日）》，中国经济网，2006年6月8日。http://www.ce.cn/xwzx/gnsz/gdxw/200606/08/t20060608_7269222.shtml（上网时间：2018年4月2日）。

守尊重人权的原则，在运用该原则时必须考虑各国历史形成的特点，不能违反其他公认的国际法基本原则；反对任何可能导致本地区形势复杂化的冲突、威胁和外来干涉；反对未经联合国安理会批准在国际关系中使用或威胁使用武力，反对任何国家或国家集团出于私利垄断全球和地区事务的企图；根据当前的地区及周边地缘政治形势，各方决心深化在政治、外交、经济、军事、军技和其他领域的合作，以巩固地区的安全与稳定；“五国将尽早制定相应的多边纲要，签署必要的多边合作条约与协定，定期召开五国执法、边防、海关和安全部门负责人会晤，视情在五国框架内举行反恐怖和暴力活动演习”，旨在将中亚建成和平、睦邻、稳定和开展平等国际合作的区域。[1]

“上海五国”机制的建立顺应了冷战结束后人类要求和平与发展的历史潮流，展示了不同文明背景、传统文化各异的国家通过互尊互信实现和睦共处、团结合作的巨大潜力。它在促进并深化各成员国间的睦邻互信与友好关系、巩固地区安全与稳定、促进共同发展方面发挥了积极作用。“上海五国”机制所探索的通过对话与协商、最大限度减少边境地区的军事力量和军事活动，及其新安全观对构建和谐世界具有重大意义。这一机制不仅增进了五国的睦邻友好关系，还为两极世界解体后国际社会摒弃冷战思维、探索新型国家关系、新型安全观和新型区域合作模式提供有益尝试，对地区乃至世界的和平与发展产生积极而深远的影响。

三、上海合作组织政治安全合作的发展

自上海合作组织成立以来，该组织即把维护成员国和本地区的和平与稳定作为首要任务，政治安全合作也成为推动上海合作组织持续发展的强大动力。各成员国在地区和国际事务中密切磋商和协调，在重大国际和地区问题上相互支持和密切合作，共同促进和巩固本地区及世界的和平与稳定，实现了从解决传统安全威胁为主到着力应对非传统安全威胁的转变。

（一）维护联合国权威

2001年6月发表的《上海合作组织成立宣言》开宗明义地指出，上海合作组织成员国将严格遵守《联合国宪章》的宗旨与原则。自此，上海合

① 《中、塔、俄、哈、吉五国〈杜尚别声明〉》，人民网，2000年7月5日。http://www.people.com.cn/GB/channel1/10/20000705/131545.html（上网时间：2018年4月6日）。

作组织成员国元首历次峰会都强调要在联合国和安理会的核心协调作用下建立应对新威胁和挑战的全球体系，包括建立早期预报、防止可能的威胁并对其作出坚决一致反应的有关多边协作机制。要维护和遵循《联合国宪章》的宗旨和原则以及公认的国际法准则。支持联合国进行合理、必要的改革，但是，应以国际社会最广泛的协商一致为基础，不应为改革设立时限及强行推动表决尚有重大分歧的方案。坚决支持联合国为维护世界和平与安全所做的努力；重申联合国在推动落实全球可持续发展议程中的核心作用。在各成员国签署的被称为纲领性的基础性法律文件《上海合作组织宪章》和《上海合作组织长期睦邻友好合作条约》中，都明确规定要恪守遵循《联合国宪章》的宗旨和原则，提高联合国作用，表明了成员国维护联合国权威的坚定决心和意志。

（二）反对强权政治

2002年6月发表的《上海合作组织成员国元首宣言》提出，成员国本着遵循《联合国宪章》宗旨和原则之义务，确认所有人权的普遍性、不可分割性、相互依存性和相互关联性。反对在人权问题上采取双重标准和以人权为由干涉他国内政。此后，上海合作组织在有关文件中重申，各成员国始终认为反恐斗争应以国际法准则和原则为基础，不应将反恐与反对某个特定的宗教、国家和民族相提并论。针对西方在欧亚地区连续策动的“颜色革命”和西亚北非的“阿拉伯之春”浪潮蔓延，上海合作组织不失时机地发表声明，呼吁有关各方严格遵守国际法准则，尊重有关国家的独立、主权和领土完整，恪守不干涉内政、反对武力干预或强行推动“政权更迭”。2006年6月发表的《上海合作组织五周年宣言》再次阐明了上海合作组织对外部势力干涉的基本立场，强调应尊重各国维护国家统一和保障民族利益的权利，尊重各国独立自主选择发展道路和制定内外政策的权利。历史形成的文化传统、政治社会体制、价值观和发展道路的差异不应作为干涉他国内政的借口。社会发展的具体模式不能成为“输出品”。

（三）捍卫成员国利益

2001年6月，上海合作组织成员国国防部长首次会晤即强调，哈萨克斯坦推动召开的“亚洲协作和信任措施会议”有助于加强地区安全，促进亚洲国家互信，发展多边合作；重申反导条约是全球战略稳定基石和裁军进程发展的重要条件；反对少数国家在亚太地区部署战区导弹防御系统；支持中亚国家在本地区建立“无核区”的倡议；重申中华人民共和国政府是中国的唯一合法政府，台湾是中国领土不可分割的一部分，不允许外部势力对解决台湾问题加以干涉。支持中方关于反对任何国家企图以任何形式将台湾纳入战区导弹防御计划的立场。2005年7月发表的《上海合作组织成员国元首宣言》指出，鉴于阿富汗反恐的大规模军事行动已告一段落，反恐联盟有关各方有必要确定临时使用上海合作组织成员国上述基础设施及在这些国家驻军的最后期限。2006年6月，《上海合作组织五周年宣言》强调，中亚国家拥有独特的历史文化传统，应得到国际社会的尊重和理解，支持中亚国家政府维护安全与稳定、保持社会经济发展及不断改善人民生活所作出的努力。2008年8月，《上海合作组织元首杜尚别宣言》强调，成员国对围绕南奥塞梯问题引发的紧张局势深表担忧，呼吁有关各方通过对话和平解决现有问题，致力于劝和促谈。欢迎在莫斯科就解决南奥塞梯冲突通过的六点原则，支持俄罗斯在促进该地区和平与合作中发挥积极作用。同时，上海合作组织第一时间发表声明，对恐怖组织及恐怖分子制造的中国新疆“7·5”事件和昆明火车站恐袭事件、俄罗斯莫斯科多莫杰多沃机场和伏尔加格勒接连发生的恐袭事件，以及巴基斯坦白沙瓦的恐袭事件等暴行予以严厉谴责，支持和声援受害成员国政府为维护国内治安稳定依法采取的平暴措施。扩员后，上海合作组织继续支持中亚国家为加强政治、经济、人文等领域合作所作的努力，认为《中亚无核武器区条约》议定书尽快对所有签署国生效将为维护地区安全、巩固国际核不扩散体系作出重要贡献；欢迎乌兹别克斯坦在联合国大会第72次会议上提出关于通过《教育与宗教包容》联大特别决议的倡议；欢迎在阿斯塔纳举行的首次中亚国家元首峰会成果；注意到吉尔吉斯斯坦和塔吉克斯坦竞选联合国安理会非常任理事国席位的愿望；高度评价塔吉克斯坦倡议联合国大会通过的2018—2028年“水促进可持续发展”国际行动十年的第71/222号决议，支持其为推动第73届联合国大会通过关于旨在实现水资源可持续发展目标与任务中期综述的决议草案所作的努力；重申应在尽早全面执行2015年2月12日明斯克协议基础上政治解决乌克兰危机。哈萨克斯坦、吉尔吉斯斯坦、巴基斯坦、俄罗斯、塔吉克斯坦和乌兹别克斯坦在《上海合作组织成员国元首理事会青岛宣言》中重申支持中国提出的“一带一路”倡议。[①]

---

① 《上海合作组织成员国元首理事会青岛宣言》（全文），https://baijiahao.baidu.com/s?id=1602936160787389835&wfr=spider&for=pc（上网时间：2018年6月11日）。

（四）深化政治安全合作

上海合作组织成立当天发表的《上海合作组织成立宣言》指出，各成员国将加强在地区和国际事务中的磋商与协调行动，在重大国际和地区问题上相互支持和密切合作，共同促进和巩固本地区及世界的和平与稳定。强调在当前国际形势下，上海合作组织对维护全球战略平衡与稳定具有特别重要意义。翌年签署的《上海合作组织宪章》进一步明确了上海合作组织的基本宗旨和任务之一即是维护和加强地区和平、安全与稳定，推动建立民主、公正、合理的国际政治经济新秩序，彰显了成员国将加强内涵更为丰富的政治安全合作色彩。

2003年5月，六国元首在上海合作组织峰会期间提出，上海合作组织要全面发展成员国之间的伙伴关系，在外交、国防、执法、紧急救灾、对外经济、交通和文化等领域开展全面和高效务实合作。2004年6月，上海合作组织峰会签署《上海合作组织成员国关于合作打击非法贩运麻醉药品、精神药物及其前体的协议》，将政治安全合作拓展至遏制地区毒品犯罪、切断恐怖活动资金来源渠道方面。2007年8月，上海合作组织元首峰会通过《上海合作组织保障国际信息安全行动计划》。10月，时任俄罗斯总理普京在上海合作组织成员国政府首脑会议上提出建立上海合作组织紧急救灾中心倡议，并建议定期举行成员国紧急救灾部门的联合演习。普京还呼吁立即就移民问题展开合作，称既要着眼于建立有效的反非法移民机制，又要为合法移民创造良好的条件。2009年6月，上海合作组织成员国元首签署并批准酝酿和筹备已久的上海合作组织《反恐怖主义公约》《关于应对威胁本地区和平、安全与稳定事态的政治外交措施及机制条例》及《保障国际信息安全政府间合作协定》等文件，进一步完善了政治安全合作体系，向国际社会展示了成员国共同打击“三股势力”和跨国犯罪活动的决心和信心。[①] 哈萨克斯坦总统纳扎尔巴耶夫提出，应该考虑在上海合作组织框架内设立专门控制网络犯罪的特别机构，建立上海合作组织“网络安全”体系，把“电子边界”和“电子主权”等新概念纳入国际法。[②] 2016年4月召开的上海合作组织成员国安全会议秘书会议强调，应防止互联网

---

① 赵鸣文：《上海合作组织继续向好发展》，载《国际形势和中国外交蓝皮书》（2009/2010），北京：世界知识出版社，2010年版，第70—71页。

② [Россия] ШОС:точки роста-Аналитический доклад//Информационно-аналитический центр.14.07.2011.

和其他信息通信技术被用于宣传恐怖主义、分裂主义和极端主义意识形态，使社会激进、招募人员、筹措资金、教唆煽动恐怖活动及其他非建设性行为。

（五）联合反恐、缉毒和安保取得显著成效

自地区反恐机构正式启动以来，上海合作组织通过联合执法、情报交换等手段成功挫败600多起恐怖袭击事件，捣毁6个极端组织和2个恐怖活动团伙，共计歼灭400余名恐怖分子，抓获包括国际通缉的恐怖组织成员在内的2000多名非法武装分子或恐怖嫌犯。仅2017年，上海合作组织所含地区被禁止的恐怖主义、分裂主义、极端主义组织名单即新增34个，总数达到105个，有逾900个制造恐怖主义、分裂主义和极端主义罪行的嫌犯被通缉。哈萨克斯坦、吉尔吉斯斯坦、塔吉克斯坦等成员国及时向中方提供和通报了有关“东突”等恐怖组织威胁中国安全的信息，并移交和引渡了玉江山–吉力力、艾尔西丁·伊斯玛依等东突恐怖分子，以及涉嫌策划新疆乌鲁木齐“7·5”事件的恐怖嫌犯。正是得益于地区反恐机构的有效工作，上海合作组织“成功防止了500余起恐怖活动的发生，保护了几千条宝贵的生命”。[①]

联合缉毒成效显著。在2008年11月—2010年8月实施的4次跨国“控制下交付”行动中，中哈两国安全部门共抓获在中国境内实施毒品犯罪活动的外籍嫌犯17人，缴获海洛因6.7公斤，可卡因0.67公斤。仅2011年，乌兹别克斯坦警方在乌兹别克斯坦与塔吉克斯坦边境地区即破获50余起走私毒品案件，截获毒品超过222公斤。2012年3月，乌兹别克斯坦国家安全局边防人员在从塔吉克斯坦首都杜尚别经乌兹别克斯坦境内驶往莫斯科的国际列车上一次查获8公斤海洛因。近年来，中方缉毒部门累计破获走私贩毒案件千余起，仅2017年即破获制毒案件近600起，缴获易制毒化学品多达2384吨。

17年来，成员国在联合打击恐怖主义、引渡罪犯、情报搜集和交换、信息共享、边境管控、口岸协查、民航安保等联合执法上的合作不断加强，建立了快捷的联合行动机制，多边执法安全合作机制更加顺畅、高效，确保了上海合作组织历次的元首和政府首脑峰会、阿拉木图亚洲相互

---

① 《哈萨克斯坦总统撰文谈上合组织成立十周年》，人民网，2011年6月8日。http://world.people.com.cn/GB/1029/42408/14851557.html（上网时间：2018年4月10日）。

协作与信任措施会议（亚信会议）、北京奥运会、莫斯科卫国战争胜利65周年庆典、上海世博会、广州亚运会、阿斯塔纳—阿拉木图亚洲冬运会、符拉迪沃斯托克APEC会议、索契冬奥会和阿拉木图世界大学生冬季运动会等大型国际会议和赛事的成功举行，实现了上海合作组织成员国元首提出的维护和保障成员国国家和地区安全与稳定的既定目标。

（六）加强国际安全合作

2001年9月，上海合作组织第一时间对美国发生的“9·11”恐怖袭击事件作出反应，上海合作组织成员国政府首脑（总理）会晤专门发表声明，强烈谴责这一令人发指的恐怖袭击行为，称这一史无前例的恐怖袭击事件使成千上万无辜的人蒙难。这一悲惨事件表明，恐怖主义无国界、无道义标准，只有各国联合努力才能消灭这股邪恶势力。上海合作组织成员国准备同所有国家和国际组织密切配合，采取有效措施，为根除恐怖主义带来的全球性危险而进行毫不妥协的斗争。2002年6月，时任中国国家主席江泽民在上海合作组织成员国元首第二次峰会发表的题为《弘扬“上海精神”促进世界和平》讲话中强调，“9·11”事件以来国际局势的变化表明，促进本地区和平与发展的任务依然十分艰巨。各国的安全是相互依存的，再强大的国家，离开国际合作也难以有真正的安全。2003年5月，上海合作组织六国元首一致认为，在政治、经济和社会全球化进程日益深化的背景下，面对现代恐怖主义、毒品威胁及其他跨国犯罪的挑战，世界上没有一个国家可以独善其身。世界各国应在本地区和全世界范围内就解决上述全球问题开展广泛合作，并作出自己的实际贡献。上海合作组织能够并且应该对成员国范围内及整个世界的安全和稳定发展作出显著贡献。上海合作组织愿积极参与建设能均衡照顾到各方利益及立场的地区安全体系，并将与所有国家及组织在这一重要领域开展建设性合作。自2004年12月联合国大会第59/48号决议给予上海合作组织联大观察员地位以来，上海合作组织先后与联合国秘书处、联合国毒品和犯罪问题办公室、联合国中亚预防性外交地区中心、联合国亚洲及太平洋经济社会委员会、联合国教科文组织等机构建立了联系。上海合作组织秘书处还先后与经合组织、独联体执委会、集体安全条约组织、欧亚经济共同体、东盟秘书处等国际和区域组织及机构签署谅解备忘录或建立工作联系，与中亚信息协调中心签署打击非法贩卖毒品、精神药品的谅解备忘录。由于独联体和集体安全条约组织的自身特点，上海合作组织与这两个组织的合作首先建立在定期举行政治磋商基础上，这有利于就迫切地区问题“对表”。[①] 2014年5月，上海合作组织秘书处与亚洲相互协作与信任措施会议秘书处签署《亚信会议与上海合作组织秘书处之间的谅解备忘录》，双方将在反恐领域加强合作。2018年6月，出席在青岛举行的上海合作组织峰会的八国领导人一致认为，上海合作组织扩大国际交往和合作十分重要。各方愿扩大同联合国及其他国际和地区组织的对话和交流，共同致力于促进世界持久和平和共同繁荣。

（七）积极推动阿富汗和平进程

上海合作组织重视阿富汗问题的早日解决。2001年6月，出席在上海举行的上海合作组织成员国国防部长首次会晤的各国国防部长对阿富汗问题久拖不决表示关切，认为通过军事手段无助于冲突的解决，坚决支持联合国及中亚有关国家为解决阿富汗问题所作的努力，呼吁阿富汗各派通过和平谈判实现阿富汗问题的政治解决。2002年6月发表的《上海合作组织成员国元首宣言》指出，中亚安全与阿富汗和平进程的前景紧密相连，成员国将加强相互合作，促进阿富汗战后的政治经济重建。2005年11月“上海合作组织—阿富汗联络组”成立后，成员国积极参与稳定阿富汗安全形势和在其周边构筑“反毒带”行动，努力推动阿富汗经济重建，“真诚地希望帮助阿富汗政府和人民恢复和平与稳定，复兴经济，使阿富汗真正成为独立和中立的国家”。虽然“上海合作组织没有直接参与阿富汗的军事行动，但它却给予在阿富汗的国际联军实实在在的帮助，有时甚至是无法替代的物资运输和军事技术支持”。[②]

应驻阿富汗多国部队请求，上海合作组织成员国向其提供了本国地面设施和物资转运空域，吉尔吉斯斯坦的马纳斯机场供美军及联军所用，塔吉克斯坦和乌兹别克斯坦为法国空军和德国联邦国防军提供基地。[③] 横跨上海合作组织成员国俄罗斯、哈萨克斯坦、乌兹别克斯坦、吉尔吉斯斯坦和塔吉克斯坦的运输线保障了驻阿联军52%的后勤物资补给。俄罗斯和中

---

① [Россия]Рашид Алимов: ШОС не преследует цель ежегодного механического расширения своего состава//ТАСС.18 декабря 2017. http://tass.ru/opinions/interviews/4821092.

② 《哈萨克斯坦总统撰文谈上海合作组织成立十周年》，中新网，2011年6月8日。http://www.chinanews.com/gn/2011/06-08/3098153.shtml（上网时间：2018年4月15日）。

③ [Россия]Татьяна Синицына, главный редактор Инфо ШОС. Афганский тест для ШОС// Информационно-аналитическийцентр. 13.03.2012.

亚的北方运输线成为美国和北约多国部队向阿富汗运送非作战物资的主要通道。自2009年美国同俄罗斯签订空中运输协议以来，共有22.5万美国军人及1500多架军机通过俄罗斯领空进入阿富汗。为推动阿富汗的重建，上海合作组织还实施了一系列社会基础设施和人文项目。[①] 中国成为阿富汗最大投资国，2007年中冶集团赢得投资总额高达30亿美元的开发艾纳克铜矿合同。2011年，由亚洲开发银行出资，乌兹别克斯坦承建的全长75公里、耗资1.29亿美元的海拉顿至马扎里沙里夫铁路大型项目竣工运营。乌兹别克斯坦还在与阿富汗商谈耗资112亿美元修建马扎里沙里夫至赫拉特铁路的可行性。项目完成后，3日内，即可从阿富汗经乌兹别克斯坦的安集延市抵达中国。2018年6月，上海合作组织成员国领导人在《上海合作组织成员国元首理事会青岛宣言》中重申，支持阿富汗政府和人民为维护安全，促进经济发展，打击恐怖主义、极端主义、毒品犯罪所作的努力；强调政治对话和"阿人主导、阿人所有"的包容性和解进程是解决阿富汗问题的唯一出路；呼吁在联合国发挥中心协调作用下加强合作，实现该国稳定与发展。

四、相关法律基础和协调行动机制的建立

17年来，上海合作组织制定了包括政治安全领域在内的一系列法律文件，并建立了包括成员国元首和政府首脑会议等多层级的会议和协调机制，确立了上海合作组织的中远期发展目标和基本任务，为成员国深化政治安全合作提供了法律、制度及机制上的保障。

（一）完善政治安全合作的法律基础

2001年6月，成员国在《上海合作组织成立宣言》中明确指出，为落实《打击恐怖主义、分裂主义和极端主义上海公约》，遏制非法贩卖武器、毒品、非法移民和其他犯罪活动，上海合作组织将制定相应的多边合作文件。而且，上海合作组织成立当天，成员国即签署了《打击恐怖主义、分裂主义和极端主义上海公约》，对恐怖主义作出明确界定，确立了反恐原则及其战略，为成员国深化政治安全合作奠定了坚实的法律基础。此后，成员国又根据形势变化和自身需要相继签署和批准了一系列安全合作文

① [Россия] ШОС:точки роста-Аналитичекий доклад//Информационно-аналитический центр. 14.07.2011.

件，为扩大和深化成员国之间的安全合作、维护地区和平与稳定提供了及时而有力的法律保障。17年来，上海合作组织通过的安全合作法律文件包括以下类别：

1. 综合性安全合作法律文件。如《上海合作组织宪章》（2002年6月）、《上海合作组织成员国长期睦邻友好合作条约》（2007年8月）、《上海合作组织成员国元首关于构建持久和平、共同繁荣地区的宣言》（2012年6月）、《上海合作组织中期发展战略规划》（2012年6月）、《上海合作组织关于应对威胁本地区和平、安全与稳定事态的政治外交措施及机制条例》（2012年6月）、《上海合作组织至2025年发展战略》（2013年9月）、《〈上海合作组织成员国长期睦邻友好合作条约〉实施纲要（2013—2017）》（2013年9月）、《〈上海合作组织至2025年发展战略〉2016—2020年落实行动计划》（2016年6月）、《〈上海合作组织成员国长期睦邻友好合作条约〉实施纲要（2018—2022年）》（2018年6月）。

2. 合作打击“三股势力”方面的法律文件。如《上海合作组织成员国关于地区反恐怖机构的协定》（2002年6月）、《上海合作组织成员国合作打击恐怖主义、分裂主义和极端主义构想》（2005年7月）、《上海合作组织成员国打击恐怖主义、分裂主义和极端主义2007年至2009年合作纲要》（2007年8月）、《关于查明和切断在上海合作组织成员国境内参与恐怖主义、分裂主义和极端主义活动人员渗透渠道的协定》（2006年6月）、《上海合作组织成员国打击恐怖主义、分裂主义和极端主义2007年至2009年合作纲要》（2006年6月）、《关于在上海合作组织成员国境内组织和举行联合反恐行动的程序协定》（2008年8月）、《上海合作组织反恐怖主义公约》（2009年6月）、《上海合作组织成员国反恐专业人员培训协定》（2009年6月）、《上海合作组织成员国打击恐怖主义、分裂主义和极端主义2010年至2012年合作纲要》（2009年6月）、《上海合作组织成员国打击恐怖主义、分裂主义和极端主义2013年至2015年合作纲要》（2012年6月）、《上海合作组织成员国打击恐怖主义、分裂主义、极端主义2013年—2015年合作纲要》（2012年6月）、《上海合作组织成员国打击恐怖主义、分裂主义和极端主义2016年至2018年合作纲要》（2016年6月）、《上海合作组织成员国元首关于共同打击国际恐怖主义的声明》（2017年6月）、《上海合作组织反极端主义公约》（2017年6月）、《上海合作组织成员国打击恐怖主义、分裂主义和极端主义2019年至2021年合作纲要》（2018年6月）。

3. 打击贩毒、非法贩运武器等跨国犯罪方面的法律文件。如《上海合作组织成员国关于合作打击非法贩运麻醉药品、精神药物及其前体的协议》（2004年6月）、《上海合作组织成员国政府间合作打击非法贩运武器、弹药和爆炸物品的协定》（2008年8月）、《上海合作组织成员国政府间合作打击犯罪协定》（2010年6月）、《2011—2016年上海合作组织成员国禁毒战略》及其《落实行动计划》（2011年6月）、《上海合作组织成员国禁毒部门高官会议工作规则》（2012年4月）、《上海合作组织成员国边防合作协定》（2015年7月）、《2018—2023年上海合作组织成员国禁毒战略》及其落实行动计划（2018年6月）、《上海合作组织预防麻醉药品和精神药品滥用构想》（2018年6月）。

4. 信息安全合作方面的法律文件。如《关于国际信息安全的声明》（2006年6月）、《上海合作组织成员国元首关于国际信息安全的声明》（2006年6月）、《上海合作组织保障国际信息安全行动计划》（2007年8月）、《上海合作组织成员国保障国际信息安全政府间合作协定》（2009年6月）、《上海合作组织成员国海关关于利用莫斯科地区情报联络中心案件数据库执法平台渠道全天候联络站开展信息互助的规程》（2018年6月）。

5. 应对流行病等方面开展合作的法律文件。如《上海合作组织成员国元首关于在上海合作组织地区共同应对流行病威胁的声明》（2018年6月）。

上述法律文件形成了上海合作组织在安全合作方面比较完备的法律体系，有效地协调了上海合作组织反恐合作的法律依据与成员国国内相关法律的关系，为上海合作组织长期开展联合执法安全合作奠定了坚实的法律基础，有力地促进了成员国的安全合作有效开展，使上海合作组织框架内的安全合作法律基础更加坚实和完善，极大地提高了成员国安全合作的协调能力和效率。

（二）建立政治安全合作的协调机制

自上海合作组织成立以来，成员国一直在建立和完善上海合作组织各层级的领导和协调机制，有力地确保了政治安全合作的有序进行。上海合作组织不仅解决了中国与俄罗斯和哈萨克斯坦、吉尔吉斯斯坦和塔吉克斯坦之间的边界领土以及边境地区的传统安全问题，还建立起应对威胁地区安全稳定的重大突发事件反应和高效反恐安全合作机制，尤其加强了在情报交流、联合缉捕以及移交恐怖分子等跨国犯罪人员方面的协作。

1. 元首理事会会议。系上海合作组织安全合作的最高决策机构，旨在研究和制定组织安全合作的战略，批准成员国安全合作重要文件和协议。

2. 安全会议秘书会议。系上海合作组织安全合作的协调和磋商机制，主要研究和分析成员国所在地区的安全形势；确定安全合作方向；协调成员国在打击“三股势力”、贩毒、非法武器交易、跨国有组织犯罪等方面的合作；向元首理事会提出开展安全合作方面的建议，协助落实成员国元首峰会通过的安全合作决议等。2004年6月，上海合作组织成员国在乌兹别克斯坦首都塔什干举行首次安全会议秘书会议。截至2018年7月，成员国安全会议秘书会议举行了13次。

3. 地区反恐怖机构（理事会）。系上海合作组织常设执行机构，主要职能是与成员国和国际组织负责打击“三股势力”的有关机构保持工作联系；筹备成员国之间的双边和多边反恐演习，组织协调成员国打击“三股势力”的缉捕和其他侦缉和调查行动；参与准备涉及打击恐怖主义、分裂主义、极端主义问题的国际法律文件草案；收集并分析反恐机构从成员国获取的信息，建立及补充反恐机构资料库；参与建立应对全球挑战与威胁的有效机制；准备及举行学术会议、研讨会、协助就打击恐怖主义、分裂主义、极端主义问题交换信息。自2004年1月地区反恐怖机构在乌兹别克斯坦首都塔什干正式启动以来，该机构已挫败数百起恐怖主义图谋。

4. 最高法院院长会议。2006年9月，首届上海合作组织成员国最高法院院长会议在上海举行。会议深入探讨了成员国共同有效防范和惩治跨国犯罪的制度和措施，以及开展打击“三股势力”等领域的司法合作问题。截至2018年7月，成员国最高法院院长会议共举行了13次。

5. 总检察长会议。上海合作组织成员国总检察长会议是上海合作组织开展司法合作的一个重要平台。2002年10月，上海合作组织成员国首次总检察长会议在上海举行。会议以“加强合作、维护稳定”为主题，围绕打击恐怖主义、分裂主义和极端主义的合作机制、司法改革信息交流途径、检察官的交流与培训等问题进行广泛探讨。截至2018年7月，成员国总检察长会议共举行了15次。

6. 国防部长会议。国防部长会议的职能是加强成员国在军事领域的合作，应对各种挑战和威胁，确保各国军队之间以及与其他强力部门之间在打击恐怖主义、极端主义和分裂主义中的实质性协作。2001年6月，上海合作组织成员国各国防部长在上海举行首次会议。截至2018年7月，成员国国防部长会议共举行了15次。

7. 总参谋长会议。2011年4月，上海合作组织成员国武装力量总参谋长（联合参谋部参谋长）在上海召开首次会议。截至2018年7月，成员国武装力量总参谋长会议共举行了4次。

8. 公安部（内务）部长会议。2009年5月，上海合作组织成员国首次公安和内务部长会议在俄罗斯叶卡捷琳堡举行，会议发表了《上海合作组织成员国首次公安内务部长会议关于打击跨国犯罪的联合声明》，并将2010年“上海世博”安保合作列入上海合作组织下一阶段多边安全合作重要内容。①

9. 紧急救灾部门领导人会议。2002年4月，上海合作组织成员国紧急救灾部门领导人首次会议在俄罗斯圣彼得堡举行。截至2018年7月，成员国紧急救灾部门领导人会议共举行了9次。

10. 禁毒部门领导人会议。2009年5月，上海合作组织成员国禁毒部门领导人首次会议在莫斯科举行。会议对上海合作组织禁毒合作做出周密部署和安排，建立了禁毒部门领导人、高官、专家工作组三级禁毒合作机制，并成立了法律基础、缉毒执法、易制毒化学品管制、减少毒品需求4个专业工作组。截至2018年7月，成员国禁毒部门领导人会议共举行了8次。

11. 边防部门领导人会议。成员国主管机关边防部门领导人会议是上海合作组织边防执法合作的重要平台，也是成员国在执法安全领域的一个重要合作机制。2011年12月，上海合作组织成员国主管机关边防部门领导人第一次会议在中国杭州举行。截至2018年7月，成员国主管机关边防部门领导人会议共举行了5次。

12. “上海合作组织—阿富汗联络组”会议。“上海合作组织—阿富汗联络组”成立于2005年，是上海合作组织与阿富汗建立的重要磋商机制，旨在就推动双方合作提出建议。该机制建立以来先后多次举行参赞级和副外长级会议。

（三）将联合反恐演习作为机制化的安全合作内容

① 赵鸣文：《上海合作组织继续向好发展》，载《国际形势和中国外交蓝皮书》（2009/2010），北京：世界知识出版社，2010年，第71页。

自上海合作组织成立以来，成员国武装力量之间的联合反恐演习和执法部门的联合演练及演训已成为上海合作组织机制化反恐行动的重要组织部分，“联合”“协作”“和平使命”等双边和多边系列联合反恐军演和“东方反恐”“诺拉克—反恐”“团结”和“天山”等执法部门的联合反恐演习和训练成为上海合作组织安全领域合作的机制化内容。截至2018年7月，上海合作组织成员国共举行了13次双边和多边反恐军事演习，15次双边和多边执法部门的反恐演习、训练和联合边防行动。上海合作组织已成为保障安全、稳定和可持续发展的切实因素和现代国际关系结构的支撑。①

（赵鸣文）

① [Россия]Рашид Алимов: ШОС не преследует цель ежегодного механического расширения своего состава//ТАСС18 декабря 2017.

第二节　区域经济合作发展历程

自2001年6月15日上海合作组织成立之日起，经济合作就成为该组织合作的重要内容，受到各成员国的高度重视，并将其视为推动组织发展的重要支柱之一。17年来，上海合作组织区域经济合作先后历经启动、初创、实践发展、深入推进以及扩员后全面发展等五个阶段。在各成员国齐心协力、共同努力之下，上海合作组织区域经济合作取得了令人瞩目的成就。

一、区域经济合作历经五个阶段

从最初提出想法，上海合作组织经历了建章立制、付诸实施、应对国际金融危机、与“一带一路”合作、扩员后全面发展几个阶段，上海合作组织区域经济合作一路走来，披荆斩棘，不断完善，逐步发展。

（一）启动阶段（1998—2001年）

早在“上海五国”时期，经贸合作就成为各国领导人重点讨论的问题。1998年7月，“上海五国”元首在阿拉木图会晤时，提出要相互提供国际通用的贸易条件，以扩大贸易额；鼓励和支持各种形式的地方和边境地区经贸合作以及五国大企业和大公司间的合作；改善各自投资环境，为增加对各国经济项目的投资创造条件。[①] 2000年，“上海五国”元首在《杜尚别声明》中宣布，在平等互利原则基础上，全面鼓励在五国框架内理顺和发展经贸伙伴关系，将“上海五国”的多边协作提高到新的水平。2001年6月15日，上海合作组织成员国元首理事会首次会议在中国上海举行。会上，中、俄、哈、吉、塔、乌六国元首签署了《上海合作组织成立宣言》。《宣言》中提出，上海合作组织将利用各成员国之间在经贸领域互利合作的巨大潜力和广泛机遇，努力促进各成员国之间双边和多边合作的进一步发展以及合作的多元化。自此上海合作组织框架内区域经济合作正式启动。

（二）初创阶段（2002—2006年）

2001年，上海合作组织政府首脑（总理）理事会会议机制建立，承担

---

① 孙壮志、张宁：《上海合作组织的经济合作：成就与前景》，载《国际观察》2011年第3期，第15页。

了规划、推动经济合作的主要职责。2002—2006年，上海合作组织成员国总理举行多次会晤，制定了一系列经济合作的基础性文件，明确了区域经济合作发展目标，进行了经济合作机制化建设，为务实合作的展开提供了制度保障。

1. 制定法律基础文件

第一,《上海合作组织宪章》。这是指导组织发展的纲领性文件，于2002年6月7日在圣彼得堡举行的成员国元首第二次峰会上通过。宪章指出:“支持和鼓励各种形式的区域经济合作，推动贸易和投资便利化，以逐步实现商品、资本、服务和技术的自由流通；有效使用交通运输领域内的现有基础设施，完善成员国的过境潜力，发展能源体系。”

第二,《上海合作组织成员国间关于区域经济合作的基本目标和方向及启动贸易投资便利化进程的备忘录》。备忘录于2001年9月阿拉木图总理会晤时签署，确定了上海合作组织区域经济合作的基本目标：发挥成员国经济互补性优势促进经济共同发展；扩大贸易和投资规模；改善贸易和投资环境，为逐步实现商品、资本、服务和技术的自由流动创造条件；根据各国现行法律鼓励和支持成员国行政区域间建立多种形式的联系；有效利用现有基础设施，进一步开发过境运输潜力；发展服务贸易合作；合理利用自然资源，联合实施生态规划和项目；建立和发展区域经济合作机制。同时明确了实施贸易投资便利化的途径：分步骤消除贸易和投资壁垒；为货物和旅客的运输，包括过境运输，提供法律、经济、组织等保障；建设口岸基础设施；协调商品和技术标准；扩大法律法规信息交流；吸引和保护相互投资。

第三,《上海合作组织成员国多边经贸合作纲要》。该纲要于2003年9月北京总理会晤时签署。该纲要明确了区域经济合作的目标、任务和措施，为区域经济合作的长远发展奠定了坚实的法律基础。主要内容是：确定互利的经济和科技合作；在世界贸易组织框架内相互协作；制定经济合作的专项规划和投资项目，建立良好的投资环境，提高贸易和投资政策的透明度；加强各成员国银行间合作和金融信贷关系；加强交通运输和通讯合作；加强标准化合作；完善海关程序；逐步消除相互贸易中的关税和非关税壁垒；加强在能源网络、油气开发和加工、地质勘探、改造运输体系、电信技术、农业及农产品、加工业、创新技术法、生态平衡保护等领域的合作。

第四，《（多边经贸合作纲要）实施措施计划》。为推动多边经贸合作纲要的落实，2004年9月比什凯克总理会晤时签署了实施措施计划，涵盖了上海合作组织六国在贸易投资领域、海关领域，采用技术规程、标准和评定合格程序领域，金融、税收和创新领域，交通、能源、农业、科学和新技术领域，信息和电信高技术领域，环保及卫生、教育和旅游领域等11个重要领域的合作，总共涉及127个具体项目，并根据分阶段原则确定了落实机制及项目的执行方案。

2. 开启机制化建设

继上海合作组织总理会议机制成立后，2002年5月，上海合作组织建立了成员国经贸部长会议作为区域经济合作的主要协调机制。2002年10月，交通部长会议成立。2003年9月，上海合作组织又成立了经贸部长会议高官委员会和海关、质检、电子商务、投资促进、发展过境潜力、能源、信息和电信七个重点合作领域专业工作组。中国牵头电子商务工作组，俄罗斯牵头海关工作组、能源工作组，哈萨克斯坦牵头技术规则标准和合格评定程序应用工作组，塔吉克斯坦牵头投资促进工作组，乌兹别克斯坦牵头发展过境潜力工作组、吉尔吉斯斯坦牵头现代信息和电信技术工作组。高官委员会和专业工作组担负着落实峰会及总理会议在经贸领域的决议，协调和推动区域经济合作进程的重要任务。2005年，上海合作组织实业家委员会成立。2006年，上海合作组织成员国银行间联合体建立，并制定了《上海合作组织银行联合体成员关于支持区域经济合作的行动纲要》。实业家委员会和银行间联合体的创建，为促进各国实业界合作及相互投资创造了便利条件。

至此，上海合作组织区域经济合作已基本形成了良好的运作模式：元首会晤机制确定优先合作方向和战略目标；总理会晤机制将区域经济合作作为主要议题之一予以研究推动；经贸部长机制协调和落实区域经济合作中的具体问题和项目，经贸高官会议和专业工作组分领域推进合作项目的确定与实施。[1]

3. 确定区域经济合作目标

早在2001年，上海合作组织成员国首次政府首脑会议曾提出，经济合作的总体目标是："顺应经济全球化和区域经济一体化趋势，发展上海合作

---

① 须同凯：《上海合作组织区域经济合作》，北京：人民出版社，2010年，第16页。

组织框架内的区域经济合作，增强本地区经济实力，提高本地区在世界政治、经济格局中的地位。”①

中国率先提出区域经济合作“三步走”设想，即贸易投资便利化、加强经济技术合作，实现区域内货物、资本、技术和服务的自由流动。《上海合作组织成员国多边经贸合作纲要》将“三步走”设想转换为近、中、远期发展目标。

近期目标是积极推动贸易投资便利化进程。共同制定落实多边协议、法律措施，建立和发展经贸投资的信息空间；确定经贸合作优先领域和示范项目并付诸实施。

中期目标（2010年前）是共同努力制定稳定的、可预见的、透明的规则和程序，在上海合作组织框架内实施贸易投资便利化，并以此为基础在《上海合作组织宪章》和《上海合作组织成员国政府间关于区域经济合作的基本目标和方向及启动贸易投资便利化进程的备忘录》规定的领域内展开大规模多边经贸合作，制定共同规划并建立优先发展方向支持体系，加强区域经济合作。

长期发展目标（2020年前）是致力于在互利基础上最大程度地利用区域资源为贸易投资创造有利条件，逐步实现货物、资本、服务和技术的自由流动。②

4. 以能源合作为突破口带动区域经济合作

这一时期，上海合作组织能源合作成果比较突出，推动了区域经济合作进程。2004年5月，中国与哈萨克斯坦签订了《关于从哈萨克斯坦阿塔苏至中国阿拉山口原油管道建设基本原则协议》，哈中输油管线西起哈萨克斯坦的阿塔苏镇，终点至中哈边界阿拉山口口岸的计量站，全长962.2公里。2006年7月，这条输油管线开始向中国供油。2005年，中国获得对乌兹别克斯坦乌布哈拉—希瓦油气区块及乌斯纠尔特油田的23个油气区块的先期勘探和油气开采权。同年，中国和哈萨克斯坦签署了中国石油公司参与里海达尔汗区块开发的谅解备忘录和中哈开展天然气管道项目可行性研究协议等文件。2006年12月，中国与哈萨克斯坦签署了《中哈政府关于

---

① 《顺应时代潮流，弘扬“上海精神”——上海合作组织文献选编》，北京：世界知识出版社，2002年，第277页。

② 刘华芹：《新时期进一步推进上海合作组织区域经济合作的思考与建议》，载《国际贸易》2011年第5期，第61页。

对通过中哈边境管道运输能源的海关监管协定》《中国石油公司与哈国家石油天然气股份公司关于中哈原油管道二期工程建设的基本原则协议》等11项协议。此外，中国企业收购哈萨克斯坦石油、内森斯石油公司，以及中亚油气管线的建设与规划，为上海合作组织能源合作增添亮色。

（三）巩固发展阶段（2007—2011年）

2007—2011年，上海合作组织进入第二个五年，也是区域经济合作机制进一步完善与务实合作全面开展阶段。这一阶段，一个重要背景就是国际金融危机的爆发。2008年，由于美国次贷危机的爆发引发全球金融海啸，世界各国经济都不同程度地遭受到了冲击。上海合作组织国家也未幸免。为应对国际金融危机，上海合作组织成员国进一步完善经济合作机制，在推动区域经济一体化方面达成诸多共识，同时积极采取措施加强双边和多边合作，抱团取暖、相互扶持，有效应对了国际金融危机，经济合作也取得阶段性成果。

1. 进一步完善区域经济合作机制

第一，总理会议推动区域经济合作持续展开。2007年11月2日，第六次总理会议在塔什干举行，与会各国领导人一致强调，深化和扩大务实合作，实现共同发展是成员国的共同愿望和目标，是上海合作组织不断发展的关键所在。2008年10月30日，第七次总理会议在阿斯塔纳举行，修订了《〈上海合作组织成员国多边经贸合作纲要〉落实措施计划》。2009年10月14日，第八次总理会议在北京举行，强调要共同应对国际金融危机，有效利用上海合作组织这一重要平台，加强宏观经济金融政策协调，加快实施能源、交通、通信领域网络型项目，积极推动新兴产业合作，培育新的经济增长点，维护开放自由的贸易投资环境。2010年11月25日，第九次总理会议在杜尚别举行。各成员国领导人就深化区域合作，恢复经济活力和确保可持续发展深入交换了意见，达成广泛共识。可以看出，这一时期的总理会议主题主要是围绕着应对全球经济危机，推动地区经济持续发展，为国际金融危机背景下上海合作组织各成员国经济发展及经济合作指明了方向。

第二，颁布了新的经济合作基础性文件。2009年10月，上海合作组织第八次总理会议通过了《上海合作组织成员国关于加强多边经济合作、应对全球金融危机、保障经济持续发展的共同倡议》，明确了17个合作重点，即加强各成员国海关部门在信息交换、改善口岸基础设施等领域的合作；

全力推动投资合作和实施共同项目；加强在技术规程、标准和合格评定程序方面的工作；对区域经济合作现状和前景进行监测分析；协助解决贸易安全与产品质量问题；继续推进同观察员国、对话伙伴及相关国家经贸往来；进一步推动基础设施合作；加强上海合作组织银行联合体作用，促进银行和金融领域的合作；定期开展农业领域先进经验和技术交流等。

第三，启动财金、科技、农业合作机制。2009年12月9日，上海合作组织在阿拉木图召开了第一次财长和央行行长会议，标志着财长会议机制和央行会议机制正式确立。该会议召开的初衷虽然是应对国际金融危机，但在之后的上海合作组织经贸合作进程中在推动双边及多边金融务实合作、扩大成员国间双边本币结算、筹划建立上海合作组织开发银行和专门账户，进一步促进区域贸易和投资发展，提高应对外来不利冲击和抵御风险能力等方面发挥了重要作用。随着区域经济合作的深入，2010年上海合作组织又相继成立了农业部长会议机制、科技部长会议机制，进一步加强了区域经济合作机制保障。

2. 这一阶段区域经济合作的特点

一是区域贸易实现重大突破。成员国之间的经贸合作极大地促进了区域贸易发展。根据各成员国官方统计，2011年上海合作组织成员国对外贸易额达4.65万亿美元，比2001年的6720亿美元增长近7倍，① 同期中国对上海合作组织其他五个成员国的贸易额从2001年的121亿美元增至2011年的1134亿美元，增幅达8.37倍。② 初步实现了中国领导人在2006年提出的将中国与该组织成员国的贸易额提高到800亿—1000亿美元的目标。

二是经济技术合作成为亮点。2006—2011年，在中国政府和银行的信贷资金支持和带动下，上海合作组织成员国经济技术合作不断加强，电信、交通、水利、电力、生产加工、工程承包等领域表现尤为突出。中国援助塔吉克斯坦的220千伏输变电工程、500千伏南北输电线路项目、塔乌公路及中哈第二条铁路、中哈马伊纳克水电站等工程陆续竣工。中国公司参与的中塔公路、中国西部—欧洲西部公路取得积极进展，中吉光缆项目已先期完工，连接本地区的基础设施网络正逐步形成。

三是贸易便利化崭露头角。成员国在海关程序、商品检验检疫、过境

---

① 数据来源：国际贸易中心数据库：http://trademap.org/2012。

② 李进峰：《上海合作组织15年发展历程回顾》，载《俄罗斯学刊》2017年第6期，第45页。

运输、电子商务、通信等领域都不同程度地落实了一些便利化措施。2011年中哈霍尔果斯边境合作中心正式运营，是上海合作组织贸易投资便利化的标志性事件。

四是能源领域合作成果丰硕。上海合作组织成员国围绕《上海合作组织多边经贸合作纲要》确立了19个能源合作项目。2007年5月，俄罗斯、哈萨克斯坦、土库曼斯坦、乌兹别克斯坦四国总统达成统一意见，拟共同建设中亚地区规模最大的天然气输送设施。[①] 哈萨克斯坦通往中国的“阿塔苏—阿拉山口”石油管线一期工程、中哈天然气管线一期工程、中国—中亚天然气管线工程、俄罗斯远东斯科沃罗季诺到中国大庆的“中俄原油管道”等工程陆续竣工，标志着上海合作组织成员国双边、多边能源合作取得重大进展。

（四）深入推进阶段（2012—2017年）

2012年到2016年，上海合作组织制定了中期发展蓝图，经济领域除继续完善合作机制及相关文件外，更加关注和推动贸易投资便利化。2013年以来，“一带一路”倡议的提出及实践，也为上海合作组织区域经济合作注入新的动力。

1. 继续制定经济合作规划文件

这一阶段，上海合作组织相继出台了《上海合作组织中期发展战略规划》（2012年6月）、《上海合作组织成员国政府间国际道路运输便利化协定》（2014年9月）、《上海合作组织至2025年发展战略》（2015年7月）、《上海合作组织政府首脑关于区域经济合作的联合声明》（2015年12月）、《2017—2021年进一步推动项目合作的措施清单》（2016年10月），为上海合作组织深化经贸投资合作，促进成员国可持续发展，提高各国人民生活福祉发挥了重要作用。其中，《上海合作组织政府首脑关于区域经济合作的联合声明》强调要以发展基础设施建设、产能投资为优先发展方向，扩大双、多边经贸合作，推动区域经济一体化。该声明的发表，标志着上海合作组织区域经济一体化取得重大进展。

2. 贸易投资便利化成为重点

第一，在制度保障方面，2015年9月，上海合作组织贸易便利化工作

---

① 孙永祥：《上海合作组织能源合作的进展及问题》，《亚太安全与海洋研究》，2009年第5期，第21页。

组成立，之后召开三次会议，为深入推进区域贸易便利化发挥了重要作用。第二，基础设施领域。2014年各成员国签署的《上海合作组织成员国政府间国际道路运输便利化协定》标志着区域便利化迈出重要一步，有利于进一步推动区域互联互通，提升成员国间经贸合作水平。同时，中—吉—乌公路，塔—乌公路等项目稳步推进，新一批多方参与、共同受益的示范性项目陆续付诸实施，上海合作组织地区道路运输网络加速形成。第三，陆续出台了一系列海关合作文件，包括《上海合作组织成员国海关关于加强知识产权保护合作备忘录》（2012年）、《上海合作组织成员国海关关于发展应用风险管理系统合作的备忘录》、《上海合作组织成员国海关执法合作议定书》（2014年），为提升成员国间海关合作水平创造了条件。

3. 上海合作组织成为“一带一路”与欧亚经济联盟对接以及与沿线国家发展战略对接的主要平台

2013年中国提出“一带一路”建设倡议，面向整个欧亚地区，上海合作组织6个成员国均在其覆盖范围内。倡议一经提出，得到上海合作组织成员国积极响应。哈萨克斯坦、乌兹别克斯坦、吉尔吉斯斯坦、塔吉克斯坦等国纷纷将本国发展战略与“一带一路”进行对接，直接带动了上海合作组织区域经济合作的发展。2015年5月，中俄发表《关于丝绸之路经济带建设和欧亚经济联盟建设对接合作的联合声明》，2017年10月，中国商务部与欧亚经济委员会签署《关于实质性结束中国与欧亚经济联盟经贸合作协议谈判的联合声明》，对接取得阶段性成果，也丰富了上海合作组织区域经济合作的内容，将带动整个欧亚大陆发展与繁荣。

（五）扩员后全面发展新阶段（2017年至今）

2017年6月阿斯塔纳峰会上，上海合作组织成功实现扩员，吸纳印度和巴基斯坦为正式成员国，给上海合作组织经济合作注入动力，推动区域经济合作进入新的发展阶段。

2018年青岛峰会是上海合作组织扩员后召开的首次峰会，通过了多份务实合作文件，涉及贸易便利化、粮食安全、海关协作等众多领域，助推各成员国间的合作进一步走深走实。其中突出有三点：其一，继续推动区域贸易便利化。峰会期间，各成员国元首共同发表了《关于贸易便利化的联合声明》，表示将通过简化海关程序、减少货物进出口手续、提高透明度等方式，推动各成员国之间贸易便利化的进程，促进贸易的增长。其二，加大力度支持中小企业合作。各成员国签署了促进中小微企业合作的谅解备忘录，将通过支持展览论坛，组织研讨和培训等方式，推动各国中小微企业开展电子商务、创新研发等领域的合作，激发区域经济合作的潜力。其三，中国为上海合作组织区域经济合作贡献自己的力量。习近平主席在峰会上表示，中国政府支持在青岛建设中国—上海合作组织地方经贸合作示范区，并将设立“中国—上海合作组织法律服务委员会”为经贸合作提供法律支持。中国还将在上海合作组织银行联合体框架内设立300亿元人民币等值专项贷款，助推经济合作项目的实施。

二、区域经济合作发展成果

自2001年上海合作组织成立至今，区域经济合作经过了上述5个阶段的发展，取得了丰硕成果。

（一）区域经济实现快速增长

2001—2017年间，上海合作组织成员国经济大幅增长，成为世界经济发展的一大亮点。2017年上海合作组织6个成员国（中、俄、哈、乌、吉、塔）GDP总额约为12.63万亿美元，比2001年的1.67万亿美元增长了7.56倍。[①] 2017年中、俄、哈、乌、吉、塔六国GDP比2001年分别增长9.1倍、4.8倍、7.1倍、7.2倍、4.7倍、6.58倍，均实现跨越式增长，增幅皆高于同期全球经济增长速度。此外，2017年新加入的成员印度、巴基斯坦GDP分别为24390亿美元、3044亿美元，同比增长7.2%和5.3%，亦保持着上升势头。总之，经过多年发展，上海合作组织各成员国经济实力大幅提高，对世界经济影响力进一步增强。

（二）区域贸易规模迅速扩大

自上海合作组织成立以来，无论区域整体贸易，还是成员国之间的贸易额均实现高速增长。[②] 2017年上海合作组织6个成员国贸易总额为4.90万亿美元，2001年这一数字则为6720亿美元，增加了7.2倍。[③] 其中，中、俄、哈、乌、吉、塔六国的贸易额分别比2001年增长8.2倍、3.73倍、3.7

① 中、俄、哈、乌、吉、塔2001年GDP值参见其统计局网站，2017年GDP值参见国际货币基金组织网站，“World Economic Outlook Database 2017”，倍数由作者计算而得（上网时间：2018年4月15日）。

② 刘华芹：《深化上海合作组织区域经济合作构想》，载《俄罗斯东欧中亚研究》2014年第1期，第32页。

③ 参见中、俄、哈、乌、吉、塔统计局网站，总和由作者计算而得。

倍、4.5倍、5.9倍、2.6倍。[①]印、巴加入后，2017年上海合作组织成员国贸易总额则达到5.719万亿美元，[②]区域贸易规模进一步扩大。

成员国间贸易联系日益加强，相互成为主要贸易伙伴。2017年，中国与各成员国贸易额达2168.96亿美元。[③]其中，中国成为俄、吉、印、巴、乌第一大贸易伙伴，哈、塔第二大贸易伙伴。中俄、中印双边贸易额分别占中国与上海合作组织成员国贸易总额的38.7%和39.4%。（见表1）与此同时，上海合作组织其他成员国的贸易额在各成员国进出口贸易额中的比重均不同程度上有所上升，区域内贸易比重明显增加显示了区域经济合作的成效。

表1 2001—2017年中国与上海合作组织成员国贸易额一览表

（单位：亿美元）

年份	2001	2006	2012	2014	2015	2016	2017
中俄	106.71	333.92	881.63	884.00	642.00	695.25	840.95
中哈	8.25	83.64	256.8	171.82	105.67	78.83	180.00
中乌	0.58	9.72	28.75	42.71	31.75	36.16	34.89
中吉	0.85	2.83	12.72	12.34	10.65	15.48	54.48
中塔	0.11	3.24	6.69	25.24	18.47	8.85	13.7
中印	—	—	—	—	—	—	844.07
中巴	—	—	—	—	—	—	200.87

数据来源：各成员国统计部门网站，其中2017年中国与各成员国贸易额数据来自中国海关统计。

（三）区域投资稳步推进

随着上海合作组织成员国经济快速增长以及区域经济合作的发展，成员国的投资潜力逐渐显现出来，对于外部资金的吸引力不断增强，区域吸引外资的规模呈现快速上升势头。2017年，上海合作组织6个成员国外商直接投资（FDI）流量总额为1787.71亿美元，比2003年的636.99亿美元增

---

① 参见中、俄、哈、乌、吉、塔统计局网站，总和由作者计算而得。

② 中、俄、哈、乌、吉、塔统计局网站及中国驻印度经商参赞处、驻巴基斯坦经商参赞处网站（上网时间：2018年4月15日）。

③ 中国海关统计网站，http://www.chinacustomsstat.com/aspx/1/NewData/Record_Class.aspx?id=3338&currency=usdhttp://www.chinacustomsstat.com/aspx/1/NewData/Record_Class.aspx?id=3338&currency=usd（上网时间：2018年4月16日）。

长2.8倍。[①] 在外资流入加快的同时，成员国之间的相互投资也大幅增长。据中国商务部统计，截至2018年3月底，中国对上海合作组织成员国各类投资存量约为840亿美元。目前，中国已成为乌、吉、塔第一大投资来源国，成为俄、哈第四大投资来源国。与此同时，上海合作组织各成员国对华投资日渐活跃。截至2017年底，各成员国对华投资总额累计达20.75亿美元。投资合作带动数百个能源、交通和农业等项目顺利推进，中国在上海合作组织成员国工程承包累计合同额2133亿美元，累计营业额1530亿美元。此外，相互投资领域、投资方式和投资主体呈多元化态势。投资领域由资源开发、农业、加工业扩大到基础设施建设、机械制造业、服务业等；投资形式方面，除直接投资外，还有中长期贷款、股权、财务投资、合资基金及对外援助等多种形式；[②] 从投资主体看，为数众多的大型企业和中小企业亦积极参与了区域经济合作。区域投资合作规模的扩大极大地带动了区域经济合作和区域贸易的发展。

（四）贸易便利化取得明显进展

互联互通建设成效大。一系列互联互通项目在俄、哈、乌、塔等国“开花结果”，中欧班列、双西公路、安格连—帕普铁路卡姆奇克隧道、“达特卡—克明”项目、艾尼—朋吉肯特高速公路和瓦亚铁路项目等一批示范性基础设施领域项目顺利完成，地区能源、交通、电信等网络初显轮廓。

海关通关、支付结算、检验检疫等方面的便利化皆取得进展。成员国就推动上海合作组织信息高速公路和利用电子签名进行跨境电子合作示范性项目达成共识，极大地提高了双边及多边贸易的便利性。中国与俄、哈、塔、巴还签订了双边本币互换协议。2017年3月，中国工商银行（莫斯科）股份有限公司在莫斯科正式启动人民币清算服务，进一步便利人民币在中俄经贸中的使用，也为中国与其他成员国在经贸合作中使用本币结算起到示范作用。

（韩璐）

---

① 中国FDI数据来自中国投资指南网，俄、哈、吉FDI数据来自三国央行网站，其中，吉FDI是2017年1—9月的5.03亿美元，乌、塔数据来自中国驻乌、塔经商参赞处网站，塔FDI是2017年1—6月的5.28亿美元。

② 孙博：《上海合作组织经济合作浅析》，《第二届今日财富论坛论文集》，2016年5月，第1页。

第三节　金融合作发展历程

一、上海合作组织金融合作概况

金融合作是推动上海合作组织区域经济一体化的后盾。通过密切的金融合作，可促进上海合作组织成员国重大基础设施建设、产业发展和经济结构转型。通过区域金融制度安排，可有效防范金融风险和应对金融危机。上海合作组织成立17年以来，金融合作逐渐加强，各国对区域金融合作的态度积极，政府、中央银行、商业银行、政策性银行等不同层面都展开了合作。主要包括：设立了上海合作组织银行间联合体（银联体）机制，中国、俄罗斯在上海合作组织框架内向成员国提供优惠、政策性及商业资金支持，与各国开展了货币互换等。

上海合作组织银行间联合体于2005年10月成立，目前成员行有：中国国家开发银行（开行）、俄罗斯发展与对外经济活动银行（外经银行）、哈萨克斯坦开发银行、乌兹别克斯坦国家对外经济活动银行（外经银行）、塔吉克斯坦国家储蓄银行、吉尔吉斯斯坦结算储蓄银行（RSK银行）、巴基斯坦哈比银行。对话伙伴行包括白俄罗斯银行和蒙古国开发银行。通过银联体机制，各国金融机构不断深化合作，加强对多双边项目融资规划，探索综合运用贷款、股权、担保等方式，为区域经济提供全面金融服务，积极支持各国能源、基础设施、中小企业、农业等领域的项目建设，为各国增强经济发展动力、增加就业、改善民生作出了重要贡献。

在积极推进银行间合作的基础上，上海合作组织成员国不断深化货币合作，开展境外央行或货币当局的本币互换合作。2009年4月，中国正式启动跨境人民币结算试点。中国人民银行与俄罗斯联邦中央银行签订了新的双边本币结算协定，与塔吉克斯坦正式启动跨境结算业务。各方致力于增加跨境贸易本币结算比例，构建覆盖全中亚的支付结算系统。截至2017年7月，中国已经同包含上海合作组织成员国、观察员国以及对话伙伴国在内的9国，即白俄罗斯、乌兹别克斯坦（已失效）、蒙古国、哈萨克斯坦、巴基斯坦、土耳其、斯里兰卡、俄罗斯、塔吉克斯坦签署过双边本币互换安排。尤其是中俄在货币互换方面近年步伐走得较快。2014年10月，中俄两国央行签署了双边本币互换协议，有效期3年，经双方同意可以展期，资金规模为1500亿元人民币，为俄罗斯公司获得人民币、中国企业获得卢布打开一条绿色通道。

上海合作组织区域的投融资主体呈现多元化趋势。中国进出口银行通过优惠贷款资助了上海合作组织国家的大量项目，取得良好效果。此外，上海合作组织地区还成立了多边金融机构和基金，如欧亚开发银行，中国—欧亚经济合作基金等，为各国项目提供了支持。

在优惠贷款方面，中国进出口银行积极为上海合作组织地区合作项目提供金融支持和服务。截至2018年一季度，进出口银行已为印度、哈萨克斯坦、吉尔吉斯斯坦、巴基斯坦、俄罗斯、塔吉克斯坦、乌兹别克斯坦7个上海合作组织成员国提供了贷款支持，余额超过2500亿元人民币，涉及交通运输、制造、科学研究与技术服务等各个方面。重点支持大项目有：巴基斯坦拉合尔橙线轨道交通项目、乌兹别克斯坦卡姆奇克隧道项目、塔吉克斯坦杜尚别二号热电厂项目、俄罗斯下列宁斯阔耶铁路大桥项目，以及中白高新科技产业园等。这些项目对所在国经济和地区一体化都起到巨大推动作用。如，进出口银行支持的“安格连—帕普”铁路卡姆奇克隧道项目于2016年竣工通车，这是中亚最长的隧道，被称为“总统一号工程”，使乌兹别克斯坦人口密集的费尔干纳地区与首都连接在一起，极大改善了当地居民的出行难题，未来还将成为中国—乌兹别克斯坦—吉尔吉斯斯坦铁路的一部分。习近平主席评价该项目是“中乌共建‘一带一路’的重大成果，也是中乌两国人民友谊与合作的新纽带”。除为各国直接提供金融支持和服务外，进出口银行还与来自上海合作组织成员国的多家银行建立了代理行关系，为多个项目提供了联合融资。[①]

欧亚开发银行。2006年1月，由俄罗斯和哈萨克斯坦发起成立，旨在促进成员国市场经济发展和扩大双边经贸联系，向成员国提供资金支持。该银行法定资本金70亿美元，成员国首批出资15亿美元。2009年，亚美尼亚和塔吉克斯坦加入，白俄罗斯、吉尔吉斯斯坦分别于2010和2011年加入。已经先后向成员国项目融资69亿美元。

中国—欧亚经济合作基金。2013年11月，李克强总理在上海合作组织塔什干政府首脑会议期间提出，中方愿设立面向本组织成员国、观察员

---

① 《用金融服务讲好“上合故事”——中国进出口银行创新金融服务推动，上海合作组织成员国共同发展》，载《人民日报》2018年6月12日。

国、对话伙伴国等欧亚国家的中国—欧亚经济合作基金。[①] 2014年9月，中国—欧亚经济合作基金启动。主要发起人为中国进出口银行和中国银行。基金规模为首期10亿美元，未来可扩展至50亿美元。宗旨是深化上海合作组织区域经济合作，推动丝绸之路经济带建设，提升中国与欧亚地区国家经济合作水平。

另外，亚洲基础设施投资银行（AIIB）、金砖框架下的新开发银行（NDB）、丝路基金等也是为上海合作组织成员国提供融资的重要金融机构。

在取得这些成就的同时，客观评价上海合作组织金融合作，不难发现一些问题。例如，上海合作组织的几个国家尚未形成完善的金融市场，开放程度低，普遍存在进入壁垒，对外资银行引进和投资都有严格的限制；金融机构比较单一，银行是绝对主体，融资模式以银行的间接融资为主，资本市场短缺；金融监管以中央银行的行政监管为主要手段，政府色彩浓重；融资效率低，融资成本高；金融法律体系不健全等。这些情况均需要发挥开发性金融的作用，通过开发性金融机构间的合作，带动本国金融市场的发展，开展市场建设、信用建设、企业法人建设，在政府和市场之间搭起一座桥梁，增加金融市场发展的吸引力，打通上海合作组织区域经济发展的瓶颈。

二、上海合作组织金融合作机制建设

上海合作组织金融合作机制有三部分组成，一是元首、政府会晤机制；二是财长和央行行长会晤机制；三是银联体务实合作机制。

（一）上海合作组织元首和政府首脑会晤为金融合作定基调

在国家元首和政府首脑发表的联合文件中，除就当时区域和国际上发生的重大事件表达看法外，还会对上海合作组织区域金融合作提出方向性指导意见。近年来，随着上海合作组织经济合作的深入发展，元首们关于金融领域合作的设计与安排不断增多。如，2018年《青岛宣言》提出，“成员国支持进一步深化金融领域务实合作，研究扩大本币在贸易和投资中使用的前景”，“加强金融监管交流，在宏观审慎管理和金融机构监管等方面

① 塔什干：《李克强在上海合作组织成员国总理第十二次会议上的讲话》，载《人民日报》2013年11月30日第1版。

进行合作，为金融机构和金融服务网络化布局提供便利的准入安排和公平监管环境具有现实意义。”

（二）财长和央行行长会议机制是成员国财政金融主管部门沟通交流的重要平台

该机制为非定期会晤机制，截至目前共举行了3次会议。2009年12月9日，首届上海合作组织成员国财长和央行行长会议在哈萨克斯坦阿拉木图市举行。与会各国介绍了各自经济社会形势，并就如何共同应对国际金融危机等交换了意见。中国财政部部长谢旭人和中国人民银行副行长马德伦率团参加了会议。谢旭人指出，在全球经济复苏仍面临很大不确定性的背景下，成员国应提高宏观经济政策的协调性、时效性和前瞻性，推动贸易和投资自由化，反对和抵制各种形式的贸易保护主义。

2012年5月16—17日，上海合作组织第二次财长与央行行长会议在北京举行。会议由中国财政部长谢旭人、人民银行行长周小川共同主持。各方就全球及区域经济形势、深化上海合作组织财金合作的重大问题交换了意见。

2016年9月29日，上海合作组织第三次财长和央行行长会议在吉尔吉斯斯坦首都比什凯克举行，中国财政部副部长史耀斌和人民银行行长助理张晓慧率团出席。会议主要就上海合作组织成员国经济中期发展和加快经济增长政策、成立上海合作组织开发银行和发展基金（专门账户）等议题进行了讨论。

（三）银联体是上海合作组织金融务实合作最主要的平台

上海合作组织银联体按照市场化原则，依托成员国政府推动和企业广泛参与，形成适合本地区特点的多领域、多样化融资合作模式，共同为上海合作组织框架内的合作项目提供融资支持和金融服务。鉴于银联体是上海合作组织金融合作最主要的平台，本节也将重点介绍银联体的情况。

为确保银联体有效运行，在各成员行的共同努力下，上海合作组织银联体先后建立了理事会、协调员会、高官会以及交流培训等一整套工作和交流机制。1. 设立银联体理事会（董事长/行长级）、协调员会（副行长级）、高官会（司局级）三级工作机制；2. 每年在上海合作组织元首峰会前夕召开理事会会议，年初或年底在三亚召开银联体研讨会（董事长/行长级，“不打领带”非正式会议）；3. 工作语言为俄文和中文；4. 主席行轮值规则与上海合作组织主席国保持一致，即按照国家俄文字母顺序排序。每年10月26日为主席行正式更替日。

银联体成立13年来，通过高官会、协调员会、理事会及三亚研讨会的形式，加强政策沟通，凝聚合作共识，确定重点领域，积极探索以开发性金融理念和方法为核心、以市场化和商业化为原则的融资合作方式，为深化上海合作组织的投融资合作发挥了关键性作用，有力地促进了区域经贸合作发展。

此外，银联体注重人员培训和信息交流，推广和分享开发性金融理念和经验，基本实现了培训交流的专业化、制度化。来自上海合作组织成员国政府部门、金融机构和重点合作行业机构的负责人、业务骨干和专家共计近3000人次参加了国家开发银行组织的各类研讨交流活动。另外，“开行奖学金”资助了上海合作组织国家91名优秀青年来华参加长期汉语学习以及硕士、博士深造；国家开发银行还以“奖励金”形式在北大、清华等国内7所重点高校奖励了46名优秀留学生。

三、上海合作组织银联体的发展历程

（一）上海合作组织银联体成立

1. 筹划阶段。立足于对上海合作组织经济合作的思考，2004年新年伊始，时任国家开发银行行长陈元与上海合作组织秘书长张德广会谈时提出，应该建立恰当的金融合作机制，整合资源，解决区域内重大项目的融资问题。国家开发银行表示，愿意在建立上海合作组织金融合作机制方面多做工作。但是，上海合作组织金融合作机制的创立并非一帆风顺。起初上海合作组织各方设想成立的是“上海合作组织发展基金”。2004年6月，中方在上海合作组织塔什干峰会上提出了成立发展基金的倡议，但由于各方政府未能对基金金额、用途、来源等问题达成一致，设立上海合作组织发展基金的计划被搁置。2005年3月底，情况出现转机。陈元行长与俄罗斯外经银行行长德米特里耶夫会面，双方均认为，如果成立一个涉及6国的实体组织，仅前期各种法律文件的协定谈判可能需要2~3年。而成立区域银行联合体的合作机制会是一种更为灵活机动的合作形式。于是，中俄双方共同提出倡议，由上海合作组织成员国各指定一家银行为代表，成立银行间联合体，依托政府的协调，按照市场方式运作，共同为上海合作组织框架内的合作项目提供融资支持。

中俄的倡议得到各方的支持，随后国家开发银行研究起草了建立银联体的协议草案，征求了国内金融部门意见并同上海合作组织成员国有关银行进行了沟通。成立银联体的建议也得到了上海合作组织秘书处的肯定。上海合作组织秘书长张德广在当年5月份商务部召开的研讨会上提出："在金融合作方面，应先做一点事情，然后逐步完善。只有解决了金融问题，大项目才能得到落实。我认为，国家开发银行和俄罗斯外经银行提出了成立银行联合体的方案，是条件成熟的合作方式，可以先落实。"

2. 落地阶段。[①] 2005年7月，在出席上海合作组织阿斯塔纳峰会时，胡锦涛主席向各成员国元首正式提出："要加强协调，加大投入，有步骤有重点地执行多边经贸合作纲要及其落实措施计划，尽快建立银行联合体，积极探索多边和双边相补充、政府和企业相结合的合作模式，推动上海合作组织同国际金融机构建立联系、开展合作，为深化经济合作创造有利条件。"这一建议得到了与会各国领导人的积极响应。8月，各方就银联体协议文本初步达成一致。

经过一段时间的紧张筹备，2005年10月26日，在上海合作组织总理第四次会议上，上海合作组织成员国政府授权的中国国家开发银行、俄罗斯外经银行、哈萨克斯坦开发银行、乌兹别克斯坦外经银行和塔吉克斯坦国民银行（后改为由塔吉克斯坦国家储蓄银行代表）在莫斯科签署《上海合作组织银行联合（合作）协议》，标志着一个新兴的国际金融区域合作机制正式成立。上海合作组织6个成员国以及伊朗、巴基斯坦、蒙古国、印度等观察员国的领导人，现场见证了协议的签署。陈元行长当选为银联体首任主席，标志着中国与周边国家的金融合作迈出重要步伐。在随后发布的《上海合作组织成员国政府首脑（总理）理事会会议联合公报》中指出："总理们对举行上海合作组织实业家委员会理事会第一次会议及签署《上海合作组织银行间合作（联合体）协议》表示满意，指出本组织成员国的实业界和金融界有必要更加积极地参与落实中亚地区的大型联合投资项目。"

上海合作组织银联体的诞生顺应了上海合作组织区域各国经济迅速发展、金融合作不断深化的历史潮流，开辟了欧亚各国政府间金融合作的新领域，显现出以开发性金融合作为特征的区域合作新格局。

---

① 《胡锦涛在上海合作组织阿斯塔纳峰会上的讲话》，人民网，http://cpc.people.com.cn/GB/64093/64094/14910210.html（上网时间：2018年9月1日）。

（二）不断深化的上海合作组织银联体合作

2006年，银联体成员行签署了《上海合作组织银行联合体理事会工作条例》等文件，标志着银联体的制度框架建设工作基本完成。银联体成员行还签署了《上海合作组织银行联合体关于支持区域经济合作的行动纲要》。《纲要》确定了银联体未来五年的工作重点、优先发展领域和推进方向，为银联体的长期稳定发展奠定了基础。

2007年，上海合作组织银行联合体第三次会议在比什凯克举行，吉尔吉斯斯坦信贷储蓄银行、俄罗斯外经银行、乌兹别克斯坦国家外经银行、哈萨克斯坦发展银行签署了一系列双多边协议。主要包括相互交流在国际金融市场中的合作经验，开展投资信贷领域长期合作等。8月16日，上海合作组织银联体与实业家委员会签署合作协定。

2008年，在上海合作组织银联体理事会第四次会议上，国家开发银行正式提出"推动银联体实体化"的建议。之后，又在不同场合多次建议，要根据形势发展和实践需要，把银联体发展成为上海合作组织开发性金融机构。

2009年，上海合作组织银联体理事会第五次会议提出了五大重点合作方向：1）采取新的措施，扩大本币在相互结算和贷款中的使用；2）在上海合作组织框架下发展新的银行间合作方式，如在投资领域推动公共与私营部门合作的机制，以及开展租赁业务；3）研究发挥上海合作组织各成员国资本和证券市场潜力，包括依托香港、莫斯科、上海和阿拉木图在内的全球和地区性金融中心，探讨在该领域可能的合作方式；4）拓展对上海合作组织成员国、观察员国及其他第三方国家感兴趣的企业在投资和项目融资方面的咨询服务；5）继续优先关注经验交流、人才培训和培养工作。

2010年，银联体理事会一致同意进一步加强多边金融合作，推进上海合作组织区域内能源、公路、铁路、通信等重大网络型项目建设和成员国间农业合作，同时依托香港资本市场，实现成员国银行和企业筹资渠道的多元化。

2010年11月，温家宝总理在出席上海合作组织成员国第九次总理会议时，正式提出研究建立上海合作组织开发银行的建议，标志着上海合作组织金融合作进入新的发展阶段。

2011年，在阿斯塔纳举行的上海合作组织银行联合体理事会第七次会议上，各方就“有关同上海合作组织观察员国金融组织的合作和上海合作组织跨银行联合体观察国银行的地位条款”进行修正签署了议定书。并在当年的总理会议期间签署了《上海合作组织银联体中期发展战略（2012—2016）》。

2012年，中国国家开发银行会同哈萨克斯坦开发银行、吉尔吉斯斯坦结算储蓄银行、俄罗斯外经银行、塔吉克斯坦国家储蓄银行、乌兹别克斯坦外经银行发出《可持续发展倡议》，倡导履行社会责任，助力“绿色经济”，为成员国经济社会可持续发展作出新的贡献。2012年6月，白俄罗斯银行以伙伴行身份加入银联体。

2014年9月，上海合作组织杜尚别峰会通过了《关于加强金融合作、促进区域发展措施计划》，推动上海合作组织作组织设立专门账户、开发银行，解决上海合作组织项目合作融资保障机制问题。同年，巴基斯坦财政部通过上海合作组织秘书处推荐巴基斯坦哈比银行加入银联体。巴哈比银行于2015年9月以伙伴行身份加入银联体。

2016年，上海合作组织银联体理事会讨论了投资、共同项目融资、经验交流和人才培养等方面的合作，以及扩大同本组织观察员国和对话伙伴金融机构合作等问题。各方还讨论了《上海合作组织银联体中期（2017—2021年）进一步发展战略》草案。理事会成员签署了《关于给予蒙古国开发银行上海合作组织银联体伙伴行地位的决议》。

2017年，在银联体理事会会议上签署了《上海合作组织银联体中期发展战略（2017—2022）》。

2018年，上海合作组织银行联合体理事会第14次会议在北京召开，银联体各成员银行、伙伴银行代表出席会议。银联体主席行、国家开发银行董事长胡怀邦出席理事会，并提出四点建议：加快战略对接，扩大务实合作；健全合作机制，创新融资模式；加强沟通交流，拉紧互信纽带；共同防控风险，确保融资安全。[1]

四、在上海合作组织银联体框架内国家开发银行同各成员行的合作

上海合作组织银联体按照“互利共赢、共谋发展”的基本原则，积极

① 《上合组织银联体理事会第14次会议在京召开》，载《人民日报》2018年6月7日。

开展重大项目贷款、银行授信、转贷、担保、联合融资、国际银团、本外币一体化贷款等银行业务，通过提供商业信贷资金，为上海合作组织地区能源、矿产、基础设施、交通、通信、农业、中小企业等领域项目提供了融资支持，有力促进了上海合作组织区域经济金融合作，既扩大了成员国之间的经贸易往来，也促进了本地区的经济社会全面发展。国家开发银行作为发起行，截至2018年6月，累计向上海合作组织成员国发放贷款超过1000亿美元。目前，国家开发银行是贷款规模最大、最活跃的银联体成员行。

（一）与俄外经银行合作情况

自2004年以来，国家开发银行与俄外经银行先后签署授信协议及项下贷款协议多份。双方主要合作的领域有能源、产能合作与境外人民币贷款三个方面。1. 支持中俄政府间能源项目。通过该项合作，实现从俄进口原油近5000万吨，对保证中国能源安全、维护两国合作大局具有重要意义。2. 支持两国产能合作项目。如列宁格勒水泥厂项目，LSRGroup公司在列宁格勒州斯朗茨市建设了5000t/d新型干法水泥熟料生产线。3. 与俄外经银行开展境外人民币贷款合作。2015年国家开发银行与俄外经银行签署100亿元人民币贷款协议，用于补充其营运资金，服务双方企业的进出口、工程承包、设备采购、劳务合作等业务。通过银行间转贷模式，为俄基础设施建设、中俄贸易、项目建设提供了融资支持。如，俄西西伯利亚石化综合体项目等。该领域合作对推动人民币国际化，提高两国本币结算比重，提升中俄务实合作水平具有积极意义。

（二）与哈萨克斯坦开发银行合作

自2008年以来，国家开发银行与哈萨克斯坦开发银行签署多笔授信合作，主要用于能源、矿产资源、通讯、基础设施等领域。双方重点合作项目有：1. 哈萨克斯坦奇姆肯特炼油厂项目。国家开发银行与哈开行联合融资支持了该厂的技术升级改造，以及新建配套油品储运、公用工程等。该项目是哈萨克斯坦国家战略项目，被纳入中哈产能合作项目清单，对缓解哈国成品油供需矛盾，提高成品油环保标准，促进哈地区经济、社会发展具有积极意义。2. 国家开发银行与哈开行分别是中哈产能合作机制下的双方金融代表机构，为配合两国产能合作，两家银行积极创新合作模式，以联合融资、授信转贷等方式推动中哈产能合作重点项目。

（三）与吉尔吉斯斯坦结算储蓄银行合作

自2006年以来，国家开发银行与吉尔吉斯斯坦结算储蓄银行共开展了多笔美元授信和多笔境外人民币贷款合作，主要用于支持吉中小企业发展、基础设施建设及吉南部地区的重建等。双方主要合作有：1. 开展境外人民币贷款。在2009年的上海合作组织银联体理事会期间，国家开发银行与RSK银行签署了1300万元人民币贷款项目，用于支持中吉经贸合作和吉中小企业发展。该项目是国家开发银行在上海合作组织地区的首笔境外人民币授信合作。2. 国家开发银行授信RSK银行的吉尔吉斯斯坦伏龙芝（连锁）超市项目。伏龙芝超市是比什凯克最大的零售商之一。该项目是两家银行共同支持吉尔吉斯斯坦中小企业的成功典范，为支持当地经济发展、人员就业提供了有力支持，形成了良好的社会效应和经济效益。

（四）与塔吉克斯坦国家储蓄银行的合作

自2009年以来，国家开发银行与塔储蓄银行共开展了多期授信合作，支持了塔农业、中小企业、南部山区农牧业发展等项目。截至目前，贷款已惠及塔75家中小企业、个人农场主和5316个农户，带动上万人就业，为提高塔经济活力、降低企业融资成本、增加当地就业、为改善民众生活条件发挥了重要作用。双方主要合作项目是优酷-2000制衣厂项目。该项目是国家开发银行与塔储蓄银行第4期授信合作项下的项目，所采购制衣设备全部来自中国。该项目是国家开发银行通过转贷模式支持塔中小企业发展，推动中塔务实合作的示范项目。2018年，开发银行向塔吉克斯坦国家储蓄银行提供了新一批人民币贷款，用于支持塔吉克斯坦中小企业发展及设备进口等。

（五）与乌兹别克斯坦国家对外经济活动银行合作

自2006年以来，国家开发银行与乌外经银行共开展了多笔授信合作。双方主要合作项目有：1. 国家开发银行与乌外经银行开展5期免担保授信项目，用于支持乌中小企业发展。截至目前，已累计支持乌430多家企业，涉及纺织、农业、食品加工、建筑、服务业、旅游等。2. 向乌外经银行提供授信，支持乌航空公司飞机采购。目前所购飞机已全部投入使用，对促进乌航空业发展和改善民生起到了积极作用。3. 开展担保合作。乌外经银行为国家开发银行融资支持的乌兹别克斯坦塔什干热电厂项目提供了担保。该项目于2017年上半年正式投产并向塔什干及周边区域供电、供热，对改善当地电力供应起到积极作用。2018年新增的授信项目包括：国家开发银行为乌外经银行提供贷款用于支持“一带一路”在乌项目及乌企业从中国进口设备等。

（六）上海合作组织金融合作最新进展

在2018年刚刚结束的青岛峰会上，国家主席习近平宣布，中方将在上海合作组织银联体框架内设立300亿元人民币等值专项贷款。作为上海合作组织银联体中方成员行及本届银联体主席行，中国国家开发银行表示，这300亿元等值人民币专项贷款，将用于支持银联体成员行、伙伴行在基础设施互联互通、产能、中小企业和民生等领域，希望通过专项贷款，进一步扩大与各成员行的合作，共同支持成员国重点领域的重大项目，提升经贸合作水平。

2018年最重要的一大变化是吸纳巴基斯坦哈比银行为新成员行。巴基斯坦哈比银行是巴基斯坦最大的商业银行，在全球28个国家拥有68家海外分行，是巴基斯坦最大的企业银行，也是南亚地区最大的银行网络之一，连续几年被《亚洲银行家》《全球金融》等权威机构评为年度最佳品牌银行、巴基斯坦最佳银行、巴基斯坦最佳个人银行、最佳服务创新银行等。哈比银行的业务范围包括投资、零售和企业银行，以及私人财富和资产管理。2016年8月，哈比银行在新疆设立分行，成为入驻中国的第一家巴基斯坦商业银行。鉴于新疆在整个“一带一路”建设中占有重要地位，此举将极大促进资本流向一些由中方支持巴方负责的大型项目。哈比银行乌鲁木齐分行对新疆打造区域金融中心、提高新疆银行业对外开放水平、优化地区金融资源配置，推动新疆经济发展具有重要意义。

附录一　上海合作组织银联体历年主要成果文件

1. 2005年，签署《上海合作组织银行联合（合作）协议》

2. 2006年，签署《上海合作组织银行联合体理事会工作条例》。银联体成员行行长签署《上海合作组织银行联合体关于支持区域经济合作的行动纲要》。

3. 2007年，签署《上海合作组织银联体与实业家委员会协定》。

4. 2008年，签署《上海合作组织银行联合体成员挑选、审查和执行项目的合作规则》《上海合作组织银行联合体与欧亚开发银行伙伴关系基础备忘录》。

5. 2010年，上海合作组织银联体成立五周年之际，6家成员行就进一步加强多边合作达成共识：采取新举措，扩大本币在相互结算和贷款中的使用比例；在上海合作组织框架下发展新的银行间合作方式，包括在投资领域推动公共与私营部门合作等。

6. 2011年，签署《上海合作组织银联体中期发展战略（2012—2017）》《有关同上海合作组织观察员国金融组织的合作和上海合作组织跨银行联合体观察国银行的地位条款”修正议定书》。

7. 2012年，上海合作组织成员行发出《可持续发展倡议》，助力“绿色经济”发展。

8. 2014年，通过《关于加强金融合作、促进区域发展措施计划》。

9. 2016年，讨论了《上海合作组织银联体中期（2017—2022年）进一步发展战略》草案。签署《关于给予蒙古国开发银行上海合作组织银联体伙伴行地位的决议》。

10. 2017年，签署《上海合作组织银行联合体中期发展战略（2017—2022）》《上海合作组织银行联合体与中国丝路基金伙伴关系基础备忘录》。

（李一君、夏冠中）

第四节　人文合作发展历程

上海合作组织不断前进有三个轮子：安全、经济和人文。上海合作组织成立以来，人文合作内容不断丰富，范围从文化、教育、救灾，拓展至卫生防疫、体育、旅游、媒体、环保、青年交流、文物保护等，主体从官方为主向官民并举转变。人文合作虽不如经济项目那样能立竿见影地看到效果，但却润物无声，悄然改变着国家间关系。人文合作对上海合作组织国家睦邻友好和长期稳定发挥着无可替代的作用。

一、上海合作组织人文合作机制建设

上海合作组织人文合作内容极其丰富，范围很广。为保证上海合作组织人文合作有条不紊地开展，上海合作组织自上而下建立了元首和政府首脑会议、部门领导人会议、部门工作组会议等机制，制定了行业合作发展纲要或行动计划。具体情况如下：

（一）建立了不同级别的会晤机制

1. 国家元首和政府首脑会晤机制。这是上海合作组织人文合作的“顶层设计”机制。主要工作有三：

确定上海合作组织人文合作的基本理念和大方向。这些理念不仅仅是针对上海合作组织，还面向整个国际社会，其核心是“上海精神”。2006年的《上海合作组织五周年宣言》指出，“必须尊重和保持世界文明及发展道路的多样性，……应互相尊重文明差异，各种文明应平等交流，取长补短，和谐发展”。2018年的《青岛宣言》提出，“巩固人民之间的相互理解，尊重成员国的文化传统和习俗，保护并鼓励文化的多样性”。文明多样、包容互鉴是上海合作组织人文合作的基本理念，代表了各成员国的共同价值观，这是上海合作组织人文合作的基石。

批准通过各部门提交的文件。如，2015年乌法峰会通过了《上海合作组织至2025年发展战略》；2016年塔什干峰会通过了《〈上海合作组织至2025年发展战略〉2016—2020年落实行动计划》；2018年青岛峰会上，元首们批准了《〈上海合作组织成员国长期睦邻友好合作条约〉实施纲要（2018—2022年）》《上海合作组织成员国环保合作构想》等。

确定和规划人文合作的新领域。上海合作组织人文合作起于文化、救灾、教育，后向科技、卫生、体育、旅游、环保等领域扩展。元首和政府首脑会晤则根据需要，确定新的合作领域。上海合作组织第十五次政府首脑联合公报提出，应“加强上海合作组织地区包括丝绸之路沿线地区文化和自然遗产研究及保护领域合作”，这一内容在以前的文件中鲜有提及。在2016年的第十六次政府首脑联合公报中又提出了新的合作方向：“举办国际展览、文化节和竞赛活动，发掘档案库和图书馆保存的历史档案。”2017年的《阿斯塔纳宣言》提出，“应积极开展居民保健、医药学、居民卫生防疫保障、预防和应对传染病、培训专业人员及提高医务工作者职业水平等领域双、多边合作”。2018年的《青岛宣言》提出，“深化在音乐、戏剧、造型艺术、电影、档案、博物馆及图书馆领域的合作”，并且增加了打击假冒医疗产品、保障食品安全及质量等新内容。

2. 各领域的部长级会晤机制。这是上海合作组织人文合作部门间的最高会晤机制，主要任务是研究和建言上海合作组织的活动内容，通过相关领域合作路线图。为配合部长级会晤，设立了不同领域的专家工作组会议。后者通常在部长会议前夕举行，为部长会议做准备。

文化部长会议。这是人文领域建立的第一个部长级会晤机制。2002年4月11—12日，上海合作组织第一次文化部长会议在北京召开，六国文化部门的高官与会，并签署了《上海合作组织成员国文化部长联合声明》，正式开启了上海合作组织的人文合作。时隔三年，2005年在圣彼得堡举行了第二次文化部长会议，从此文化部长会议每年举行一次，成为定期会晤机制。到2018年共举行了15次，最近一次是2018年5月在三亚举行的第十五次会议，这也是上海合作组织扩员后，印巴文化部长首次参加会议。

教育部长会议。2006年10月19日，上海合作组织首次教育部长会议在北京举行，会议批准了专家工作组工作条例，签署了联合新闻公报，并决定成立成员国常设教育专家工作组。教育部长会议每两年举行一次。最近一次是2016年10月20日在杜尚别举行的第六次教育部长会议。与会各方签署了《会议纪要》，发表了部长会议《联合信息公报》。2018年将举行第七次会议。

紧急救灾部门领导人会议。2002年4月29日，上海合作组织首次紧急救灾部门领导人会议在圣彼得堡举行。2005年10月，在上海合作组织总理会议期间，各国紧急救灾部门领导人签署了《上海合作组织成员国政府间紧急救灾互助协定》。最近一次会议是2017年8月24—25日举行的第九次会议，地点在吉尔吉斯斯坦乔尔蓬-阿塔市。印、巴两国部门领导人首次与会。

科技部长会议。2010年5月11日—14日，上海合作组织成员国首届科技部长会议在北京举行，各方同意建立定期会议机制，并设立上海合作组织成员国科技常设专家工作组。2013年9月11日，在哈萨克斯坦举行了第二次会议。2016年9月在吉尔吉斯斯坦举行了第三次会议。最近的一次是2018年4月18日在莫斯科举行的第四次会议。本次会议印、巴两国代表首次参会。目前，各方确定的优先合作方向是：自然保护技术、能效和节能、农业领域创新技术（粮食安全、生物技术等）、纳米及信息技术。

卫生防疫部门领导人会议。2010年11月18日，首次卫生部长会议在哈萨克斯坦首都阿斯塔纳召开。会议通过了《上海合作组织成员国卫生专家工作组工作条例》，批准了《上海合作组织成员国卫生领域重点合作计划》。最近一次会议是2017年10月31日在索契举行的上海合作组织成员国卫生防疫部门领导人第五次会议。

旅游部门领导人会议。首次上海合作组织旅游部门领导人会议于2015年3月25日在莫斯科举行，会议签署了《上海合作组织成员国旅游部门领导人会议纪要》。但各方代表的级别不一，中方派出的是全国红色旅游工作协调小组办公室常务副主任罗迪辉。部长级的首次会议是2018年5月9日在武汉举行的，各代表团团长审议并通过了《2019—2020年落实〈上海合作组织成员国旅游合作发展纲要〉联合行动计划》草案。

环境保护专家会议。环保合作起步较早，但一直未能形成部长级会晤机制。2005年，上海合作组织环保部门专家会议启动，商讨环境保护合作问题，重点磋商俄方提出的《上海合作组织成员国环境保护合作构想（草案）》，但由于分歧大，无实质性成果，一度搁浅。2014年6月4日，中国上海合作组织环境保护合作中心正式启动并对外开放，中方自行建立了上海合作组织环保信息共享平台。在中俄等推动下，上海合作组织环保部门专家会议重启。2018年4月16—18日，上海合作组织第十次环保部门专家会议在北京举行，终于就《上海合作组织成员国环保合作构想》草案达成一致意见，并在上海合作组织青岛峰会上获得通过。未来的工作重心将是推动成立环保部长会议机制。

（二）制订了各领域的合作协议及落实行动路线图

为确保上海合作组织元首峰会的精神落到实处，文化、教育等各领域都制订了落实措施计划，主要有：

1. 文化合作协定及其合作规划。2007年4月，在塔吉克斯坦首都杜尚别举行的第四次文化部长会议上通过了《上海合作组织成员国政府间文化合作协定》草案。2007年8月16日，在比什凯克元首峰会上正式签署，为上海合作组织框架内的文化合作奠定了法律基础。该协定确定了各成员国在文化艺术、教育、广播电视、文物、档案、新闻出版和青年工作等领域合作的主要方式和原则。为确保协定得到落实，分阶段制订了具体行动计划。目前正在执行的是《〈上海合作组织成员国政府间文化合作协定〉2018—2020年执行计划》。

2. 教育合作协定及其合作规划。教育领域的基础性文件是2006年6月15日在上海签署的《上海合作组织成员国政府间教育合作协定》，重在交流成员国教育改革经验和信息，推动成员国教育机构和国家教育主管部门的合作，包括学历证书互认等。与文化合作一样，教育领域也制订了阶段性路线图，目前正在执行的是《2016—2018年教育合作行动计划》。

3. 紧急救灾互助协定及其合作规划。基础性文件是2005年10月26日在莫斯科签署的《上海合作组织成员国政府间救灾互助协定》，主要是在灾害预防和救援领域开展合作，共同减轻灾害损失。当前正在执行的是《2018—2019年〈上海合作组织成员国政府间救灾互助协定〉行动计划》。

4. 科技合作协定及其规划。2013年9月13日，在比什凯克峰会上签署了《上海合作组织成员国政府间科技合作协定》。当前正在实施的合作路线图是《〈上海合作组织成员国政府间科技合作协定〉2016—2020年落实措施计划》和《上海合作组织科技伙伴计划》。

5. 卫生防疫合作规划。2009年10月14日，在北京举行的上海合作组织总理会议上，通过了《上海合作组织地区防治传染病联合声明》。2011年6月15日，在阿斯塔纳签署了《上海合作组织成员国政府间卫生合作协定》。2013年11月29日，在塔什干峰会上又签署了《上海合作组织成员国传染病疫情通报方案》。目前正在执行的合作路线图是《2018—2019年落实〈上海合作组织成员国政府间救灾互助协定〉行动计划》。

6. 旅游合作纲要及其合作规划。2016年6月24日，在塔什干峰会上通过了《上海合作组织成员国旅游合作发展纲要》。2017年6月9日，在阿斯塔纳峰会期间，签署了《2017—2018年落实〈上海合作组织成员国旅游合作发展纲要〉联合行动计划》。2018年6月9日，青岛峰会上又通过了《2019—2020年落实〈上海合作组织成员国旅游合作发展纲要〉联合行动计划》。

7. 其他综合性文件。除上述不同领域的文件外，还有三个重要的文件，分别是《上海合作组织成员国长期睦邻友好合作条约》《上海合作组织至2025年发展战略》和《上海合作组织进一步推动项目合作的措施清单》，同样对人文领域合作进行了安排和规划。

《上海合作组织成员国长期睦邻友好合作条约》。该条约签署于2007年8月16日，是上海合作组织最重要的基础性文件之一。条约规定，“缔约各方促进彼此间在文化、艺术、教育、科学、技术、卫生、旅游、体育及其他社会和人文领域的交流与合作”，“相互鼓励和支持文化、教育、科研机构建立直接联系，开展共同科研计划与项目，合作培养人才，互换留学生、学者和专家”。为确保条约得到落实，经元首理事会批准，制订了实施纲要。2018年6月9日，上海合作组织青岛峰会上通过了《〈上海合作组织成员国长期睦邻友好合作条约〉实施纲要（2018—2022）》。

《上海合作组织至2025年发展战略》。该战略批准于2015年7月10日的乌法峰会上，是上海合作组织的中长期发展规划。该战略提出，“成员国将努力为发展科技、教育、文化、卫生、旅游合作，深化社会团体与民间交往创造有利条件”，“成员国将在上海合作组织地区文化与自然遗产研究与保护方面开展合作，包括‘丝绸之路’历史沿线，防止盗窃文化珍品及其非法进出境，建立古文物清单和数据库，培训文物保护专家，艺术品复原、科技与艺术鉴定、博物馆规划、非物质文化遗产研究、民俗学、现代艺术与媒体文化、电影、戏剧，艺术经济学和艺术社会学，及文化政策研究方面开展合作”。为保障战略落实，在2016年的塔什干峰会上，批准了《〈上海合作组织至2025年发展战略〉2016—2020年落实行动计划》。

《上海合作组织进一步推动项目合作的措施清单》。该清单涉及经济、人文等多个合作领域。2011年11月7日，上海合作组织政府首脑（总理）理事会向有关部门提出制订清单的要求。经过一年的努力，在次年的政府首脑会议上通过了《2012—2016年上海合作组织进一步推动项目合作的措施清单》。目前执行的是《2017—2021年上海合作组织进一步推动项目合作的措施清单》，其中涉及人文合作项目。

（三）上海合作组织秘书处在人文交流中发挥着重要的平台作用

近年，作为上海合作组织的常设机构，上海合作组织秘书处在人文交流活动中越来越活跃，已经形成了几个“招牌项目”，主要包括：

1. 设立了“上海合作组织图书馆”。图书馆开馆于2016年12月，收录了本组织成立以来的文件，本组织框架下活动的报告，成员国元首的发言稿，以“上海合作组织大家庭”国家语言编写的定期刊物等。

2. “上海合作组织——我们共同的家园”。在该框架下举办了一系列活动，为各国人文交流搭建了平台，如举办了阿塞拜疆文化日、阿富汗文化日、印度文化日“乌兹别克斯坦美食展”“美妙的九个乐章”“上海精神”征文比赛等。

3. “模拟上海合作组织”项目。秘书处不定期邀请不同年级的学生，到上海合作组织秘书处进行模拟上海合作组织的活动，如，2018年4月举行了模拟“成员国国家协调员会议”；2018年6月，举办了“模拟上海合作组织”青年大会，来自上海合作组织大家庭12个国家的青年代表，模拟了上海合作组织成员国元首理事会会议。

4. “上海合作组织开放日”。2016年，上海合作组织秘书处正式设立“上海合作组织开放日”，定期邀请成员国的青年学子到秘书处参观，了解上海合作组织及其“上海精神”。如，2018年4月，北京市第55中学高一学生受邀到访秘书处。

二、人文交流活动内容不断丰富

上海合作组织人文交流活动以文化交流最多。但近年人文交流活动的内容拓展很快，以丝路为纽带的考古和文物保护、媒体、体育、旅游等成为新的热点。其中，具有人文和经济双重性质的旅游、医疗等合作备受关注，媒体合作成为“新宠”，上海合作组织向构建统一信息空间方向发展。

（一）上海合作组织框架下文化交流活动

上海合作组织框架下文化交流启动最早，并形成了一些“招牌”项目，主要包括：

1. 上海合作组织成员国文化艺术节。这是上海合作组织文化合作的最重要形式和平台。2002年成员国文化专家工作组拟定了《文化节章程》，规定在元首峰会召开期间同时举行“上海合作组织文化艺术节”，由各成员国轮流举办，每年举行一次，每次6天，文化节由峰会东道国承办，所有成员国和观察员国都可派团参加。2004年6月，在乌兹别克斯坦首都塔什干举行了联合文艺晚会，这可以视为文化节的一次预演。2005年7月，在上海合作组织元首峰会期间，举行了上海合作组织首届文化艺术节，成员国许多著名演员和艺术团体参加演出。2006年6月，在上海峰会期间，举行了规模更大的第二届上海合作组织文化艺术节，共有来自9个国家的300多名艺术家参加活动，艺术节也成为峰会期间各项活动中的亮点。但艺术节也有中断，2012年北京峰会期间举办了艺术节，直到2015年俄罗斯的乌法峰会才再次举办。作为中方轮值主席国期间的重要文化活动之一，2018年5月29日—6月1日中方在北京举办了上海合作组织文化艺术节，举行了民族音乐会、民族舞蹈汇演、文化遗产图片展、大师交流等一系列活动。

2. 其他形式多样的文化交流活动。如果说上海合作组织文化节是综合性、配合峰会举行的官方正式活动，那么上海合作组织半官方和民间活动更加丰富，涉及绘画、音乐、装饰艺术、电影等方方面面。

（1）绘画。这是上海合作组织框架下最常见的文化交流方式，其中，持续最长、影响较大的是《画说西湖》论坛和“上海合作组织国际美术双年展”。“画说西湖”国际人文交流展始于2006年，国际美术展始于2013年，由上海合作组织首任秘书长张德广倡议成立，主要由上海合作组织国家艺术家参加。论坛期间通常举办研讨会、画展等，画家还在西湖岸边当场创作等。最近一次是2016年举办的上海合作组织国际美术双年展暨“画说西湖·国际美术论坛”。另一个多次举办的活动是“孩子画笔下的童话”。该活动由普希金国家美术博物馆发起，旨在培养孩子们对本民族和外国民间创作的浓厚兴趣，首次活动于2005年5月29日举行，有近6万人参观了为期6天的展览。后陆续在多国巡展，并印制成册，名为《孩子画笔下的童话——上海合作组织六国民间故事儿童画展》。这项活动让孩子们从小就学会欣赏和尊重其他国家的文化，树立包容、互鉴的意识。其他以绘画为主的活动几乎每年都会举行。2008年出版了《文明面对面——上海合作组织成员国文化纵览》，介绍了各成员国的风土人情、风俗习惯和名胜古迹，对各国人民了解其他成员国文化具有重大意义。在上海合作组织支持下的“和平之旅”采风活动、各成员国美术家共同创作的大型油画《少女图》《奔马图》等影响较大。

（2）装饰艺术。根据上海合作组织文化合作规划，2006年上海合作组织成员国在塔什干举行了绘画和实用装饰艺术展。2007年和2008年又分别在杜尚别和比什凯克举行的实用装饰艺术和民间艺术展。2009年4月，在俄罗斯的喀山举行成员国装饰艺术展。这些展览名称虽略有区别，但围绕实用装饰艺术这一主题，让人们领会到不同民族对美的不同理解。这也是上海合作组织围绕某一专题首次举办系列活动。

（3）音乐。2008年，为配合北京奥运会的举行，上海合作组织举办了“上海合作组织之夜”音乐会，各成员国均选派杰出艺术家参演，展现了各国独特的传统民族音乐。作为《上海合作组织——我们共同的家园》系列活动之一，2017—2018年上海合作组织举办了“九个美妙乐章”的系列音乐会，上海合作组织国家的知名音乐家轮流举办专场演出。首演于2017年9月26日在上海合作组织秘书处启动。2018年6月26日，“九个美妙乐章”系列音乐晚会闭幕式在中国国家大剧院举行，各国演员同台演奏，突出了“上海合作组织大家庭”主题。

（4）电影。首届上海合作组织电影节是2007年9月在吉尔吉斯斯坦伊塞克湖州乔尔蓬—阿塔市举行。2018年6月13号—17号，中方再次举办上海合作组织国家电影节，8个成员国和4个观察员国的电影代表团参加。

（二）兼具社会和经济效益的活动进入视野

近年，上海合作组织人文活动的一大特点是具有人文和经济两重属性的活动、受众面广的活动越来越受到青睐。主要有：

1. 旅游。早在《上海合作组织成员国旅游合作发展纲要》签署之前，上海合作组织成员国就对旅游合作表现出浓厚的兴趣，成立了旅游合作专家工作组。双边层面旅游合作开展得如火如荼，特别是中俄之间。现在，中国已经成为俄罗斯第一大非独联体国家游客来源地，俄罗斯是中国第三大游客来源地，进入对方的游客均达到150万人左右。2017年，哈萨克斯坦举办了“中国旅游年”，借世博会之际，有条件对中国游客实行免签证待遇，中哈旅游合作进入新阶段。2018年6月，哈萨克斯坦议会上院国际关系、国防及安全委员会主席达丽佳·纳扎尔巴耶娃提议，为激发各国游客对中亚的兴趣，应仿效申根签证设立“丝路签证（Silk viza）”。乌兹别克斯坦也提出过类似的想法。日益活跃的双边合作在很大程度上推动了上海合作组织的多边合作进程。2017年6月14日，在北京举行了上海合作组织国家世界遗产展，2018年6月10日，在青岛峰会上，各成员国旅游部门代表签署了《2019—2020年落实〈上海合作组织成员国旅游合作发展纲要〉

联合行动计划》，上海合作组织框架下的旅游合作明显加速。

2. 文化产业。文化不仅仅是精神符号，也是一项重要的经济产业。所有发达国家都有发达的文化产业，在国家经济中占据重要地位，这方面上海合作组织各国都需要补课。文化产业可以把文化创造与受众通过市场连接起来，形成商品生产和供应的完整链条。这样，文化就不再是只有投入，没有经济效益的领域，它还可以带来巨大利润。同时还可以创造和挖掘出更为丰富的文化，拥有更多的载体，加速文化传播，降低文化交流的成本。这方面，上海合作组织中“先知先觉”的是中国，2010年3月，在三亚举行的第七次文化部长会议的主题是“上海合作组织的文化产业合作”，主要内容是探讨在全球化背景下，如何发展各国的文化产业。中国文化部长蔡武指出，文化产业有别于传统产业，具有独一无二的特点和优势：“资源消耗低，环境污染小；市场需求强，发展潜力大；易与新技术对接，具有较强的创新应变能力；进入门槛较低，吸纳劳动力能力强；经济回报高，受益时间长；产品的消费不会消耗物质形态，反而会丰富人们的精神生活；具有广泛的关联度，对国民经济各部门能产生很强的拉动作用；是传播本国价值观，增强国家文化软实力的重要途径。”[①] 2010年11月22—25日，在中国的提议下，上海合作组织成员国在南京市举办了首届文化产业论坛。各方代表交换了本国文化产业的发展情况，对动漫、电影等产业的发展模式、合作方式进行了详细探讨。

3. 医疗卫生。2018年5月19日，首届上海合作组织医院合作论坛暨上海合作组织医院合作联盟成立大会在京举办，74家中方医院、7家外方医院成为首批入盟的成员。论坛发表了《上海合作组织医院合作联盟北京宣言》，拟以联盟为平台，开展联合研究，进行学术交流，促进技术合作。《青岛宣言》对医疗卫生合作非常重视，提出要开展“卫生应急、居民卫生防疫保障、打击假冒医疗产品、防止传染病扩散、慢性病防控、传统医药、医学教育与科研、落实促进国际发展的合作纲要、医疗服务、医务人员交流、保障食品安全及质量等领域合作，共同维护居民健康，促进卫生发展和创新合作”。上述合作更贴近百姓，各国民众都能“看得见、摸得着、感受到”。

---

① “上海合作组织成员国文化部长第七次会晤在三亚举行”，人民网：http://culture.people.com.cn/GB/22226/65560/65561/11329542（上网时间：2010年4月9日）。

（三）扩大受众面，打造“上海合作组织大家庭”

上海合作组织最初以文化交流为主，受众有限。为讲好上海合作组织故事，夯实发展基础，近年上海合作组织在媒体、青年和体育合作方面做了不少工作。

1、媒体。西方发达国家的媒体历史更悠久，活动范围更广，资金更富裕，毫无疑问拥有更大的影响力和话语权，上海合作组织国家的媒体引用西方媒体报道是常态。王毅外长曾做过一个形象的比喻：有人有大喇叭，有人有小喇叭，有人只能靠喊。毫无疑问，上海合作组织各国多属于只有小喇叭或没喇叭的群体。讲好上海合作组织国家的故事，传递上海合作组织的正能量需要媒体合作。另外，各国都面临极端思想扩散等问题，也需要媒体合作加以防范。早在2005年，上海合作组织阿斯塔纳宣言就提出，“在大众传媒领域建立应对新挑战和新威胁的有效机制”。2009年8月，根据中国电视艺术家协会和中央电视台的倡议，在北京举行了上海合作组织电视合作论坛，这可视作上海合作组织媒体合作的开端。2013年5月24日，上海合作组织媒体俱乐部在北京成立，成员包括来自“上海合作组织大家庭”超20家传媒机构的驻华代表，各方约定将不定期举行会议，共同规划合作和报道方向，弘扬“上海精神”。2015年7月，上海合作组织成员国主流媒体论坛——“上海合作组织走向共同信息空间”在莫斯科召开，探讨了如何构建多元包容的统一信息空间，以及媒体人职业操守等问题。近两年，中国行动积极，上海合作组织睦邻友好合作委员会每年都邀请了各国主流媒体代表团访华。通过亲身感受，各国记者发回大量理性阐释“上海精神”、传递上海合作组织声音的文章。2017年6月，习近平主席在阿斯塔纳峰会上表示，“中方倡议建立媒体合作机制，将主办本组织首届媒体峰会”[①]。该倡议得到各方的积极响应。2018年6月1日，首届上海合作组织媒体合作高峰会在北京召开，习近平主席致贺信，上海合作组织媒体合作进入新时代。

2. 青年。青年代表未来，加强青年交流是着眼长远、构筑上海合作组织未来的大工程。2009年5月，上海合作组织青年委员会成立，这是上海合作组织框架内青年交流与合作的首个平台，在此之上开展了上海合作

① “团结协作，开放包容，建设安全稳定、发展繁荣的共同家园”，2017年6月9日，习近平主席在上海合作组织成员国元首理事会第十七次会议上的讲话，载《人民日报》2017年6月10日，第3版。

组织青年论坛、大学生艺术节等丰富多彩的活动。青年论坛成为机制化的活动，在各国轮流举办。2017年6月，上海合作组织青年论坛在阿斯塔纳召开，主题为“发展绿色经济、旅游与体育”。

2011年12月21日，中方主办了首届上海合作组织大学生艺术联欢节，来自各国的大学生踊跃参加。2012年10月，俄方举办了“青年论坛和跨境合作论坛”，来自上海合作组织成员国的青年代表与会。俄总统普京向青年论坛和跨境合作论坛发了贺信，希望青年们在前人打下的良好基础上继续巩固互利互惠的友好关系。2015年7月10日，在上海合作组织乌法峰会上，习近平主席发表讲话提出，“为加强青年交往，中方将在邀请上海合作组织国家青年领导人访华研修计划的基础上，自2016年起连续5年在华举办‘上海合作组织青年交流营’，每年邀请本组织国家200名青年代表参加活动。”[①] 根据习主席的讲话精神，2016年中方开始邀请上海合作组织国家青年代表团访华，举办了首届上海合作组织青年交流营，主题为“上海合作组织合作新未来”。2017年8月22—29日，又如期举办了第二届上海合作组织青年交流营，主题是非物质文化遗产传承。

为使青年人远离极端思想蛊惑，青岛峰会上通过了《上海合作组织成员国元首致青年共同寄语》，指出“各类恐怖组织、极端流派重点针对并企图对青年施加影响，试图趁青年思想意识尚未定型之际拉拢其参与破坏性活动”，鉴于此，寄语表示，各国将加强合作，防止上海合作组织国家青年激进化并避免其参与破坏性活动，共同落实上海合作组织成员国青年政策，为青年创业、就业等提供更好条件。“少年强则国强”，上海合作组织各国的青年人不仅决定着每个国家的未来，也影响着上海合作组织的未来。

3. 体育。上海合作组织体育活动开展较晚。2010年起，上海合作组织秘书处曾不定期举办过小型的“上海合作组织杯足球赛”，由各国驻华使节参加，属于“小打小闹”。2016年12月，上海合作组织在云南昆明举行了首届“上海合作组织国际马拉松赛”，多达5万多名长跑爱好者递交了参赛申请，一下子打开了上海合作组织体育活动的视野。这种体育活动参与面广、影响范围大。随即，2017年8月，上海合作组织与“亚洲相互

---

① 习近平:《团结互助共迎挑战，推动上海合作组织实现新跨越》，载《人民日报》2015年7月11日，第2版。

协作与信任措施会议”（简称亚信会议）在哈萨克斯坦首都阿斯塔纳举办了“上海合作组织—亚信”马拉松赛。2017年12月，在昆明又举办了第二届上海合作组织马拉松赛，参赛者们喊出“更亲、更近、更和谐”的口号。2018年5月18日至19日，在重庆举办了上海合作组织武术散打比赛。上海合作组织体育合作渐入佳境。

（四）智库交流在人文交流中发挥独特的作用

智库交流是上海合作组织重要的“二轨”交流平台，在“上海精神”传播、前瞻性问题研究等方面发挥着独特作用。

1. 上海合作组织论坛。上海合作组织论坛是上海合作组织成员国专家咨询和科研机构，根据元首达成的一致意见，各国都指定一家智库为本国的上海合作组织研究中心，该中心是论坛的主要参与方。中方的上海合作组织国家研究中心依托中国国际问题研究院，并汇集了国内研究上海合作组织的主要专家学者。上海合作组织论坛设立于2006年，每年召开一次会议，是上海合作组织成员国智库交往的主渠道。最近的一次会议是2018年5月在阿斯塔纳召开的第十三次上海合作组织论坛，会议就上海合作组织的成就、面临的重大问题交换了意见。

2. 上海合作组织经济智库联盟。根据习近平主席在阿斯塔纳峰会上的提议，2018年5月，“上海合作组织经济智库联盟成立大会暨上海合作组织经济论坛”在京举行，来自中、乌、吉、印、巴等成员国和观察员代表与会，参会代表签署了《上海合作组织经济智库联盟合作框架》和《上海合作组织经济智库联盟北京共识》。联盟是上海合作组织经济智库间的交流与合作机制，将成为经济合作与贸易自由化的重要交流平台。

3. 上海合作组织文化艺术专家研讨会。2018年5月，首届上海合作组织文化艺术专家研讨会在三亚市召开，会议的主题是“文化历史的传承与使用——上海合作组织框架内文化遗产的发掘、保护与修复”，来自成员国的专家学者与会，各方专家就文化遗产发掘、保护、修复、再利用方面交流经验，提出了未来合作方案。

（五）民间团体合作

1. 上海合作组织人民论坛。2018年4月，首届上海合作组织人民论坛在西安举行。会议的主题是“推动地区和平与合作，共建人类命运共同体：民间组织的使命”。来自成员国、观察员国和对话伙伴的代表与会，论坛通过了《首届上海合作组织人民论坛西安宣言》。

2. 上海合作组织妇女论坛。2017年7月，俄罗斯在新西伯利亚市举办了上海合作组织与金砖国家妇女论坛，开启了“半边天”的交流活动。2018年5月，中国在北京举办了首届上海合作组织妇女论坛，来自上海合作组织成员国、观察员国、对话伙伴的政府官员、专家学者、妇女组织领导人、企业家与会，论坛通过了《首届上海合作组织妇女论坛主席声明》。妇女论坛进一步丰富和充实了上海合作组织人文合作的内容。

3. 上海合作组织国家职工技能大赛。2017年11月，中华全国总工会举办上海合作组织国家职工技能大赛，本次活动竞赛和培训相结合，主题是焊接。众所周知，上海合作组织国家都在集中力量搞建设，都需要一批技艺高超、技术精湛的劳动者队伍。这是上海合作组织首次举行产业工人之间的交流活动，对提升上海合作组织国家职工技能水平，理解对方的技术规范和标准有重大意义。（李自国）

第五节 教育合作发展历程

教育合作是上海合作组织人文领域合作的重要组成部分。自2006年6月上海合作组织成员国签订《政府间教育合作协定》以来，教育合作迅速发展，在短短12年间完成了法律基础和机制构建，并独创了非实体教育平台——上海合作组织大学，对搭建成员国间教育项目合作网络，增进成员国教育交流，培养本组织合作所需的高层次复合型人才发挥了重要作用，形成了上海合作组织特有的教育合作模式。

上海合作组织教育领域合作启动12年来，以制度构建为依托，以教育部长会议和常设教育专家组为官方机制，以“教育无国界”教育周和校长论坛为民间平台，以上海合作组织大学为主要合作载体，基本形成了“三位一体”的稳定合作架构，成为上海合作组织框架下较为活跃的合作领域。

一、培育合作土壤，构筑法律基石

2006年6月，上海合作组织上海峰会期间，成员国签订了《上海合作组织成员国政府间教育合作协定》（以下简称“协定”），标志着上海合作组织成员国的教育合作进入制度化建设阶段。文件提出了两大核心任务：推动教育交流和推动学历证书互认。具体内容包括：1. 推动各国教育机构和组织建立直接联系，促进各方教育机构和组织的青年学生与科研，教学工作者相互交流，提倡各方学生社团合作，鼓励各方在教育项目许可，认证及评估程序上的信息交流；2. 促进上海合作组织成员国教育机构和国家教育主管部门颁发的标准式样的学历证书互认和对等机制的建立；3. 鼓励各方通过议定书形式确定成员国交流规模及财务事项，各方交换本国国家教育法规法律的信息和材料，各方经协商交换国家历史地理等档案文献用于教学；4. 对各方合作的财务保障做出明确规定，对成立专家工作组及其工作频次和会议召开条件提出基本要求。这份文件为上海合作组织教育合作的启动与发展奠定了坚实的法律基石，也为拓宽合作领域、提升合作层次、深化合作内涵创造了条件。

2008年10月，各方教育部门签订了《上海合作组织成员国教育部关于为成立上海合作组织大学采取进一步一致行动的意向书》，为上海合作组织大学的建立奠定了基础。2010年4月，在学校层面签订了《哈萨克斯坦共和国、中华人民共和国、吉尔吉斯斯坦、俄罗斯联邦和塔吉克斯坦共和国高等学校关于成立上海合作组织大学的合作备忘录》。上述三份文件搭建了上海合作组织教育合作的基本法律框架，为成员国发展教育交流与合作提供了法律保障。

二、搭建多层次工作机制，实现高效有序推进

上海合作组织教育合作持续推进，运行高效，合作项目不断丰实，得益于官方与民间、政府与学界有机配合的“2+2”工作机制，即官方的教育部长会议和常设专家工作组会议机制，民间的“教育无国界”教育周和大学校长论坛。具体如下：

（一）教育部长会议

教育部长会议是上海合作组织框架机制建设的重要组成部分，也是引领和指导本组织教育领域合作的首要工作平台。在2006年6月上海合作组织元首峰会签署《协定》后，同年10月召开了首届教育部长会议，研究落实《协定》的具体措施。会议决定成立成员国常设教育专家工作组，批准专家工作组工作条例，责成专家工作组就制定成员国政府间学历证书及学制互认协定的文本草案开展工作。此后，教育部长会议以每两年举行一次的频率，在各成员国轮流举行。第二届至第六届教育部长会议先后就落实合作项目清单、《上海合作组织教育部长宣言》、上海合作组织大学的构想、成立及发展建设、成员国教育体系对接、教育领域优先合作方向等多项议题进行磋商，并达成共识，为每一阶段的教育合作发展明确了方向和指针。

（二）常设教育专家工作组

根据《协定》成立的上海合作组织教育专家工作组，是负责成员国教育合作制定具体文本方案和落实行动措施的常设官方执行机构，其主要人员来自各成员国教育部门的主管业务司局领导，其工作会议为年均至少一次。专家工作组自启动以来，高效完成了教育部长会议责成的工作任务，主要包括：1. 制定政府间相互承认学历和学位证书的协定草案及推进互认学历和学制工作进程；2. 提交成员国间教育合作年度报告，出版教育合作信息年刊，制定历年教育合作的年度实施计划；3. 协商上海合作组织大学建设方案，拟定上海合作组织大学章程；4. 制定成员国学者交流

计划，确立成员国间中小学生交流和游学项目，建立和管理奖学金制度等。常设专家组的高效运转，为组织框架内的教育合作计划落地和推进发挥了重要作用。

（三）“教育无国界”教育周

“教育无国界”教育周是上海合作组织成员国为教育领域合作提供的对话和协调平台，每年召开一次，旨在增进相互了解，开展学术交流，推动上海合作组织框架内的教育合作项目计划和清单的落实。迄今为止，教育周已举办11届。

首届教育周活动于2008年9月举行，会议讨论通过了《上海合作组织大学筹建方案》。2009年5月召开的第二届“教育无国界”教育周期间，各方达成了《上海合作组织成员国人文大学联盟协议》。2010年4月举办的第三届“教育无国界”教育周期间，各方签署了《多边教育合作创新机构备忘录》，确定上海合作组织大学研究生培养方案，以及相对应的教学课程设置。2011年11月召开的第四届“教育无国界”教育周期间，来自成员国62所项目院校的代表表决通过《上海合作组织大学章程》，并签署章程备忘录。2016年5月，适逢上海合作组织成立15周年，“教育无国界”教育周活动举办第十届，中国首次担任教育周主席国。来自区域学、生态学、能源学、IT技术、经济学、教育学和纳米技术等7个学科方向的80余位专家学者与会。期间，召开了上海合作组织大学人才培养圆桌会议、教师和专家学者交流会，举办了上海合作组织教育合作十周年图片展。各国教育部负责人商讨了《关于建立上海合作组织大学协议》草案的起草工作。2017年4月举办的第十一届“教育无国界”教育周提出，要加强学生交流活动，拓展博士生、本科生和中职学生各层面的交流，提高学生市场竞争力。

“教育无国界”教育周以上海合作组织成员国高校为参与主体，对具体筹划和落实推进上海合作组织大学建设进程，深化成员国间学术交流活动发挥着重要的作用。

（四）大学校长论坛

上海合作组织国家大学校长论坛（也称校长会议）是上海合作组织教育合作的工作机制之一，也是上海合作组织“教育无国界”教育周框架下的高校校长协商平台。校长论坛的会议文件报“教育无国界”教育周审议通过。校长论坛的议题更多集中在每一学年上海合作组织大学的规划、活动组织及落实情况，围绕上海合作组织大学的运转和发展建设提出可行性建议，并研商下一步工作安排。2009年5月，首届校长论坛举行并签署了《上海合作组织成员国人文大学联盟》的协议及章程。2012年10月，召开了第二届校长论坛，上海合作组织大学“扩员”至70所院校，专业方向增加到7个，人才培养从硕士研究生扩大到本科生。2013年5月，第三届校长论坛上签署了上海合作组织大学5个方向的框架合作协议。2017年8月召开了最新一届校长论坛，围绕签署上海合作组织大学的建立与运作协议、联合教育框架下互派学生的接收情况、上海合作组织大学2017—2018学年的工作规划及制定2025年前上海合作组织大学的规划等议题进行了讨论，并计划在2018年上海合作组织大学成立十周年之际推出上海合作组织大学理念。

上海合作组织开启教育合作12年来，成员国多边和双边教育合作均取得了一系列积极进展，特别是上海合作组织大学从无到有，并一步步成长为全球规模最大、参与人数最多的区域性多边教育合作平台，高效的“双轨”工作机制发挥了巨大的作用。

三、创新合作模式，打造“无国界”多边教育平台

上海合作组织大学是上海合作组织打造的具有独创性的多边教育平台，是上海合作组织推进区域教育一体化、构建统一教育空间最核心的运作载体。为拓展教育、科研、文化合作注入动力，培养了一批掌握对象国语言、了解对象国文化、服务成员国建设的高层次专业人才。

（一）发展沿革与机制架构

成立上海合作组织大学的倡议是在2007年8月上海合作组织比什凯克元首峰会期间，由俄罗斯总统普京提出来的。2008年初，俄罗斯政府正式推出成立上海合作组织大学的构想。2008年10月，上海合作组织第二届成员国教育部长会议期间签订了《关于成立上海合作组织大学采取进一步一致行动的意向书》，各方就成立上海合作组织大学形成共识。2009年上半年，经各方协商，确定以区域学、生态学、能源学、IT技术和纳米技术等5个专业为优先合作方向（2012年增至7个专业），从各成员国遴选出53所高校作为上海合作组织大学的第一批项目院校，并于同年5月签订《上海合作组织成员国人文大学联盟协议》。2009年11月，中俄双方项目院校代表就上海合作组织大学的法律法规、教学科研、财务预算、行政管理等关

系学校运行的主要问题达成共识。2010年4月，各方在“教育无国界”教育周期间签订《上海合作组织大学多边教育合作创新机构备忘录》，确定了硕士研究生培养方案和教学计划，并于下半年启动了区域学硕士研究生的招生程序。2011年11月，来自成员国的62所项目院校共同签署了《上海合作组织大学章程》，标志着上海合作组织大学完成了从构想酝酿、确定方向、遴选院校、启动招生、建章立制的过程，正式开始运行。

同时，上海合作组织成员国各方共同搭建了协调委员会、监察委员会、上海合作组织大学校长办公室（秘书处）和专家委员会四个常设机构。其中，协调委员会负责协调上海合作组织大学与各国教育主管部门及相关机构的联络工作；监察委员会致力于维护上海合作组织大学的形象，吸纳资金和商业机构参与，培养人才和协助毕业生就业等工作，保障上海合作组织大学的利益；上海合作组织大学校办的主要任务是保障教学、科研和日常管理工作；专家委员会旨在协助各培养方向的教学与科研。常设机构的设立和稳步运行标志着上海合作组织大学的机制建设步入正轨。

（二）主要特点

上海合作组织大学已走过近十年历程，逐步发展成具有本组织特色的高等教育合作网络，在推进国际教育合作和区域教育一体化进程中形成了独特的发展路径。上海合作组织大学主要特色有四个方面：

1. 独特的非实体教育合作网络。上海合作组织大学的组织模式具有独创性，通过各成员国高校加入成为项目院校，整合教育资源，构成非实体教育合作网络。通过衔接各国教育体系，统一研究制定培养专业、教学模式、学制学历、课程设置，形成统一的教育空间。各成员国知名高校携本校优势专业加入，为区域教育联合提供优化的资源配置，也为项目院校教学和科研交流提供了平台。

2. 人才培养与区域发展需求无缝对接。区域经济与人文合作的发展脉搏决定其对人才的刚性需求，亦是上海合作组织大学人才输出的重要保障。同时，上海合作组织大学成立和人才培养目标也是为区域经济发展服务。当前，上海合作组织框架下各成员国、伙伴国在经济、安全、人文、科技等各领域双多边合作密切，交流广泛，上海合作组织大学的复合型人才培养模式、专业设置与服务区域发展建设和教育优势资源整合紧密结合，其人才输出和区域需求无缝对接。

3. 发展快速，节奏紧密。上海合作组织大学与欧洲高等教育衔接项目“博洛尼亚进程”相比较，步伐较快。博洛尼亚进程旨在建立“欧洲高等教育区”，自1999启动，每两年召开一次评估会议，不断调整改善。上海合作组织大学起步晚得多，但成长较快，自倡议发起到正式成立仅用了两年时间，5年内已初步搭建制度框架，在一年多次的各层机制会议的推进下，教育体系、培养模式、学历认证等各方面衔接都取得明显进展。目前，上海合作组织大学已有82所项目院校参与、包含7个专业方向，并致力于形成硕士研究生、本科生、博士生和中职学生等多层次人才培养的区域教育合作网络。

（程敏）

第六节　对外合作发展历程

作为一个摒弃了冷战思维的新型国际组织，上海合作组织始终坚持不结盟、不针对其他国家和地区以及对外开放原则。上海合作组织没有将自身定位成一个封闭的、与美国和西方抗衡的地缘政治集团，也没有建立军事联盟的意愿。组织的战略目标、具体行动和长远规划都是公开透明的，经常邀请非成员国和相关国际组织参与上海合作组织各层级会晤及相关合作。自2001年成立以来，上海合作组织对外合作的步伐一直没有停止。一方面不断完善组织框架内的对外合作，通过建立和运行观察员、对话伙伴、阿富汗联络小组等机制为周边国家参与组织合作提供了有利条件。同时，上海合作组织也在积极拓展与其他国家及国际组织的对话与合作，国际地位和影响力不断提升。

一、上海合作组织对外合作基本理念和原则

（一）上海合作组织基础性法律文件中明确规定了组织对外交往的基本理念和原则

早在2001年6月15日，也就是在上海合作组织宣告正式成立当日发表的《上海合作组织成立宣言》中，就明确提出了在对外关系问题上的基本原则和立场，提出上海合作组织奉行不结盟、不针对其他国家和地区及对外开放原则，并表示愿与其他国家及有关国际和地区组织开展各种形式的对话、交流与合作。

2002年6月成员国签署的《上海合作组织宪章》第一条《宗旨和任务》中明确指出：要保持和发展与其他国家和国际组织的关系。第二条《原则》提出：上海合作组织不针对其他国家和国际组织。第十三条《成员》规定：本组织对承诺遵守本宪章宗旨和原则及本组织框架内通过的其他国际条约和文件规定的本地区其他国家实行开放，接纳其为成员国。第十四条《同其他国家及国际组织的相互关系》中规定：本组织可与其他国家和国际组织建立协作与对话关系，包括在某些合作方向；本组织可向感兴趣的国家或国际组织提供对话伙伴或观察员地位，提供该地位的条例和程序由成员国间的专门协定规定；本宪章不影响各成员国参加的其他国际条约所规定

的权利和义务。

2002年11月通过的《上海合作组织与其他国际组织及国家相互关系临时方案》可被视为该组织对外交往的原则依据。该文件规定：1. 关于外长会议：经所有成员国事先同意，邀请非本组织成员的国家和（或）国际组织以外长会议现任主席客人身份参加本组织外交部长会议全体会议。至多两个国家和（或）至多两个国际组织的代表可同时以客人身份参加会议；2. 关于多边政治磋商：文件规定，经所有成员国事先同意，邀请非本组织成员的国家和（或）国际组织参加本组织成员国外交部举行的政治问题多边磋商。至多两个国家和（或）国际组织的代表可以客人身份同时参加磋商；3. 关于以组织身份参加国际会议：文件规定，经各成员国事先同意，本组织外长会议现任主席，或根据其授权由本组织成员国国家协调员理事会主席参加其他国际组织的活动。代表团成员可包括各成员国代表、本组织秘书长和（或）其副手以及地区反恐怖机构执行委员会主任和（或）其副手。经各成员国事先同意，外长会议现任主席可提出本组织参加其他国际组织活动的申请。

（二）上海合作组织峰会发表的元首宣言指明了对外合作的基本路径

2002年的《上海合作组织成员国元首宣言》提出，上海合作组织并非集团或封闭性联盟，不针对个别国家或国家集团，基于彼此利益，从解决地区和世界性问题的共同立场出发，将根据《联合国宪章》的宗旨与原则及国际法准则，与其他国家和国际组织开展广泛合作。2003年的《元首宣言》表示，上海合作组织愿积极参与建设地区安全体系，该体系应均衡照顾到各方利益及立场，上海合作组织将与所有国家在重要领域开展建设性合作。2004年的《塔什干宣言》提出，本组织愿积极和建设性地参与建立旨在团结广泛的国际力量、以应对全球和地区范围内的新威胁和新挑战的新的安全架构。为此，本组织将与其他国家和国际组织，首先是与联合国进行协作，为本组织所在地区乃至世界的安全和稳定作出贡献。六国元首还提出倡议，对亚太地区的国际组织和论坛，通过相互签署协议、包括在对等原则基础上相互给予观察员地位，逐步建立起多边组织的伙伴网络。六国元首认为，实施这一倡议，有助于亚太地区形成以《联合国宪章》和国际法为基础、兼顾所有参与方利益的安全与合作体系。在2007年的《比什凯克宣言》中，各成员国重申，本组织对所有感兴趣的伙伴开放，愿在国际法原则和公认的国际关系准则基础上同其开展合作，以寻求当前迫切问题的妥善解决。2008年的《杜尚别宣言》提出，上海合作组织奉行开放原则，愿与所有赞成本组织宗旨和原则的国际和地区组织进行建设性对话，并根据《联合国宪章》和国际法准则开展自身活动。鉴此，愿研究与其他国际组织建立合作关系的可能性，以保障地区稳定、安全与和谐发展，最大限度地惠及本组织成员国。2009年的《叶卡捷琳堡宣言》不仅提出愿同其他相关国家和国际组织密切合作，在本地区建立反毒和金融安全带，还明确表示：组织成员国愿加强与联合国、独联体、东盟、欧亚经济共同体、集体安全条约组织、经济合作组织、联合国亚太经社会以及其他国际和地区组织的务实合作，在此基础上建立广泛的伙伴网络；组织成员国愿与国际社会开展对话，以密切各国联系，推动建立更加公正的国际秩序，巩固全球稳定和经济发展。2010年的《阿斯塔纳宣言》中重申上海合作组织对同其他国家、国际及地区组织开展合作持开放态度，指出观察员国印度、伊朗、蒙古国、巴基斯坦，对话伙伴白俄罗斯和斯里兰卡参与了本组织框架内各领域合作，上海合作组织同联合国、独联体、集体安全条约组织、欧亚经济共同体、东盟、联合国亚太经社委员会和经济合作组织建立了伙伴关系。2012年在北京签署的《上海合作组织成员国元首关于构建持久和平、共同繁荣地区的宣言》指出，成员国重视进一步发展与本组织观察员国、对话伙伴以及与本组织签署相关文件的国际组织、地区组织之间的友好关系和富有成效的协作关系，将继续与其他赞同上海合作组织宗旨和原则的国际组织和机制开展对话。2013年的《比什凯克宣言》指出：上海合作组织成员国愿同有关国家、国际和地区组织就维护地区和世界安全稳定、深化经贸和人文领域互利合作开展对话。2016年的《塔什干宣言》提出，成员国将深化同与上海合作组织建立正式联系的国际和地区组织的互利对话与协作，并扩大对外交往，以进一步构建2004年塔什干峰会期间成员国元首提出的多边伙伴体系。2017年的《阿斯塔纳宣言》表示，成员国将根据已签署文件继续加强上海合作组织与联合国及其专门机构以及其他国际组织和机制的合作。2018年的《青岛宣言》重申，成员国愿在互利平等基础上，深化同上海合作组织观察员国和对话伙伴的合作，扩大上海合作组织同联合国及其专门机构及其他国际和地区组织的交流合作。

二、上海合作组织对外交往的主要内容

上海合作组织对外交往指的是以组织身份开展的对外交流、对话与合

作。作为一个开放性的地区性国际组织，上海合作组织自成立之初就吸引了周边和地区外国家以及其他国际组织的高度关注和兴趣，因此，建立对话与对外合作机制，并在此基础上拓展对外合作是上海合作组织的主要任务之一。

由于上海合作组织创立之初常设秘书处尚未建立，因此，轮值主席国外交部长是当时组织对外交往的主体。2004年1月上海合作组织秘书处成立后，被赋予从事对外交流的职能。除秘书处外，上海合作组织地区另一常设机构——反恐怖机构也同样承担着对外合作的任务和职能。2002年圣彼得堡峰会上通过的《上海合作组织成员国关于地区反恐怖机构的协定》中第六条规定，地区反恐怖机构的基本任务和职能之一便是与从事打击恐怖主义、分裂主义和极端主义的国际组织建立联系并保持工作接触。2004年6月，上海合作组织地区反恐怖机构正式启动。2006年6月上海合作组织元首理事会通过了新版的《上海合作组织秘书处条例》，对秘书处的职责进行了新的界定。在对外合作方面，规定上海合作组织及其反恐机构，就组织活动相关问题与国家和国际组织开展交往，并经商成员国同意后签署相应文件。

上海合作组织的对外合作大致可分为两个层次，第一层是与被纳入上海合作组织框架内、作为观察员、对话伙伴和联络小组的国家或组织之间的合作；另一层是与其他国家和国际组织之间的合作。上海合作组织成立17年来，奉行积极开放原则，在这两个层次上都取得了很大进展。当前，上海合作组织已经基本完成机制建设任务，初步建立起了覆盖各类对本组织有兴趣国家和国际组织的对外交往机制，多边伙伴网络逐渐成型。

（一）组织框架内的对外合作

1. 观察员

根据2002年《上海合作组织宪章》的规定，上海合作组织可向对其感兴趣的国家或国际组织提供对话伙伴或观察员地位。2004年的塔什干峰会上，上海合作组织迈出了扩大对外联系和实行观察员制度的第一步。会上通过的《上海合作组织观察员条例》规定了获得观察员地位的程序、观察员的权利和义务。该条例规定，希望获得观察员地位的国家或组织，需在尊重成员国主权、领土完整和平等，承认组织宗旨、原则及活动的基础上通过上海合作组织秘书长向元首理事会提交由国家元首或组织负责人签署的申请。秘书长收到申请后，通知国家协调员理事会，后者将该问题及相关建议提交外长理事会。给予（取消）观察员地位的决议由元首理事会根据外长理事会的建议通过。也就是在这次峰会上，上海合作组织将首个观察员国地位给予蒙古国。在2005年的阿斯塔纳峰会上，巴基斯坦、伊朗、印度获得观察员国席位。2012年6月，阿富汗被接收为观察员国。2015年，白俄罗斯由对话伙伴国升格为观察员国。2017年，印度、巴基斯坦由观察员国升格为正式成员国。目前，上海合作组织共有4个观察员国：阿富汗、白俄罗斯、伊朗和蒙古国。

观察员机制是上海合作组织与自身关系较为密切的国家或国际组织建立的一种合作机制。观察员不同于普通的组织外成员，与组织关系的紧密程度仅次于成员国。一个国家或国际组织取得上海合作组织观察员身份后，有权参加一定范围内的组织活动，也可以以某种方式参与该组织框架内的一些合作，包括深入参加政治、经济、安全和人文等领域的合作。根据《上海合作组织观察员条例》，一个国家或国际组织成为上海合作组织观察员国后，可以：应邀参加该组织元首理事会和政府首脑（总理）理事会的公开会议；列席该组织外长理事会和各部门领导人会议的公开会议；经会议主席同意，参加组织各机构职能范围内问题的讨论，但无表决权；获得宪章第四条规定的本组织各机构的相关文件和决议。

已经成为观察员的国家大多对与上海合作组织发展深度合作表现出浓厚的兴趣，积极参与每年的峰会以及其他会晤机制。不少国家希望通过观察员阶段的磨合，加深对上海合作组织运作机制和规则的熟悉，加强与其他上海合作组织国家的互动，为下一步正式加入做准备。印度、巴基斯坦正是由观察员国升格为正式成员国。然而，虽然观察员与上海合作组织的关系仅次于成员国之间的关系，但观察员并不等同于“准成员”或“候补成员”。一些国家出于种种考虑，认为观察员地位对其而言更为舒适。上海合作组织对于吸纳正式成员的态度也较为审慎。

2. 对话伙伴

2008年8月，上海合作组织杜尚别峰会上批准了《上海合作组织对话伙伴条例》，正式启动了上海合作组织与相关国家和国际组织的一种新的合作机制。该条例规定了确立伙伴关系的方式和程序：希望获得对话伙伴地位的国家或组织，应向上海合作组织秘书长提交由该国外交部长或该组织执行机构负责人签署的给予其对话伙伴地位的申请；秘书长收到申请后通知国家协调员理事会，后者将该问题及相关建议提交外长理事会审议；

成员国元首理事会根据外长理事会的建议通过给予对话伙伴地位的决议；最后，以上海合作组织与这个国家或组织签署给予对话伙伴地位备忘录的方式给予对话伙伴地位。对话伙伴地位申请者必须赞同上海合作组织的宗旨和原则，愿与该组织建立平等互利伙伴关系。也就是说，不论大国还是小国、地区组织还是国际组织，如果赞成和支持上海合作组织的原则，并且愿意与该组织建立合作关系，都可以成为该组织的对话伙伴。

2009年6月，斯里兰卡和白俄罗斯成为首批获得上海合作组织对话伙伴地位的国家。2012年6月，土耳其被接收为对话伙伴国。2015年7月，亚美尼亚、阿塞拜疆、柬埔寨、尼泊尔成为对话伙伴国。同年，白俄罗斯升格为观察员国。目前，上海合作组织共有6个对话伙伴国，即阿塞拜疆、亚美尼亚、柬埔寨、尼泊尔、土耳其和斯里兰卡。

与观察员机制相比，对话伙伴机制更为灵活，它为那些无法加入上海合作组织、或是不想成为观察员又希望与上海合作组织建立关系、开展合作的国家和国际组织提供了一个平台，为上海合作组织拓宽国际交往和国际合作，尤其是与地区外国家的交往与合作开启了广阔的空间。根据《上海合作组织对话伙伴条例》，对话伙伴国有权参加：备忘录中规定的合作领域的上海合作组织组织成员国部门领导人会议；工作组会议、高官委员会会议和上海合作组织成员国为与对话伙伴在合作领域开展合作建立的其他机制的会议；与对话伙伴开展合作相关的学术和专家会议（论坛、国际会议、研讨会）、文化日、汇演、展览、竞赛、体育比赛及其他活动。

对话伙伴机制较为灵活，且具备较大潜力。未来，可扩展到更大的范围，特别是覆盖一些地区外的国家或组织。

3. 阿富汗联络组

阿富汗与不少上海合作组织国家接壤，阿富汗局势走向与上海合作组织地区尤其是中亚地区的安全局势息息相关。虽然塔利班倒台后新政府成立，但经历长期内战的阿富汗经济凋敝、百废待兴、国内军阀割据，在一些地区塔利班势力依然强大，极端势力“北上”的迹象越来越明显。阿富汗政府也希望国际社会在经济、安全方面给予其更多的帮助。

早在“上海五国”时期，阿富汗问题就成为上海合作组织的重要关切。参与阿富汗重建以及反恐、禁毒斗争成为上海合作组织维护地区安全的一项主要任务。建立联络组是上海合作组织与一个国家或组织之间特殊关系和密切合作的一种制度安排，体现出上海合作组织对阿富汗问题的重视以及破解阿富汗困局的担当。2005年11月，上海合作组织与阿富汗签署议定书，建立上海合作组织—阿富汗联络组。联络组成立的目的是就双方共同感兴趣的问题上开展合作提出建议。联络组由上海合作组织成员国常驻秘书处代表、秘书处官员和阿富汗使馆高级外交官组成，其建立标志着上海合作组织与阿富汗政府间联系的机制化。2007年8月，阿富汗总统卡尔扎伊首次作为客人，参加了上海合作组织比什凯克峰会。自成立以来，联络组曾先后多次举行参赞级、副外长级会议。

2018年5月28日，上海合作组织—阿富汗联络组副外长级会议在北京召开。双方就阿富汗局势和帮助阿富汗政府和人民重启和平进程深入交换了意见，同时也讨论了上海合作组织和阿富汗未来的合作方式。与会者一致认为，应在联络组框架内开展和深化上海合作组织成员国和阿富汗的合作，联络组则可以成为一个磋商机制。①

（二）与其他国家和国际组织的合作

自成立以来，上海合作组织在地区和全球范围内积极构建多边伙伴关系网络。与联合国及其专门机构、独联体、东盟、集体安全条约组织、欧亚经济共同体、亚信会议等国际与地区组织及多边机制建立了正式联系。

1. 与联合国及其专门机构

上海合作组织一直主张恪守《联合国宪章》的宗旨和原则。与联合国及其专门机构开展对话与合作是上海合作组织对外合作的优先考虑。

上海合作组织同联合国及其专门机构签署了一系列文件，这些文件为双方合作奠定了法律基础。2010年4月在塔什干，上海合作组织同联合国签署了《上海合作组织秘书处同联合国秘书处合作联合声明》，就两组织秘书处之间建立与发展关系的意向，商定如下：联合国秘书处和上海合作组织秘书处团结一致的前提是遵守《联合国宪章》，确认维护国际和平与安全担负首要责任的联合国安理会；双方进一步开展合作的目的是大力协助应对国际社会面临的新的挑战与威胁，为此，两组织重申，必须根据《联合国宪章》第八章，在涉及国际和平与安全的问题上在不同级别开展合作，其中包括防止和消除冲突，与恐怖主义作斗争，防止大规模毁灭性武器及其运载工具的扩散，打击跨国犯罪（包括打击非法贩运毒品和非

① 《上合—阿富汗联络小组第二次会议在北京召开》，上合组织秘书处网站，http://chn.sectsco.org/news/20180529/435138.html（上网时间：2018年6月29日）。

法军火贸易），处理环境退化问题，减少灾害风险和防备与应对紧急情况，促进可持续经济、社会、人道主义和文化发展等领域；两组织商定酌情在交流沟通和分享信息及能力建设方面进一步开展合作；两组织的合作将考虑到每个组织的具体授权、权限、程序和能力，以利于进行国际协调，应对全球性挑战与威胁。这份声明还提出联合国毒品和犯罪问题办公室与上海合作组织地区反恐怖机构之间加强合作问题。2011年6月在阿斯塔纳，上海合作组织和联合国毒罪办签署了《上海合作组织秘书处与联合国毒品和犯罪问题办公室谅解备忘录》。自2008年起，联合国亚太经社会成为上海合作组织合作伙伴，在为期三年的《上海合作组织秘书处与联合国亚太经社会秘书处之间的谅解备忘录》基础上与上海合作组织开展紧密合作，《备忘录》最新文本是2015年12月于郑州召开的上海合作组织成员国政府首脑（总理）理事会会议期间签署的。2018年6月在青岛，上海合作组织同联合国教科文组织签署了《上海合作组织秘书处与联合国教科文组织合作谅解备忘录》。

早在2004年12月，联合国大会就通过了《给予上海合作组织联合国大会观察员的地位》的决议，根据该决议，上海合作组织获得了作为观察员参与联大会议和工作的权利。与联合国秘书处、联合国系统在京代表机构保持定期信息交流。按照惯例，应主席国方面的邀请联合国高级代表出席上海合作组织年度峰会。获得联合国大会观察员地位为上海合作组织参与联合国行动创造了条件。2009年12月18日，第64届联大第65次全体会议首次通过了《联合国与上海合作组织之间的合作》的决议。决议强调了在联合国和上海合作组织之间加强对话、合作与协调的重要性。2010年12月，联合国通过了上海合作组织成员国提交的决议，建议联合国秘书长为此通过现有的机构间论坛和其他形式，包括联合国秘书长与区域组织领导人的年度磋商等机制，继续定期与上海合作组织秘书长进行磋商；建议联合国系统各专项机构、组织、方案和基金与上海合作组织合作，以期共同实施方案，实现各项目标，并建议这些实体的领导人为此着手同联合国秘书长进行磋商。2012年9月，上海合作组织副秘书长率秘书处代表团出席了在纽约举行的第67届联大开幕式。2012年11月19日，在第67届联大第40次全体会议上，通过了《联合国与上海合作组织的合作决议》。根据联合国要求，上海合作组织秘书处会同成员国及地区反恐怖机构执委会，定期准备关于落实联大决议的情况报告。2016年11月21日，第71届联大以口头表决的方式通过了《联合国同上海合作组织的合作》决议。2016年11月22日，主题为“联合国与上海合作组织：共同应对挑战和威胁”的高级别会议在纽约联合国总部举行。这是上海合作组织历史上首次在联合国总部举办有关上海合作组织话题的高级别会议。①

上海合作组织和联合国在打击恐怖主义、极端主义、分裂主义、贩毒、人口买卖、跨国有组织犯罪等领域有较大的合作空间。与联合国及其专门机构建立联系是上海合作组织扩大对外关系、构建多边伙伴网络的重要一步。

2. 与独联体、东盟、集体安全条约组织、经济合作组织、亚信会议等

截至目前，上海合作组织已与独联体、东盟、集体安全条约组织、经济合作组织和亚信会议签署了正式的合作文件。

2005年4月12日，上海合作组织与独联体在北京签署了《上海合作组织秘书处与独联体执行委员会谅解备忘录》。该文件确定的优先合作领域：安全领域包括保障地区和国际安全、打击恐怖主义、极端主义、分裂主义、非法贩卖毒品和武器、跨国有组织犯罪；经济领域包括贸易、商品流通便利、服务与金融、鼓励和保护投资、交通与通信领域、环境保护、信息、旅游；人文领域包括文化、教育、科学、卫生等。双方商定了磋商和信息交流机制，规定在相互协商的基础上，在各自职能范围内，就共同感兴趣的问题在商定的级别上举行磋商和交换信息。两组织执行机构负责人保持定期联系，常设机构代表常应邀以客人身份参加对方组织的相关活动。

2005年4月21日，上海合作组织与东盟在雅加达签署了《上海合作组织秘书处与东盟秘书处谅解备忘录》。该文件确定的优先合作领域包括反恐、打击毒品和武器走私、反洗钱和打击非法移民，指明了其他可能的合作领域，包括：经济与金融、能源（水电和生物燃料）、旅游、环保及自然资源利用、社会发展。

2007年10月5日，上海合作组织与集安组织在杜尚别签署了《上海合作组织秘书处与集体安全条约组织秘书处谅解备忘录》。该文件明确了

---

①《联合国与上合组织高级别会议举行》，中国新闻网，https://news.china.com/international gd/10000166/20161123/23915454.html.（上网时间：2018年5月23日）。

双方将就以下问题建立并发展平等和建设性合作的“切入点”：保障地区和国际安全与稳定、打击恐怖主义、打击非法贩卖毒品、杜绝非法贩运武器、打击跨国有组织犯罪，其他共同关心的问题。

2007年12月11日，上海合作组织与经济合作组织在阿什哈巴德签署了《上海合作组织秘书处与经济合作组织秘书处谅解备忘录》。文件指出，双方将通过在经贸、交通、能源、生态、旅游及其他共同关心的领域，交流信息和成功经验来开展相互合作。

2014年5月20日，上海合作组织与亚信会议在上海签署了《上海合作组织秘书处与亚洲相互协作与信任措施会议秘书处谅解备忘录》。双方对待以下问题有共同立场：解决地区冲突、巩固不扩散的基本制度，寻找应对重大威胁——恐怖主义、分裂主义、极端主义、毒品贸易、跨国犯罪、非法武器交易等的共同方案。

除上述国际和地区组织外，上海合作组织还与一些没有签署正式的合作文件的国家和国际组织不定期进行交流与对话，包括联合国开发计划署、联合国预防外交中心，以及欧安组织、金砖国家等。中立国土库曼斯坦也常常作为主席国客人参加上海合作组织峰会。2018年6月的上海合作组织青岛峰会还首次邀请欧亚经济联盟、国际货币基金组织和世界银行的代表参与，不仅展示了上海合作组织开放的形象，提升了组织的国际影响力，也大大拓展了组织对外合作的空间。（赵臻）

第三章

成员国、观察员国和对话伙伴国与上海合作组织

Chapter III Member States, Observer States and Dialogue Partners and the SCO

第一节　成员国与上海合作组织的发展

一、成员国与“上海五国”机制

上海合作组织的前身是“上海五国”机制，该机制由中国、俄罗斯、哈萨克斯坦、吉尔吉斯斯坦、塔吉克斯坦五国组成，始建于1996年4月26日，最初是一个谈判解决五国边境地区安全的机制。从1996年到2012年上海合作组织成立，“上海五国”机制共举行了五次元首会晤，签署了关于在边境地区建立军事领域信任和裁减军事力量的重要协定，为实现五国边境地区的安全稳定奠定了法律基础。同时，五国合作逐渐从边界地区安全向整个地区安全和经济合作扩展，为上海合作组织的成立准备了有利条件。

（一）中国与“上海五国”

中国是“上海五国”的直接发起国，从始至终推动着“上海五国”机制的发展。1996年4月26日，时任中国国家主席江泽民对“上海五国”关于在边境地区加强军事领域信任的协定给予高度评价，称这一协定“对亚太地区各国之间增进相互信任、发展睦邻友好关系是一个很有意义的启示、探索和创举”。[①] 1997年4月24日，中国与俄、哈、吉、塔四国签署了在边境地区相互裁减军事力量协定，江泽民主席指出：“边境裁军协定作为亚太地区第一个关于相互裁减军事力量的国家间文件，具有重大的政治、军事意义。它的签署不仅有利于维护中国同俄、哈、吉、塔四国边境地区的和平、稳定与安宁，而且对维护亚太地区乃至世界的和平、安全与稳定提供了一种不同于冷战思维的安全模式，为增进国家间的相互信任开辟了一条有益的途径。”[②] 在1998年阿拉木图元首会晤时，江泽民主席表示：“中国、哈萨克斯坦、吉尔吉斯斯坦、俄罗斯、塔吉克斯坦五国具有开展双边和多边经济、贸易和技术合作的很多有利条件。中国愿本着互利

---

① 《顺应时代潮流，弘扬“上海精神“——上海合作组织文献选编》，北京：世界知识出版社，2002年，第232页。

② 《顺应时代潮流，弘扬“上海精神“——上海合作组织文献选编》，北京：世界知识出版社，2002年，第237页。

互惠、讲求实效的原则，积极发展我们之间的合作。”[①] 在1999年比什凯克元首会晤时，江泽民主席代表中方提出了继续加强在地区安全问题上的合作，继续打击危及地区稳定和安全的宗教极端势力、民族分裂势力、国际恐怖主义活动，以及其他各种跨国犯罪活动，继续推进地区经济合作与发展，继续推动复兴古老的“丝绸之路”，继续在重大国际问题和联合国事务中加强磋商、对话与协调，共同维护国际正义和各国人民正当权益等五项建议。[②] 在2000年杜尚别最后一次“上海五国”机制元首会晤时，江泽民主席高度概括了“上海五国”机制的意义和作用，指出五国机制“不仅在实践中逐步摸索出了一条五国睦邻友好合作关系的健康发展之路，而且也为国际社会寻求超越冷战思维，探索新型国家关系、新型安全观和新型区域合作模式，提供了重要的经验”，五国机制的发展历程“体现了一种具有鲜明时代特征的精神，这就是睦邻互信、平等互利、团结协作、共同发展”。在此次会晤中，江泽民主席代表中方郑重提出应逐步将五国会晤机制发展成为五国合作机制。[③]

（二）俄罗斯与“上海五国”

苏联解体后，俄罗斯国家安全环境面临极大挑战。从国内看，休克疗法带给俄罗斯巨大损失，物价疯涨、政治动荡，南部的伊斯兰极端分子对俄罗斯社会构成强烈冲击；国际上，华约解体，北约东扩，俄罗斯的战略空间被极大压缩。面对内忧外患之局，俄罗斯亟须稳定南部局势，并在东方打开局面。1992年11月，俄罗斯外交部亚洲司司长索洛维约夫率领俄、哈、吉、塔四国联合代表团访问北京，与中方代表就边界地区相互裁减军事力量和加强军事领域信任等主要问题进行谈判。1995年，五国两方代表草签了《关于在边境地区加强军事领域信任的协定》，并于次年在中国上海正式签署。1996年4月，俄罗斯总统叶利钦访问中国，在上海出席《关于在边境地区加强军事领域信任的协定》（下称《上海协议》）签约仪式。叶利钦表示，该协定在亚太地区是独一无二的，表明五国之间的信任方面取得了一个阶段性成果，对亚太地区的和平与稳定必将产生积极影响。在整个“上海五国”时期，俄罗斯都积极推动该进程的发展，并且最终促成

---

① 《顺应时代潮流，弘扬“上海精神“——上海合作组织文献选编》，北京：世界知识出版社，2002年，第242页。

② 同上，第249页。

③ 同上，第255—256页。

军事互信问题的解决。1997年4月，中、俄、哈、吉、塔五国元首齐聚莫斯科，共同签署了《关于在边境地区相互裁减军事力量的协定》(下称《莫斯科协定》)。叶利钦表示，这次五国元首签署的《关于在边境地区相互裁减军事力量的协定》与1996年协定一起，首次在7500公里的漫长边境附近建立了一个稳定地带，并保证该地区的军事行动可以预测。

《莫斯科协定》后，俄罗斯又积极参与"阿拉木图进程"。1998年7月，俄罗斯总统特别代表、外长普里马科夫出席"上海五国"阿拉木图峰会，与其他四国领导人就地区和平与稳定、进一步加强五国在政治安全领域合作等问题进行深入讨论。普里马科夫表示，五国在亚洲大陆首次建立了边境安全的多边模式，为其他各国树立了极好的榜样。1999年，叶利钦总统出席"上海五国"比什凯克峰会，同意成立五国执法机关领导人组成的"比什凯克小组"。2000年，俄罗斯新总统普京出席在杜尚别举行的上海五国峰会，这是普京第一次参加相关会议，也是上海合作组织成立前的最后一次峰会。普京强调，"相互尊重和信任、平等互利和自愿等原则是五国合作的保障。针对三股势力，加强五国护法机关和强力部门的合作具有必要性和紧迫性。"

杜尚别峰会后，乌兹别克斯坦加入的呼声越来越高。但是乌尚未签署1996年的上海协定和1997年的莫斯科协定。以何种身份加入会晤机制成为当时各国面临的一大难题。对此，俄罗斯和中国均希望乌兹别克斯坦能以完整成员国身份加入，并就此问题向其他国家进行了说服工作，使各国清醒地认识到乌在维护地区安全与稳定所起的重要作用，最终各国一致同意乌兹别克斯坦以完整成员国的身份加入。

回顾整个上海五国阶段，俄罗斯前总统叶利钦指出，"上海五国"进程将被载入史册；五国首脑签署的五国边境地区相互裁减军事力量的协定，对亚太地区来说具有突破性的意义，是五国在亚太地区取得的史无前例的成果。"上海五国"不追求世界或者地区宪兵的作用，而是希望看到中亚地区成为和平、睦邻、友好、繁荣的地区。

（三）哈萨克斯坦与"上海五国"

哈萨克斯坦独立后国内外局势并不乐观。政治上，围绕最高权力的争夺让哈政坛在独立初期并不消停；经济上，与俄产业过分捆绑使哈反危机决策在短时间内难以发挥效能；安全上，极端主义和分裂主义的问题也时刻困扰着这个新生的共和国。1999年11月，哈国家安全委员会宣布在东哈萨克斯坦州逮捕了22名俄罗斯人，其中10人为哈籍公民。据悉，该团伙私藏武器，蓄谋建立所谓的“独立的俄罗斯阿尔泰共和国”。在此背景下，如何确定哈萨克斯坦的外交政策成为纳扎尔巴耶夫的头等难题之一。1992年1月，哈时任总理谢尔盖·捷列先科访华，中哈两国政府签署《中哈联合公报》，对进一步解决两国边界问题做了原则性的表述，“双方对中国同原苏联在边界谈判中就现中、哈地段所取得的成果给予积极评价。双方将以有关目前两国边界的条约为基础，根据公认的国际法准则，按照平等协商、互谅互让的精神，继续探讨边界问题，以找到双方都能接受的公平合理的解决办法”。[①] 以此文件为基础，哈萨克斯坦与中国在“五国两方”的框架下开始了漫长的边界谈判。

1996和1997年，纳扎尔巴耶夫先后出席了《上海协定》和1997年的《莫斯科协定》的签字仪式。这两份协定的签署彻底解决了五国的边界纠纷和军事安全问题。理论上来说，“上海五国”已经圆满地完成其使命。但是纳扎尔巴耶夫认为，虽然五国在安全上的问题已经得到了解决，但是经济合作和安全互信同样重要，“上海五国”仍大有可为。这个观点与中方的思路不谋而合。经过友好协商后，五国决定于1998年在阿拉木图举行第三次元首会晤。

对于“上海五国”，哈萨克斯坦总统纳扎尔巴耶夫认为，该机制使各国成功地解决了苏联时期存在的边界问题和军事政治紧张局势，形成了包括中俄两个世界强国在内的五国维护地区安全与稳定的重要机制，经历了从加强信任措施到在边界地区相互裁减军事力量的过程；在五国相互关系中将永远消除军事竞争和军事对抗，这为世界树立了建设性的协作范例，也为保障地区安全、加强彼此信任和理解作出了重要贡献。

（四）吉尔吉斯斯坦与“上海五国”

独立初期的吉尔吉斯斯坦面临与中亚邻国共同的发展困境。出于国家稳定的需求，吉尔吉斯斯坦对于“上海五国”总体持积极态度，且主要聚焦于安全领域。阿卡耶夫总统参与了从1996—2001年的历次元首会晤，签署了1996和1997年的两份协定。对此，阿卡耶夫表示，“上海五国”签署边境地区裁军协定是对建立亚太地区安全和稳定体系基础的重大贡献，这

---

① [哈]苏尔丹诺夫主编:《哈萨克斯坦—中国：睦邻友好与合作的五年文件和资料汇编》，北京：新华出版社，1997年，第111页。

一协定的意义无论如何评价都不会过高，这是五国人民和政府致力于和平睦邻的意志和真诚愿望的结果。

1999年，五国元首在比什凯克举行第四次元首峰会。这次峰会在这一时期具有十分重要的意义。在这次会议上，五国领导人一致同意建立“比什凯克小组”，决定在比什凯克成立反恐怖机构，以维护中亚地区的安全和稳定。对此阿卡耶夫认为，当恐怖势力入侵吉领土时，正是上海五国成员国首先向吉提供了政治和军事技术援助。目前吉军队对可能的再度入侵已作好充分准备。[①] 中亚地区政治局势的稳定不仅符合本地区各国人民的根本利益，而且对维护亚洲乃至世界的和平都具有重要意义。维护地区安全，打击国际恐怖主义、宗教极端主义、民族分裂主义和其他跨国犯罪是当务之急。为此，“上海五国”所有成员国正采取相应的联合行动并一致支持吉的建议，成立总部设在比什凯克的地区反恐怖中心。

纵观整个“上海五国”时期，吉尔吉斯斯坦全程积极参与。阿卡耶夫认为，“上海五国”不仅是维护中亚和平与稳定的坚强柱石，也是对人类和平事业的重大贡献。1996年“上海五国”成立以来，已经轮流在每个成员国举行最高级会晤，签署了一系列重要文件。上海五国的合作范围已经从军事政治领域扩大到经贸、文化领域，以及共同打击国际恐怖主义、宗教极端主义、民族分裂主义、非法走私毒品等方面。在发展“上海五国”合作机制过程中形成的“上海精神”以“互信、互利、平等、协商、尊重不同文化、谋求共同发展”为特征，已成为本地区各国多年来积累的无价财富。“上海五国”不是针对其他国家的联盟或军事集团。

（五）塔吉克斯坦与上海五国

塔吉克斯坦在独立之后的国内环境最为复杂。面对困境，拉赫蒙与世界各国广泛开展合作。但是西方国家对独立后的塔吉克斯坦采取了“大棒加胡萝卜”的两手政策：一方面进行少量投资，另一面则紧揪所谓的“人权小辫子”。1999年11月，拉赫蒙总统在欧安组织峰会上表示，西方国家不应对塔选举进行无端批评，不应过多干涉中亚国家内部事务。

在这种背景下，塔吉克斯坦决定叩开通向东方的大门。在整个“上海五国”时期，塔吉克斯坦都积极参与各项会晤。1999年，在比什凯克举行

---

① 陈启明，张言：《上海五国是人类对和平事业的重大贡献》，载《新华每日电讯》2001年6月8日，第7版。

的第四次上海五国首脑会晤上，中方提议第五次会晤在杜尚别举行，得到了俄、哈、吉三国的认可。拉赫蒙总统对此表示，“已盼望许久，将随机全力以赴地开始准备工作”。[①] 不过，当时塔吉克斯坦内战刚结束，国内安全形势严峻，首都杜尚别更是接连发生恐袭事件。为打消各方顾虑，塔政府于2000年6月成功举办中亚经济共同体四国首脑会议，以显示其可靠的安保能力。[②] 同年7月，上海五国第四次元首会晤在杜尚别顺利举行，同时举行的还有“上海五国”框架下的首次外长会晤。

对于“上海五国”，塔吉克斯坦总统拉赫蒙认为，边界地区裁军协定的签署使得“上海五国”元首会晤成为历史性事件，也使五国在边界地区加强信任、睦邻和稳定成为不可逆转的进程。“上海五国”在维护和平与稳定、加强军事合作方面所表现出的相互信任和支持，对本地区乃至全世界都具有重大意义。

（六）乌兹别克斯坦与上海五国

乌兹别克斯坦在独立之后采取渐进式改革，国内局势总体平稳。但是平静的水面下往往孕育着危机。20世纪90年代，以“乌兹别克斯坦伊斯兰运动”为代表的宗教极端和恐怖势力在乌兹别克斯坦活动日显猖獗。在此背景下，乌兹别克斯坦亟须一种新的地区安全机制来保障稳定发展。“上海五国”的成功活动引起了乌方极大的兴趣，乌方希望以完整成员国的身份加入。“关于这一问题各方没有太多争议。中国及与乌接壤的中亚国家十分清楚乌兹别克斯坦的政治军事和经济实力，因此在协商后决定接受卡里莫夫的请求。2000年5月，乌兹别克斯坦列席上海五国第五次峰会。从此，‘上海五国’逐渐变成了‘上海六国’”。[③]

对于“上海五国”，乌兹别克斯坦总统卡里莫夫认为，该机制对乌意义重大。他说，如果这个组织的任务只是解决边界问题，那么乌加入的意义不大。但毫无疑问，该机制并不会止步于此。它在保障安全、促进合作上将发挥重大作用。[④] 同时，卡里莫夫总统也自信地称：“乌的人口占据中

---

① 傅全章：《回首上海五国杜尚别首脑会晤》，载《世界知识》2001年第14期，第40—41页。

② 同上。

③ [哈]托卡耶夫：《Преодоление. Дипломатические очерки казахстанского министра》，阿拉木图“mir”出版社2003年，第20页。

④ 许涛、季志业主编：《上海合作组织——新安全观与新机制》，北京：时事出版社2001年版，第247页。

亚地区总人口的一半，在该地区的交通和政治方面占有关键的地位，‘上海五国’的成员国都希望乌兹别克斯坦加入。而且俄罗斯是乌的主要战略伙伴，俄罗斯同乌一样均希望地区永久和平。”①

二、成员国与起步阶段的上海合作组织

上海合作组织的起步阶段大致从2001年6月到2004年的峰会。这一时期，在“上海五国”基础上建立了上海合作组织，哈萨克斯坦、中国、吉尔吉斯斯坦、俄罗斯、塔吉克斯坦、乌兹别克斯坦成为创始成员国，开启了成员国合作的新征程。这一时期属于上海合作组织的起步阶段，主要完成了两件大事。一是成立上海合作组织，共塑“上海精神”。二是完成了组织的基本框架设计。2004年12月，联合国大会给予上海合作组织观察员地位，标志着该组织正式得到了国际社会的广泛承认。

（一）中国与初创时期的上海合作组织

中国是上海合作组织的直接发起国之一，2001年的第一次元首会晤就在中国上海举行。中国领导人对上海合作组织高度关注和重视。江泽民在成立大会上表示：“上海合作组织是一个新生事物，今后成长的路还很长。把它发展好、建设好，是我们的共同责任，也是我们面临的重要课题。各方应该增强开拓意识，坚持务实态度，发扬团结精神，恪守不结盟、不针对其他国家和开放原则。”② 需要特别指出的是，中方认真总结了“上海五国”进程的经验，仔细研究了国际形势的发展变化和本地区国家关系的特点，反复推敲、提炼，将“上海精神”概括为“互信、互利、平等、协商、尊重多样文明、谋求共同发展”这二十个字，得到成员国一致赞同并被写进《上海合作组织成立宣言》中，成为上海合作组织的核心价值。③ 2002年6月，江泽民主席在圣彼得堡峰会上提出，安全与经贸合作相辅相成、相互促进，是推动区域合作与上海合作组织发展的两个轮子。2003年5月，首次出席上海合作组织元首峰会的胡锦涛主席在会上指出，加快组织的机

---

① 许涛、季志业主编：《上海合作组织——新安全观与新机制》，北京：时事出版社2001年版，第248页。

② 《背景资料：江泽民在“上海合作组织”成立大会上的讲话》，http://www.cctv.com/special/581/3/30174.html，登录时间：2018年5月25日。

③ 刘古昌：《上海精神”是新时期的普世价值》，载《公共外交季刊》2011年秋季号（总第7期）。

制化建设是当前上海合作组织面临的首要任务，并代表中国政府宣布免费向秘书处提供办公馆舍。在此次峰会上，胡锦涛还提出了诸如尽快把反毒问题提上安全合作日程、尽快签署多边公路运输协定等重要建议。2004年，胡锦涛主席在上海合作组织塔什干峰会上指出："上海合作组织已经进入新的发展时期，组织应该将工作重点转到扩大和深化各领域的合作上来。要本着务实精神，确立具体目标，采取有效措施，把巨大的合作潜力转变为现实的合作成果，给成员国人民带来切实的利益。这是上海合作组织持续健康发展的必由之路。为此，我们应该继续加强安全合作；大力推进经济合作；深入开展人文合作。"[①] 在此次峰会上，胡锦涛主席郑重提出向其他成员国提供总额9亿美元优惠出口买方信贷，这是中方单方面为切实推动上海合作组织务实合作采取的一项重要资金支持行动，也是上海合作组织框架内的第一笔资金投入。

（二）俄罗斯与初创时期的上海合作组织

2001年6月14日，俄罗斯总统普京访问中国，出席上海合作组织成员国元首会晤。由于此时上海合作组织尚未正式宣布成立，本次会晤为非正式会晤。次日，普京和其他五位成员国元首共同签署了《上海合作组织成立宣言》和《打击分裂主义、分裂主义和极端主义的上海公约》，上海合作组织正式成立。俄罗斯总统普京表示，上海合作组织的成立在发展"上海五国"的精神原则上，继承了过去五年的积极经验，而且向前迈出了实质性的一步，开辟了未来在多领域开展多边合作的前景。[②]

上海合作组织的第二次和第三次峰会均在俄罗斯举行。2002年圣彼得堡峰会上，各国元首签署了《上海合作组织宪章》，标志着该组织开始机制化。该宪章反映了对国际关系实践的新观点，重申了"互信、互利、平等、协商、尊重多样文明、谋求共同发展"的"上海精神"。2003年莫斯科峰会上，成员国元首批准在北京的上海合作组织秘书处和在塔什干的地区反恐机构的工作条例。

对于上海合作组织的成立，普京认为，上海合作组织的成立给各国在多领域开展务实合作奠定了坚实的基础。未来成员国应协作打击"三股势

① 《胡锦涛：加强务实合作、共谋和平发展——在上海合作组织塔什干峰会上的讲话（二〇〇四年六月十七日）》，载《人民日报海外版》2004年6月18日，第1版。

② 《2001年6月15日上海合作组织成立》，人民网，http://www.people.com.cn/GB/historic/0615/6558.html（上网时间：2018年6月5日）。

力”和跨国贩毒等犯罪活动，并针对当前中亚形势积极开展工作。

（三）哈萨克斯坦与初创时期的上海合作组织

哈萨克斯坦对于上海合作组织的成立评价较高。纳扎尔巴耶夫指出，上海合作组织的成立标志着“上海五国”机制进入一个崭新的发展阶段，显示出强大的生命力和巨大的发展前景。在未来不仅要注意政治和经济安全，而且也要关注生态和人文合作。纳对开展成员国经贸合作提出了建议，他期望能寻找适当方式加强上海合作组织与包括东盟等国际和地区组织的合作。[①]

在当时的哈萨克斯坦外交大局中，上海合作组织应该只是众多可使用的工具之一，但是哈方对这一工具却有着非常理智的认知。从安全角度上看，哈是集体安全条约组织的创始成员国，该组织在保障地区稳定上显然拥有更多的渠道和手段。但是纳扎尔巴耶夫总统认为：“集安组织和上海合作组织两者在保障中亚地区安全问题上相得益彰，并不矛盾。因为仅靠军事手段和武力办法不可能减少或弱化潜在的内部冲突。这不仅仅是个军事问题，它又是个经济、社会、文化一体化的问题。当相互矛盾降低至一定程度，在集体安全条约组织内使用武力维护和平就成为多余。但是在这里，上海合作组织在维护和平和安全方面似乎具有更大的潜力。重要的是，上海合作组织已经解决了一系列问题，它消除成员国关系中的一些不确定和紧张性，调整边界问题，建立了一个讨论和调整关系的常设性论坛。”[②] 从提升国际影响力的角度看，哈萨克斯坦是亚信会议的直接发起国，但是哈却并没有忽视对上海合作组织的关注。这从哈时任外长托卡耶夫的言论中可以看出。托卡耶夫认为：“亚信会议与上海合作组织不存在竞争关系，而是在维护亚洲安全问题上起到了良好的互相补充的作用。两者都经历了自己独特的发展过程，这不是铺满玫瑰的坦途，而是一条布满荆棘的道路。”[③] 2002年11月，莫斯科上海合作组织外长会议一致决定由哈萨克斯坦担任上海合作组织轮值主席国，这是中、俄以外的第三方首次担任上海合作组织主席国，这一决定充分考虑了哈对于上海合作组织的建立和

---

① 《纳扎尔巴耶夫在上海合作组织成员国元首会议上的讲话》，载《解放军报》2001年6月16日，第2版。

② ［哈］纳扎尔巴耶夫：《关键的十年》，曹特金等译，北京：民族出版社，2004年，第71页。

③ ［哈］托卡耶夫：《Преодоление. Дипломатические очерки казахстанского министра》。阿拉木图“mir”出版社2003年版，第236页。

发展所作的贡献。

（四）吉尔吉斯斯坦与初创时期的上海合作组织

2001年，阿卡耶夫访问中国并出席上海合作组织第一次元首会晤。他指出："上海合作组织的诞生是以'相互信任、平等协商、相互尊重文化的多样性和共同发展'为基本内涵的'上海精神'为基础的，它符合六个成员国的根本利益，这一组织在21世纪将为建立合理的多极化国际体制作出根本贡献。"他认为，中亚地区泛滥一时的国际恐怖活动在上海合作组织各国的联合打击下将会大大收敛，中亚地区安全与稳定将进一步加强。[①]

应该说，阿卡耶夫总统对于上海合作组织寄予了厚望。早在2003年莫斯科峰会上，吉尔吉斯斯坦便提出了关于建立上海合作组织投资论坛和投资基金的建议。但由于当时条件并不具备，且上海仍处于建章立制的阶段，阿卡耶夫的提议并没有得到全体成员国的一致认可。

（五）塔吉克斯坦

塔吉克斯坦总统拉赫蒙亲历了上海合作组织成立初期的所有历程。他认为，上海合作组织的成立对塔吉克斯坦意义十分重大，因为它的任务涵盖了各成员国国家发展的各个重要领域，这已经不仅仅局限于边界或跨界合作，同时还会讨论同国际恐怖主义、宗教极端主义和民族分裂主义、有组织犯罪和非法走私毒品作斗争的问题。同时，在上海合作组织框架内，塔吉克斯坦也积极开展与中国的合作。[②]2004年两国元首在上海合作组织峰会期间举行会晤。拉赫蒙表示，塔中经贸合作潜力很大，两国边境新口岸的开通使两国边境成为合作的纽带，双方应充分利用各自的优势，进一步开展各领域的合作。同时两国元首还就上海合作组织的机制建设等问题交换了看法，一致认为推进具体领域的务实合作应该成为该组织今后工作的重点。双方同意加强协调配合，确保上海合作组织健康发展，使之成为促进地区安全、稳定和发展的有效机制。[③]

（六）乌兹别克斯坦与初创时期的上海合作组织

乌兹别克斯坦虽然不是"上海五国"初始成员国，但作为上海合作组

---

① 许涛、季志业主编：《上海合作组织——新安全观与新机制》，北京：时事出版社，2001年，第246页。

② 同上，第247页。

③ 《胡锦涛主席会见塔吉克斯坦总统拉赫莫诺夫》，http://www.fmprc.gov.cn/ce/ceka/chn/ztbd/hu/t157013.htm（上网时间：2018年6月10日）。

织创始会员国，积极参与上海合作组织的各项活动。卡里莫夫总统认为，上海五国机制解决的基本上是边界和国家信任方面的问题，而上海合作组织将全面考虑和解决更广泛领域的问题。这一组织的宗旨和原则符合乌兹别克斯坦国家和人民利益。①

2001年6月15日，乌兹别克斯坦与中、俄、哈、吉、塔五国共同签署了《上海合作组织成立宣言》。在初创时期，乌兹别克斯坦强调加强经济合作，认为互利的双边合作有利于上海合作组织的发展，要平衡成员国各方的利益，尤其是要更多地照顾小国利益。乌认为安全合作方面的主要任务是打击"三股势力"，而不是强化军事合作。为此，2003年，乌兹别克斯坦建议把上海合作组织地区反恐中心从比什凯克迁至塔什干，并得到俄罗斯的坚决支持。同时，乌主张要与美国等西方国家开展合作，不希望上海合作组织变成一个军事政治同盟或集团。

2004年6月，塔什干举行第四次峰会，批准了《上海合作组织观察员条例》，给予蒙古国观察员地位。在此次峰会上，上海合作组织地区反恐机构在塔什干正式成立，通过了上海合作组织特权和豁免条约。根据卡里莫夫总统的倡议，在此次峰会前举行了安全会议秘书会晤、经济和贸易部长会晤。在此基础上，签署了《上海合作组织成员国合作打击非法走私毒品、麻醉品和易制毒化学品协议》。应卡里莫夫总统邀请，阿富汗临时政府领导人卡尔扎伊与会，反映出乌方积极吸引阿富汗参加解决地区问题的积极态度。

三、成员国与不断进取中的上海合作组织

2004年到2017年，上海合作组织发展进入到一个成长壮大阶段。在这一阶段，上海合作组织主要完成了五项重要任务。一是开启了漫长的扩员进程。2004年，蒙古国获得观察员地位，标志着组织开启扩大进程；2017年，印度和巴基斯坦正式加入，上海合作组织完成首次扩员。二是进一步夯实法律基础。2007年，六国签署《上海合作组织成员国长期睦邻友好合作条约》，从法律上明确了成员国在安全、经济、立法、人文等领域开展合作的权利和义务。2009年、2017年，上海合作组织成员国元首相继签署

---

① 许涛、季志业主编:《上海合作组织——新安全观与新机制》，北京：时事出版社，2001年，第256页。

《反恐怖主义公约》和《反极端主义公约》，夯实了成员国安全合作的法律基础。三是广泛开展经济合作。在这一期间，上海合作组织成立了银联体，签署了《上海合作组织成员国政府间国际道路运输便利化协定》等重要合作文件。四是夯实安全合作。安全是上海合作组织的核心任务之一。在此阶段，上海合作组织地区反恐怖机构高效运行，发挥了重要的作用。此外，成员国还定期举行"和平使命"系列反恐演习，对"三股势力"形成极大震慑力。五是巩固人文合作。在此阶段，成员国相继签署了关于教育、文化、卫生、科技、旅游等领域的合作协定或合作纲要，并于2009年正式启动上海合作组织大学。同时在这一阶段，"上海精神"得到了完美发展。上海合作组织前秘书长拉希德·阿利莫夫认为，"上海精神"的特点是权利平等和睦邻关系，是相互尊重不同国家的特点和价值取向。上海合作组织这十余年的活动证明，"上海精神"有助于组织不断成长和发展，创造共同体气氛。它丰富了当代国际合作的理论和实践，体现了国际社会对国际关系民主化的普遍渴求。①

（一）中国

中国是上海合作组织的主要倡导国，在上海合作组织发展壮大时期一直扮演着举足轻重的角色，推动着上海合作组织在安全、经济、人文等领域合作不断向前发展。

2005年7月5日，胡锦涛主席在阿斯塔纳峰会上提出，中方将在贷款利率、贷款时限、担保条件等方面采取更加优惠的措施，使中方提供的9亿美元优惠出口买方信贷尽早用于各方关心的合作项目，确保有关成员国从中受益。同时，要加强成员国企业间的联系，应尽快建立银行联合体，积极探索多边和双边相补充，政府和企业相结合的合作模式，并宣布拨出专项资金，在未来三年内向其他成员国培训1500名不同领域的管理和专业人才。2006年，上海合作组织峰会再次在上海举行，胡锦涛主席提出了"和谐地区"的新理念，指出应全面加强合作，努力把上海合作组织地区建设成为一个持久和平、共同繁荣的和谐地区，并建议缔结上海合作组织长期睦邻友好合作条约。2007年，胡锦涛主席在比什凯克峰会上指出，要完善成员国合作的相关法律，加快制定国际道路运输便利化协定，落实好

---

① [塔]拉希德·阿利莫夫：《上海合作组织的创建、发展和前景》，王宪举等译，北京：人民出版社，2018年，第7页。

多边经贸合作纲要，推进能源、交通、通信等优先领域的示范性项目。中方将继续为实施本组织交通、通信、能源等优先领域的重点多边、双边项目提供必要的信贷和融资支持。胡主席在此次峰会上宣布，中方决定设立上海合作组织成员国来华留学奖学金项目，在现有双边协议以外，每年向每个成员国提供20个，共提供100个留学奖学金名额，并举办青年学生交流营活动，邀请其他成员国50名大中学生于2008年寒假期间赴中国海南参加交流活动。在2008年杜尚别峰会上，胡锦涛主席指出应将构建持久和平、共同繁荣的和谐地区作为本组织一项长期任务来共同落实。并将北京奥运会安保合作中比较成熟、行之有效的内容常态化、机制化，提议推动联合反恐演习机制化，落实好禁毒合作协议和保障国际信息安全行动计划；加强防灾、减灾、救灾方面的合作，尽快研究建立本组织救灾中心；加大本组织同观察员合作力度，全面吸收观察员参加安全、经贸、能源、交通、海关、文化等部门间合作。在2009年叶卡捷琳堡峰会上，胡锦涛主席提议建立成员国财金对话机制，支持举行成员国财长和央行行长会议，加强货币政策协调；加强多边科技合作，开展清洁能源、新材料、新技术以及科技成果产业化合作，通过科技创新提高生产力，增加抵御国际金融危机冲击的手段；将成员国大型国际活动安保合作模式扩大到观察员国，吸收观察员国参与相关磋商机制；同阿富汗及有关国家和国际组织密切合作，加大对毒品生产走私打击力度；研究制订打击跨国有组织犯罪框架协议，落实好成员国就反洗钱、能源运输管道安保等开展合作的共识。开展成员国国家行政学院交流。胡主席在峰会上宣布，中方将提供100亿美元的信贷支持，为上海合作组织成员国应对国际金融危机冲击作出自己的努力，并将组织贸易投资促进团赴成员国，推动同各成员国的进出口贸易和双向投资。在2010年塔什干峰会上，胡锦涛主席发表讲话指出，要加强情报交流、边境管控和交通运输工具安保，健全打击毒品走私等跨国犯罪合作机制，就跨境油气管道安保合作商签有关法律文件。扎实推进区域交通、能源、通信基础设施网络化建设，落实海关、质检、交通运输等领域便利化措施，遴选多方参与、共同受益的新的示范性项目，尽快启动经济发展监测机制。要创新合作模式，研究建立上海合作组织区域内电子商务平台，开展农业合作联合专题研究，将非资源领域合作作为本组织区域经济合作新的重要发展方向。尽快召开卫生部长会议，深化疫病防治、公共卫生等有利民生的合作。推动国家行政学院院长论坛机制化发展，分享政府管理经验，提高公共治理水平。在2011年阿斯塔纳峰会上，胡锦涛主席宣布中方将继续落实向成员国提供的优惠贷款，努力将欧亚经济论坛、中国—亚欧博览会打造成区域经济合作平台，更好地促进地区经济发展繁荣。2012年6月7日，上海合作组织峰会第三次在中国举行，也是第一次在北京举行上海合作组织峰会。胡锦涛主席总结了上海合作组织成立十年来取得的辉煌成就，提出要制定并努力落实未来十年上海合作组织发展目标，明确发展方向，规划具体步骤和措施，确保上海合作组织更好更快发展，给各成员国带来实实在在的利益，为地区乃至世界和平与发展作出新的贡献。胡主席提议成立上海合作组织睦邻友好合作委员会，推动成员国民间交往，打牢上海合作组织发展的民意基础和社会基础。建立开发银行、粮食安全合作机制、种子库和农业示范推广基地以及能源俱乐部，推动贸易和投资便利化，全面促进各国经济发展。加强科技、文化、教育、卫生等领域合作，开发高技术产品，发展高技术产业，全面提高各国经济在未来全球经济中的竞争力。胡主席宣布，中方将在未来三年为其他成员国培训1500名专家，未来10年为其他成员国提供3万个政府奖学金名额，邀请1万名孔子学院师生来华研修。为促进成员国发展，支持上海合作组织框架内经济合作项目，中方决定向其他成员国再提供100亿美元贷款。

2013年9月13日，习近平主席首次赴比什凯克出席上海合作组织元首峰会。他发表了《弘扬上海精神，促进共同发展》的重要讲话，强调要完善上海合作组织执法安全合作体系，赋予地区反恐怖机构禁毒职能，并在此基础上建立应对安全威胁和挑战综合中心。指出务实合作是上海合作组织发展的物质基础和原动力。上海合作组织成员国和观察员国有责任把丝绸之路精神传承下去，发扬光大。应尽快签署《国际道路运输便利化协定》；商谈贸易和投资便利化协定；尽快设立上海合作组织专门账户；成立能源俱乐部；建立粮食安全合作机制。宣布中方将在上海政法学院设立“中国—上海合作组织国际司法交流合作培训基地”，同各成员国合作建设中医医疗机构，充分利用传统医学资源为成员国人民健康服务。2014年9月12日，习近平主席参加在杜尚别举行的元首峰会。他在讲话中表示，欢迎上海合作组织成员国、观察员国、对话伙伴积极参与丝绸之路经济带建设，共同创新区域合作和南南合作模式，促进上海合作组织地区互联互通和新型工业化进程。他在谈到具体合作时指出，应践行共同、综合、合作、可持续的亚洲安全观，尽快赋予上海合作组织地区反恐怖机构禁毒职能，并在此基础上建立应对安全挑战和威胁中心，以形成合力，斩断“恐”“毒”勾连的链条。应该以打击宗教极端主义和网络恐怖主义为重点，着力铲除、封堵恐怖极端思想的根源和传播渠道，加强对其渗透的防范和监控。习主席提议上海合作组织商签反极端主义公约，研究建立打击网络恐怖主义行动机制，定期举行贴近实战的联合反恐演习，推动联合反恐力量建设；相互提供最惠国待遇，推进区域经济一体化进程，构筑本地区统一经贸、投资、物流空间；举办上海合作组织粮食安全论坛，制订“上海合作组织科技伙伴计划”，借助中国—上海合作组织环保合作中心，加快环保信息共享平台建设；举办上海合作组织媒体合作论坛；支持上海合作组织和亚信加强交流合作，互学互鉴，共同发展。习主席宣布，中方决定向上海合作组织成员国提供50亿美元贷款，用于合作项目融资。中方在2013年上海合作组织总理会议上宣布成立的中国—欧亚经济合作基金已经正式启动，基金前期规模为10亿美元，最终规模将扩大至50亿美元。在2015年至2017年间，为上海合作组织成员国提供2000名官员和管理、技术人才培训名额，未来5年内每年邀请50名上海合作组织国家青年领导人来华研修。习近平主席在出席2015年7月10日举行的乌法峰会时第一次提出了“命运共同体”新理念，指出要坚持“上海精神”，打造本地区命运共同体。强调要加强行动能力，筑牢地区安全屏障；深挖合作潜力，充实务实合作内容；推动民心相通，巩固世代睦邻友好；保持开放互鉴，推动组织发展。习主席表示愿同各方加紧研究起草本组织《反极端主义公约》；愿同各方加强合作，优先实施已经达成共识的互联互通项目，为项目可行性研究和规划提供资金支持，参与设计和建设的投融资合作；愿根据市场原则，推动在每个成员国建立合作园区，不断深化产能合作；愿通过丝路基金、中国—欧亚经济合作基金等金融平台，解决上海合作组织成员国投资需求；愿继续利用中方资金，为成员国培训农业技术人员，提高各国农业技术和粮食生产水平。希望丝绸之路经济带建设同上海合作组织各国发展规划相辅相成，实施好丝绸之路经济带同欧亚经济联盟对接，促进欧亚地区平衡发展。习主席宣布，自2016年起连续5年在华举办“上海合作组织青年交流营”，每年邀请本组织国家200名青年代表参加活动。2016年6月24日，习近平主席在塔什干峰会上强调，要弘扬“上海精神”，坚持本组织发展之本；坚持安全为先，巩固本组织发展之基；扩大务实合作，拓展本组织发展之路；夯实人文基础，建设本组织发展之桥；坚持开放包容，壮大本组织合作队伍。习主席指出，中方大力推动“一带一路”建设同各国发展战略对接，希望上海合作组织为此发挥积极作用并创造更多合作机遇。中方也愿同有关成员国继续推进产能合作，希望更多国家参与其中。表示中方愿在2017年至2019年为成员国培训1000名贸易便利化专项人员，根据各国需求提供海关设备和技术支持，并为各成员国援建一个质检实验室。愿为各国开展古迹修复和考古合作提供支持，并于2017年在华举办上海合作组织非物质文化遗产论坛。宣布中方计划利用新疆的医疗条件和区位优势，打造面向周边国家的国际医疗服务中心。2017年6月9日，习主席出席在阿斯塔纳举行的元首峰会，发表了《团结协作，开放包容，建设安全稳定、发展繁荣的共同家园》的重要讲话。他指出，上海合作组织以《上海合作组织宪章》和《上海合作组织成员国长期睦邻友好合作条约》这两份纲领性文件为思想基石和行动指南，成员国坚定遵循“上海精神”，在构建命运共同体道路上迈出日益坚实步伐，树立了合作共赢的新型国际关系典范。他提议要保持团结协作的良好传统，新老成员国密切融合，深化政治互信，加大相互支持，构建平等相待、守望相助、休戚与共、安危共担的命运共同体，他提议制定《上海合作组织成员国长期睦邻友好合作条约》未来5年实施纲要；举办防务安全论坛，制定未来3年打击“三股势力”合作纲要；逐步建立区域经济合作制度性安排，并从商签《上海合作组织贸易便利化协定》做起；成立经济智库联盟和电子商务工商联盟。他宣布，中方将在担任轮值主席国期间主办上海合作组织国家文化艺术节、妇女论坛、职工技能大赛等活动；启动实施“中国—上海合作组织人力资源开发合作计划”，通过邀请上海合作组织成员国人员来华研修研讨、派遣中方专家顾问赴成员国提供政策咨询、在成员国境内开展当地培训、提供政府奖学金名额等方式，加大同成员国在人力资源开发领域合作的广度和深度。主办上海合作组织首届媒体峰会。向秘书处追加捐款1000万元人民币，用于改善其工作条件和开展活动。

（二）俄罗斯

安全和经济是上海合作组织在这一时期的两轮驱动。但是，俄罗斯在两者上的态度截然不同。在经济上，俄罗斯通过加强欧亚经济共同体等原苏联体制内的合作，并将其置于上海合作组织之前。俄罗斯认为，上海合作组织经济合作既要考虑本组织特点，也要符合国际经济发展趋势。发展陆上交通基础设施、修建跨洲际交通干线、建立能源俱乐部，加强对风险项目和其他项目的资金支持是很有必要的。但是应该避免同其他国际组织如欧亚经济共同体之间不必要的竞争。① 2006年6月，普京总统在上海峰会上提出了建立上海合作组织能源俱乐部的建议。2008年发生席卷全球的金融危机，俄方开始重视上海合作组织成员国共同应对世界金融危机的潜力，希望在上海合作组织框架内建立某种形式的总部负责执行多边经贸合作长期计划的机制。普京强调："在后经济危机发展时期，应该充分利用上海合作组织的长处和潜力。"② 2015年5月8日，中俄元首签署并发表了《中华人民共和国与俄罗斯联邦关于丝绸之路经济带建设和欧亚经济联盟建设对接合作的联合声明》，强调了要以上海合作组织为平台加强合作。2015年12月签署的《中俄总理第二十次定期会晤联合公报》明确指出："双方认为上海合作组织是实现丝绸之路经济带建设与欧亚经济联盟建设对接的最有效平台。"③ 2016年，普京总统在塔什干峰会上表示，开展紧密的经济协作是上海合作组织活动的重要组成部分，应继续消除贸易、资本和劳动力流通方面的壁垒，将上海合作组织国家以及独联体国家都纳入一带一盟对接合作进程，以建立大欧亚伙伴关系。2017年，普京总统在阿斯塔纳峰会上强调，要致力于在上海合作组织空间内协调各国战略和多边合作项目，聚合欧亚经济联盟、上海合作组织、东盟和中国"一带一路"的潜力。

在安全上，俄罗斯认为，上海合作组织可以充当俄罗斯维护中亚地区稳定、推动中亚国家一体化的重要机制。尽管独联体以及独联体框架下的集体安全条约组织和欧亚经济共同体等合作机制对维护中亚地区的稳定和俄罗斯的战略利益发挥着重要作用，但由于阿富汗长年战争，巴基斯坦局势动荡不安，在这种情况下，上海合作组织维护地区稳定的重要作用仍然不可替代。④ 普京总统在2017年阿斯塔纳峰会上明确指出，保障上海合作组织成员国外部边界的安全与稳定始终是上海合作组织行动的优先方向，建议恢复2009年中断的"上海合作组织—阿富汗"联络小组活动，建立地区反毒品安全带。俄罗斯主办了2009年和2015年上海合作组织元首峰会。

---

① 须同凯：《上海合作组织区域经济合作——发展历程与前景展望》，北京：人民出版社，2010年，第86页。

② 顾志红：《俄罗斯与上海合作组织》，载《上海合作组织黄皮书（2010年）》，北京：社会科学文献出版社，2010年，第163页。

③《中俄总理第二十次定期会晤联合公报》，载《人民日报》2015年12月18日，第1版。

④ 顾志红：《俄罗斯与上海合作组织》，载《上海合作组织黄皮书（2010年）》，北京：社会科学文献出版社，2010年，第163页。

2009年叶卡捷琳堡峰会上，通过了《上海合作组织反恐怖主义公约》、批准了《上海合作组织关于应对威胁本地区和平、安全与稳定事态的政治外交措施及机制条约》，赋予了斯里兰卡和白俄罗斯以上海合作组织对话伙伴国地位。在担任2014—2015年轮值主席国期间，俄罗斯举行了100场各类活动。2015年乌法峰会上，批准了《上海合作组织至2025年发展战略》和《上海合作组织成员国打击恐怖主义、分裂主义和极端主义2016—2018年合作纲要》，通过了关于启动接收印度、巴基斯坦加入上海合作组织程序决议。

（三）哈萨克斯坦

哈萨克斯坦对于上海合作组织态度积极，不仅重视安全领域的合作，同样重视上海合作组织的经济合作。哈方学者认为，经济领域合作是上海合作组织成为有影响力的国际机构的基础，中亚国家需要的是那些有能力并且愿意促进本国发展经济，而并非仅仅出于自身需求把中亚国家视为原料和销售市场的合作伙伴，中亚国家希望通过对外经济合作，提高本国的经济水平，以及健康地融入全球经济一体化进程中。[①] 哈方希望上海合作组织与欧亚经济联盟、金砖国家机制一道，利用发达的交通和通讯网络为全球增长提供良好保障，并借助亚投行资金，打造“欧亚中部大经济空间”。哈认为，“上海精神”是欧亚地区的新象征，加强上海合作组织与欧亚经济联盟的对接，就是加强整个欧亚地区的区域合作。哈积极建议上海合作组织制定《粮食安全合作纲要》《紧急救灾预防措施计划》和《上海合作组织可持续发展构想》等。

巩固地区和全球安全是上海合作组织工作的重点方向。哈萨克斯坦尤其看重上海合作组织在维护地区安全领域的职能，对于该组织在安全领域的表现评价相当高。纳扎尔巴耶夫总统曾提议签署《打击非法移民合作协议》，以堵住恐怖活动、非法贩运毒品和其他形式犯罪相关人员渗透的渠道。他认为，上海合作组织成员国可以根据自己积累的经验，向国际社会提出在国际信息安全领域的统一行为规范。纳扎尔巴耶夫在2006年的国情咨文中就把上海合作组织的功能与地区一体化、移民问题和地区安全问题紧紧地联系在一起，可见其对于移民问题的重视。

---

① 须同凯：《上海合作组织区域经济合作——发展历程与前景展望》，北京：人民出版社，2010年，第96页。

会议筹办上，哈萨克斯坦在这一时期举办过2005年和2011年峰会。2005年峰会上，上海合作组织通过了《关于打击恐怖主义、分裂主义和极端主义的公约》，决定给予巴基斯坦、伊朗和印度上海合作组织观察员地位。2011年峰会上，上海合作组织批准了关于申请国获得上海合作组织成员国地位义务的备忘录，批准了《2011—2016年上海合作组织禁毒战略》及其《落实行动计划》。

（四）吉尔吉斯斯坦

吉尔吉斯斯坦外交部上海合作组织协调员伊琳娜·奥罗巴耶娃曾表示，上海合作组织以互利共赢为准则，通过机制性对话为重大国际和地区问题提出解决方案，不断加深地区安全、经贸、人文等领域的合作，推出一系列促进地区发展的合作项目，这是上海合作组织发展至今取得的最重要的成就，也为世界其他组织树立了典范。她还指出，区域合作提升了上海合作组织的国际地位，增强了其吸引力。该组织的不断壮大也让其国际话语权更为有力，解决地区和国际问题的能力也进一步凸显。[①]

经济方面，吉尔吉斯斯坦对于上海合作组织的经济合作寄予了很高期望。早在上海合作组织成立之初，吉尔吉斯斯坦就建议讨论共建交通基础设施及“上海合作组织能源圈”等问题。2005年2月，吉提出并主办了上海合作组织经贸部长非例行会议，审议了《多边经贸合作纲要措施计划》等文件。其间，吉政府表达了在上海合作组织经贸合作措施计划中列入吉方关心的交通、水力等项目作为示范性项目的强烈愿望。2012年，阿坦巴耶夫在上海合作组织第12次元首理事会上称，各成员国要在“上海精神”指引下，加强团结，深化务实合作。尽早建立本组织专门账户和开发银行，促进能源、交通基础设施互联互通。[②] 在上海合作组织框架下，中吉双方的经济务实合作也有序开展。

安全方面，吉尔吉斯斯坦十分看重上海合作组织的作用，积极参与上海合作组织框架下的“和平使命”系列军事演习及中俄吉三国“东方”系列军事演习。巴基耶夫总统对此表示，“上海合作组织成员国在打击‘三股势力’和有组织犯罪方面展开了全面合作。这是上海合作组织内最有前

---

① 陈瑶：《吉尔吉斯斯坦上合组织协调官：中国倡议推动上海合作组织地区合作与发展》，http://www.sohu.com/a/85023378_362105（上网时间：2018年6月2日）。

② 刘东凯、廖雷：《把上合组织建成地区安全稳定的有力保障》，http://news.ifeng.com/mil/special/shanghe2012/content-1/detail_2012_06/08/15135156_0.shtml（上网时间：2018年5月24日）。

景的多边合作领域。目前，位于塔什干的上海合作组织地区反恐中心开展了富有成效的工作。上海合作组织的成立不是为了干预国际事务，而是维护地区和平和稳定以及发展经济合作。上海合作组织在短期内就向国际社会充分展示了应对在地区和世界范围内所面临的挑战和威胁的能力。"[①] 在2014年上海合作组织杜尚别峰会上，吉尔吉斯斯坦提出制定并签署中亚国家加强边界地区互信双边协议的倡议。吉尔吉斯斯坦与哈萨克斯坦签署并批准了这一协议。2015年4月21—25日，在吉尔吉斯斯坦楚河州托克马克市举行了上海合作组织成员国特种兵反恐演习。来自中国、俄罗斯、哈萨克斯坦、吉尔吉斯斯坦和塔吉克斯坦的特种兵参加了在山地条件下的反恐协同行动。

会议筹办上，吉尔吉斯斯坦曾经主办过2007年和2013年峰会。在2007年第7次上海合作组织峰会上，成员国签署了《上海合作组织成员国长期睦邻友好合作条约》，签署了《上海合作组织成员国政府间文化协定》。2013年峰会上，成员国批准了《上海合作组织长期睦邻友好条约2013—2017年行动计划》和《上海合作组织成员国科技合作协定》等。

（五）塔吉克斯坦

塔吉克斯坦对上海合作组织区域经济合作寄予厚望。但是受到国力限制，对多边合作协调力度心有余而力不足。如塔吉克斯坦曾牵头投资促进工作组，虽然塔方认可签署多边投资保护协定，但是推动效果一直有限。[②] 在上海合作组织发展阶段，塔吉克斯坦对于上海合作组织的经济诉求主要包括两点，一是积极吸引上海合作组织成员国的投资和优惠贷款；二是稳定与上海合作组织成员国的经贸关系，这两点基本都得到了满足。如2006年，塔吉克斯坦获得了在上海合作组织框架内中国政府提供的优惠信贷6.8亿美元，年利率仅2%，期限40年。

塔吉克斯坦高度评价上海合作组织安全合作。拉赫蒙总统认为："地区安全面临恐怖主义、分裂主义和极端主义'三股势力'，毒品走私、跨国有组织犯罪等安全威胁。维护地区安全是上海合作组织最重要的合作方向，只有维护地区安全，各国才能促进经济发展，改善民生，才能实现本

---

① 王向东、王德禄：《吉尔吉斯斯坦总统强调上合组织在维护地区安全方面发挥关键作用》，http://news.cri.cn/gb/19224/2008/08/22/2945s2207859.htm（上网时间：2018年5月22日）。

② 须同凯：《上海合作组织区域经济合作——发展历程与前景展望》，北京：人民出版社，2010年，第108页。

地区可持续发展。上海合作组织地区反恐怖机构在打击‘三股势力’、维护地区安全方面发挥了重要作用，塔将继续支持该机构履行职责任务，深化务实合作。”①

会议筹办上，塔吉克斯坦举办过2008年和2014年峰会。2008年峰会批准了对话伙伴国条例，签署了《上海合作组织举行联合反恐演习的程序协定》《上海合作组织成员国政府间打击非法贩运武器、弹药和爆炸物品的协定》。2014年峰会批准了《关于申请国加入上海合作组织义务的备忘录范本》，并决定2015年在上海合作组织成员国举行有各界人民群众和新闻媒体参加的纪念第二次世界大战胜利70周年的活动。

（六）乌兹别克斯坦

乌兹别克斯坦对于上海合作组织的态度一直较为务实，即“不能将摊子铺得过大，要实事求是地解决一些问题。”

经济方面，乌兹别克斯坦对于上海合作组织框架下的经济合作强调自主性。如2004年塔什干峰会上，乌兹别克斯坦便在原则允许的前提下进行了会议结构的变化，提前举办成员国经贸部长会议。按照惯例，经贸部长会议一般在峰会之后、总理会议前进行。但是乌方认为，提前召开可以为峰会的成果进行准备。对于具体合作领域，乌方认为，交通合作应成为上海合作组织框架下经济合作的主要问题。卡里莫夫曾表示：“运输交通领域的合作是上海合作组织活动的一个特别重要的方面。中乌经贸关系发展中的严重障碍就是两国之间没有直接的交通走廊。乌方支持中国政府、吉尔吉斯斯坦政府和亚洲开发银行尽快建成伊尔克什坦—奥什—安集延铁路所作的努力。我们还应该沿着这条线路修建铁路，成为把中国、中亚和南亚连接在一起，穿过阿富汗直达印度洋港口的横贯大陆干线的重要环节。”②乌方希望上海合作组织帮助解决成员国面临的难题，如利用地区资源，包括跨境水资源的问题，投资以改善和扩大地面交通、通讯，降低公路、铁路跨境转运货物的关税，制定统一的货物转运办法和利用地区公共的自然资源。

在安全方面，乌兹别克斯坦对上海合作组织关系态度也是根据实际国

---

① 黄文帝：《塔吉克斯坦总统拉赫蒙接见上合组织地区反恐怖机构主任张新枫》，http://world.people.com.cn/n/2014/0729/c1002-25364018.html（上网时间：2018年6月17日）。

② [乌]伊斯兰·卡里莫夫：《乌兹别克斯坦从来不依赖任何人》，刘显忠等译，北京：时事出版社，2006年，第118页。

情而有所变化。2005年，乌兹别克斯坦爆发“安集延事件”，与西方关系急剧恶化。卡里莫夫直言：“今天（2005年）我们真正受到恐怖威胁，我们被要求同意成立所谓的‘独立国际委员会’。但是我们注意到，当谈到格鲁吉亚和乌克兰时就根本没有这些委员会。北约有权和欧洲相关机构的成员展开对话。但是不要忘了，乌兹别克斯坦是亚洲国家。”① 在这种背景下，乌兹别克斯坦与上海合作组织的安全合作快速升温，参与了“和平使命-2007”军演。不过在美、西方与乌关系缓和之后，乌逐渐减少对上海合作组织框架下安全事务的参与，缺席了多次联合演习。总体评价，乌方对上海合作组织的安全需求较大，但并不依赖于上海合作组织。

在会议筹办上，乌兹别克斯坦曾在2010年和2016年分别举办了第十次和第十六次上海合作组织成员国元首会议。其在2010年担任主席国时的主要任务有三个方面：优化和进一步完善上海合作组织机制；提高上海合作组织在进行国际交流和巩固法律基础方面的效率；研究和实施有关保障地区安全与稳定的倡议。2016年塔什干峰会上，成员国签署了上海合作组织15周年宣言，批准了《〈上海合作组织至2025年发展战略〉2016—2020年行动计划》，签署了关于印度和巴基斯坦加入上海合作组织的备忘录。在2015—2016年轮值主席国期间，乌兹别克斯坦总统卡里莫夫专门颁发了关于积极筹备塔什干元首峰会以及乌兹别克斯坦担任上海合作组织轮值主席国框架内的其他活动的总统令，乌兹别克斯坦外交部在其官网上推出了中文版的“上海合作组织2015—2016年乌兹别克斯坦担任轮值主席国官方网页”。在担任轮值主席国期间，乌兹别克斯坦在上海合作组织框架内举行了380场活动，充分体现了乌兹别克斯坦对上海合作组织的高度重视和积极态度。

四、成员国与迈入新时期的上海合作组织

2017年的阿斯塔纳峰会上，印度和巴基斯坦正式加入上海合作组织，这是上海合作组织的首次扩员，标志着上海合作组织进入了一个新时代。目前，上海合作组织区域内的人口占世界人口的比例从25%上升到44%，GDP占比由占全球15%增加到25%，地域由中亚延伸到南亚，从北极跨越

① [乌]伊斯兰·卡里莫夫：《乌兹别克斯坦从来不依赖任何人》，刘显忠等译，北京：时事出版社，2006年，第105页。

至印度洋。但同时也应该看到，扩员后的上海合作组织面临一些机制协调类问题，不过这些都是发展的问题，必将在发展中得到解决。

（一）中国

2018年，上海合作组织元首理事会第十八次会议在中国青岛举行。习近平主持会议并发表了重要讲话，提出“五观”等重要思想。习近平呼吁：“我们要践行共同、综合、合作、可持续的安全观，摒弃冷战思维、集团对抗，反对以牺牲别国安全换取自身绝对安全的做法，实现普遍安全。我们要秉持开放、融通、互利、共赢的合作观，拒绝自私自利、短视封闭的狭隘政策，维护世界贸易组织规则，支持多边贸易体制，构建开放型世界经济。我们要树立平等、互鉴、对话、包容的文明观，以文明交流超越文明隔阂，以文明互鉴超越文明冲突，以文明共存超越文明优越。我们要坚持共商共建共享的全球治理观，不断改革完善全球治理体系，推动各国携手建设人类命运共同体。”

习近平还提出五点重要建议：“第一，凝聚团结互信的强大力量。我们要全面落实青岛宣言、长期睦邻友好合作条约实施纲要等文件，尊重各自选择的发展道路，兼顾彼此核心利益和重大关切，通过换位思考增进相互理解，通过求同存异促进和睦团结，不断增强组织的凝聚力和向心力。第二，筑牢和平安全的共同基础。我们要积极落实打击‘三股势力’2019至2021年合作纲要，继续举行‘和平使命’等联合反恐演习，强化防务安全、执法安全、信息安全合作。要发挥‘上海合作组织—阿富汗联络组’作用，促进阿富汗和平重建进程。未来3年，中方愿利用中国—上海合作组织国际司法交流合作培训基地等平台，为各方培训2000名执法人员，强化执法能力建设。第三，打造共同发展繁荣的强劲引擎。我们要促进发展战略对接，本着共商共建共享原则，推进‘一带一路’建设，加快地区贸易便利化进程，加紧落实国际道路运输便利化协定等合作文件。第四，拉紧人文交流合作的共同纽带。我们要积极落实成员国环保合作构想等文件，继续办好青年交流营等品牌项目，扎实推进教育、科技、文化、旅游、卫生、减灾、媒体等各领域合作。第五，共同拓展国际合作的伙伴网络。我们要强化同观察员国、对话伙伴等地区国家交流合作，密切同联合国等国际和地区组织的伙伴关系，同国际货币基金组织、世界银行等国际金融机构开展对话，为推动化解热点问题、完善全球治理作出贡献。”

（二）俄罗斯

俄罗斯是上海合作组织扩员的主要推力。其对上海合作组织扩员的主要意图有三：一是借扩员提升上海合作组织的国际影响力，并以此为支点扩大俄罗斯在全球事务的话语权。二是加强与印度的合作，进而实现其“中俄印”大三角的战略意图。早在1998年12月，俄总理普里马科夫访问印度时就提议建立中俄印战略三角，制衡美国不受遏制的权力与影响。2015年2月，中俄印三国外长在北京举行第13次会晤，三方除了一如既往地强调推动国际关系民主化和多极化的发展，还突出了构建多赢合作的新型国际关系的重要性。同时，三国还把中东与乌克兰危机等地区问题纳入协商范畴中，并强调了对“一带一路”倡议的支持。[①] 三是进一步打通通向印度洋的“北—南”国际通道。建设“北—南”国际运输走廊的设想是本世纪初由俄方最早提出。2002年5月，在俄罗斯的倡议下，俄罗斯、印度、伊朗三国运输部长相聚圣彼得堡，宣布“北—南”国际运输走廊协议正式生效。据悉，这条运输走廊建成后，将通过水路、公路和铁路多种联运的方式把北欧、中东欧国家与南亚和东南亚国家连接起来，缩短了货物运输时间，甚至将对苏伊士运河的货运形成竞争格局。[②]

对于上海合作组织未来的发展，俄罗斯普京认为：“上海合作组织已成为一个全球性组织。上海合作组织成员国占世界GDP的1/4，占世界人口的43%，占全球领土的23%，这些都是巨大的资源、巨大的力量。我们不是为了对抗别国，而是为了保障我们各国之间以及与其他国家间的全面多方位的合作。联合这些国家的强大力量无疑将成为我们自身发展的重要因素，并将成为影响世界局势的因素。”[③]

（三）哈萨克斯坦

哈萨克斯坦学者对上海合作组织扩员总体持支持态度。纳扎尔巴耶夫总统认为，“印度和巴基斯坦加入上海合作组织对增强该组织的影响力和威

---

① 涂志明：《中俄印三角关系：理论、形成条件及其变迁》，载《俄罗斯东欧中亚研究》2017年第4期。

② 黄庆：《俄阿伊三国携手构建“北南”国际运输走廊》，载《中国青年报》2016年9月3日，第4版。

③ 《Путин: ШОС превратилась в глобальную организацию》，https://mir24.tv/news/16308430/putin-shos-prevratilas-v-globalnuyu-organizaciyu（上网时间：2018年6月15日）。

望十分重要。"[①] 哈萨克斯坦首任总统基金会世界经济与政治研究所研究员朱马别克·萨拉别科夫认为，随着上海合作组织的扩容，它已经成为涵盖欧亚大国的国际性组织。无论从经济潜力还是政治影响力而言，上海合作组织都应该被认为是欧亚大陆重量级的对话平台之一。[②] 哈萨克斯坦首任总统基金会世界经济和政治研究所所长叶尔詹·萨勒特巴耶夫则认为，上海合作组织的首次扩员将为深化组织合作和提升组织能力提供新动力。虽然扩员将使得决策过程变难，但是只要成员国依据"上海精神"办事，就会有效化解这些问题。

对于上海合作组织未来的发展，纳扎尔巴耶夫认为："上海合作组织的潜力还没有充分发挥出来，成员国可以在三个领域增强合作。一是尽快启动上海合作组织发展银行和专门账户。二是有效推进上海合作组织成员国间的交通运输合作。三是为成员国民众提供高质量和无污染食品。"[③] 哈知名学者苏尔丹诺夫则强调，要利用好中国提出的"丝绸之路经济带"倡议所带来的巨大机遇，进一步推动地区经济合作，促进各国经济发展。他建议，各国应该充分发挥上海合作组织这个平台的作用，推动"丝绸之路经济带"与欧亚经济联盟的对接，打造覆盖这两大项目所涉及各国的统一经济空间。[④]

会议设置上，2017年上海合作组织第十七次峰会在阿斯塔纳举行。这次会议取得了巨大成果。一是决定给予印度、巴基斯坦上海合作组织成员国地位，实现首次扩员。二是决定继续弘扬"上海精神"，加强新老成员密切配合。三是决定共同推动国际秩序朝更加公正、合理方向发展，推动构建人类命运共同体。四是高度评价同年5月在北京举行的"一带一路"国际合作高峰论坛，支持"一带一路"建设同区域合作倡议和各国发展战略开展对接合作。五是决定继续加强安全、经济、人文等领域合作，包括切实落实本次会议签署的《上海合作组织反极端主义公约》，促进本地区

---

① 周良：《专访：上合组织已成为成员国在多领域积极合作的平台——访哈萨克斯坦总统纳扎尔巴耶夫》，https://www.sohu.com/a/233712721_267106（上网时间：2018年6月25日）。

② 木合塔尔·木拉提：《上合组织是欧亚大陆上重量级的国际组织》，http://lenta.inform.kz/cn/article_a3229166（上网时间：2018年5月10日）。

③ 周良：《专访：上合组织已成为成员国在多领域积极合作的平台——访哈萨克斯坦总统纳扎尔巴耶夫》，https://www.sohu.com/a/233712721_267106（上网时间：2018年6月25日）。

④ 包毅：《中亚国家对上海合作组织合作的看法及利益诉求》，载《上海合作组织发展报告（2017）》，北京：社会科学文献出版社，2017年，第333页。

贸易和投资便利化，夯实各领域合作的民意基础。

（四）吉尔吉斯斯坦

吉尔吉斯斯坦对扩员总体持支持态度。吉国家战略研究所副所长努拉金·巴以多列托夫认为，“扩员后的上海合作组织将进入全新发展阶段，各成员国虽国情不同，但怀有发展合作的共同愿望，这是各国合作向着更深入迈进的基础。”

经济方面，吉方不仅重视上海合作组织框架下的务实合作，也关注上海合作组织与欧亚经济联盟的可行性合作。吉经济与工业部部长科若舍夫曾表示，吉方对上海合作组织与欧亚经济联盟的合作持乐观的预期。[①]

安全上，吉方高度重视阿富汗问题对地区安全问题的外溢影响，认为上海合作组织组织对此应该采取措施。吉总统阿坦巴耶夫称：“吉尔吉斯斯坦分担了邻国的担忧。我们关心和平稳定的阿富汗，这首先应该在联合国协调下由各方进行政治协调。上海合作组织应当采取积极措施，参与协调解决阿富汗危机。”

对于上海合作组织发展的前景，吉方也持乐观态度。吉新任总统热恩别科夫表示，上海合作组织成员国恪守“互信、互利、平等、协商、尊重多样文明、谋求共同发展”的“上海精神”，在安全、经贸、人文等领域进行全方位合作，在国际和地区问题上发挥着积极的建设性作用，上海合作组织为成员国经济合作和共同发展创造了最为有利的条件。不过他也承认：“只有通过提高上海合作组织整体经济实力，增加民众就业机会，扩大民众生活福祉，我们才能攻克前进道路上的所有困难和挑战。”

（五）塔吉克斯坦

对于上海合作组织扩员，塔吉克斯坦总统拉赫蒙认为：“上海合作组织在国际社会中享有很高的知名度，2018年的青岛峰会具有重要的历史意义，因为这是上海合作组织扩员后首次八个成员国共同出席的峰会。上海合作组织如今在国际领域是维护国际秩序的重要支柱。”对于上海合作组织未来发展，拉赫蒙强调，尽管国际局势日趋复杂，上海合作组织成员国仍然遵循“上海精神”，推动和平团结的理念，持续发展各领域的合作关系。这不仅符合上海合作组织各国的国家和地区利益，也将进一步推动彼此之

---

① 包毅：《中亚国家对上海合作组织合作的看法及利益诉求》，载《上海合作组织发展报告（2017）》，北京：社会科学文献出版社，2017年，第332页。

间的理解互信，深化多边和双边合作。[①] 此外，拉赫蒙总统还表示："经济不可能在不稳定的条件下生存。上海合作组织发展的基本条件是保障在责任空间内的安全。"[②]

（六）乌兹别克斯坦

在这一阶段，乌兹别克斯坦对上海合作组织态度较为务实，对扩员的看法有过反复。乌方曾对扩员持保留意见，担心扩员后中亚国家的影响力会被进一步削弱，扩员后的上海合作组织机构运转可能会变得不灵活。[③] 但面对上海合作组织开放的大趋势，乌方逐渐从观望转而支持。针对上海合作组织未来的发展，米尔济约耶夫总统认为，上海合作组织应该继续在经贸、物流和安全领域上加强合作。[④] 乌兹别克斯坦审计师商会主席尼玛吐拉·卡里莫夫表示："上海合作组织成员国之间的合作在未来很有必要继续强化，如果各国能够紧密开展合作，那么各国人民生活也将变得更加幸福。未来，乌兹别克斯坦将以上海合作组织作为外交支柱型工具之一。"

（七）印度

2005年，印度成为上海合作组织观察员国，此后一直希望加入该组织。对此问题，俄印双方默契较足。2017年阿斯塔纳峰会上，印度顺利成为正式成员国。同年6月，莫迪访问俄罗斯期间，与普京会谈时称："印俄两国高度互信。印度感谢俄方支持，让印度成为上海合作组织正式成员国。"[⑤] 印度加入上海合作组织有其政治、经济等多方面诉求。从地缘政治上看，加入上海合作组织可以提升印度的国际影响力，并在某种程度上改善中印关系。印度前总理瓦杰帕伊曾表示："如果中国和印度建立起稳定而持久的关系，21世纪将是亚洲的世纪。"而莫迪总理继承瓦杰帕伊的衣钵，认为"只要印中两国相互信任、照顾彼此利益，亚洲和世界就会有更美好

① 《杜尚别：上合高端说——独家专访塔吉克斯坦总统拉赫蒙》，http://sn.people.com.cn/n2/2018/0608/c190240-31681750.html（上网时间：2018年6月5日）。

② 包毅：《中亚国家对上海合作组织合作的看法及利益诉求》，摘自《上海合作组织发展报告（2017）》，北京：社会科学文献出版社，2017年，第332页。

③ 信莲：《印巴欲加入上合组织，专家：扩员是积极信号》，http://world.chinadaily.com.cn/2015-07/07/content_21202612.htm（上网时间：2018年6月2日）。

④ Мирзиёевогассказал о мерах для повышения товарооборота в рамках ШОС https://ru.sputnik-tj.com/world/20180610/1025819806/prezident-uzbekistana-predlozhil-uprostit-torgovlyu-razvivat-transportnye-koridory-shos.html（上网时间：2018年6月3日）。

⑤ 曲颂、柳玉鹏：《印度总理莫迪：感谢普京支持印度加入上合组织》，http://wap.huanqiu.com/r/MV8wXzEwNzgxMTc5XzIyXzE0OTYzNjMxNjA=（上网时间：2018年6月6日）。

的未来”。[①] 显然，加入上海合作组织可以很好地实现这一战略目标。从经济利益上看，加入上海合作组织可以让印度更高效地进入中亚市场。[②]

（八）巴基斯坦

与印度一样，巴基斯坦对于入合较为积极，巴基斯坦学界对此也多给予正面评价。巴基斯坦战略政策研究所高级研究员伊凡表示，巴基斯坦经济最突出的特点在于工业化程度偏低，尤其是工业制成品的本国生产能力不足。这一经济结构决定了巴基斯坦若脱离地区组织，作为个体直接投身目前公平程度有待提高的经济全球化中，难以获益。鉴此，巴基斯坦更看重和期待深度参与适合自己的区域经济一体化。在上海合作组织框架内开展与其他成员国之间的经贸合作对于巴基斯坦吸引力巨大，一方面上海合作组织为其成员国之间经济合作制定了平等互利原则；另一方面，巴基斯坦与上海合作组织其他成员国，尤其是中亚国家之间的贸易互补性强。未来随着更加完善的互联互通设施建成并降低有关国家间的运输成本，巴基斯坦与上海合作组织其他成员国之间的经贸往来将更加活跃。巴基斯坦上海合作组织友好论坛主席阿西夫·努尔指出，巴基斯坦加入上海合作组织，为其加强与其他成员国之间的人员往来和文化交流起到了十分显著的促进作用。近年来，巴基斯坦在与上海合作组织其他成员国的双边或多边高层互动中，都很注重人文交流。“国之交在于民相亲，民相亲在于心相通。”这一表述对于巴基斯坦有着重大启发，与上海合作组织其他成员国深化人文交流，将为国家间关系奠定牢固的、长期的、不受政府更迭影响的根基，对于在上海合作组织框架内开展内涵日益广泛、程度日益加深的务实合作有着重大积极作用。[③]

（王聪）

① 傅小强：《莫迪参加上合峰会表明印对地缘地位更清醒》，http://news.sina.com.cn/c/2018-06-11/doc-ihcufqif7871507.shtml（上网时间：2018年6月6日）。

② Дамир Байманов：《Южная Баймановna.com.cn/c/2018-06-11/doc-ihcufqif7871507.shtml871507.》https://www.inform.kz/ru/yuzhnaya-aziya-mozhet-vyyti-na-rynki-evropy-blagodarya-stranam-shos-ekspert_a3286455（上网时间：2018年6月7日）。

③ 梁桐：《巴基斯坦专家：我们从上合组织受益颇丰》，http://www.ce.cn/xwzx/gnsz/gdxw/201806/07/t20180607_29363121.shtml（上网时间：2018年6月8日）。

第二节　观察员国与上海合作组织

观察员国是上海合作组织大家庭的重要组成部分，其地位仅次于成员国。上海合作组织成立之初，各成员国便一致赞同其对外开放的组织属性。2002年通过的《上海合作组织宪章》就提出了要设立上海合作组织对话伙伴国和观察员国。2004年最终通过了《上海合作组织观察员条例》，明确了上海合作组织观察员国的义务和权利，并于当年授予了蒙古国观察员地位。此后，又陆续吸纳了巴基斯坦、伊朗、印度、阿富汗、白俄罗斯。2017年印度和巴基斯坦成为了上海合作组织的正式成员国。截至2018年6月，上海合作组织共有四个观察员，分别是：蒙古国、伊朗、阿富汗和白俄罗斯。

一、机制发展历程

观察员机制是国际组织普遍通用的处理新成员加入的过渡机制，主要目的是通过非正式成员参与组织活动进行双向考察，以确定组织扩员的先后顺序。上海合作组织观察员国机制同样是基于这样的目的设立。上海合作组织成立之初，各成员国便一致赞同其对外开放的组织属性。2001年6月15日发表的《上海合作组织成立宣言》第7条明确提出：“上海合作组织奉行不结盟、不针对其他国家和地区及对外开放的原则，愿与其他国家及有关国际和地区组织开展各种形式的对话、交流与合作，在协商一致的基础上吸收认同该组织框架内合作宗旨和任务、本宣言第6条阐述的原则及其他各项条款的国家成为该组织新成员。”2002年6月7日通过的《上海合作组织宪章》(下称《宪章》)则首次就设立上海合作组织的对话伙伴和观察员机制作出了明确说明。《宪章》的第13条明确：“本组织对承诺遵守本宪章宗旨和原则及本组织框架内通过的其他国际条约和文件规定的本地区其他国家实行开放，接纳其为成员国。”《宪章》的第14条规定：“本组织可与其他国家和国际组织建立协作与对话关系，包括在某些合作方向。本组织可向感兴趣的国家或国际组织提供对话伙伴国或观察员地位。提供该地位的条例和程序由成员国间的专门协定规定。”

此后，上海合作组织成员国相关职能部门间经过多次磋商，于2004年最终通过了《上海合作组织观察员条例》（下简称《条例》）。根据《条例》的规定，“希望获得上海合作组织观察员地位的国家或组织，需在尊重成员国主权、领土完整和平等，承认组织宗旨、原则及活动的基础上通过本组织秘书长向本组织国家元首理事会提交由国家元首或组织负责人签署的申请”。同时，“本组织秘书长收到国家或组织希望获得观察员地位的申请后，通知本组织国家协调员理事会。协调员理事会将该问题连同相关建议提交本组织外交部长理事会审议。给予（取消）观察员地位的决议由元首理事会根据外长理事会的建议通过”。

获得观察员地位的国家或组织可应邀参加本组织元首理事会和政府首脑（总理）理事会的公开会议。同时具有以下权利：一是列席本组织外长理事会和各部门领导人会议的公开会议；二是经会议主席事先同意，参加本组织各机构职能范围内问题的讨论，但无表决权。可通过本组织秘书长、用本组织工作语言、就其感兴趣的属本组织职能范围内的问题散发书面声明；三是可获得《宪章》第4条规定的本组织各机构的文件和决议（如组织有关机构不对其进行限制）。

同时,《条例》规定：观察员无权参与组织文件的起草和签署。观察员不参与制定上海合作组织各机构的决议，也不对该决议承担责任。观察员如有违背组织、组织各机构决议或《宪章》规定原则的行为或言论，可根据《条例》规定的程序取消该国家或组织的观察员地位，该决议由本组织秘书长在一周内送交有关国家或组织。国家或组织如希望放弃已获得的观察员地位，应向上海合作组织秘书长发出相应通知，秘书长经协调员理事会通知外长理事会和元首理事会。

此后，在上海合作组织正式扩员的过程中，观察员成为必不可少的资格之一。2010年6月上海合作组织成员国元首理事会批准的《上海合作组织接收新成员条例》规定，具有上海合作组织观察员或对话伙伴地位是加入上海合作组织的必备条件之一。

二、蒙古国与上海合作组织

蒙古国是上海合作组织接纳的首个观察员。2004年6月，在塔什干举行的第4届上海合作组织元首峰会上，成员国一致同意接受蒙古国为该组织观察员。之后，蒙古国总统、总理和部长多次出席上海合作组织多层级会议和各领域活动，参加了“和平使命”军事演习等。蒙古国前总统恩赫巴亚尔参加了上海合作组织成员国元首理事会第5、6、7次会议，蒙古国前外交部长奥云参加了元首理事会第8次会议，时任蒙古国第一副总理阿勒坦呼亚格参加了元首理事会第9次会议；[①] 蒙古国前总统额勒贝格道尔吉参加了元首理事会第10、12、13、14、15、16、17次会议。2018年6月10日，蒙古国现总统巴特图勒嘎参加了上海合作组织元首理事会第18次会议。

此外，中国提出共建“丝绸之路经济带”倡议后，蒙古国反应积极。2014年9月，上海合作组织元首理事会第14次会议开幕前，中国国家主席习近平、俄罗斯总统普京和蒙古国时任总统额勒贝格道尔吉首次举行了历史性三方会晤，中国提出将“丝绸之路经济带”同俄罗斯跨欧亚大铁路、蒙古国的“草原之路”倡议进行对接，打造“中蒙俄经济走廊”。此后，2015、2016和2018年蒙古国总统在参加上海合作组织元首理事会会议时，与中国、俄罗斯国家领导人又举行了三次中俄蒙三方会谈。三方先后签署了《中俄蒙发展三方合作中期路线图》《关于编制建设中俄蒙经济走廊规划纲要的谅解备忘录》《关于创建便利条件促进中俄蒙三国贸易发展的合作框架协定》《关于中俄蒙边境口岸发展领域合作的框架协定》等重要文件。[②]

2004年获得观察员地位后，蒙古国也派总理及相关部委领导等为首的高级代表团参加了历届上海合作组织政府首脑会议和部长间会晤。2005年3月24日，上海合作组织观察团还观察了蒙古国的总统选举，时任上海合作组织副秘书长纳雷舍夫率领观察团考察了乌兰巴托市和中央省14个投票站。[③] 蒙古国还于2010年1月主办了上海合作组织实业家委员会会议，提出了加强成员国与观察员国的合作，推动区域内旅游合作等方面的建议。蒙古国先后多次邀请上海合作组织秘书长访蒙，讨论加强与组织合作事宜。2013年12月6日，蒙古国签署了建立上海合作组织能源俱乐部的备忘录。2014年4月26日，在北京举行了上海合作组织成员国和观察员国代表“6+5”会议，时任蒙古国对外关系部邻国局局长特古斯比利贡出席会议。

---

① 娜琳:《蒙古国与上海合作组织》，载吴恩远等主编《上海合作组织发展报告（2010）》，北京：社会科学文献出版社，2010年，第200页。

② 娜琳:《蒙古国与上海合作组织》，载李进峰等主编《上海合作组织发展报告（2016）》，北京：社会科学文献出版社，2016年，第264页。

③ [塔]拉希德·阿利莫夫:《上海合作组织的创建、发展和前景》，王宪举等译，北京：人民出版社，2018年，第98页。

2015年上海合作组织地区反恐怖机构与蒙古国反恐协调委员会签署了合作打击恐怖主义和极端主义的议定书。①

蒙古国对上海合作组织框架内的经贸合作十分感兴趣。2006年6月，蒙古国时任总统恩赫巴亚尔在参加上海合作组织元首理事会第六次会议时称："我们特别重视与贵组织（上海合作组织）的经济合作，落实一些项目，包括能源、基础设施、过境运输。"他还强调："蒙古国没有出海口，这阻碍我们经济社会的发展。如果在该组织的范围内，共同考虑制定过境运输的地区性协议，各国之间进行互补互利的合作，必然会促进本地区的经济一体化，有利于各国。"② 2007年8月，恩赫巴亚尔在参加元首会议时称，"蒙古国希望优先参与上海合作组织经济领域的合作"，同时建议上海合作组织能够吸纳日本为观察员，或以"上海合作组织+日本"的形式与日合作。③ 2018年6月，蒙古国总统巴特图勒嘎参加上海合作组织元首理事会第18次会议时表示："愿努力提升与上海合作组织合作水平，发展对华友好关系和互利合作是蒙古国外交优先方向。蒙方愿同中、俄共同努力，落实三方合作共识，尽快启动中蒙俄经济走廊建设，推进基础设施、能源运输等合作。"④

虽然蒙古国是首个获批的上海合作组织观察员国，但在成为正式成员国问题上蒙方并不积极。截至2018年6月蒙古国并未正式提交加入上海合作组织的申请。2014年8月19日，蒙古国时任总统额勒贝格道尔吉接受俄罗斯记者采访时表示："蒙古国准备好更加积极地参与上海合作组织的经济合作，但还没有作出成为上海合作组织全权成员的决定。"⑤ 是否正式加入上海合作组织的问题背后反映出蒙古国处理与中国、俄罗斯两个邻国关系时的矛盾心态。一方面，蒙古国是被中俄包围的内陆国家，历史和现实证明，与中俄两个邻国的关系直接关系着蒙古国的独立和稳定。因此，蒙古

① [塔]拉希德·阿利莫夫：《上海合作组织的创建、发展和前景》，王宪举等译，北京：人民出版社，2018年，第51页。

② 《蒙古国总统：上合组织主要工作方向是多边合作》,http://news.sina.com.cn/c/2006-06-15/155610164407.shtml（上网时间：2018年8月20日）。

③ 朱凤岚：《蒙古国的现状与发展趋势》，载邢广程等主编《上海合作组织发展报告（2009）》，北京：社会科学文献出版社，2009年，第259页。

④ 《习近平会见蒙古国总统巴特图勒嘎》，http://www.sohu.com/a/235040429_362042（上网时间：2018年8月17日）。

⑤ 《蒙古国总统：尚未决定蒙古国成为上合组织全权成员》，http://world.huanqiu.com/exclusive/2014-08/5110839.html（上网时间：2018年8月17日）。

国在上海合作组织成立之初就高度关注该组织的动向，并最早获得观察员国地位。但另一方面，蒙古国历届政府又对中俄两个大国心存忧虑，担心因与中俄走近丧失国家独立性。蒙古国在《蒙古国外交政策构想》和《蒙古国安全战略构想》等文件中明确提出，要重点发展中俄两个邻国和美国等“第三邻国”的关系。[①] “第三邻国”概念是蒙古国独立之初便确立的外交政策，即通过加强与美国等其他国家合作，摆脱在各领域对中俄两个邻国的过度依赖，平衡中俄两个邻国，确保国家安全。

蒙古国在参与上海合作组织合作中，刻意避免参与军事安全合作，目的是担心因此影响其与“第三邻国”的合作关系。“9·11”事件后，蒙古国军队参与了美军领导的阿富汗和伊拉克军事行动；2003年，蒙美举行了代号“可汗探索”的联合军事演习；2005年，时任美国总统小布什对蒙古国进行访问，成为首位访问蒙古国的美国总统。2010年11月，蒙古国时任总统额勒贝格道尔吉参加了北约峰会；2012年3月，北约与蒙古国正式签署了合作伙伴协议，蒙古国成为首个加入该计划的东北亚国家。

蒙古国学者多次强调，作为无出海口的国家，蒙古国对上海合作组织范围内的跨境运输、能源领域的合作感兴趣。但是，上海合作组织内经济合作至今没有什么实质性的进展，所以蒙古国需要继续等待。同时，蒙方认为，上海合作组织成员国打击“三股势力”的合作对蒙古国来说并不重要，因为蒙古国没有分裂主义和恐怖势力。此外，蒙古国认为其对外政策中心在东北亚地区的中国、俄罗斯、日本、韩国等，而与上海合作组织的中亚国家（除哈萨克斯坦外）并无实质联系。总而言之，蒙古国对上海合作组织的定位和未来发展还不确定，保持观察员国的现状是其优先选择。而中国和俄罗斯则一致希望蒙古国积极参与上海合作组织活动，成为该组织的正式成员国。

三、伊朗与上海合作组织

长期以来，发展与俄罗斯、中亚以及中国的关系一直是伊朗的外交取向。上海合作组织成立后，伊朗将上海合作组织视为可以抗衡美国、分化联合国对伊制裁的重要工具，因此，伊朗一直积极要求加入。2005年6月，

---

① 李超、杨恕：《缘何蒙古国仍未正式加入上海合作组织?》，载《国际展望》2015年第1期，第74页。

伊朗成功获得上海合作组织的观察员地位。2006年6月，伊朗前总统内贾德应邀参加了上海合作组织元首理事会第六次峰会，并与中、俄领导人进行了会晤。内贾德称："上海合作组织可以成为在地区和国际政治、经济、贸易领域有影响的强大组织，以阻止对世界各国的威胁和非法的强权干涉。"[①] 此后，内贾德又连续出席了第七、八、九次峰会，并多次表达伊朗希望加入上海合作组织的愿望，希望与上海合作组织在打击贩毒、打击恐怖主义以及经贸合作方面加强合作。2008年3月，伊朗正式向上海合作组织秘书处提交了加入上海合作组织的申请，成为最早提交加入申请的国家之一。2008年7月25日，伊朗签署了关于把恐怖分子数据转交给上海合作组织反恐中心的议定书。[②]

但在是否同意伊朗加入问题上，上海合作组织各成员国内部并未达成一致。一方面，上海合作组织各成员国都与伊朗保持密切的经贸、能源和军事联系，希望加深与伊朗各领域的合作。而另一方面，又担心因伊朗的加入导致上海合作组织成为与西方直接对抗的组织。当时，上海合作组织刚刚成立不久，而伊朗因其核问题正遭到国际社会的严厉制裁，将上海合作组织卷入伊朗与西方的对抗中并不符合当时各成员国的利益。

2010年6月11日，上海合作组织元首理事会第十次峰会在乌兹别克斯坦的塔什干举行，此次峰会的一个重要成果是通过了《上海合作组织接收新成员条例》。该文件为上海合作组织接纳新成员奠定了必要的法律基础，在扩员问题上实现了突破。它规定，候选国应该属于欧亚地区，同所有成员国有外交关系，并且拥有上海合作组织观察员或者对话伙伴地位等。同时规定，新成员必须符合"不处在联合国制裁之下"的条件。该条款被伊朗解读为上海合作组织对伊朗要求正式加入的拒绝。同时，在此次峰会的前夕，2010年6月9日，联合国安理会通过了新一轮制裁伊朗的决议，即1929号决议，而俄罗斯和中国两个安理会常任理事国都投了赞成票。在此背景下，内贾德并没有出席当年的塔什干峰会，而是派时任外长穆塔基为首的观察员代表团列席了会议。2011年6月，内贾德虽然出席了上海合作组织阿斯塔纳峰会，并分别与中国、俄罗斯以及哈萨克斯坦领导人会谈，但所谈内容未再涉及伊朗加入上海合作组织的事宜。

---

① 《内贾德：将上合建成强大机构，以阻止对各国威胁》，http://news.sohu.com/20060615/n243751634.shtml（上网时间：2018年8月20日）。

② [塔]拉希德·阿利莫夫：《上海合作组织的创建、发展和前景》，王宪举等译，第291页。

实际上，中国、俄罗斯等上海合作组织成员国并未放弃吸纳伊朗加入的想法。伊朗是地区大国，具有重要的战略位置和丰富的能源储备，其若加入将极大增强上海合作组织的国际影响力。新成员“不处在联合国制裁之下”的条款意味着只要伊朗的国际制裁被解除，其加入上海合作组织将重新成为可能。同时，中国、俄罗斯等上海合作组织成员国也一直在伊核问题上协调立场，多次公开表态，试图帮助各方通过外交接触和对话解决该问题，避免事态的升级和失控。2012年6月7日，上海合作组织在北京召开了第12次元首理事会会议，会上中国、俄罗斯领导人发表联合声明表示，“中俄双方反对使用或威胁使用武力，不赞同对伊朗采取过度施压和单边制裁行动。主张在伊核问题上积极劝和促谈，通过对话与谈判和平解决，防止局势继续朝对抗方向发展。”[①] 此前，中俄还多次表态，反对外方干涉他国内政，违背或无视联合国宪章和宗旨，主张通过外交手段解决伊朗核问题，反对动武或以武力相威胁。此外，此次峰会上通过的《上海合作组织成员国元首关于构建持久和平、共同繁荣地区的宣言》表示：“上海合作组织成员国对伊朗的有关事态发展深表担忧，认为任何以武力解决伊朗问题的企图都是不可接受的，呼吁各方保持最大克制，避免可能导致对抗进一步升级的言论和行动。但同时希望伊核问题各国遵守《联合国宪章》的宗旨和原则以及国际关系基本准则，严格执行安理会有关决议，支持六国与伊朗开启可持续对话进程，通过有关各方对话谈判以政治外交手段解决伊核问题。”[②]

2013年8月，伊朗温和派代表人物鲁哈尼正式就任新总统，开启了伊朗改善与西方关系的进程。鲁哈尼提出与西方发展“建设性互动关系”，运用真诚谈判、建立互信等外交手段在核问题上取得突破，此举既有利于缓解欧美对伊朗的制裁，又可挽救伊朗的经济，避免发生严重的政治动荡。鲁哈尼一直高度重视发展与上海合作组织的关系。2013年9月12日，鲁哈尼便参加了在比什凯克举行的上海合作组织元首理事会第十三次峰会，并与中、俄领导人会晤。2014年伊朗在上海合作组织杜尚别峰会上再次表达了成为上海合作组织正式成员国的愿望。2014年9月19日，在上海

---

① 王凤：《伊朗的现状与发展趋势》，载李进峰等主编《上海合作组织发展报告（2013）》，北京：社会科学文献出版社，2013年，第418页。

② 王凤：《伊朗的现状与发展趋势》，载李进峰等主编《上海合作组织发展报告（2013）》，北京：社会科学文献出版社，2013年，第418页。

合作组织地区反恐怖机构理事会会议上，伊朗情报部门签署了与上海合作组织地区反恐怖机构协作的文件。[①] 2015年7月28日，时任上海合作组织秘书长梅津采夫接受媒体采访时称，西方解除对伊朗制裁后，上海合作组织将审议伊朗成为本组织正式成员国的申请。[②]

此后，伊朗、美国领导人实现了公开接触，长期中断的日内瓦谈判得以恢复。经过多轮的艰难磋商，各方最终达成解决伊核问题的全面协议。2015年7月20日，联合国安理会最终通过了伊朗核协议，伊朗加入上海合作组织的希望之光重新显现。但实际过程中，伊朗加入上海合作组织之路仍不平坦。上海合作组织的成员国塔吉克斯坦与伊朗原本关系十分密切，曾是伊朗加入上海合作组织的重要支持国，但在2015年9月塔国内发生军事叛乱后，其与伊朗关系不断恶化。塔吉克斯坦指责伊朗暗中支持其国内的反对党——塔吉克斯坦伊朗复兴党，并试图宗教输出，策划颠覆塔现政权。为此，塔吉克斯坦代表多次表态反对伊朗加入上海合作组织，这成为当前伊朗入会的现实阻碍。同时，2018年5月，美国宣布单方面退出伊朗核协议、恢复对伊制裁，导致伊朗加入上海合作组织再添变数。

四、阿富汗与上海合作组织

阿富汗始终是上海合作组织关注的焦点，其与上海合作组织的关系由来已久。自20世纪90年代起，阿富汗成为国际恐怖势力集聚的大本营，掀起了一波国际暴恐活动的高潮。“9·11”事件后，美国联军发动阿富汗战争，使得阿富汗动荡局势日益严重。上海合作组织的所有成员国都是阿富汗的周边邻国，多国与阿富汗直接接壤，阿富汗的和平、稳定与各成员国的安全息息相关。藏匿在阿富汗，与基地组织相勾连的恐怖分子中有中国新疆的“东突”分子，有来自俄罗斯北高加索的恐怖与分裂分子，有来自中亚的极端主义组织等。此外，中、俄及中亚国家也面临着阿毒品生产和贸易猖獗所带来的巨大非传统安全威胁。因此，上海合作组织成立之初的一个主要任务就是应对阿富汗带来的安全威胁。

2002年上海合作组织元首理事会第二次峰会上通过的《圣彼得堡宣言》

---

① [塔]拉希德·阿利莫夫:《上海合作组织的创建、发展和前景》，王宪举等译，北京：人民出版社，2018年，第291页。

② 韩璐:《伊朗与上海合作组织》，载李进峰等主编《上海合作组织发展报告（2016）》，北京：社会科学文献出版社，2016年，第275页。

中便强调，中亚安全与阿富汗问题和平解决具有密不可分的关系。2004年以来，阿富汗总统、副总统多次以主席国客人身份出席上海合作组织元首峰会和总理会议。2005年11月，上海合作组织与阿富汗签署了《关于建立上海合作组织—阿富汗联络小组的议定书》，建立了上海合作组织与阿富汗的副外长级的定期对话机制。该文件规定，联络小组由上海合作组织成员国常驻上海合作组织秘书处代表、秘书处官员和阿富汗驻中华人民共和国大使馆高级外交官组成。联络小组以举行磋商的方式开展工作，上海合作组织方面由秘书处官员负责；阿富汗方面由阿富汗驻中国大使馆具备相应授权的高级外交官负责；联络小组成员必要时可出访阿富汗，与阿富汗的职能部门举行磋商。此后，该联络小组举行了多次副外长级磋商。而在历届上海合作组织元首峰会以及相关国际会议上，阿富汗问题都是各方关心和讨论的重点话题。

此后，美国和北约陆续宣布了2014年从阿富汗撤军的计划，增加了阿富汗局势的不确定性。作为地区邻国的上海合作组织各成员国对阿富汗局势的走向更加关注。最终，2012年6月，上海合作组织成员国元首理事会第12次会议决定接纳阿富汗为上海合作组织观察员国（绕过了对话伙伴国）。同时，阿富汗当局也高度重视与上海合作组织开展合作。阿富汗视上海合作组织为重要的对话平台，以及和邻国加强务实合作，打击恐怖主义、贩毒和有组织犯罪的主要渠道。安全方面，阿富汗希望获得上海合作组织的大力支持，尤其是希望上海合作组织对阿富汗安全部队提供支持。卡尔扎伊在2012年上海合作组织北京峰会上指出："若得到上海合作组织的支持，阿富汗将走向繁荣；若没有上海合作组织的支持，阿将遭受苦难，这种苦难也将危害整个地区。"[①] 经济方面，阿富汗希望利用自身基础设施，成为连接地区国家的交通和贸易中枢。目前，阿富汗和上海合作组织在打击"三股势力"、禁毒和经济合作方面已经建立了密切的联系，并取得了一定成果。

2013年9月，在上海合作组织比什凯克峰会上，成员国元首们就阿富汗问题表达了清晰立场，《比什凯克宣言》中写道："成员国支持将阿富汗建设成为独立、中立、和平、繁荣、没有恐怖主义和毒品犯罪的国家。强

---

① 赵臻：《阿富汗与上海合作组织》，载李进峰等主编《上海合作组织发展报告（2013）》，北京：社会科学文献出版社，2013年，第372页。

调阿富汗民族和解进程应由阿人主导、阿人所有，以尽快实现国家和平与稳定。成员国呼吁国际社会为阿早日实现和平创造条件，支持联合国在协调解决阿富汗问题和协助阿重建的国际努力中发挥主导作用。”同年12月6日，阿富汗签署了建立上海合作组织能源俱乐部的备忘录。2014年9月，上海合作组织杜尚别峰会发表的《杜尚别宣言》重申了尊重阿富汗独立、主权和领土完整，支持阿富汗实现“阿人主导、阿人所有”的民族和解、和平重建和国家复兴。2015年5月，上海合作组织地区反恐怖机构与阿富汗伊斯兰共和国外交部签署了《上海合作组织地区反恐怖机构与观察员国阿富汗伊斯兰共和国外交部打击恐怖主义、分裂主义和极端主义合作议定书》，该文件为双方共同合作打击“三股势力”奠定了重要法律基础。① 同年7月，阿富汗提交了正式申请，希望成为上海合作组织正式成员国。②

作为观察员国，阿富汗不断积极参与上海合作组织框架内的各领域合作。2018年2月8日，“阿富汗文化日”在上海合作组织秘书处举行。5月28日，在北京召开了一度中断的“上海合作组织—阿富汗联络组”第二次副外长级会议，上海合作组织成员国、常设机构和阿富汗代表出席会议，与会各方就当前阿富汗及地区形势、阿富汗和解进程、上海合作组织与阿富汗合作等问题深入交换意见，达成广泛共识。③ 6月10日，阿富汗总统加尼赴青岛参加了上海合作组织元首理事会第18次会议。

五、白俄罗斯与上海合作组织

白俄罗斯一贯重视发展与上海合作组织成员国的对话合作。2009年上海合作组织元首理事会第九次会议上同意授予白俄罗斯对话伙伴地位，白俄罗斯成为上海合作组织最早的对话伙伴之一。2010年4月28日，白俄罗斯与上海合作组织签署了《关于给予白俄罗斯上海合作组织对话伙伴地位的备忘录》，并确定了双方合作的基本方向：为贸易和投资建立良好条件；在海关事务方面积极开展相互协作；在地区和全球安全领域建立伙伴关系；就外交政策问题进行对话。④ 2011年4月，白俄罗斯明斯克市发生地

---

① [塔]拉希德·阿利莫夫：《上海合作组织的创建、发展和前景》，王宪举等译，第288页。

② 同上。

③ 《外交部部长助理张汉晖主持召开“上海合作组织—阿富汗联络组”副外长级会议》，http://www.mfa.gov.cn/web/wjbxw_673019/t1563751.shtml（上网时间：2018年8月20日）。

④ [塔]拉希德·阿利莫夫：《上海合作组织的创建、发展和前景》，王宪举等译，第289页。

铁恐怖爆炸事件后，上海合作组织时任秘书长伊马纳利耶夫发表声明，坚决谴责这一不可饶恕的恐怖主义行径，给予白俄罗斯外交支持。[①] 2012年6月，白俄罗斯派代表团参加了上海合作组织北京峰会。其间，上海合作组织地区反恐怖机构与白俄罗斯国家安全委员会签署了安全领域的合作意向书。[②] 2013年3月，上海合作组织时任秘书长梅津采夫指出："根据上海合作组织相关文件加强成员国与观察员国、对话伙伴国的合作，丰富与对话伙伴国的合作内容是上海合作组织当前的一项迫切任务。白俄罗斯作为'统一经济空间'成员，上海合作组织成员国与其开展经贸、人文等领域的合作具有重要意义。"[③] 同年12月6日，白俄罗斯签署了建立上海合作组织能源俱乐部的备忘录。[④]

白俄罗斯支持上海合作组织实业委员会的工作，在平等条件下参加了在独联体建立的第一个多用途海上无人驾驶综合体样板项目，并且制定了保障计划。上海合作组织内的相互协作使得白俄罗斯建立了高级软件服务和互联网服务的高科技园区。[⑤] 2015年7月10日，上海合作组织成员国领导人在乌法峰会期间签署文件，决定赋予白俄罗斯上海合作组织观察员国地位。上海合作组织时任秘书长梅津采夫表示，"相信白俄罗斯获得观察员国地位后，能够提出自己的倡议，而上海合作组织也能因此得到巩固。"[⑥]

成为上海合作组织观察员国后，白俄罗斯与上海合作组织的合作进一步深化，相关工作有条不紊地展开。2016年9月，上海合作组织秘书长阿利莫夫率领的观察员团参加了白俄罗斯议会选举的观察工作，走访了明斯克、莫吉廖夫、布列斯特市以及其他位于明斯克、莫吉廖夫、布列斯特州的73个投票站，最终得出结论称，选举是公开的、自由的和合法的，符合白俄罗斯现行法律和应承担的国际义务，未发现违反国家选举法法规的现

---

① 王明昌：《对话伙伴国与上海合作组织》，载李进峰等主编《上海合作组织发展报告（2013）》，北京：社会科学文献出版社，2013年，第437页。

② [塔]拉希德·阿利莫夫著，王宪举等译《上海合作组织的创建、发展和前景》，第51页。

③ 王明昌：《对话伙伴国与上海合作组织》，载李进峰等主编《上海合作组织发展报告（2013）》，北京：社会科学文献出版社，2013年，第437页。

④ [塔]拉希德·阿利莫夫：《上海合作组织的创建、发展和前景》，王宪举等译，第289页。

⑤ [塔]拉希德·阿利莫夫：《上海合作组织的创建、发展和前景》，王宪举等译，第289页。

⑥ 《上合组织成员国领导人签署有关赋予白俄罗斯观察员国地位的文件》，http://sputniknews.cn/politics/201507101015497502/（上网时间：2018年8月20日）。

象。[①] 2018年4月24日，上海合作组织成员国第15次国防部长会议在北京举行，白俄罗斯国防部长安·拉夫科夫中将作为主席国嘉宾列席会议，成为非正成员国中唯一参加会议的国防部长。[②] 2018年6月，白俄罗斯驻华大使鲁德接受媒体采访时表示，白俄罗斯希望充分利用上海合作组织搭建的平台，推进所有上海合作组织框架内的双边和多边合作，不仅是"观察"，还要更积极地参与到合作项目中。他以上海合作组织积极参与"一带一路"倡议为例指出，"这种'对接'已经自然形成，我们的目标不是国与国之间的竞争，而是整个区域的共同发展，整体提升"。[③] 6月10日，白俄罗斯总统卢卡申科赴华参加了上海合作组织元首理事会第十八次会议。

观察员国是上海合作组织未来扩员的主要对象，是展示组织活力和影响力的重要标志。上海合作组织十分重视成员国与观察员国的对话与合作。目前看，上海合作组织成员国与观察员国合作的主要领域是反恐和经济领域，各方已形成基本共识，均认为有广阔的合作空间。上海合作组织成员国和观察员国情报机构的代表们经常举行双边会晤，交换情报，参加专项活动和训练。2013年以来，上海合作组织地区反恐怖机构执行委员会举办了上海合作组织成员国和观察员国情报机构安全合作科学实践研讨会，成为成员国和观察员国情报机构交换意见的有效平台。仅2013年至2016年，该研讨会就举行了4次。[④] 2014年4月，上海合作组织成员国国家协调员与所有观察员国代表举行首次会晤，各方就建立成员国与观察员国代表定期会晤机制达成一致。上海合作组织安全会议秘书会议也决定，自2015年起邀请观察员国代表参加每年举行的安秘会。[⑤] 成员国和观察员国的定期会晤有助于提升成员国与观察员国之间的合作潜力。

2015年7月通过的《上海合作组织至2025年发展战略》中明确提出："观察员国和对话伙伴的参与是上海合作组织工作的重要组成部分，获得

---

① 《上海合作组织观察员团关于白俄罗斯共和国国民会议代表院选举准备和实施过程的声明》，http://chn.sectsco.org/news/20160912/129785.html（上网时间：2018年8月20日）。

② 《上海合作组织成员国国防部长会议联合公报》，http://baijiahao.baidu.com/s?id=1598700523652350123&wfr=spider&for=pc（上网时间：2018年8月17日）。

③ 《白俄罗斯驻华大使：互利共赢，中国智慧促上合发展》，http://baijiahao.baidu.com/s?id=1601589769608632867&wfr=spider&for=pc（上网时间：2018年8月17日）。

④ [塔]拉希德·阿利莫夫：《上海合作组织的创建、发展和前景》，王宪举等译，第52页。

⑤ 《郭声琨出席上合组织成员国安全会议秘书会议》，http://www.xinhuanet.com/local/2015-04/15/c_127692236.htm（上网时间：2018年8月19日）。

观察员国地位的国家将继续受邀参加成员国元首理事会、政府首脑（总理）理事会和各部门领导人会议等公开会议。观察员国和对话伙伴同上海合作组织成员国主管部门开展打击恐怖主义、分裂主义、极端主义、非法贩运毒品及其他形式的跨国有组织犯罪方面的合作有助于加强安全领域协作。以灵活形式参与上海合作组织合作项目有助于观察员国和对话伙伴参加经贸和文化、人文合作。同时，本组织将完善同观察员国和对话伙伴的定期磋商机制，以加强与这些国家的关系，提高各领域协作的实际成果。上海合作组织深化与观察员国和对话伙伴合作，将为今后上海合作组织地区巩固和平安全、发展互利合作的伙伴关系体系创造前提条件。”2018年6月10日，上海合作组织成员国发表的《上海合作组织成员国元首理事会青岛宣言》中特别提到：“成员国愿在互利平等基础上，深化同上海合作组织观察员国和对话伙伴的合作，扩大上海合作组织同联合国及其专门机构和其他国际、地区组织的交流合作。”① 可以预见，上海合作组织的扩员之路不会就此结束，未来深化各领域务实合作将是上海合作组织的重要内容，其中之一便是要继续增进和提高成员国与观察员国的合作水平，为未来上海合作组织的扩员之路做好铺垫。

（王明昌）

① 《上海合作组织成员国元首理事会青岛宣言》，http://baijiahao.baidu.com/s?id=1602897929589197268&wfr=spider&for=pc（上网时间：2018年8月17日）。

第三节　对话伙伴国与上海合作组织

对话伙伴机制是上海合作组织与对上海合作组织感兴趣的相关国家开展合作的主要方式。2008年通过的《上海合作组织对话伙伴条例》就对话伙伴合作机制作出了详细规定。2009年起上海合作组织开始接收对话伙伴国，给予白俄罗斯和斯里兰卡对话伙伴地位。2012年吸收了土耳其。“一带一路”倡议提出后，上海合作组织对话伙伴扩员步伐明显加快。截至2018年6月，上海合作组织共有6个对话伙伴国，分别是：斯里兰卡、土耳其、阿塞拜疆、亚美尼亚、尼泊尔、柬埔寨。

一、机制发展历程

对话伙伴机制是上海合作组织与对上海合作组织感兴趣的相关国家开展合作的主要方式。在上海合作组织正式成立之前，乌兹别克斯坦就是以对话伙伴国的方式参加了“上海五国”会晤，并最终促成了上海合作组织的成立。上海合作组织成立之初便明确了与对上海合作组织感兴趣的国家开展合作的方式。2002年通过的《上海合作组织宪章》（下称《宪章》）的第14条就规定：“本组织可向感兴趣的国家或国际组织提供对话伙伴国或观察员地位。”此后，上海合作组织的相关职能部门在参考国际惯例的基础上，制定了上海合作组织关于观察员国和对话伙伴国机制的详细规定。与2004年通过的《上海合作组织观察员条例》不同，《上海合作组织对话伙伴条例》（下称《条例》）通过的时间稍晚，直到2008年才最终通过。

《条例》规定，对话伙伴地位给予赞同本组织宗旨和原则、愿与本组织建立平等互利伙伴关系的国家或组织，给予同本组织在《宪章》和本组织其他国际条约所规定的具体领域开展合作的国家或组织。申请成为上海合作组织对话伙伴国的具体流程为：首先，希望获得对话伙伴地位的国家或组织向上海合作组织秘书长提交由该国家外交部长或该组织执行机构负责人签署的给予其对话伙伴地位的申请。申请中应写明该国家或组织希望与上海合作组织开展合作的领域。其次，上海合作组织秘书长将收到的申请通知本组织成员国国家协调员理事会。国家协调员理事会将该问题及相关建议提交本组织成员国外交部长理事会审议。第三，外长理事会会议对给予对话伙伴地位的申请进行审议。必要时，会议可邀请相关国家或组织的正式代表参加。第四，给予对话伙伴地位的决议由上海合作组织成员国元首理事会根据外长理事会的建议通过。第五，给予对话伙伴地位，上海合作组织与提交申请的国家或组织签署给予该国家或组织对话伙伴地位的备忘录。备忘录中应写明该国家或组织将与上海合作组织开展合作的领域。

同时,《条例》还就对话伙伴的具体权利作出了说明。根据规定，对话伙伴国有权参加下列活动：备忘录中规定的合作领域的上海合作组织成员国部门领导人会议；工作组会议、高官委员会会议和上海合作组织成员国为与对话伙伴在合作领域开展合作建立的其他机制的会议；与对话伙伴开展合作相关的学术和专家会议（论坛、国际会议、研讨会）、文化日、汇演、展览、竞赛、体育比赛及其他活动。此外，对话伙伴国在参加上述规定的相关活动时，有权就属于合作内容的问题发言，获得向参加活动者散发的文件和材料（如文件和材料无散发限制），经本组织成员国同意散发自己的文件和材料。同时，根据对话伙伴国的意愿，经上海合作组织成员国同意，对话伙伴国在参加相关活动时的正式发言或文件，可以连同活动的其他材料一并在上海合作组织有关网站发布。

上海合作组织与对话伙伴合作的方式包括：一是根据上海合作组织成员国与对话伙伴国达成的协议，双方可采用“上海合作组织成员国+对话伙伴”的形式举行部长级会晤或其他授权代表会晤。会晤结果形成纪要，由上海合作组织成员国和对话伙伴国的相关代表签署。二是通过上海合作组织秘书处或上海合作组织地区反恐怖机构执委会，长期向对话伙伴发送相关活动的公开文件的副本。对话伙伴国有权向上海合作组织秘书处索要并获得《宪章》第4条所述的上海合作组织机构的文件和决议，但以上述文件和决议无散发限制为限。三是对话伙伴国无权参与准备和签署上海合作组织的文件。对话伙伴不参加上海合作组织各机构决议的制订，也不对决议负责。但对话伙伴国可在签署给予其对话伙伴地位的备忘录时发表自己的观点。四是对话伙伴国可通过正式公函与上海合作组织秘书处或上海合作组织反恐怖机构执委会保持经常性联系。

《条例》规定允许某些国家或组织终止其对话伙伴国地位。对话伙伴国若有意放弃对话伙伴地位，应通知上海合作组织秘书长。对话伙伴国地位自上海合作组织秘书长收到通知之日起终止。同时,《条例》明确，拥有对话伙伴国地位的国家或组织如有违背本组织、本组织各机构决议或《宪章》规定原则的行为，可根据元首理事会决议取消该国家或组织的对话伙伴地位，上海合作组织将单方面终止备忘录。

上海合作组织首次接收对话伙伴国是2009年。当年6月，在上海合作组织元首理事会第九次会议上，各方一致同意给予斯里兰卡和白俄罗斯对话伙伴国地位。此后，在上海合作组织正式扩员的过程中，对话伙伴国和观察员国成为必不可少的资格之一。2010年6月，上海合作组织元首理事会批准的《上海合作组织接收新成员条例》规定，具有上海合作组织观察员国或对话伙伴地位是加入上海合作组织的必备条件之一。2012年6月，上海合作组织元首理事会第十二次会议上，土耳其获得了上海合作组织对话伙伴国地位。中国提出"一带一路"倡议后，上海合作组织对话伙伴国扩员的步伐明显加快。2015年的上海合作组织元首理事会第十五次会议在上海合作组织扩员进程中具有历史性意义，当年峰会上白俄罗斯被提升为观察员国，同时同意授予阿塞拜疆、亚美尼亚、尼泊尔、柬埔寨对话伙伴国地位。截至2018年6月，上海合作组织共有6个对话伙伴国，分别是：斯里兰卡、土耳其、阿塞拜疆、亚美尼亚、尼泊尔和柬埔寨。

二、斯里兰卡与上海合作组织

斯里兰卡是上海合作组织最早接收的对话伙伴国之一。2009年6月，上海合作组织元首理事会第九次峰会上，各成员一致同意授予斯里兰卡和白俄罗斯对话伙伴国地位。此后，斯里兰卡积极参与上海合作组织的各领域活动。2012年6月,斯里兰卡代表团出席了上海合作组织元首理事会第十二次峰会，并参加了上海合作组织成员国文化部长第九次会晤，签署了《上海合作组织成员国文化部长会晤北京宣言》和《上海合作组织成员国文化部长第九次会晤纪要》，批准了《上海合作组织成员国政府间文化领域合作协定2012—2014年执行计划》。[①] 2013年9月，斯里兰卡代表团出席了上海合作组织比什凯克峰会，斯里兰卡时任总统拉贾帕克萨称："上海合作组织是亚洲国家讨论共同关心的重大问题的一个非常好的论坛，斯里兰卡非常高兴成为上海合作组织对话伙伴国。"[②] 同年12月6日，斯里兰卡签

---

① 王明昌:《对话伙伴国与上海合作组织》，载李进峰等主编《上海合作组织发展报告（2013）》，北京：社会科学文献出版社，2013年，第444页。

② 同上，第408页。

署了建立上海合作组织能源俱乐部的备忘录。2014年10月，斯里兰卡代表参加了上海合作组织农业部长会议；2015年3月，斯里兰卡参加了上海合作组织发展旅游合作专家工作小组会议；同年5月，斯里兰卡交通部长出席了上海合作组织成员国交通部长第七次会议。[①]

2018年6月，上海合作组织青岛峰会前夕，斯里兰卡驻华大使卡鲁纳塞纳·科迪图瓦库接受采访称："上海合作组织用'上海精神'将上海合作组织成员国联系起来。上海合作组织经贸、人文领域的合作将加深我们的友谊，丰富文化交流，增进相互理解。上海合作组织有7个亚太国家，都是非常重要的经济体。尽管某些西方国家存在贸易保护主义，但亚太地区鼓励全球化，鼓励合作，所以我对未来经济形势十分乐观，特别是在亚太地区。"[②]

三、土耳其与上海合作组织

土耳其对上海合作组织产生兴趣并非偶然。土耳其总统埃尔多安曾多次称，上海合作组织为土耳其提供了一个可行性的选择，它可以取代欧盟。他甚至直言说："上海合作组织比欧盟更好、更强大，我们与他们有共同的价值观。"[③] 上海合作组织成员国与土耳其的贸易额稳步上升，已成为土耳其出口增长的热点地区。2012年土耳其与上海合作组织国家的贸易总额达到627亿美元，同比增长了5%，占到土耳其外贸总量的16%。土耳其从上海合作组织国家进口额为512亿美元，占其进口总额的21.2%，对上海合作组织国家的出口额为115亿美元，占其出口总额的7.5%。[④] 同时，因民族和语言亲近，土耳其非常重视发展同中亚国家的关系，土耳其有意借上海合作组织加强与中亚国家的合作。此外，土耳其加强与上海合作组织合作也与土对欧盟前景的悲观评估有关。面对国际形势的变化，特别是在欧盟深陷债务危机、土耳其与欧盟贸易增长前景日趋黯淡的背景下，土耳其在逐渐调整外交政策，加强与东方国家的合作，以期实现平衡外交。

---

① [塔]拉希德·阿利莫夫:《上海合作组织的创建、发展和前景》，王宪举等译，第299页。

② 《斯里兰卡大使：上海精神将上合国家紧密相连》，http://news.youth.cn/gj/201806/t20180601_11634310.htm（上网时间：2018年6月15日）。

③ 《土耳其总理暗示或舍弃欧盟加入上海合作组织》，http://world.huanqiu.com/exclusive/2013-01/3603735.html（上网时间：2018年8月17日）。

④ 《土耳其与上合组织成员国2012年贸易达627亿美元》,http://world.xinhua08.com/a/20130219/1123854.shtml（上网时间：2018年8月18日）。

土耳其与上海合作组织的接触源于2011年，当时上海合作组织成为土耳其倡导的伊斯坦布尔进程的积极参与方，共同致力于实现阿富汗的民族和解和稳定。[①] 此后，2012年土耳其平息国内爆发的大规模示威游行后，欧盟对土耳其政府提出严厉批评，令双方关系一度紧张，土耳其加入欧盟的前景更加暗淡。在加入欧盟的热情基本消耗殆尽后，土耳其将目光转投向经贸合作紧密、文化更加相近的东部伙伴——上海合作组织。2012年，埃尔多安访问俄罗斯时对普京称，土耳其主张加入上海合作组织，如果上海合作组织接受土耳其，土将完全放弃加入欧盟的申请。土耳其军方也支持埃尔多安加入上海合作组织的讲话，称上海合作组织在未来将成为一大国际力量，该国必须成为该组织的成员国。[②] 在此背景下，2012年6月，上海合作组织成员国元首一致同意接收土耳其为上海合作组织对话伙伴国。2013年4月，上海合作组织时任秘书长梅津采夫与土耳其时任外交部长达乌特奥卢签署了《关于给予土耳其上海合作组织对话伙伴地位的备忘录》。同年12月6日，土耳其签署了建立上海合作组织能源俱乐部的备忘录。[③]

2016年11月，土耳其总统埃尔多安再次表示："加入欧盟并不是土耳其的唯一方案，安卡拉当局正在研究加入上海合作组织的问题。加入上海合作组织可保障土耳其更多的行动自由。"[④] 2018年6月，上海合作组织国际观察团参加了土耳其的总统和议会选举的国际观察工作，并给予积极肯定评价。[⑤]

四、阿塞拜疆与上海合作组织

阿塞拜疆与上海合作组织的对话始于2012年，当时阿塞拜疆总统伊利哈姆·阿利耶夫给上海合作组织正式发函，申请给予阿塞拜疆上海合作组织观察员地位。[⑥] 最终，2015年7月，上海合作组织成员国元首理事会第

---

① [塔]拉希德·阿利莫夫：《上海合作组织的创建、发展和前景》，王宪举等译，第298页。

② 王明昌：《对话伙伴国与上海合作组织》，载李进峰等主编《上海合作组织发展报告（2014）》，北京：社会科学文献出版社，2014年，第406页。

③ [塔]拉希德·阿利莫夫：《上海合作组织的创建、发展和前景》，王宪举等译，第298页。

④《土耳其：加入欧盟不是唯一方案，考虑加入上合组织》，http://news.163.com/16/1121/09/C6CU313J000187VE.html#from=relevant（上网时间：2018年8月20日）。

⑤《土耳其选举顺利落幕，上合组织观察员团总结工作成果》，http://chn.sectsco.org/news/20180625/451673.html（上网时间：2018年8月17日）。

⑥ [塔]拉希德·阿利莫夫：《上海合作组织的创建、发展和前景》，王宪举等译，第294页。

十五次会议通过决议，授予阿塞拜疆对话伙伴国地位。2016年3月，上海合作组织与阿塞拜疆签署了《关于给予阿塞拜疆共和国上海合作组织对话伙伴地位的备忘录》，并就对话伙伴国的合作方向达成一致：打击恐怖主义、分裂主义、极端主义；加强在地区和平与稳定；运输和能源项目。① 阿塞拜疆外长马梅季亚罗夫表示："成为上海合作组织对话伙伴国对于阿塞拜疆来说是莫大荣幸。阿塞拜疆将同上海合作组织在打击恐怖主义和极端主义，加强经贸、交通和人文等领域合作开展积极对话。"② 目前，阿塞拜疆已经参与了一些重要的地区交通项目，如有中国参加的"新丝绸之路"运输走廊，有俄罗斯参加的"北—南"项目等。

2018年4月5—12日，上海合作组织秘书长阿利莫夫率领观察员团参加了阿塞拜疆总统选举的观察工作，并得出结论认为，此届总统选举符合《阿塞拜疆共和国选举法》及通行国际契约的要求，是合法、透明、可信和民主的选举，是阿塞拜疆共和国民主发展进程中的重要一步。③ 同年5月，在北京的上海合作组织秘书处还举行了阿塞拜疆文化日活动。同年6月，阿塞拜疆驻华大使杰纳利·阿克拉姆接受采访时称："如果我们现在看世界格局的话，就可以很清楚地了解'上海精神'的意思。阿塞拜疆之所以重视上海合作组织，是因为我们认同'上海精神'。'上海精神'使上海合作组织有别于其他国际组织。"④

五、亚美尼亚与上海合作组织

亚美尼亚2012年便提交了申请成为上海合作组织观察员国。⑤ 2015年7月，上海合作组织乌法峰会上各成员国同意授予亚美尼亚对话伙伴国地位，亚美尼亚总统萨尔基相参加峰会并称："亚美尼亚认为，与上海合作组织合作的优先方向是吸引投资，利用中转机遇，开辟新的交通运输线并通往亚洲市场。未来与上海合作组织的合作应该重在大型基础设施和运输项

---

① [塔]拉希德·阿利莫夫：《上海合作组织的创建、发展和前景》，王宪举等译，第295页。

② 《阿塞拜疆正式成为上合组织对话伙伴国》，https://www.guancha.cn/europe/2016_03_15_353945.shtml（上网时间：2018年8月17日）。

③ 《阿塞拜疆总统选举闭幕，上合组织观察员团作工作总结》，http://chn.sectsco.org/news/20180412/406458.html（上网时间：2018年8月16日）。

④ 《阿塞拜疆大使："上海精神"使上合组织与众不同》，http://mil.news.sina.com.cn/2018-05-28/doc-ihcaquev3558777.shtml（上网时间：2018年8月15日）。

⑤ [塔]拉希德·阿利莫夫：《上海合作组织的创建、发展和前景》，王宪举等译，第296页。

目，如伊朗至亚美尼亚的铁路等。”[①] 2016年4月，上海合作组织秘书长阿利莫夫和亚美尼亚外长爱德华·纳尔班江在北京签署了《关于给予亚美尼亚上海合作组织对话伙伴地位的备忘录》。纳尔班江表示：“《备忘录》的签署为亚美尼亚和上海合作组织的合作奠定了法律基础，并将双方的合作提升到新的水准。上海合作组织的实践证明，集体的力量在应对威胁与挑战、扩大经济、实业和人文合作方面成效显著。成为上海合作组织对话伙伴国是亚美尼亚与上海合作组织开展合作的第一步。”[②] 纳尔班江称，亚美尼亚将与上海合作组织共同推进地区安全与稳定、反对恐怖主义、极端主义和毒品犯罪，并在贸易、投资、能源、交通、电信、农业等领域开展合作。[③]

2018年6月，上海合作组织青岛峰会前夕，亚美尼亚驻华大使谢尔盖·马纳萨良接受媒体采访称：“对于上海合作组织成员国、观察员国和对话伙伴来说，有共同的理念很重要。我觉得‘上海精神’阐述得很明确，它让我们拥有了共同的目标。”他还称：“我们已经向上海合作组织递交了官方的申请，希望改变我们现在在上海合作组织内的身份。亚美尼亚和上海合作组织有共同的理念和价值观，我们已经做好准备将在上海合作组织内的身份由对话伙伴提升为观察员。”[④]

六、尼泊尔与上海合作组织

2015年7月，上海合作组织元首理事会第十五次会议上同意授予尼泊尔对话伙伴国地位。同年9月16日，尼泊尔代表参加了上海合作组织成员国外经贸部长会议。[⑤] 2016年3月，上海合作组织秘书长阿利莫夫和尼泊尔副总理卡迈勒·塔帕在北京签署了《关于给予尼泊尔上海合作组织对话伙伴地位的备忘录》，确定了尼泊尔与上海合作组织将在贸易、运输和投资、能源、农业、中小型企业、安全问题、法律和海关事务、交通和通讯、科学技术、教育、卫生、文化和旅游等领域开展合作。卡迈勒·塔帕说：“今

---

① [塔]拉希德·阿利莫夫：《上海合作组织的创建、发展和前景》，王宪举等译，第296页。

② 《亚美尼亚正式获得上合组织对话伙伴国地位》，http://www.zejl.com/new_xx.asp?id=57590（上网时间：2018年8月17日）。

③ 同上。

④ 《亚美尼亚驻华大使：期待成为上合观察员国》，http://www.sohu.com/a/233293904_119562（上网时间：2018年8月18日）。

⑤ [塔]拉希德·阿利莫夫：《上海合作组织的创建、发展和前景》，王宪举等译，第298页。

天我们成为了上海合作组织一部分，我们高兴地看到我国国旗与其他成员国国旗一起飘扬。”① 同年11月23—24日，尼泊尔参加了在浙江省义乌市举办的“上海合作组织成员国丝绸之路法律服务国际论坛”，尼泊尔法律、司法和议会事务部部长率团出席，会议同意协调上海合作组织成员国在实施“一带一路”倡议中的法律文件。②

2018年6月，尼泊尔外交部长贾瓦利在接受采访时称：“上海合作组织是相关国家讨论共同关心议题的非常好的平台，也为我们寻求互利合作营造了良好环境。上海合作组织会对其所在区域乃至整个世界的发展与稳定产生深远影响。基于此，尼泊尔要同中国、印度等快速发展的经济体保持紧密联系。尼泊尔也希望同上海合作组织成员国、观察员国、对话伙伴等加强合作，以求在国际事务中扮演更为重要的角色。”③

七、柬埔寨与上海合作组织

2015年7月，上海合作组织元首理事会第十五次会议上同意授予柬埔寨对话伙伴国地位。同年9月16日，柬埔寨代表参加了上海合作组织成员国外经贸部长会议。④ 9月24日，上海合作组织时任秘书长梅津采夫与柬埔寨王国副首相兼外交国际合作大臣贺南洪签署了《关于给予柬埔寨王国上海合作组织对话伙伴地位的备忘录》。贺南洪表示：“很高兴成为上海合作组织一员，此后柬埔寨将积极参与上海合作组织各项活动，在多领域参与合作，并希望最后能够成为上海合作组织成员国的一员。”⑤

2018年6月，柬埔寨国务兼外交国际合作部大臣布拉索昆接受媒体采访时表示，柬埔寨是大湄公河次区域及东盟的一个窗口，可在上海合作组织同东盟之间起到“桥梁”作用。同时，布拉索昆表示柬埔寨支持“一带一路”建设，认为“一带一路”汇集上海合作组织有关国家所在地区，为

---

① 《尼泊尔正式获得上合组织对话伙伴国地位》，http://world.huanqiu.com/exclusive/2016-03/8750979.html（上网时间：2018年8月20日）。

② 《上合组织成员国丝绸之路法律服务国际论坛在浙江义乌开幕》，http://www.xinhuanet.com/legal/2016-11/24/c_129375873.htm（上网时间：2018年8月20日）。

③ 《尼泊尔外长：上合组织必将发挥更重要的作用》，http://finance.chinanews.com.cn/gn/2018/05-29/8524945.shtml（上网时间：2018年8月20日）。

④ [塔]拉希德·阿利莫夫：《上海合作组织的创建、发展和前景》，王宪举等译，第297页。

⑤ 《柬埔寨正式成为上合组织对话伙伴》，https://m.huanqiu.com/r/MV8wXzc2MjcwMDRfMjM1XzE0NDMxMzEwNjA=（上网时间：2018年8月18日）。

地区创造了平等发展机会。[①] 柬埔寨—中国友好协会主席艾森沃接受媒体采访时高度评价2018年上海合作组织青岛峰会成果，表示“要实现经济全球化和区域一体化，上海合作组织相关国家需要展开更密切的合作，加强相互协调和沟通。柬埔寨作为上海合作组织的对话伙伴国，希望能与相关国家更进一步深化合作，共同规划未来”。[②]

对话伙伴机制是上海合作组织开放合作属性的重要体现，为对组织活动感兴趣的国家与成员国开展合作提供了重要机会。上海合作组织十分重视加深与该组织对话伙伴国的合作。上海合作组织成员国元首理事会历届峰会宣言中，均强调将继续重视和加强上海合作组织成员国与对话伙伴的交流。2015年7月通过的《上海合作组织至2025年发展战略》也强调："观察员国和对话伙伴的参与是上海合作组织工作的重要组成部分，将积极邀请对话伙伴参加共同感兴趣且合作备忘录中规定领域的部级和专家会议。以灵活形式参与上海合作组织合作项目有助于观察员国和对话伙伴参加经贸和文化、人文合作。同时，将完善同观察员国和对话伙伴的定期磋商机制，以加强与这些国家的关系，提高各领域协作的实际成果。”目前看，上海合作组织成员国与对话伙伴国的合作主要集中在经贸、人文等领域，方式主要是参加相关专题会议，合作水平相对有限。未来，随着上海合作组织同观察员国和对话伙伴定期磋商机制的不断完善，成员国与对话伙伴国合作水平有望得到提高。

（王明昌）

---

① 《柬埔寨外交大臣：柬愿在上合组织与东盟间发挥“桥梁”作用》，http://house.chinanews.com/gn/2018/06-08/8533719.shtml（上网时间：2018年8月18日）。

② 《柬中友协主席高度评价上合组织青岛峰会成果》，http://www.sohu.com/a/235371655_413350（上网时间：2018年8月16日）。

第四章

上海合作组织与西方关系演进

Chapter IV the SCO's Interactions with the West

第一节　美国与上海合作组织

上海合作组织的成立与美国大举介入中亚地区都发生在2001年，美国的地区政策，始终是上海合作组织发展进程中的重要外部因素。当前，美国把中俄同时定性为战略竞争对手和“修正主义国家”，并采取一系列措施不断加大对中俄打压：退出伊核协议并威胁对伊动武、禁止伊出口石油；出台阿富汗新战略，对印巴一拉一打。这导致上海合作组织地区周边形势变数加大，风险陡增。同时，美国在中亚地区继续推进“C5+1”多边对话机制，并意图加上阿富汗变成“C6+1”；实施中南亚合作项目，拉印度入伙推进其“印太战略”，对上海合作组织的团结合作构成严峻考验。美国对上海合作组织发展的影响值得密切关注。

一、美国中亚政策变迁及其与上海合作组织的互动

中亚国家独立初期至“9・11”事件前，中亚在美国对外战略中处于较为边缘和从属的地位，各决策机构中没有独立的中亚事务部门。20世纪90年代的美国并无独立的中亚地区政策，其在中亚的行动从属于美国对整个前苏联世界的“后冷战改造”进程，包括两大核心内容：一是销毁苏联遗留在中亚地区的核武器，管控其他核设施，防止核技术走私和核武器扩散。二是帮助新国家巩固独立地位，并引导其以西方民主和市场经济模式为转型目标。这一时期的美国学界普遍认为，美国不宜为中亚国家提供安全承诺，美国中亚政策的主要目标是维护该地区在地缘政治上的多元主义。[①] 2001年1月，应美国参谋长联席会议中东局的要求，大西洋理事会和约翰・霍普金斯大学中亚—高加索研究所联合起草了《中央欧亚战略评估》（*Strategic Assessment of Central Eurasia*）报告，将美国的地区利益划分为关键利益、战略利益与重要利益。报告指出，中亚对美国并无关键利益，但有四大战略利益，即维护地区安全与稳定、制止地区内冲突、防止地区

---

① Rajan Menon, “Central Asia's Foreign Policy and Security Challenges: Implications For United States,” *The National Bureau of Asian Research*, 1997, pp.13-15, https://www.files.ethz.ch/isn/144608/vol6no4.pdf; Zbigniew Brzezinski, “A Geostrategy for Eurasia,” *Foreign Affairs*, Vol. 76 No. 5, pp.50–64.

间冲突、阻止大规模杀伤性武器生产；同时有七大重要利益，即能源资源、人权事务、环境问题、民主改革、宗教自由、反腐败和反毒品走私。[①] 如下文所述，随着美国介入中亚程度和方式的变化，上述各项利益的优先级会发生变化。

这一时期的美国中亚政策有两大特点：一是积极支持中亚国家加入欧安组织和北约伙伴计划，支持中亚国家进行政治经济的西方化改革，如扩大公民参与、发展独立媒体、培植环保非政府组织等。二是提出了“支点国家”（Pivot State）和“锚国家”（Anchor State）概念，通过在中亚发展重点国家，来扩展美国的影响力，同时制衡其他潜在对手的影响。[②] 哈萨克斯坦和乌兹别克斯坦成为美国在中亚的两大支点。哈萨克斯坦是苏联时期重要的核武器部署地，同时极具能源开发潜力，而乌兹别克斯坦则被视为在中亚地区制衡俄罗斯和伊朗的重要棋子，重点进行军事和防务技术援助。[③]

（一）确保军事存在和尝试合作（2001—2004）

“9·11”事件对美国中亚政策和上海合作组织发展都是关键节点。阿富汗战争爆发后，中亚国家成为北约在阿富汗军事行动所必须倚仗的战略后方和通道。美国迅速租借了乌兹别克斯坦的汉纳巴德空军基地和吉尔吉斯斯坦的马纳斯空军基地。前者主要供美军重型运输机运送部队、装备和后勤物资，后者则包含空中加油、护航和战术执勤等多种作战任务。其他中亚国家也向美军提供了军事基地、飞越领空权和有限的机场进入权。美国因此获得了在中亚地区的军事存在。[④]

为了保障能够长期使用军事基地和后勤运输通道，美国在这一时期与中亚国家建立了密切的军事合作关系，提供以反走私、反恐和边境安全为

---

① Charles Fairbanks, et al, *Strategic Assessment of Central Eurasia*, Washington D.C.: Atlantic Council of the United States and Central Asia-Caucasus Institute, 2001, pp.98.

② 所谓“支点国家”，就是在地区内有重要影响力，能够借以“撬动”整个地区的国家。而“锚国家”则侧重于制衡大国影响。Robert Chase, Emily Hill, Paul Kennedy, “Pivotal States and U.S. Strategy,” *Foreign Affairs*, Vol. 75, No. 1, 1996, pp.33–51；S. Frederick Starr, “Making Eurasia Stable,” *Foreign Affairs*, Vol. 75, No. 1, 1996, pp.80–92.

③ 邢娟:《冷战后美国与哈萨克斯坦关系的发展与演进探析》，新疆大学2010年硕士论文，第7—12页。杜宇萍:《冷战后美国与乌兹别克斯坦关系的发展与演进探析》，新疆大学2010年硕士论文，第4—16页。

④ 苏晓宇:《美国中亚军事战略的发展与前景》，北京：中国社会科学出版社，2016年，第93—95页。

主的各项军事援助，如修建桥梁、道路、边检站等基础设施，提供车辆和通讯器材，开展反恐部队和民防训练，提供反恐军事装备，举行联合反恐演习等。对中亚国家而言，上述军事援助和合作带来了稀缺的资金和装备，增强了本国边防和反恐部门的行动能力。而对美国而言，上述军事援助和合作多是与基地使用相挂钩的。①

在2005年之前，美国的中亚政策以支持阿富汗战争为主轴，以保障军事基地和后勤通道为主导利益。政权民主化、人权改革等议题暂时退居其次。对上海合作组织，美国政府也表现出一定的合作姿态。2004年，负责欧洲与欧亚事务的助理国务卿帮办贝霖（B. Lynn Pascoe）在出席众议院外交委员会的听证会时，表示美国在上海合作组织建立之初，曾尝试获得“某种观察员身份”，与上海合作组织建立在反恐领域的合作关系。②

就上海合作组织自身的发展而言，阿富汗战争和美军进入中亚，一方面增大了组织内部的离心倾向和成员间分歧，使组织发展面临不确定性；③另一方面却也成为上海合作组织早期发展的外部推动力量。2002年6月至2004年11月，上海合作组织建立了更为完善的组织架构，包括秘书处和地区联合反恐机构，开始举行联合军事演习。2004年6月，在上海合作组织峰会上正式吸纳蒙古国为第一个观察员国，同时联合签署了打击毒品走私的合作协议，设立了上海合作组织发展基金，将合作扩大到打击跨境毒品走私和经济发展领域。

2001—2004年中，美国智库和学界对刚刚成立的上海合作组织的专门研究较少，多是在关于中亚地区大国竞争的专题文章下一笔带过。论者多是对上海合作组织的有效性和发展前景持悲观态度，认为中亚国家与中俄之间、中俄两大国之间的分歧都在事实上剥夺了组织的生命力。④

---

① Joshua Kucera, “U.S. Military Aid to Central Asia: Who Benefits?” *Occasional Paper Series* No. 7, New York: Open Society Foundation, 2012, pp.13–15.

② B. Lynn Pascoe, Testimony on the Hearing before the House Committee on International Relations, 2004-6-15, https://2001-2009.state.gov/p/eur/rls/rm/33579.htm（上网时间：2018年5月10日）。

③ 赵华胜：《美国与上海合作组织：从布什到奥巴马》，载《国际问题研究》2010年第3期，第32页。

④ Yom Sean L, “Power Politics in Central Asia: The Future ofthe Shanghai Cooperation Organization,” *Harvard Asia Quarterly*, Vol.4, 2002, pp.48–54.

（二）“政权更迭”政策与初次交锋（2005—2006）

当美国逐步巩固在中亚地区的军事存在，解决了军事行动的现实需求之后，布什政府的新保守主义底色开始逐步凸显。新保守主义者秉承“民主和平论”信条，认为只有西方民主制度才能带来真正的国内稳定和区域和平。2003—2005年，美国先后在格鲁吉亚、乌克兰、吉尔吉斯斯坦等国策动“颜色革命”，推行政权更迭。在各类安全和经济援助中，也越来越将援助与西方化政治改革和一系列人权指标挂钩。①

2005年5月，乌兹别克斯坦安集延爆发反政府骚乱。美国的事前嫌疑及事后表现，使中亚各国开始警惕美国长期军事存在的真实意图，担心其危及自身主权和政权安全。上海合作组织因此成为中亚国家集体发声，维护主权与内政独立的行动平台。2005年7月，上海合作组织成员国在阿斯塔纳峰会上发表联合声明，要求美国制定从中亚撤军的时间表。乌兹别克斯坦关闭了美军基地，吉尔吉斯斯坦也提高了美军基地的租金。另外，阿斯塔纳峰会上，上海合作组织正式吸收伊朗为观察员国，这更加剧了美国的猜疑。当时美国一直将伊朗列为“支恐国家”，上海合作组织接纳伊朗，威胁美国战略利益。

上海合作组织阿斯塔纳峰会挫败了美国在中亚的“政权更迭”，美国政策界、智库和舆论对上海合作组织的敌意和重视程度空前增强。2005年7月6日，美国国务院发言人拒绝上海合作组织关于美国从中亚撤军的要求。7月14日，美国参谋长联席会议主席迈尔斯称，上述宣言是大国胁迫中亚小国做出的决定。②

2006年9月，负责南亚与中亚事务的助理国务卿理查德·鲍彻（Richard Boucher）在出席两院赫尔辛基委员会的听证会时，公开批评上海合作组织中“大国左右小国与第三国关系”，“不干涉内政”原则对地区有害，阻碍了成员国与美国的安全合作，讽刺上海合作组织经济合作毫无成绩，应“集中精力谋发展，而不是做各种地缘政治声明”。希望上海合作组织、集体安全组织和欧亚经济共同体能够“在手段上更加透明”，不应“不顾人权”，不希望上海合作组织“成为外部大国控制中亚的工具”。并

① 马斌：《冷战后美国对中亚援助政策研究》，复旦大学2011年博士学位论文，第53—57页。

② 邵育群：《美国与上海合作组织：认知、关系与未来》，载《美国研究》2007年第3期，第21页。

称美国从未寻求成为上海合作组织观察员国。[①] 在2008年的国务院年度展望中，鲍彻继续重申，在美国与中亚地区的合作中，上海合作组织并不是一个“特别有帮助的”组织，当然它也不是美国希望支持、资助、推进的组织。[②]

这一时期的美国智库和学界对上海合作组织的评价也呈现出两个极端：要么是妖魔化的威胁论，如将上海合作组织称为“新华约”、“对美国人民最危险的组织”，制造军事对立和安全困境，[③] 将“上海精神”称为“威权主义范式”和“威权国家神圣同盟”。[④] 要么是渲染上海合作组织内大国分裂、成员同床异梦的唱衰论。[⑤] 总体而言，美国智库和学界对上海合作组织的基本架构和发展历史仍缺乏系统了解，充斥着意识形态色彩，其分析中往往存在常识性错误。

总体而言，安集延事件后，美国官方对上海合作组织采取了防范、警惕和不合作的态度。但双方非正式的人员往来并未完全中断。如2006年8月，鲍彻访华期间专门到上海合作组织秘书处“交换看法”。[⑥]

（三）“大中亚伙伴关系”的出炉与幻灭（2006—2008）

美国在中亚“政权更迭”政策造成了得不偿失的后果，由此引发了中亚政策的全面调整。在中亚国家的抵制下，不仅民主和人权目标难以为继，甚至连延续现有军事存在和作战行动都面临困境，面临被边缘化的风

---

① Richard Boucher, Testimony before the Hearing “The Shanghai Cooperation Organization: Is It Undermining U.S. Interests In Central Asia?” Commission on Security and Cooperation in Europe, 2006-9-24. https://www.csce.gov/sites/helsinkicommission.house.gov/files/The%20Shanghai%20Cooperation%20Organization%20Is%20it%20Undermining%20U.S.%20Interests%20in%20Central%20Asia.pdf（上网时间：2018年5月9日）。

② Richard Boucher, *The Year Ahead in South and Central Asia*, Foreign Press Center Briefing, Washington,DC,April23,2008. http://www.state.gov/p/sca/rls/2008/104042.htm（上网时间：2018年5月9日）。

③ David K. Schneider, “The Shanghai Cooperation Organization: A League of Autocracies?” *American Diplomacy*, September 16, 2008, https://www.globalpolicy.org/component/content/article/154-general/25757.html（上网时间：2018年5月9日）。

④ Thomas Ambrosio, “Catching the ‘Shanghai Spirit’: How the Shanghai Cooperation Organization Promotes Authoritarian Norms in Central Asia,” *Europe Asia Studies*, Vol.60, No. 8, 2008, pp.1321–1344.

⑤ Ariel Cohen, “The Dragon Looks West: China and the Shanghai Cooperation Organization,” *The Heritage Lecture*, September 7, 2006, pp.4–8.

⑥ 邵育群：《美国与上海合作组织：认知、关系与未来》，载《美国研究》2007年第3期，第24页。

险。在这一背景下，知名中亚专家，约翰·霍普金斯大学中亚—高加索研究所主任斯塔尔教授（Frederick Starr）提出的“大中亚伙伴关系”，成为美国新中亚政策的蓝本。[①]

斯塔尔从文明史的角度，主张将中亚五国、阿富汗、巴基斯坦、印度北部、伊朗东部视为同一个文明区域，不应用冷战式的地缘版图割裂开来。特别是中亚和阿富汗、巴基斯坦应该构成一个经济带。他认为，中亚地区没有“民主化快车道”，当务之急是重建因苏联解体而割裂的贸易和经济联系，并为中亚和阿富汗提供印度洋通道，帮助其融入世界经济体系。中亚国家将因此从北、东、南三个方向的连通中受益，获得经济上的高度选择权和自主性。贸易和经济发展必须成为美国在阿富汗及其邻国战略的中心，但其他方面也同样重要。必须推行地区性而非基于一国的安全、制度发展、选举推广和文化教育项目。对于上海合作组织，斯塔尔认为，“大中亚伙伴计划”不会影响到地区内既有合作机制。[②]

2006年2月，美国国务院进行了机构重组，将中亚事务从欧洲—欧亚局中剥离出来，与南亚局合并为南亚与中亚事务局，负责协调各个部门的南亚和中亚地区的政策和行动，制定联合地区战略。[③]4月，美国在阿富汗召开了“大中亚伙伴关系、贸易与发展”国际会议，中亚五国、阿富汗、巴基斯坦、俄罗斯、中国、日本、欧盟参加。负责南亚与中亚事务的助理国务卿鲍彻在会议上指出，美国在大中亚地区拥有非常严肃的、长期的利益，致力于推动能源、人、商品和信息在哈萨克草原和印度洋之间流动。[④]5月，国会通过修订版《丝绸之路战略法案》。

根据鲍彻在众议院国际关系委员会的证词，美国的中亚战略目标有三个支柱：一是安全合作，建立美国主导下的地区安全机制；二是商业和能

① 潘光、张屹峰：《“大中亚计划”：美国摆脱全球困境的重要战略步骤》，载《外交评论》2008年4月，第85—86页。韩隽：《“安集延事件”后美国中亚政策的调整及影响分析》，载《新疆社会科学》200年第6期，第50—55页。

② S. Frederick Starr, “A ‘Greater Central Asia Partnership’ for Afghanistan and Its Neighbors.” *Silk Road Paper*, Washington D.C.: Central Asia-Caucasus Institute, 2005, pp.14–15.

③ 按照美国国务院最新的机构重组方案，该局助理国务卿以下，设有常务副助理国务卿一名，负责巴基斯坦事务、印孟斯尼事务、阿富汗和中亚事务、跨国事务与公共外交的副助理国务卿各一名。

④ Richard Boucher, Remarks at the International Conference on “Partnership, Trade, and Development in Greater Central Asia,” Kabul, Afghanistan, April 1, 2006, http://www.silkroadstudies.org/new/inside/forum/trade_kabul_boucher.html（上网时间：2018年5月19日）。

源，与多边金融机构进行合作，改善中南亚交通和能源基础设施，促进中南亚地区经济贸易一体化；三是以阿富汗为改革样板，推进“大中亚”地区国家的政治体制改革，为其他伊斯兰国家树立典范。[①]

“大中东伙伴关系”的出炉，标志着美国中亚政策的重心，从推进民主人权，转向区域联通和发展。但这一转向也因为阿富汗安全局势的恶化，陷入头重脚轻、虎头蛇尾的局面。

与此形成对照的是，这一时期的上海合作组织政治安全合作取得了重要进展。2005年11月，上海合作组织建立了上海合作组织—阿富汗联络组。2007年8月上海合作组织比什凯克峰会签署了《上海合作组织成员国睦邻友好条约》宣言，呼吁加强战略稳定和实现太空非军事化，伊朗总统内贾德则谴责了美国在中欧部署导弹防御系统。2007年上海合作组织还举行了首次联合军事演习“和平使命2007”。10月，上海合作组织与独联体集体安全条约组织签署了合作备忘录。2008年，上海合作组织正式设立了对话伙伴国机制。

（四）重回多边外交：美国与上海合作组织建立合作关系的尝试(2009—2011)

2009年1月奥巴马上任后，地区安全和稳定再次成为美国中亚政策的优先方向。为了尽早从阿富汗战争的泥潭中脱身，奥巴马政府出台“新阿巴战略”，一方面是制定了撤军路线图，先增兵再撤兵，强化反恐攻势，同时培养阿富汗政府和军队的自主造血能力；另一方面寄希望于改善与阿富汗周边国家的关系，更多借助地区多边机制，通过合作解决阿富汗问题。与布什政府相比，奥巴马政府虽然从未放弃推广“民主”“人权”价值观，但手段和方式趋于温和，不再强行推行“政权更迭”，同时也更重视地区多边机制，一度对上海合作组织表现出更积极的合作意愿。

另外，由于巴基斯坦西北部部落区形势恶化，塔利班和“基地”组织严重威胁驻阿联军运输线，“新阿巴战略”增兵计划对北方运输网络的依赖度增加。[②] 而北方运输网络中的线路大多经过上海合作组织成员国。这也

① Richard A. Boucher, “U.S. Policy in Central Asia: Balancing Priorities, ” Statement to the House International Relations Committee Subcommittee on the Middle East and Central Asia, April 26,2006, https://2001-2009.state.gov/p/sca/rls/rm/2006/65292.htm（上网时间：2018年5月19日）。

② 韩隽：《权宜之计抑或是新中亚战略——评奥巴马政府的中亚政策》，载《新疆社会科学》2013年第1期。

是奥巴马政府向上海合作组织示好的最直接原因。

在上述背景下，2009年3月，负责南亚与中亚事务的助理国务卿帮办帕特里克·摩恩（Patrick Moon）出席了上海合作组织主办的阿富汗问题国际会议，这是美国与上海合作组织第一次正式的官方交往。同时与会的还包括联合国秘书长潘基文、欧安组织秘书长布里沙姆博、北约负责作战行动的助理秘书长马丁·霍华德、伊朗副外长阿宏扎德，以及欧盟、八国集团和伊斯兰组织的代表。会议形成了《上海合作组织阿富汗行动计划》。[①] 2010年1月，国务卿希拉里在夏威夷讲话中，公开表达了与上海合作组织合作的愿望。[②] 2011年3月，负责南亚与中亚事务的助理国务卿布莱克（Robert Blake）会见了上海合作组织官员，双方交换了对中亚局势的认识。美国与上海合作组织间的交往频次较布什时期显著增加，合作和交流富有建设性。

在这一时期，美国智库与学界对上海合作组织的认识也更趋于理性，开始发掘上海合作组织与美国在中亚和阿富汗地区的共同利益，如稳定、反恐和反毒品等，探讨各类合作方案。2009年，前美国国家安全顾问布热津斯基（Zbigniew Brzezinski）建议由美国出面，在北约与上海合作组织和集体安全组织之间建立纽带，设立"北约—上海合作组织"联合委员会。[③] 美国军方学者指出，上海合作组织是中亚地区最重要的多边国际机制，对世界经济和安全有举足轻重的影响。上海合作组织的很多任务，是西方化多边国际机制难以胜任的。因此，虽然上海合作组织利益较为多元，不会对美国构成威胁，但美国不能加以轻视和漠视，应与上海合作组织建立"选择性的伙伴关系"[④]。哈德森研究所高级研究员理查德·威茨（Richard Weitz）建议北约可以给予中国更正式的关系，使上海合作组织成为"全球

---

① 王世达:《扭捏的接触——美国参加"上合组织"阿富汗特别会议》，载《世界知识》2009年第8期，第34—35页。

② Hillary Clinton, "Remarks on Regional Architecture in Asia: Principles and Priorities," Hawaii, Department of State, January 12, 2010, http://www.state.gov/secretary/rm/2010/01/135090.htm（上网时间：2018年5月20日）。

③ Brzezinski, Zbigniew, "An Agenda for NATO," *Foreign Affairs*, Vol. 88, No. 5, pp.2–20.

④ Captain Scott Andrew McClellan, *The Shanghai Cooperation Organization: Should the US be Concerned?* United States Army War College, 2013. http://www.dtic.mil/dtic/tr/fulltext/u2/a589436.pdf（上网时间：2018年5月11日）。

性的”合作伙伴，更多参与上海合作组织及其活动。[①] 布鲁金斯基金会学者朱莉·博兰（Julie Boland）仅依靠双边关系，会限制美国处理跨国和跨区域问题的能力。美国应该考虑与本区域安全组织合作。上海合作组织经过多年发展，在地区国家和中俄等域外大国间创造了一种合作的文化，能够为美国提供额外的推广论坛，丰富在区域和关键跨国问题上的手段，为与伊朗等国打交道提供合适的平台。她建议与上海合作组织就共同关心的具体问题，如反恐和禁毒等，建立合作小组。[②]

“新阿巴战略”在2011年5月取得了最具象征意义的政治成果：击毙“基地”组织领导人本·拉登。巧合的是，这几乎精确匹配了奥巴马此前公布的，从2011年7月开始从阿富汗撤军的时间表。以这一事件为标志，美国在阿富汗全面转入撤军和“重建”阶段，对上海合作组织释放的一系列合作倡议也无疾而终。

（五）推出“新丝绸之路”战略和“C5+1”机制（2011—2016）

2010年前后，美国核心决策层和决策部门完成了关键的对华战略辩论，最终开启了“亚太再平衡”的对外战略整体转型，遏制中国实力增长成为美国的主要战略关切。[③] 2011年7月，希拉里在印度金奈发表演讲，正式提出了“新丝绸之路”战略。10月，美国国务院正式将美国的中亚与南亚政策统一命名为“新丝绸之路”战略。[④]

“新丝绸之路”战略的核心逻辑仍然沿袭和借鉴了斯塔尔教授的构想，[⑤] “新丝绸之路”包含了一揽子综合计划，不仅要建立连接中亚、阿富汗和南亚的电力、道路、油气管道等基础设施网络，推动区域间贸易和投资自由化，还包含诸如环保、创新、性别平等等内容，使中亚、阿富汗、

---

① Weitz, Richard, “Building a NATO-SCO Dialogue,” *European Dialogue*, 2011-11-14, http://eurodialogue.org/Building-a-NATO-SCO-dialogue,（上网时间：2018年5月11日）。

② Julie Boland, “Ten Years of the Shanghai Cooperation Organization: A Lost Decade?” , Policy Paper 2011, Brookings Foundation, pp.40–42, https://www.brookings.edu/research/ten-years-of-the-shanghai-cooperation-organization-a-lost-decade-a-partner-for-the-united-states/（上网时间：2018年5月4日）。

③ Nina Silove, “The Pivot before the Pivot: Strategy to Preserve Power Balance in Asia” , *International Security*, Vol. 40, No. 4, 2016, pp.45–88.

④ 赵华胜:《美国新丝绸之路战略探析》，载《新疆师范大学学报》（哲学社会科学版）2012年第6期，第15页。

⑤ 潘光:《美国“新丝绸之路”计划的缘起、演变和发展前景——对话“新丝绸之路”构想的提出人斯塔教授》，载《当代世界》2015年第4期，第25—27页。

南亚之间达成经济融合和优势互补，实现良性循环。为落实“新丝绸之路”战略，美国国务院高调背书了两大“旗舰项目”，即从土库曼斯坦出发，经阿富汗到达巴基斯坦和印度的TAPI天然气管道项目，和从塔吉克斯坦和吉尔吉斯斯坦出发，经阿富汗到南亚的“中亚—南亚—1000”（CASA-1000）输电项目。由国务院出资为沿线国家设立协调机构，并促使世界银行等国际金融机构投资。

2015年11月，美国国务卿克里在哈萨克斯坦纳扎尔巴耶夫大学发表演讲，称“新丝绸之路”倡议将帮助中亚国家融入“基于规则的”国际经济体系，参照TPP模式建立“高标准”和“透明”的区域贸易与投资协定，实现区域经济联通，融入全球化和市场，使兼具资源和人口禀赋和企业家精神的中亚地区成为新的世界经济增长引擎；致力于解决跨国水资源问题，采用新技术实现可持续的能源生产，加强生态脆弱地区的环境治理和保护。①

在“亚太再平衡”的大背景下，对华竞争和遏制是“新丝绸之路”战略的重要维度。美国寻求在中亚地区建立新的多边合作机制，一方面作为“新丝绸之路”的抓手，另一方面带有架空、分化上海合作组织的企图。美国国务卿克里于2015年10—11月遍访中亚五国，并在乌兹别克斯坦撒马尔罕与中亚五国外交部长共同举行首次中亚五国与美国对话，确立了“C5+1”对话机制，加强地区内经济联系、投资环境、环境保护、地区安全、人权和民间交流等领域合作。②2016年8月，“C5+1”在华盛顿举行了第二次会议，宣布实施五个联合项目：国际反恐论坛区域对话、中亚地区商业竞争力项目、运输走廊发展项目、未来能源项目和国家和地区适应计划支持项目。③

“新丝绸之路”战略下，美国更多是扮演掮客而非出资人，美国并未许诺增加在中亚与南亚地区的投入，尤其是对基础设施与经济重建的投

① John Kerry, “The United States and Central Asia: Partners for the 21st Century,” Speech at Nazarbayev University, Astana, Kazakhstan, November 2, 2015, https://2009-2017.state.gov/secretary/remarks/2015/11/249107.htm（上网时间：2018年6月10日）。

② *Joint Declaration of Partnership and Cooperation by the Five Countries of Central Asia and The United States of America*, Samarkand, Uzbekistan, U.S. Department of State, 2015-9, http://www.state.gov/r/pa/prs/ps/2015/11/249050.htm（上网时间：2018年6月10日）。

③ *Joint Statement for C5+1 Ministerial of August 3*, U.S. Department of State,2016-8, http://www.state.gov/r/pa/prs/ps/2016/08/260803.htm（上网时间：2018年6月10日）。

资。[①] 这既反映了中亚与南亚地区远不是美国对外战略的重心所在，也折射出宏大计划与实力和意志的不相称。

（六）美智库和学界对上海合作组织扩员的评价

2015年上海合作组织乌法峰会做出启动首次扩员的决策，开启印度和巴基斯坦成为正式成员国的进程，将上海合作组织的成员国范围扩展到南亚。美国智库和学界认为，印巴加入提升了上海合作组织的国际地位，对地区有多重利好，不仅有助于两国合理管控分歧和冲突，也有利于反恐协调。该组织几乎包含了所有“有意愿稳定阿富汗军事政治局势和改善其社会经济状况的国家”，对阿富汗问题是一大福音。一个对美友好的民主印度加入上海合作组织，能发挥对中国的制衡作用。[②]

另外，扩员也使上海合作组织政策的谈判、批准和执行变得复杂化。协调相互冲突的国家法律、法规和标准的必要性大大增加，新的制度流程和工作习惯也有待建立。[③] 印度和巴基斯坦的加入将损害上海合作组织的凝聚力，并进一步冲淡上海合作组织的既有议程，使其沦为无效的“清谈馆”。[④]

---

① Hillary Rodham Clinton, “Remarks by Secretary of State Hillary Rodham Clinton at New Silk Road Ministerial Meeting,” U.S. Department of State, September 23, 2011, http://iipdigital.usembassy.gov/st/english/texttrans/2011/09/20110923160643su0.3639272.html#axzz3lH7XeSdW（上网时间：2018年6月11日）。

② James Poulos, “Does Shanghai Cooperation Organization help or hurt US?” , The Orange Country Register, https://www.ocregister.com/2017/02/25/does-shanghai-cooperation-organization-help-or-hurt-us/（上网时间：2018年5月4日）。

③ William Piekos, Elizabeth C. Economy, “The Risks and Rewards of SCO Expansion, ” *Council on Foreign Relations Expert Brief*, 2015-6-7, https://www.cfr.org/expert-brief/risks-and-rewards-sco-expansion; Abigail Grace, “The Lessons China Taught Itself: “Why the Shanghai Cooperation Organization Matters” , *China Brief*, Vol.18 Issue 11, 2018, https://jamestown.org/program/the-lessons-china-taught-itself-why-the-shanghai-cooperation-organization-matters/ ; Richard Weitz, “Has the SCO Solved its Expansion Dilemmas?” *the CACI Analyst,* 2017-8-3, https://www.cacianalyst.org/publications/analytical-articles/item/13460-has-the-sco-solved-its-expansion-dilemmas?.html（上网时间：2018年6月11日）。

④ Evan A. Feigenbaum, “Shanghai Cooperation Organization, Central Asia, and the United States,” Carnegie Endowment for International Peace, 2016-6-23, http://carnegieendowment.org/2016/06/23/shanghai-cooperation-organization-central-asia-and-united-states-pub-63907（上网时间：2018年5月6日）。

二、美国与上海合作组织关系的制约因素

美国与上海合作组织的互动历程，是美国中亚政策的一个缩影。美国在不同阶段的中亚政策目标和手段差异，是影响和制约其与上海合作组织关系的主要因素。从介入阿富汗战争以来，美国中亚政策的优先目标和主导议程，不断在安全、发展和人权这三者之间转换，同时始终坚持对中、俄、伊朗的防范、竞争与遏制的战略目标。[①] 而其推行政策目标和议程的手段，既受到不同党派和领导人的决策风格的影响，也受到不同时期国内实力和政治意志的制约。

首先，当美国在中亚以“颜色革命”和其他方式强行移植西方民主制度时，就会遭到上海合作组织成员国一致反对和警惕。当美国以多边方式推行安全合作时，将放大它与上海合作组织之间的利益交集和合作空间。当美国以排他性、竞争性的手段推行发展和连通倡议时，将在一定程度上分化部分成员国，对上海合作组织构成一定的冲击。

其次，如前文所述，虽然美国与上海合作组织在反恐、阿富汗问题和地区互连互通等领域存在共同利益，但彼此之间的正式交往极少，双方的合作意愿也较为有限。只要美国坚持遏制中、俄的战略目标，美国与上海合作组织之间的功能性与务实合作就始终面临互信陷阱和国内政治障碍。这是制约美国与上海合作组织关系发展的根本因素。

最后，中亚地区在美国对外战略中始终处于相对边缘的位置，其地位最高的时期，也不过是作为阿富汗战争的通道和后勤基地。从“9·11”事件以来，美国的中亚政策在相当大的程度上，是服务于在阿富汗的战争、军事存在、撤军、战后重建和保持长期影响等目标。这决定了美国对地区多边合作机制的态度是高度工具性的。美国可能会临时拼凑一些权益性的多边合作倡议和机制，但目的都是为了服务于其他战略目标或本国国内政治目标，不仅雷声大雨点小，而且不可能持之以恒。

中亚国家对美国的需求，主要包括战略、安全和经济发展三个层面。与美国巩固关系，首先有利于增加本国的战略主动权，提升国际影响，拓宽与其他西方国家和国际组织的合作空间。其次能够利用美国军事援助，

---

① 有学者将美国在中亚的核心目标界定为遏制、整合和塑造，安全、发展和人权只是其表现形式。参见曾向红：《遏制、整合与塑造：美国中亚政策的战略目标》，载《俄罗斯研究》2013年第5期，第121—161页。

增强急需的反恐安全能力和边境管控能力。最后是融入世界经济，获得对外通道。中亚国家一方面希望引入美国为代表的西方国家，帮助中亚融入世界经济，获得外部通道和外部平衡者；另一方面，中亚国家也不会接受美国推销美式民主制度、颠覆本国政权的行为。展望未来，中亚国家仍然会继续发展与美国和其他西方国家的各项合作，接受各类援助，但不会因此减弱对上海合作组织的参与和支持。

三、地区新变局下美国的中亚政策的展望

虽然特朗普政府尚未形成明确的中亚政策，但其与中亚国家的交往更趋于务实、更富有针对性，呈现出较强的现实主义特性。[①] 首先，奥巴马时期的人权、发展、环保议题退居幕后，自由主义色彩大幅消退。美国对中亚的军事和经济援助缩减，"新丝绸之路"战略的各大项目处于停滞。其次，美国更注重巩固与地区内战略支点国家的双边关系，乌兹别克斯坦和哈萨克斯坦领导人先后访美。美乌、美哈间政治、经贸关系更趋密切。最后，特朗普政府在多边外交上尚无明确政策，"C5+1"机制的前途仍有待观察。

这既反映出中亚事务尚未进入特朗普决策圈子的核心议程，也源自国务院机构重组和人员过渡尚未完成，地区政策的执行依赖专业外交人员的惯性，而未形成明确的中长期政策路线图。

2017年初以来，中亚、南亚地区形势出现了一系列新变化：

首先，中亚、南亚地区形势趋于复杂化。美国总统特朗普将中俄界定为战略竞争对手，加紧对中俄施压。撕毁伊朗核协议，制造地区不确定性和风险。推出新阿巴战略和"印太战略"，着力拉拢印度。[②] 中亚、南亚地区有可能成为大国角力的新竞技场。

其次，在乌兹别克斯坦总统米尔济约耶夫的睦邻外交推动下，中亚国家间关系大幅改善。[③] 2017年3月以来，中亚五国领导人全部实现双边会

---

① 参见陈亚州、曾向红：《特朗普政府的中亚政策：继承与调整》，载《国际问题研究》2018年第4期。

② 邓浩：《上海合作组织发展进入新时期》，载《当代世界》，2018年第6期。

③ 李自国：《从乌兹别克斯坦总统首份国情咨文看乌国改革动向》，中国国际问题研究院网站，2018-2-13，http://www.ciis.org.cn/chinese/2018-02/13/content_40227461.htm（上网时间：2018年6月5日）。

晤。如此密切的高层往来，是自中亚独立以来从未有过的。同时，在纳扎尔巴耶夫召集下，2018年3月15日，哈、乌、塔、吉四国总统和土议长在阿斯塔纳举行近10年来首次中亚国家元首会晤。五国还决定建立副总理级合作机制，弘扬中亚认同、中亚意识、共同文化遗产。这标志着中亚地区共同体意识有所强化，中亚一体化有望重启。

对此，美国决策层和学者正在酝酿新的地区战略。早在2016年，美国著名智库卡内基国际和平基金会发表《中亚政策3.0》报告①，就新政府的中亚政策提出建议：优先考虑美国与哈萨克斯坦和乌兹别克斯坦的区域合作，顺应和支持当地国家自身的社会经济改革，安全合作不以人权为前提。

2018年6月，美国负责南亚与中亚事务的代助理国务卿艾丽斯·威尔斯（Alice Wells）在出席众议院听证会时，则对未来的地区政策做出了如下设想，不应将人权作为发展关系的前提；增加对中亚、南亚地区的贸易类援助，主要用于削减非关税贸易壁垒、改善投资环境、鼓励遵守国际规范、建设区域能源市场和增加美国投资机会；鼓励印度在阿富汗问题上发挥更为重要的作用，不能坐视中俄在阿富汗问题上占据主导权。②

2018年3月，斯塔尔与斯文特·康奈尔合著的《丝绸之路上的长博弈》出版，对美国和西方的新中亚和南亚战略提出了七点建议③，并在2018年7月的众议院听证会上宣读。这七点建议是：

1. 积极支持中亚地区一体化；
2. 将阿富汗视为中亚的一部分，将“C5+1”扩展为“C6+1”；
3. 积极参与中亚国家可能形成的新地区实体；
4. 消除地区经济发展障碍。透明的投资与贸易；
5. 尊重中亚国家对国家安全和分裂势力的担忧，避免单方面推进敏

---

① Eugene Rumer, Richard Sokolsky, Paul Stronski, “U.S. Policy Toward Central Asia 3.0”, The Carnegie Endowment for International Peace, 2016-1-25, https://carnegieendowment.org/files/CP_259_Central_Asia_Final.pdf（上网时间：2018年6月2日）。

② Alice G. Wells, Testimony on the Hearing Before the House Foreign Affairs Subcommittee for Asia and the Pacific, June 20, 2018, http://docs.house.gov/meetings/FA/FA00/20180620/108448/HHRG-115-FA00-Wstate-WellsA-20180620.pdf（上网时间：2018年8月2日）。

③ S. Frederick Starr, “The Emergence of Central Asia, 2018, and U.S. Strategy, ” Testimony on the Hearing before House Committee on Foreign Affairs, July 18, 2018, https://docs.house.gov/meetings/FA/FA14/20180718/108568/HHRG-115-FA14-Wstate-StarrS-20180718.pdf（上网时间：2018年8月2日）。

感的人权议题；

6. 由美国牵头，与中、俄、欧、日、印等域外大国共同签署尊重中亚国家领土与主权完整的法律文件；

7. 增强美国各个涉中亚政策部门的协调性；

从上述设想和建议中，可以发现美国政策圈和学界对未来中亚政策的一些共识：一方面，美国将会以更加适度但更精准有效的方式介入中亚事务，重点经营哈、乌、印等重点国家的双边关系；另一方面，美国将积极支持和帮助中亚国家建立新的地区多边倡议和机制，分化和边缘化上海合作组织。

（康杰）

第二节 欧盟与上海合作组织的关系发展

一、欧盟与上海合作组织关系

（一）欧盟与上海合作组织无制度性联系

上海合作组织成立以来，欧盟对上海合作组织进行了有限接触。2004年，上海合作组织秘书处成立之际，欧盟代表参加了成立仪式。2004年3月，欧盟外交政策高级代表索拉纳正式访问中国期间，专程拜访了上海合作组织秘书处，与时任上海合作组织秘书长张德广会谈。此次会谈恰逢西班牙马德里遭受恐怖袭击。索拉纳明确表示欧盟愿与上海合作组织保持接触，寻找在反恐等领域合作的可能性。2004年6月的上海合作组织塔什干峰会时索拉纳再次与上海合作组织秘书长张德广会晤。

2005年7月，欧盟首任中亚事务特别代表透露其使命是“与主要地区国家、地区组织建立联系、发展合作”。然而，欧盟对与上海合作组织的合作却着力很少。2006年10月，欧盟部长理事会任命法国外交官Pierre Morel为新的欧盟中亚特别代表。他本人有意推动欧盟和上海合作组织的对话，但是由于缺乏明确的上级指令，他也没有采取切实行动。

2007年，欧盟委员会和欧盟部长理事会联合发布“欧盟中亚战略”（EU strategy for Central Asia），其中没有提到上海合作组织。在4月份的工作文件中，欧盟理事会的政治和安全委员会工作人员曾经建议欧盟与上海合作组织开展对话，探讨能源和毒品走私等热点问题。① 但是正式文件没有采纳这一建议，说明在欧盟决策者看来，上海合作组织并非欧盟介入中亚的必要伙伴。其地位比不上欧安组织（OSCE）、联合国开发计划署（UNDP）等机构，因为欧盟甚至将某些项目委托给他们负责。

整体上，两个组织的交流沟通主要停留在官员个人层次，表明双方都缺乏深入接触的意愿。观察家认为，这主要是因为欧盟将上海合作组织视作“对话者”而非“伙伴”，欧盟按照规范性逻辑行事，在欧盟看来，上海合作组织的基本规范和价值观严重偏离了欧盟的规范性外交政策目标，

---

① Oksana Antonenko, *The EU should not ignore the Shanghai Cooperation Organisation*, Center for European Reform, Policy Brief, May 2007, pp.7.

以至于二者无法进行正式互动。[1]

（二）欧盟对上海合作组织的认识

2001—2004年，欧盟忽视上海合作组织。上海合作组织成立之初，欧盟认为上海合作组织缺乏实质功能，只是解决内部纠纷的平台。阿富汗战争爆发后，北约军队进驻阿富汗和中亚，上海合作组织没有做出强硬反应。西方国家将此解读为上海合作组织缺乏集体行动能力，认为上海合作组织是一个可有可无的组织。在这种背景下，欧盟加强与中亚国家军事合作，包括美国租借乌兹别克斯坦Karshi-Khanabad空军基地，希望将中亚变成阿富汗战争的后勤基地。

2005年开始，欧盟开始警惕上海合作组织。2005年上海合作组织阿斯塔纳元首峰会宣言要求反恐联盟从上海合作组织成员国撤出军事力量。[2]这被视作上海合作组织对西方国家的敌意。在此之后，上海合作组织被贴上三个标签。一是“反西方”。上海合作组织容纳了西方不喜欢的国家，如伊朗、乌兹别克斯坦等，并且支持这些国家的反西方看法，例如，2006年艾哈迈迪内贾德参加上海合作组织峰会，并公开抨击西方，会后宣言中认可伊朗拥有民用核项目的权利；阿斯塔纳宣言敦促反恐联盟撤出在中亚军事基地，此举将削弱西方在阿富汗开展军事行动的能力，是一种不友好举动。二是“新军事集团”。上海合作组织联合反对西方在中亚军事存在，表明了其内部团结协作程度提高，开始形成具有共同身份的国家集团；上海合作组织在2005年宣布开展反恐合作、2006年宣布举行联合反恐演习，表明军事合作已经成为上海合作组织最突出工作；上海合作组织的军事合作未对西方在阿富汗的军事行动提供协助，体现出其独特的安全关切，在地区安全领域具有排他性。三是“威权主义”国家。成员国都是威权主义国家，而非西方意义上的民主国家；上海合作组织支持2005年5月安集延事件中乌兹别克斯坦政府以武力维护政权的做法；上海合作组织明确反对颜色革命，对吉尔吉斯斯坦的“郁金香革命”持批评态度。[3]

---

① Gisela Grieger, *The Shanghai Cooperation Organisation*”, European Parliamentary Research Service, June 2015, pp.10–11.

② 原文为：“鉴于阿富汗反恐的大规模军事行动已经告一段落，上海合作组织成员国认为，反恐联盟有关各方有必要确定临时使用上海合作组织成员国上述基础设施及在这些国家驻军的最后期限。”

③ Oksana Antonenko, *The EU should not ignore the Shanghai Cooperation Organisation*, Center for European Reform, Policy Brief, May 2007, pp.2–3.

与此同时，也有智库人士对上海合作组织的认识相对客观，并主张欧盟加强与上海合作组织合作。他们认为，第一，上海合作组织成员国中，俄罗斯更看重其地缘政治工具的价值，而中国和哈萨克斯坦等更重视组织的经济合作潜力。发展目标的差异导致上海合作组织不可能成为类似北约那种功能明确的军事集团。[①] 第二，上海合作组织并非反西方组织，完全有可能与西方合作。例如，上海合作组织成员国之中，吉尔吉斯斯坦、哈萨克斯坦都和欧盟、北约维持了良好关系；上海合作组织的观察员国，大都与美国关系良好，说明这个组织并非反西方组织。第三，上海合作组织在中亚经济发展、能源合作、反恐等领域具有较强影响力。欧盟在中亚地区推进战略目标，需要地区组织合作，上海合作组织作为欧亚地区最大的国际组织，可以成为欧盟在中亚的合作伙伴。[②] 第三，上海合作组织中的两大成员国，中国和俄罗斯，是欧盟的重要合作伙伴，与上海合作组织合作有助于欧盟对中俄外交。第四，上海合作组织具有较强的安全职能，在反恐、反极端主义、打击贩毒和走私等领域与欧盟的任务领域重叠。[③]

2014年以来，上海合作组织则被视作低效能的国际组织，有沦为清谈俱乐部的可能。欧洲观察家就发现，上海合作组织在务实合作领域成效不大，纸面成果往往难以落地，存在制度脆弱、缺乏共同财政基础、项目推进难等短板。[④] 2014年开始，上海合作组织启动扩员进程，到2017年，印度和巴基斯坦正式成为上海合作组织成员国。欧洲观察家对这种扩张持谨慎悲观看法，认为印巴加入上海合作组织只是在名义上扩大了上海合作组织的影响力，实际上组织效能、团结协作能力将进一步削弱。此外，鉴于中国正在推动“一带一路”建设，俄罗斯发展欧亚经济联盟，西方认为中俄双方在上海合作组织发展上存在分歧，导致上海合作组织的务实合作停滞不前。随着印度和巴基斯坦加入上海合作组织，上海合作组织更可能变

---

① Marcel de Haas, *Time for the EU and NATO to Engage with the Shanghai Cooperation Organisation*, Europe's World, August 2008, pp.44–47.

② 同上。

③ Oksana Antonenko,*The EU should not ignore the Shanghai Cooperation Organisation*, Center for European Reform, Policy Brief, May 2007, pp.6.

④ Gisela Grieger, *The Shanghai Cooperation Organisation*”, European Parliamentary Research Service, June 2015, pp.6–7.

成清谈俱乐部，无法发挥实质性作用。[①]

二、欧盟与中亚国家关系

欧盟虽与上海合作组织联系不强，但却对上海合作组织的中心地区——中亚一直保持高度关注。欧盟重视中亚主要有两大背景，一是苏联解体后，中亚五国独立，由于其重要的地缘位置、丰富的资源储备，而受到欧盟关注；二是随着欧盟持续东扩，其边界与中亚的距离拉近，中亚安全局势对欧盟影响增大。2006年12月，德国外长施泰因迈尔指出，欧洲在中亚有三项战略利益：第一，中亚与不稳定地区毗邻，如阿富汗、巴基斯坦、伊朗；第二，中亚是遏制伊斯兰原教旨主义的前线地带；第三，中亚能源资源丰富。[②] 这三项战略利益堪称欧盟介入中亚最根本原因。

（一）欧盟介入中亚的四个阶段

第一阶段：1991—2001年，建章立制，有限介入。

中亚各国独立之初，欧盟及其成员国与中亚国家既缺乏历史联系，也缺乏足够了解，加之中亚与欧盟距离遥远，欧盟并不重视中亚地区。这表现在：第一，欧盟将中亚视作独联体的一部分，未给予特殊对待。例如，中亚各国独立之初，欧盟将相关事务交由欧盟驻莫斯科使团处理；欧盟将中亚国家纳入“独联体国家技术援助项目”（Technical Assistance in CIS，即塔西斯项目）之下，表明在欧盟看来中亚国家与其他独联体国家具有共性，没有单独对待的必要。第二，欧盟将中亚国家视作同质的整体，忽视五国的差异性，其对中亚国家的政策往往面向整个地区，而不是因国施策。这直接决定了欧盟对中亚政策的区域特征。

随着欧盟与中亚国家交往增多，双边关系逐渐建立并发展起来。第一，欧盟启动对中亚援助计划。中亚五国参与欧盟塔西斯项目，虽然接受的援助总量不大，但是让中亚国家初步了解欧盟制度特点，在心理文化层面打开了朝向欧洲的窗口。第二，外交关系逐步建立。中亚国家独立后，欧盟逐渐与五国建立外交关系。1995—1999年，欧盟分别和哈萨克斯坦

---

① “India and Pakistan Bring Risks for Shanghai Cooperation Organization”. *Chatham House*, July 10, 2015, https://www.chathamhouse.org/expert/comment/india-and-pakistan-bring-risks-shanghai-cooperation-organization（上网时间：2018年9月10日）。

② Oksana Antonenko, *The EU should not ignore the Shanghai Cooperation Organisation*, Center for European Reform, Policy Brief, May 2007, pp.2–3.

（1995）、吉尔吉斯斯坦（1999）、乌兹别克斯坦（1996）签订《伙伴和合作协定》（Partnership and Cooperation Agreements, PCA），并在三国设立了欧盟使团。《伙伴和合作协议》包含政治对话、贸易和经济关系、各领域合作三个支柱，是欧盟与相关国家关系的基石。1998年，土库曼斯坦与欧盟签署《临时贸易协定》（Interim Trade Agreement）。欧盟与中亚国家外交关系有亲有疏，是中亚国家内在差异性的客观体现。欧盟视情发展与五国关系体现了政治外交层面的务实特点。

这一阶段，欧盟在中亚的利益比较模糊，基本上按照对独联体的普遍性政策对待中亚，与中亚国家建立外交关系也是按部就班进行，缺乏明确的战略指导。

第二阶段：2001—2006年，安全为先，积极介入，双多边并行。

2001年阿富汗战争爆发，中亚在防范阿富汗威胁因素外溢中的战略地位凸显。诸多欧盟成员国派兵赴阿富汗作战后，中亚扮演起阿富汗战争后勤基地角色，欧盟与中亚关系牵涉反恐作战效率。2003年3月，欧盟委员会通过《大欧洲：关于欧盟东部与南部邻国关系的新框架》，进而在2004年5月12日出台欧洲睦邻政策。欧盟辐射范围扩大，提升了中亚对欧盟本土的安全意义。阿富汗战争和欧盟睦邻政策的出台，从内外两个方面强化了促使欧盟积极介入中亚的举措。

2001年，德国和法国军队分别进驻乌兹别克斯坦铁梅尔兹和塔吉克斯坦杜尚别的军事基地。2005年5月安集延事件后，美军撤出在乌兹别克斯坦的军事基地。德国和法国在中亚的两个军事基地则保留下来，成为支持阿富汗军事行动的重要后方基地，也让欧盟获得了干预中亚局势的"牙齿"。

2002年10月，欧盟通过了第一份中亚地区战略文件《中亚战略文件2002—2006》，决定在2002—2006年向中亚国家提供3.66亿欧元援助。这份文件是欧盟援助中亚的纲领性指导文件，代表在新地缘战略形势下，欧盟开始以更积极的姿态经略中亚。

2005年5月13日，欧盟批评乌兹别克斯坦政府在安集延事件中暴力镇压、侵犯人权。在乌兹别克斯坦拒绝成立国际调查团后，欧盟启动对乌兹别克斯坦制裁，取消了《协定》中规定的援助项目；欧盟成员国启动对乌武器出口禁令，禁止向乌12名高官发放签证。欧盟对安集延事件反应之强烈超过美国，凸显欧盟影响中亚国家转型的强烈意愿。

2005年，欧盟为引导管理中亚“颜色革命”，任命了第一位中亚事务特别代表库比斯（Jan Kubis）。库比斯上任后，先后和乌兹别克斯坦总统和土库曼斯坦总统会晤，开辟了欧盟与乌土两国的沟通管道。在乌土强烈抵制西方背景下，欧盟中亚事务代表扮演了无可替代的角色。2006年10月，法国前驻华大使毛磊（Pierre Morel）接任特别代表，提出欧盟在中亚政治存在不应以民主和人权为前提条件。毛磊上任后确立了定期出访机制，使中亚特别代表成为欧盟、各成员国、中亚国家间的沟通桥梁。

与此同时，欧盟通过了《欧盟和中亚：行动中的新伙伴关系》（the European Union and Central Asia: the New Partnership in Action，简称“新伙伴关系”）政策文件，提出欧盟的目标是加强和中亚在教育、贸易、法治、环境、交通领域的合作，以及在人权领域的对话。安全议题部分，例如毒品贩卖、边界管理，只是次要部分。因此，这份战略文件以软议题为主。此外，这份文件还计划建立定期部长级会议机制。[①]

中亚特别事务代表和《新伙伴关系》，均瞄准整个中亚地区而非特定国家，提高了欧盟中亚政策的协调性、一致性。

第三阶段：2007—2014年，兼顾软力量和硬安全，双边路径重要性上升。

2007年1月，德国担任欧盟轮值主席国，德国对中亚政策逐渐转化为欧盟对中亚政策。德国远较其他欧盟成员国重视中亚，早在2002年就出台了专门的《德国中亚政策》文件，并从2006年就努力推动欧盟出台完整的中亚战略。德国担任欧盟轮值主席国后，欧盟中亚战略的出台速度加快。2007年2月，德国向欧盟理事会提交《欧洲中亚战略》草案。2007年3月，欧盟代表团访问中亚，并在阿斯塔纳与中亚五国外长会晤，通报欧盟将于2007年6月出台正式中亚战略。2007年6月21日，欧盟理事会审议通过《欧盟与中亚：新伙伴关系战略》（即欧盟“中亚战略”）。

欧盟“中亚战略”列举了七个优先领域：人权、法治、善治和民主；青年和教育；经济发展；贸易和投资；能源和交通；环境可持续和水资源；应对共同威胁和挑战。欧盟“中亚战略”坚持区域和国别并行的思路，将人权、法治、民主和善治、教育作为国别层面的优先合作领域，将能源、

---

① Council of the European Union, “The European Union and Central Asia: the New Partnership in Action”, *EEAS*, June 2009, https://eeas.europa.eu/sites/eeas/files/the_european_union_and_central_asia_the_new_partnership_in_action.pdf,（上网时间：2018年9月10日）。

交通、环境、经贸、边界、毒品和犯罪作为区域层面优先方向。为了实现上述目标，欧盟创制了“欧洲教育倡议”、“欧盟法治倡议”等政策工具，并启动了欧盟与中亚国家部长级政治对话、高层政治与安全对话、人权对话等机制。与“中亚战略”相配套的是同年早些时候发布的《援助中亚区域战略文件2007—2013》，欧盟在2007—2013年度规划了7.19亿欧元的援助资金，年均援助金额达到1.03亿欧元，较1991—2006年提高16%。[①]

“中亚战略”是欧盟历史上出台的首份中亚战略文件，提高了中亚在欧盟对外战略中的地位，代表欧盟对中亚介入进入了成熟期。中亚战略强化了既定的“双轨并行”思路，一方面提出区别对待中亚各国[②]，包括重点发展与哈萨克斯坦、吉尔吉斯斯坦的关系，在关键决策、合作和援助项目方面咨询中亚国家的意见；另一方面，创制了多个多边对话合作平台，强调以联合行动处理地区性议题。

2012年夏，欧盟成员国外长共同回顾和讨论欧盟“中亚战略”的成就和不足，形成的最后声明大篇幅围绕安全议题展开，强调阿富汗带来的挑战，要求欧盟根据新挑战调整工作重心。这表明，在欧盟中亚战略中，安全已经上升为与价值观并列的核心议题。同年，欧盟发布《欧盟中亚战略进展报告》（以下简称《进展报告》），识别的重要威胁和挑战包括：恐怖主义、毒品和人口贩卖、非法移民、有组织犯罪、跨国和跨种族关系、水资源争端。相比“中亚战略”，《进展报告》提到的挑战更多集中在安全领域，代表在新形势下，欧盟在中亚的利益诉求向安全议题集中。

第四阶段：2014年以来，欧盟对中亚的重视度下降。

2014年以来，欧洲内外形势发生了巨大变化，导致欧盟注意力向内转，中亚在欧盟对外政策中的重要性相对下降。

第一，乌克兰危机。欧盟对中亚的介入，向来受到欧俄关系的牵制与影响。2014年乌克兰危机爆发后，欧洲地缘政治形势发生了冷战结束以来最深刻、剧烈的变化。克里米亚入俄，改变了冷战后形成的欧洲政治版

---

① “European Community: Regional Strategy Paper for Assistance to Central Asia for the period 2007–2013”, *EEAS*, http://eeas.europa.eu/archives/docs/central_asia/rsp/07_13_en.pdf（上网时间：2018年9月10日）。

② 中亚战略提出后，欧盟撤销了欧盟委员会中亚办公室，而是在五个中亚国家分别设立欧盟使团；成员国驻中亚国家大使馆数量也有所增加。这些使团的重要性在2007年10月《里斯本条约》签署后进一步凸显。

图，欧洲恐俄情绪高涨；欧盟和美国联合对俄罗斯实施经济制裁，中亚遭受池鱼之灾；欧盟和北约东扩步伐暂停，中亚潜在的地缘政治价值短期内难以变现。上述因素均降低了中亚在欧盟战略计算中的分量。

第二，伊斯兰国崛起及欧洲难民危机。阿拉伯之春以来，中东局势持续动荡，伊斯兰国趁势崛起，冲击中东地区格局；动荡局势下，难民潮愈演愈烈，最终演变为欧洲难民危机。伊斯兰国代表的恐怖主义威胁，难民潮蕴含的社会危机，从内部冲击欧盟国家治理结构，削减其战略能量，导致视野内转、战略收缩成为必然。在此背景下，相对平静的中亚地区成为可稍稍放手的一环。

第三，2014年开始，全球油价大幅下跌，能源供大于求的格局已经形成。全球能源供给充足、欧美能源合作加快推进、欧洲可再生能源技术和能源集约利用能力增强等，显著改善欧盟能源安全态势，降低欧盟对中亚能源潜在需求。原来以能源为核心的中亚地缘经济价值有所下降。

以上三方面因素均导致中亚在欧盟对外战略中的地位下降，欧盟在中亚投入的外交、经济资源相应减少，对中亚的热情降低。中亚作为独立的地缘政治和经济板块的价值降低，欧盟和中亚关系再次显著受制于欧俄关系。

（二）欧盟介入中亚的具体成果

1. 区域层面

（1）开启广泛的交流对话。2013年开始，欧盟—中亚高级别安全对话机制建立，展现了欧盟对中亚安全事务的关切，中亚国家对欧盟的重视程度增加。外交部长对话囊括了阿富汗问题、极端主义、水资源等地区敏感问题，使得之前很难在区域层面展开讨论的问题，能够进入多边场合公开研讨，促进了双方的坦诚交流。截至2015年年底，欧盟与吉尔吉斯斯坦进行了六次人权对话，与哈萨克斯坦、塔吉克斯坦、土库曼斯坦进行了七次人权对话，与乌兹别克斯坦则进行了九次人权对话。加上结构性人权对话，以及地区和双边公民社会论坛，欧盟保持了对中亚公民社会和人权运动的影响力。欧盟已经成为在中亚开展公民社会活动最活跃、最有影响力的国际行为体。通过各领域对话，欧盟作为价值观权威、规范性力量的角色得以树立起来，增强了欧盟在中亚政治意识形态、环境和安全领域的存在感。

（2）安全领域微观管理成绩突出。欧盟主要在微观领域影响中亚安全。“中亚边界管理项目”（BOMCA）、中亚毒品行动项目（CADAP）是最著名的欧盟边界安全项目。两个项目长期由联合国开发计划署负责执行，2003—2018年获得欧盟资助4.08亿欧元，近7000名中亚边界管理人员接受培训。欧盟通过这两个项目，以不牵涉主权的方式，成功介入中亚—阿富汗地区的安全管理，传播了自己的边界管理理念和经验。不过，欧盟对宏观安全局势的影响力仍然有限。欧盟本身政策协调不足，加上欧盟和中亚国家之间及中亚国家之间都存在认知分歧、复杂地区局势和大国关系的制约，欧盟尚不具备切实影响中亚安全事务的能力。

（3）能源合作成果寥寥。欧盟希望加快建设欧盟到中亚的能源管道，促进能源供应多元化，减少对俄罗斯过度依赖。2009年7月，欧盟与中亚国家签署《纳布科天然气管道政府间协议》，但是由于俄罗斯的阻挠被迫放弃。2012年开始，欧盟寻求建立经土耳其和阿塞拜疆到中亚的安纳托利亚管道。2018年6月12日，跨安纳托利亚天然气管道项目正式开通，阿塞拜疆沙赫德尼兹气田的天然气开始经格鲁吉亚向土耳其输送。然而，作为连通欧洲和中亚的“南部天然气走廊”的一部分，这只是完成了中间一段，向西经亚得里亚海的管道、向东跨里海连接中亚的管道均未建成。并且，由于中亚国家在里海能源上的争议、俄罗斯和伊朗对里海资源开发的制约，欧盟和中亚能源合作短期内难有实质性进展。

（4）教育合作稳步推进。国际社会对中亚的教育援助主要集中在中等教育，因此欧盟将教育合作的重点放在高等教育和职业教育。20多年来，欧盟教育援助对中亚产生了积极影响：第一，通过邀请中亚国家加入博洛尼亚进程，欧盟推广了欧盟教育标准和教学体系，促进了中亚国家教育体系与欧洲的对接。第二，1995年中亚国家参与坦帕斯项目（TEMPUS, Trans-European Mobility Programme for University Studies）以来，共有130所中亚高等院校参加了其中的230个项目，参与学校在优化课程设置、改进教学方式和评估体系、学生联合培养方面开展合作。坦帕斯项目开发的教学质量评估指南已广泛应用于中亚国家教育界。第三，通过中亚研究和教育网络（Central Asia Research and Education Network, CAREN），有望为首期200所中亚高校的一百万师生获得进入欧盟研究网络（GEANT）的机会，从而可与全世界的知识人士交流。[①] 但与此同时，欧盟教育合作项目也存在先天缺陷，包括门槛过高，导致只有少数高校够条件启动欧盟标准的改革；未考虑中亚传统文化的影响，导致乌兹别克斯坦、土库曼斯坦等国对欧盟博洛尼亚进程的参与兴趣较弱。

2. 双边关系

（1）哈萨克斯坦。哈萨克斯坦是欧盟最重视的中亚国家。1995年欧盟和哈萨克斯坦签署《伙伴和合作协定》，奠定了双边关系的政治基础。2015年，双方将协议升格为《深化伙伴和合作关系协定》，哈萨克斯坦由此成为唯一与欧盟签署《深化伙伴和合作关系协定》的中亚国家。哈萨克斯坦还是中亚第一个参加博洛尼亚进程（Bologna Process）的国家，与欧洲教育界建立了广泛联系。欧盟支持哈萨克斯坦加入WTO。2011年欧盟和哈萨克斯坦就完成双边谈判，2015年11月30日哈萨克斯坦正式加入WTO。哈萨克斯坦也高度重视与欧盟的关系。在2010年担任欧安组织轮值主席国期间，哈萨克斯坦提出了"通向欧洲之路"国家大纲，表达了与欧盟加强联系的愿望。

欧盟和哈萨克斯坦建立了紧密的能源合作关系。2006年，双方签署《能源合作谅解备忘录》（Memorandum of Understanding on Energy Cooperation）。欧盟支持在哈萨克斯坦建立国际原子能机构所属、哈萨克斯坦政府运行的低浓缩铀银行（Low-Enriched Uranium Bank, LEUB）。[②] 欧盟主要能源企业均投资了哈萨克石油和天然气产业，七成的哈萨克石油出口流向欧盟，占欧盟总石油进口的百分之六。哈萨克斯坦还是欧盟核能工业最主要的燃料供应国，占燃料进口的四分之一。[③]

（2）吉尔吉斯斯坦。欧盟和吉尔吉斯斯坦伙伴关系的政治基础是1999年签署的《伙伴和合作协定》。吉尔吉斯斯坦是欧盟GSP的受惠国，在欧盟支持下于1998年成为WTO成员国。吉尔吉斯斯坦是在价值观、政治组织形式上与欧洲最接近的中亚国家。如果说哈萨克斯坦是欧盟在中亚主要的经济伙伴，那么吉尔吉斯斯坦就是最主要的政治伙伴。2010年，欧盟在

---

① "EU cooperation in education in Central Asia", *EEAS*, May 17, 2016, https://eeas.europa.eu/sites/eeas/files/eu_cooperation_in_education_in_central_asia_2.pdf（上网时间：2018年9月10日）。

② "Kazakhstan and the EU", *EEAS*, May 12, 2016, https://eeas.europa.eu/headquarters/headquarters-homepage/1367/kazakhstan-and-eu_en（上网时间：2018年9月10日）。

③ 同上。

比什凯克设立使团，承诺支持吉尔吉斯斯坦民主和法律改革，帮助开展冲突后经济重建。2017年12月，欧盟与吉尔吉斯斯坦启动新的《伙伴与关系协定》谈判。欧盟委员会副主席莫盖里尼表示：欧盟对吉尔吉斯斯坦改革成就表示赞赏，新的关系协定将更好支持吉尔吉斯斯坦的政治经济转型、促进双方合作。[①] 吉尔吉斯斯坦有望成为哈萨克斯坦之后第二个与欧盟签署"升级版"《伙伴关系和合作协定》的中亚国家。

（3）土库曼斯坦。1998年欧盟和土库曼斯坦签署《临时贸易协定》，成为双边关系的基础，而《伙伴关系和合作协定》则一直未能签署。根据《临时贸易协定》，欧盟和土库曼斯坦每年举办双边联委会会议（Joint Committee），讨论双边贸易、欧盟—中亚战略的执行情况、政治和经济发展、欧盟发展合作项目等议题。截至2017年12月5日，双方共举行了17次相关会议。2008年，欧盟和土库曼斯坦签署《能源领域谅解备忘录》（Memorandum of Understanding on Cooperation in the Field of Energy）促进了能源政策沟通、运输通道多元化、可再生能源发展、能源效率提高。2016年4月26日，在阿什哈巴德举办了该框架下第二十六次会议。

（4）塔吉克斯坦。2011年，欧盟和塔吉克斯坦签署《伙伴关系与合作协定》，成为发展双边关系的基础文件，随后欧盟驻塔吉克斯坦使团开馆。塔吉克斯坦与阿富汗有1300公里共同边界。针对阿塔边境管理，开展人员培训、制度优化、防范恐怖势力、打击毒品走私和人口贩卖工作是欧盟中亚边境管理项目的重点内容。

塔吉克斯坦是欧盟普惠系统（Generalised System of Preferences）的对象国，享受减免关税待遇。欧盟支持和鼓励塔吉克斯坦加入WTO。2013年3月2日，塔吉克斯坦正式成为WTO成员国。2011年，塔吉克斯坦获得第一笔欧洲投资银行（EIB）的贷款。同年，欧盟和塔吉克斯坦签署《人类发展支持项目金融协定》（the Financing Agreement for a Human Development Support Programme）。

欧塔双方建立了年度性欧盟—塔吉克斯坦合作理事会（Cooperation Council of the EU and Tajikistan）会议机制。2010—2018年，双方举行了

---

① "The EU and the Kyrgyz Republic Launch Negotiations for a New Agreement", *EEAS*, December 19, 2017, https://eeas.europa.eu/headquarters/headquarters-homepage_en/37628/The%20EU%20and%20the%20Kyrgyz%20Republic%20launch%20negotiations%20for%20a%20new%20agreement（上网时间：2018年9月10日）。

六次理事会会议。2018年会议重点讨论了拟议中的欧盟新中亚战略，参会者认为新中亚战略应该促进改革、社会开放和人权保障，支持中亚区域合作、鼓励智能互联、促进安全合作；双方同意共同支持阿富汗和平进程。[①] 欧盟在塔吉克斯坦推进“法治倡议”（The Rule of Law Initiative），举办了多次有关司法培训和刑法的研讨会，以及公务员和学术界对欧洲的访问。欧洲民主和人权倡议（EIDHR）作为重要的人权发展工具，每年为塔提供90万欧元的资助。[②]

（5）乌兹别克斯坦

欧盟和乌兹别克斯坦关系的基础是1996年签署的《伙伴关系和合作协定》（PCA）。2009年欧盟取消了对乌兹别克斯坦的制裁，并在2011年建立了驻塔什干代表团，成为双边关系转折点。此后，双方各领域合作不断深化，双方还签署了《能源领域谅解备忘录》。[③]

欧乌双方在PCA的基础上建立了若干对话机制，确保该协定的有效执行。这些机制包括：①部长级合作理事会（The Cooperation Council），每年在布鲁塞尔开会一次，专门负责监督协定的执行。②高官合作委员会（the Cooperation Committee）每年在布鲁塞尔或塔什干开会，协助理事会工作。③两个小组委员会（Cooperation Subcommittees）由专家学者组成，负责提供技术协助，每年在布鲁塞尔或塔什干开会一次。这两个委员会分别为：A. 司法和内务、人权相关委员会（JHA Subcommittee）；B. 贸易、投资、能源和交通委员会（TIET Subcommittee）。④议会合作委员会，由乌兹别克斯坦议会和欧洲议会的成员构成，每年在布鲁塞尔开会一次。

欧盟每年为乌兹别克斯坦提供数百万欧元的经济援助。最近仍在进行的项目聚焦法治和刑事司法改革、社会服务（特别是妇婴健康、包容性教育）、农村发展、公民社会和中小企业。2014—2020年度，对乌兹别克斯坦金融援助达到1.68亿美元，比2007—2013年度增加了124%。

---

① “The European Union and Tajikistan Held Their 6th Cooperation Committee Meeting”, *EEAS*, September 3, 2018, https://eeas.europa.eu/headquarters/headquarters-Homepage_en/41124/The%20European%20Union%20and%20Tajikistan%20held%20their%206th%20Cooperation%20Committee%20Meeting（上网时间：2018年9月10日）。

② “Tajikistan and the EU”, *EEAS*, May 10, 2016, https://eeas.europa.eu/headquarters/headquarters-homepage/750/tajikistan-and-eu_en,（上网时间：2018年9月10日）。

③ “Uzbekistan and the EU”, *EEAS*, May 16, 2016, https://eeas.europa.eu/headquarters/headquarters-homepage/1927/uzbekistan-and-eu_en（上网时间：2018年9月10日）。

经过多年持续经营，欧盟已经成为中亚国家第一大援助国。据不完全统计，2007年以来欧盟向中亚国家提供了15亿欧元援助。欧盟作为重要的地区平衡力量，为中亚国家提供了对外关系的新选择。欧盟与哈萨克斯坦的伙伴关系升级到了新水平，吉尔吉斯斯坦也在跟进，表明欧盟与中亚关系正在向更高水平发展。欧盟的价值观在中亚也得到越来越多的理解，法治、人权、善治等逐渐被接受，成为双方关系深入发展的基础。[①]

（三）欧盟中亚政策存在的问题

第一，欧盟作为国家集团行动力不强。欧盟本身为三头政治，欧盟委员会、欧盟理事会、欧洲议会，三者各有自己的发言人，存在相互打架情况。成员国之间也各有不同的偏好，德国、意大利、法国更加务实，主张重点开展经济和能源合作；英国、北欧国家更强调价值观，不愿意与中亚国家政府接触。法国和德国在2006年和俄罗斯一起支持哈萨克斯坦担任欧安组织轮值主席国，而英国则带领一部分成员国反对这一动议，理由是哈萨克斯坦的人权记录不佳。成员国间意见不一，导致欧盟制定的中亚战略，未能凝聚所有成员国共识，设定的目标没有相应规模的资源支撑。

第二，关注点过于分散。欧盟作为一个国家集团行动能力不强，集中体现于设立了多种多样的合作机制、对话平台、援助工具，既有区域的，又有国别的，既有环保、人文，又有边界管理、民主促进，还有经济发展、社会民生、农村发展，覆盖全面、领域多元，但是总的投入不大，5年期援助项目不超过10亿欧元。这种撒胡椒面式的援助和介入，声势很强，但是最后只形成纸面上的形象工程，既不能切实增进欧盟在中亚的影响力，也不能让中亚国家感受到欧盟带来的实实在在的好处，无法从民众层面增强对欧盟的好感度。

第三，价值观目标阻碍务实目标实现。欧盟在中亚追求大量价值观目标，涉及改善人权、民主化改革等，但是缺乏对中亚社会传统和历史文化的了解，单方面推广自身经验，必然水土不服。欧盟偏好在中亚推广欧洲式的民主政治和市场经济，而中亚国家处于经济社会转型期，将改善民生、发展经济、强化政府权威作为优先任务。一方务虚，一方务实，必然造成观念冲突。这种情况下，价值观目标和务实目标经常无法兼得。例

① Zhanna Shayakhmetova, “EU-Central Asia: A new Generation of Partnership and Cooperation”, *the Astana Times*, November 2, 2017.

如，欧盟一方面希望通过增进与中亚国家关系获取中亚能源、扩大对安全事务的影响力；另一方面又坚持对中亚国家人权问题的批评立场，导致与中亚国家关系无法有实质性提升。

第四，未能整合在阿富汗和中亚的安全任务。阿富汗和中亚安全局势相互影响，不可分割。但是在欧盟视野中二者是相互分割的，将中亚置于独联体框架内，将阿富汗置于南亚框架内。两者分属不同的组织框架导致内部协调效率低，难以形成合力。英国脱欧、欧债危机、乌克兰危机、难民危机等欧洲内部问题，进一步削弱了欧盟整合中亚和阿富汗安全行动的意愿与能力。由于中亚面临的主要外部威胁来自阿富汗，职能和任务分割明显削弱了欧盟在中亚的安全任务成效。①

总体上，欧盟中亚战略宏大却流于空洞。欧盟2007年版的中亚战略，虽经多次修订，但基本框架未变。这份战略文件事无巨细、面面俱到，但只是欧盟层面的一份政策文件，在成员国层面并未获得广泛认同和支持。最终的结果是，能够投入的资源有限，无法支撑宏伟目标，落得雷声大、雨点小。其背后体现的是欧盟官僚机构对自身能力和定位认识不清。欧盟硬实力不及北约和俄罗斯，但是又具有切实的安全关切；欧盟是世界首屈一指的规范性力量，但是没有硬实力的支撑和足够财政资源投入，价值观目标无法推进，更无法以软力量带来硬利益。

三、欧盟与上海合作组织关系展望

第一，欧盟与上海合作组织关系不会实质性提升。欧盟视野下的上海合作组织主要是一个欧亚地区组织。上海合作组织的使命和任务与欧盟的中亚战略有所重合。但是，迄今为止，欧盟并未与上海合作组织展开过实质性合作。其原因，一是欧盟缺乏与上海合作组织合作的紧迫性和必要性。欧盟已经在中亚具备名目繁多的政策工具，并且获得了联合国相关组织、欧安组织、各类非政府组织的协助。欧盟极为关注的阿富汗问题、中亚边境安全问题，皆可得到西方反恐联盟的协助。客观地说，欧盟在中亚的各项任务，并非必须求助于上海合作组织。且随着欧盟对中亚重视度的下降，更不会投入资源和上海合作组织加强合作。二是欧盟与上海合作组

① 戴轶尘:《欧盟中亚战略中的多边安全合作及其成效评估》，载《俄罗斯研究》2015年第3期，第72—81页。.

织存在价值观上的芥蒂，而价值观作为欧盟推进在中亚政策目标的旗帜和任务内容，意味着欧盟一方面不可能依靠上海合作组织推进上述目标，另一方面，也不可能为了与上海合作组织表面上的合作，而牺牲其价值观诉求。

第二，欧盟经略中亚难以改变虚多实少的特点。欧盟对中亚存在两种态度，第一种是务实的态度，认为中亚的民主化不可能通过外界强制实现，应当将主要精力放在基于共同经济和安全利益的务实合作上，在保持合作的前提下，根据情况推进意识形态目标；第二种是理想化态度，即反对现任的任何腐败独裁政权，支持改革派和反对派，通过政治改革实现经济发展、社会转型和地区安全。对欧盟而言，对中亚的务实需求上升，价值观诉求会相应下降，反之亦然。欧盟在中亚的现实利益主要在能源和安全。2014年以来，中亚作为能源基地的重要性和可能性下降；欧洲面临更紧迫的内部安全和东欧安全。这两个因素共同导致欧盟对中亚的务实需求降低。虽然欧盟由于固执推进人权、民主、公民社会等价值观目标，引发中亚国家的不满，但是中亚国家根本上来说并不反对上述价值观，而是反对欧盟借价值观的幌子搞政权更迭的颜色革命。而随着阿拉伯之春导致难民潮，欧盟也在反思颜色革命的副作用和风险。可以说，欧盟和中亚在价值观上的分歧并非不可调和，这也是欧盟继续推进价值观目标的有利条件。

第三，欧盟在中亚问题上会更加重视双边路径。欧盟中亚战略总体上有一个由无序到有序，由粗糙宏观到细致微观的发展过程。2014年以来，欧盟对中亚的重视度相对下降，但是与中亚的接触和合作会继续发展，政策措施也会根据既往经验、实际需要进行调整优化。政策细化、优化的必然结果就是更加重视双边层面的接触，或者说在双边与多边的关系上，从多区域着眼，从双边着手。这一方面是因为中亚国家差异性逐渐增大、发展道路日益多元，只有更加重视多边，才有可能应对这个日趋复杂地区的形势；另一方面也因为在二十多年的接触之后，欧盟对中亚国家了解日益加深，中亚国家也在大国博弈的地区舞台上稳固了自己的位置，双方的互动和合作更加成熟，也必然更加细致和有针对性。欧盟也需要在中亚国家间进行优先性排序，以便获得介入地区的有力抓手，实现政策效应最大化。这种倾向体现在历次对欧盟中亚战略的修改上，而最新的中亚战略也充分考虑了中亚国家的国情，力争以差异化政策推进欧盟中亚战略。[①]

第五，安全将成为欧盟在中亚最优先关注的问题。2017年年底，欧盟中亚事务代表布里安表示，未来欧盟最优先关注的问题依然是防止暴力极端主义的蔓延。中亚国家是防范恐怖和极端主义的前沿屏障，高水平政治与安全对话是主要协作平台，欧盟设立的中亚边界管理项目（BOMCA）则是主要抓手。目前，高水平政治安全对话已经在相关议题上邀请阿富汗加入，有利于统筹应对中亚—阿富汗安全形势。中亚边界管理项目的执行权已经从联合国开发计划署（UNDP）转移到了欧盟成员国小组（拉脱维亚、立陶宛、匈牙利、葡萄牙）。平行项目“中亚毒品行动项目”（Central Asia Drug Action Programme，CADAP）则从联合国开发计划署转移给了德国开发署的国际合作组织GIZ，这两大项目均纳入欧盟成员国管辖之下，既有利于调动成员国积极性，也表明欧盟对该问题重视度的提升。[②] 未来，欧盟需要解决是否应将中亚五国之间的边界纳入边界管理之下，如何在塔阿边境上与其他国际行为体开展协调，以及如何推动塔吉克斯坦开展边界管理体制改革等难题。（白联磊）

---

① “哈外长与欧盟中亚事务特别代表举行会晤”，国际在线，http://news.cri.cn/gb/42071/2015/07/01/8011s5016190.htm（上网时间：2018年9月10日）。

② Jos Boonstra, “Reviewing the EU’s approach to central Asia”, *EUCAM*, February 2015. http://www.eucentralasia.eu/uploads/tx_icticontent/EUCAM-PB-34-Reviewing-EU-policies-in-Central-Asia-EN_01.pdf（上网时间：2018年9月10日）。

第五章 上海合作组织面临的挑战和前景展望

Chapter V

Challenges and Prospects for the SCO

17年来，上海合作组织以出人意料的速度发展成一个颇具影响力的综合性地区国际组织，然而，该组织依然是一个年轻的区域性组织，仍有不少需要解决和完善的问题，尤其是随着扩员，又面临一些需要应对的新情况。尽管如此，上海合作组织的发展前景还是看好，成员国之间的政治安全合作有着广泛的发展空间。

第一节　上海合作组织政治安全合作面临的挑战和前瞻

作为维护地区安全与稳定、打击“三股势力”的安全合作平台，上海合作组织在推动成员国之间的政治安全事务沟通、军事技术交流、反恐信息交换、安全官员培训等方面发挥着重要作用。虽然相比其他领域成员国在政治安全方面合作的矛盾和分歧较少，但是，无论过去、现在乃至未来，上海合作组织都始终面临来自组织内部和外部的诸多挑战。尽管如此，成员国的政治安全合作前景仍大于挑战。

一、存在的问题

纵观上海合作组织发展史，尽管政治安全合作一直是最为顺畅的领域，但即使这样，这一领域也仍然或多或少存在一些需要解决的问题。正如哈萨克斯坦总统纳扎尔巴耶夫所言，对上海合作组织来说，后危机世界带来的不仅仅是新的机遇和成员国对全面合作的渴望，还有新的风险、挑战和威胁。①

（一）内部的制约因素

1. 中俄在上海合作组织“定位”上的偏差掣肘“双引擎”同速运行。俄罗斯精英并不否认，俄罗斯与中国在上海合作组织争夺的不仅仅是各成员国经济主导权，两国对上海合作组织的主要任务看法也不尽相同。②中方普遍认为，安全和经济合作相辅相成，二者缺一不可地成为上海合作组织持续发展的两个重要支柱。俄方普遍坚持，上海合作组织的“政治成分

---

① 《哈萨克斯坦总统撰文谈上合组织成立十周年》，中新网，2011年6月8日，http://www.chinanews.com/gn/2011/06-08/3098153.shtml（上网时间：2018年4月10日）。

② [Россия]Наталья Меликова.Иран, США, бешбармак...// Независимая газета.17.08.2007.

和安全问题应高于经济成分”；[①] 俄罗斯有精英甚至提出，“应将上海合作组织打造成包括中印在内的‘新华约’来抵制北约和西方”。“俄罗斯左翼力量试图建立从白俄罗斯到中国包括印度在内的反西方军事政治联盟”（这与普京提出的建立‘稳定弧’构想相悖——原作者注）。[②] 俄罗斯常驻上海合作组织大使维塔利·沃洛彼耶夫强调，上海合作组织宪章规定有发展防御领域合作条款。“上海合作组织本来就该成为一个军事联盟，尤其是要变成一个类似某种军事集团的东西”。[③] 乌克兰危机以来，俄罗斯有专家还提出建立有上海合作组织参与的“临时集群”设想，以应对“伊斯兰国”与塔利班武装团伙媾和对中亚边界以南的恐怖主义的挑战。[④] 然而，中方却鲜有将上海合作组织变成类似北约的军事政治组织的声音。

2. 成员国不尽相同的对外政策制约政治安全合作的发展。虽然成员国对上海合作组织的总体发展目标认知趋同，但各方在政治安全领域的具体合作项目上的利益诉求并非总是一致。由于成员国在政体、文化、历史、综合国力、经济发展阶段、抵御不利战略环境，以及应对突发外交风险能力等方面存在差异，加之彼此间的错综复杂关系，政治和经济上的矛盾，导致各方对上海合作组织的共同利益、超国家价值观及发展方向有着不同的解释，不利于上海合作组织作为一个一体化机构的形成，无法在后危机世界条件下获得大力和有效发展。[⑤] 中俄拥有强大的综合国力支撑，两国的对外政策旗帜鲜明。中亚成员国资源有限，普遍奉行大国平衡的外交政策。在对美国发动的伊拉克战争问题上，“俄中绝对反对。哈萨克斯坦、吉尔吉斯斯坦、塔吉克斯坦却在维护国际法框架内持中立立场。乌兹

---

① [Россия]ШОС:точки роста-Аналитичекий доклад//Информационно-аналитический центр,14.07.2011.

② [Россия]Сергей Геннадьевич Лузянин -профессорМГИМО (У) МИД РФ: Шанхайская шестерка не устраивает-В Пекине не возражали, если бы Россия подняла флаг антиамериканизма// НЕЗАВИСИМАЯ.06.06.2002.

③ [Россия] Артур Блинов-Зав.отделом международной политики“Независимой газеты”, ШОС – АНТИНАТО//НЕЗАВИСИМАЯ. 27.октября 2005 года.

④ [Россия] Михаил Конаровский-Кандидат исторических наук, Чрезвычайный и Полномочный посол,ШОС как отражение новой геополитики-Сближение России и Китая способно придать новый импульс ШОС//«Россия в глобальной политике»,08.06.2015.

⑤ [Россия]Роберт Искандрович Нигматулин – академик, член Президиума Российской академии наук, член Академии наук исламского мира. Станут ли БРИКС и ШОС мировыми лидерами?- Геополитическая концепция Самюэля Хантингтона обретает все более зримые очертания//Независимая газета.03.07.2015.

别克斯坦则无条件地彻底支持美国的军事行动”。[①] 在敦促美国及北约国家从中亚撤军问题上，虽然2005年6月成员国在阿斯塔纳举行的上海合作组织峰会上达成共识，其后，乌兹别克斯坦议会上议院（参议院）又作出要求美军在年底前撤出汗阿巴德空军基地的决定，但是，在美国的威逼利诱下，吉尔吉斯斯坦新政府却没能兑现其上台以来的相关承诺，最终与美国签署了将马纳斯空军基地更名为“国际过境转运中心”的变相美军基地续约协议。为此，俄罗斯有专家分析称，由于成员国间的相互信任不足，限制了上海合作组织预定目标的成功实现。上海合作组织成员国不愿激怒美国和整个西方的立场是使该组织成为一个真正有行动能力的地区机构的主要绊脚石。[②]

3. 上海合作组织对极端事件的集体反应能力较弱。地区安全组织的地位令上海合作组织需要为存在于其地理区域的冲突承担责任。[③] 然而，2005年3月爆发的吉尔吉斯斯坦“颜色革命”令上海合作组织措手不及。2010年4月发生的吉尔吉斯斯坦戏剧性事件也对上海合作组织构成“严峻挑战”。[④] 哈萨克斯坦总统纳扎尔巴耶夫坦言，上海合作组织应就本地区潜在的热点问题采取预防措施。当时，虽然“我们注意到吉尔吉斯斯坦的冲突，可是，上海合作组织却无能为力”。[⑤] 基于吉尔吉斯斯坦的民族矛盾较深、反对派街头夺权成为惯性的实际情况，吉尔吉斯斯坦能否经得起长期的“维稳”考验，不能不说是对上海合作组织能否妥善应对该国或发生第三次社会“动乱”的严峻挑战。此外，中亚成员国普遍面临“老人政权”临近交接考验。目前“除吉尔吉斯斯坦，中亚尚未形成普遍的反对派来改

---

① [Россия]Сергей Лузянин,доктор исторических наук: профессорМГИМО (У) МИД РФ.На пути к азиатскому НАТО -Руководитель стран шанхайской шестерки соберутся в Москве// НЕЗАВИСИМАЯ. 26.05.2003.

② [Россия]Александр Князев.ШОС во время чумы. Крупный межгосударственный альянс мельчает на глазах//Независимая газета. 02.09.2013.

③ [Россия]Александр Князев – доктор наук, эксперт по Центральной Азии.Сопряжение несопрягаемого в отсутствие региональной безопасности-Нежелание Пекина и Москвы создать альтернативу международным структурам лишило ШОС реальной миссии// НЕЗАВИСИМАЯ.21.06.2016.

④ 俄罗斯总统德米特里·梅德韦杰夫:《上海合作组织——新的地缘政治现实》，载《人民日报》2010年6月12日，第5版。

⑤ [Россия]ШОС:точки роста-Аналитичекий доклад//Информационно-аналитический центр.14.07.2011. http://ia-centr.ru/expert/11009/.

变集权体制”。[①] 虽然卡里莫夫总统逝世后乌兹别克斯坦的最高权力实现平稳交接，然而，哈萨克斯坦和塔吉克斯坦仍处于“政治上层交接班时候”，对两国来说，如何“维护稳定、维护现权力机构及其政治制度问题已变得越来越现实”。[②] 不管中亚成员国当政者多么期待上海合作组织能在其政权岌岌可危的关键时刻出手相助，阿坦巴耶夫总统甚至还准备在上海合作组织峰会发言时请求成员国元首发表专门声明，支持吉尔吉斯斯坦现政权及其本人，以便在与反对派的斗争中巩固自己的地位。[③] 然而，无论过去、现在乃至将来，上海合作组织对类似于2005年和2010年吉尔吉斯斯坦反对派推翻该国现政权引发的社会动乱或都将“束手无策”。上海合作组织并不是一个具有“超级”职能的组织，它不可能对主权国家反对派发动民众挑战当局权威的行为进行武装干预。2017年12月，俄罗斯国际事务理事会在年终报告中强调，后苏联地区仍有安全风险，无法排除某个中亚国家发生政治危机的可能性。[④]

4. 印度与中巴的历史纠葛和现实矛盾影响上海合作组织的和谐氛围。印度刚一完成“转正”最后程序即向中方发难。2017年6月，印度边防军携带武器和工程设备突然在中印边界锡金段越过边界线进入中方境内，阻挠中国边防部队在洞朗地区的正常活动，导致双方军队对峙70余天，两国几近濒临战争边缘。而且，印度在联合美日澳战略挤压中国方面也动作不断。就在印中边界冲突持续紧张之际，印度高调同美日两国在印度孟加拉湾附近海域举行史上规模最大的“马拉巴尔”军事演习。9月，莫迪总理在日本首相安倍晋三访问新德里期间表示，印度要将“东进政策（Act East Policy）”与安倍的“自由与开放的印太战略（Free and Open Indo-Pacific Strategy”对接，并建立“印日向东行动（Act East Forum）论坛。印度还与新加坡和伊朗先后签署海军协议和租用恰巴哈尔港的协议。印新双方可

---

① [Россия]Алексей Малашенко,ведущий эксперт Московского центра Карнеги:Кто бросает вызов России в Центральной Азии?// Независимая газета. 05.03.2012.

② [Россия]Адрей Грозии,заведующий отделом Средней Азии и Казахстана Института стран СНГ:»Влияние у России в Центральной Азии явно весомее, чем Китая»//ЦентрАзия.05.07.2005 .

③ [Россия]Александр Князев.ШОС во время чумы. Крупный межгосударственный альянс мельчает на глазах//Независимая газета. 02.09.2013.

④ [Россия]Андрей Кортунов, Иван Тимофеев,Внешняя политика России: взгляд в 2018 год. Резюме//РСМД. 18 декабря 2017. http://russiancouncil.ru/activity/digest/longreads/vneshnyaya-politika-rossii-vzglyad-v-2018-god/.

以临时使用对方的海军设施以及相互给予后勤支持。2018年2月，莫迪总理不顾中方反对窜访两国有争议地区，引起中方严正交涉。印方还一边要求各级官员不要参与达赖逃亡60周年的所谓纪念活动，一边却公开宣称对达赖的政策保持不变，他拥有在印度开展宗教活动的自由。4月，印度举行了史上最大规模的旨在验证自身军事实力的代号“空中力量”（Gagan Shakti）全天候军事演习，3天里出动了1万架次的作战飞机升空，以检验其在飞机数量有限情况下进行高强度的作战能力。

印度与巴基斯坦的冲突和矛盾不断。印巴的边界冲突由来已久并成频发态势。据巴方统计，仅2017年上半年，因印巴边防军交火造成的克什米尔地区平民死亡人数即达832人，超过3000人受伤。2018年1月，印巴边防军在边境地区爆发的武装冲突导致双方各有4名和3名士兵死亡，导致两国的边境冲突进一步升级。巴基斯坦总理阿巴西要求印度严格遵守两国2003年签署的停火协议。联合国秘书长古特雷斯也紧急呼吁，印巴应通过对话方式解决领土争端，避免交火造成更多伤亡。

（二）来自外部的干扰

美国等西方保守势力一直用有色眼镜看待上海合作组织，尤其是随着上海合作组织的不断发展壮大，一些抱有冷战思维的西方政客更是将其视为“非西方的政治力量”，对上海合作组织的某些意志和行为无端猜忌、百般提防。[①]

首先，西方保守势力难以改变对上海合作组织的固有偏见。尽管上海合作组织从成立伊始即宣布其不是军事集团，它的建立不针对任何国家和集团，而是一个开放的地区性合作组织。但西方一直对此持有偏见，认为上海合作组织具有地缘政治色彩。随着某些所谓“国际名声不好”的国家不断要求加入上海合作组织，更加剧了西方某些人士对该组织的偏见。何况，上海合作组织所寻求的构建多极、公平合理的世界秩序与美国企图保持其长期主导的原有世界秩序战略相悖；所秉持的在国际关系中坚持“互信、互利、平等、协作”安全观，以及尊重所有国家利益和不可分割的世界安全空间理念与西方保守势力的冷战思维格格不入；所坚持的在国际和地区热点问题上应发挥联合国主导和协调作用的主张，更是与美国和北约

---

① 赵鸣文：《上海合作组织与中国的西部安全》，载《中国周边安全环境评估及政策选择》，北京，世界知识出版社，2015年，第391页。

在一些问题上绕开联合国单独行事背道而驰；所崇尚的和平友好、互利合作精神与美国等西方国家的“集团思维”和强权政治严重对立。上海合作组织一贯呼吁国际社会应尊重各国国家主权和独立、政治和社会制度多样性，这客观上也对西方的价值观构成挑战。[①] 而且，遏制美国对中亚的扩张也是上海合作组织不言的任务。“上海合作组织事实上是一支制衡美国在中亚影响的力量”，其“地区反恐机构的建立使美国和上海合作组织在中亚地区军事领域中形成了竞争局面”。[②] 有赖于可以在中亚地区推动自主立场的政治分量和巨大的军事分量，有人常说上海合作组织是反美机构，还说它是一种与北约对抗的机构。[③] 西方新闻评论界也不时贬低上海合作组织，认为它缺乏凝聚力以及拥有令人可怕的地区势力，在它们看来，上海合作组织不值得打交道。[④] 2005年，上海合作组织以声明形式要求美国和北约确认多国部队从中亚撤军时间表，更使西方人士确信，其并不是西方社会所愿意看到的组织。英国皇家国际问题研究所亚洲项目高级研究员凯利·布朗说得直白，由于上海合作组织是属于少有的几个没有美国参与并发挥作用的国际组织之一，其对西方来说是个不易确定，甚至引发疑虑的组织。[⑤]

其次，地区安全形势隐忧依在。中国长期面临境内外“东突”势力、恐怖主义、邪教以及跨国犯罪团伙的威胁，“泛伊斯兰主义”和“泛突厥主义”等伊斯兰极端思想和民族分裂思潮不断向中国渗透和传播。2013年10月，北京发生自杀式驾车暴力撞击天安门金水桥护栏的恐怖袭击事件，造成5人死亡、38人受伤。2014年3月，昆明火车站发生严重暴恐事件，造成29人死亡，143人受伤。2014年4月以来，新疆乌鲁木齐火车南站、沙依巴克区公园北街早市，喀什市莎车县接连发生恐怖袭击事件，造成死伤200余人。2015年9月，阿克苏地区拜城县一座煤矿发生暴力袭击民警事

---

① Zhao Mingwen," Shanghai Cooperation Organization:A New Stage, New Challenges,and A New Journey", *Foreign Affairs Journal*, Summer 2018. p.56.

② [哈萨克斯坦]奥利格·西多罗夫:《上海合作组织成员国的地缘政治利益与前景》，载《国际问题研究》2006年第3期。

③ [Россия]ШОС: точки роста-Аналитический доклад//Информационно-аналитический центр.14.07.2011.

④ []彼得·李:《俄印关系在中亚恶化》，载《香港亚洲时报在线》2010年1月5日。

⑤ 赵鸣文:《上海合作组织与中国的西部安全》，载《中国周边安全环境评估及政策选择》，北京：世界知识出版社，2015年，第361—362页。

件，造成11名群众死亡、18人受伤，3名民警和2名协警牺牲。此间，中国警方破获组织、运送和偷越国境案件262起，抓获涉嫌偷越国境犯罪嫌疑人800余人，其中部分嫌疑人供认其是企图出境参加“圣战”的宗教极端分子。

俄罗斯长期遭受恐怖爆炸、人质绑架以及跨国有组织犯罪和毒品走私威胁，恐怖暴力事件持续不断。2013年1月至2月，达吉斯坦哈萨维尤尔特市连续发生汽车爆炸事件，造成包括3名警察死亡、10余人受伤。2017年4月，俄罗斯圣彼得堡地铁发生恐怖爆炸事件，造成14人死亡、50多人受伤。此后，警方成功阻止多起严重恐袭事件的发生，包括恐怖分子原定在莫斯科和圣彼得堡制造的恐袭。①

中亚极端宗教组织不断利用民众对当地社会贫富差距拉大的不满扩充实力，频频制造恐怖极端事件。2012年3月，哈萨克斯坦安全部队在阿拉木图挫败一起系列炸弹爆炸袭击事件。7月，塔吉克斯坦戈尔诺—巴达赫尚自治州参谋长阿卜杜拉·纳扎罗夫少将遇刺身亡，在塔吉克斯坦政府军随后的清剿军事行动中，有12名军人死亡，30名武装分子被击毙。2016年8月，吉尔吉斯斯坦的安全形势再度恶化，中国驻比什凯克的大使馆遭到受命于“努斯拉阵线”组织（已更名为“征服阵线”，JFS）的“东突”恐怖分子实施的汽车炸弹袭击，造成1死3伤。种种迹象表明，中亚的伊斯兰革命党、乌兹别克斯坦伊斯兰运动等宗教极端组织与阿富汗塔利班基地组织相互勾结，严重影响着中亚地区的安全与稳定。

印度的安全形势更是令人担忧，不断受到恐怖分子的袭击，恐怖袭击事件频发。2016年以来，印度伯坦果德空军基地、阿萨姆邦科克拉贾尔县、乌里镇、印控克什米尔讷格罗达附近的陆军基地接连发生恐怖袭击事件，造成近30人丧生和数十人受伤。巴基斯坦也接连发生帕夏汗大学、西南部奎达一所医院（遭ZS式炸弹袭击）和南部俾路支省胡兹达尔地区爆炸恐袭事件，造成百余人死亡和百余人受伤。2017年，两国又连续发生印度中央邦首府博帕尔开往乌贾因的火车发生炸弹爆炸，导致10人受伤、3人受重伤。巴基斯坦也接连发生东部旁遮普省首府拉合尔市、南部信德省城镇塞万赫沙利夫清真寺、西北部帕拉奇纳尔等地区暴力恐袭事件，造成超过

---

① [Россия]Дмитрий Тренин.Заглядывая на пять лет вперед. Идеологические, геополитические и экономические факторы российской внешней политики//Московский Центр Карнеги России.3.04.2018.

100人死亡，数百人受伤。

再次，长期面临阿富汗动荡局势的考验。如何应对阿富汗持续恶化的安全局势始终是上海合作组织难以回避的现实挑战。为解决“阿富汗问题”，2005年上海合作组织专门成立了“上海合作组织—阿富汗联络组”。然而，迄今，上海合作组织仍无法将其称为解决阿富汗问题的有效机制。在阿富汗，上海合作组织只限于人道主义援助和双边经济重建项目，在如何减少恐怖袭击和毒品走私方面并没有更多“立竿见影”的办法。为此，国际社会甚至抱怨上海合作组织是游离于阿富汗紧张局势之外的旁观者，在“消极地等待美国及其盟友将这个国家的‘秩序整顿好’”。对上海合作组织来说，美国及其北约多国部队从阿富汗“不胜而退”是把“双刃剑”：美国和北约长期在阿富汗驻扎对上海合作组织“实施地区一体化合作不利”。因为，“正是美国的介入常常使上海合作组织调解阿富汗问题的方案复杂化”。① 但是，如果美国和北约企图在摧毁不了塔利班势力的情况下尽快脱身、甩掉战争包袱，则会把打开的阿富汗“潘多拉盒子”留给中俄两国及其他成员国，这无疑是投给上海合作组织的一块烫手“山芋”。未来，“随着国际安全部队撤离阿富汗，来自阿富汗的这一威胁将会加剧”。② 美国及其北约部队投入大量人力物力，历时近20年反恐未能改变阿富汗的安全状况，阿富汗军警在多国部队撤走后能否担此重任，不仅是对阿富汗政府的考验，也是对上海合作组织能否收拾好美国和北约留下的“烂摊子”的现实考验。③ 尽管上海合作组织拥有较为完备的反恐合作法律基础和各种有效的安全执法合作机制，但是，由于美国和北约从阿富汗撤军造成地区安全形势的不确定性，以及区内外力量竞相主导地区安全事务都会给恐怖组织及其势力以可乘之机，阿富汗问题始终是上海合作组织面临的一道严峻的课题。

---

① [Россия]Татьяна Синицына, главный редактор Инфо ШОС. Афганский тест для ШОС// Информационно-аналитическийцентр. 13.03.2012.

② [Россия]А.В. Лукин–доктор исторических наук, руководитель департамента международных отношений Национального исследовательского университета «Высшая школа экономики», директор Центра исследований Восточной Азии и ШОС МГИМО (У) МИД России. Шанхайская организация сотрудничества: в поисках новой роли//Россия в глобальной политике.9 июля 2015.

③ 赵鸣文：《上海合作组织与中国的西部安全》，载《中国周边安全环境评估及政策选择》，北京：世界知识出版社，2015年，第393—394页。

二、发展前瞻

虽然上海合作组织尚存一些制约组织发展的内部和外部挑战，但是，成员国在深化政治安全领域的合作前景依然看好。“上海精神”的强大凝聚力始终是上海合作组织持续发展的有力保证。

（一）上海合作组织的战略地位和影响将持续提升

印度和巴基斯坦成为正式成员国为上海合作组织在亚洲构建统一的安全和经济合作空间开辟道路。[①] 两国的加入使上海合作组织的经济和人口规模扩大到占全球的约20%和40%，幅员面积从中国、俄罗斯和中亚延伸至南亚地区，直至印度洋海域的欧亚大陆四通八达的核心地带，使上海合作组织成为世界上幅员最广、人口最多的综合性区域合作组织，这有助于提升上海合作组织的国际地位和影响力。更重要的是，上海合作组织的“朋友圈”进一步扩大，所秉持的“上海精神”被更广泛认可。由于上海合作组织不但有两个联合国安理会常任理事国，还有三个“金砖国家”和四个“有核国家”，这将使上海合作组织在完善全球治理体系、推进国际经济秩序改革等重大问题上的话语权和影响力大增。印巴的加入还使上海合作组织将打击中亚“三股势力”和南亚及中东恐怖组织结合起来，使其安全合作区域纵深明显扩大，可以进一步加强跨国安全和反恐合作。如今，当初国际认可度不高的上海合作组织已发展成为“二战”结束以来整个欧亚大陆从未有过，甚至欧亚大陆很多国家都希望加入的一个多边区域组织，成为国际舞台上一支不可忽视的变量。[②]

（二）政治安全合作始终是成员国相互倚重的重要领域

近年来，美国战略东移，重返亚太动作频频，使中俄战略发展空间受到极大挤压。西方连续策动的“颜色革命”和“阿拉伯之春”令包括中亚的前苏联国家不寒而栗。息息相关的国际安全环境使成员国客观上都有借上海合作组织“抱团取暖”的实际需求。在国际安全形势急剧变化大背景下，“中国在一定程度上需要俄罗斯支持。俄罗斯在联合国和其他国际平

---

① [Россия]Виктор Пироженко. Шанхайский дух на встрече в Циндао-Китайско-российско-индийская стратегическая коммуникация станет основой стабильности в Азии//“Фонд стратегической культуры”. 12.06.2018.

② Zhao Mingwen, “Shanghai Cooperation Organization:A New Stage, New Challenges,and A New Journey”, *Foreign Affairs Journal,* Summer 2018. p.60.

台也期待中国支持”。[①] 何况，“无论俄罗斯抑或中国，都不允许中东恐怖分子团伙在两国边境地区胡作非为，因为，这一地区正处在两国共同实施一体化项目的核心地带”。[②] 通过与成员国和观察员国乃至对话伙伴国的互利互信合作，中国可以消除对来自东、西、南、北的传统军事安全威胁的担忧，将有限财力和军力投入到更需要的地方。中国寄望于上海合作组织能够确保中国西北部的战略安全。上海合作组织也是俄罗斯唯一可借用的非其完全主导的地区国际组织，客观上为其南部打造了一个稳定的安全地带，解决了来自东、西和南部地区的安全问题，成为助其走向复兴、重振大国地位不可或缺的重要借重力量。2017年12月，俄罗斯国际事务理事会的年终报告强调，恐怖主义威胁依旧存在。“伊斯兰国”武装分子返回俄罗斯及其他后苏联国家，北高加索及中亚的地下恐怖活动日益猖獗。俄罗斯的主要任务即是防止这一地区重新成为国际恐怖主义基地，遏制恐怖主义、极端伊斯兰主义向北高加索及中亚的蔓延。[③] “上海精神”也为中亚成员国和印巴两国多元化对外战略提供重要支撑，它们更有依托上海合作组织来扩大对外交往的战略需求。而且，参与拥有中俄两个毗邻大国参加的上海合作组织的政治安全合作，也是中亚成员国和印巴相互平衡关系的客观需要。2003年以来，美国等西方势力在格鲁吉亚、乌克兰和吉尔吉斯斯坦等前苏联国家接连策动“颜色革命”。2010年底，西亚北非又连续爆发“阿拉伯之春”，使中亚国家领导人的政治危机感普遍加剧，在与西方打交道和接受其援助时更加小心谨慎。他们普遍期冀上海合作组织能平抑美国等西方势力在中亚的地缘政治影响。因为，上海合作组织从不干预任何国家的内政。加入上海合作组织“有利于哈萨克斯坦巩固其地缘政治地位”。而“乌兹别克斯坦在上海合作组织的利益与哈萨克斯坦在很多方面相似。在阿富汗军事冲突转移至乌兹别克斯坦境内的情况下”，借助上海合作组织的集体力量“打击恐怖主义和宗教极端势力”也是塔什干所追求

---

① [Россия]Андрей Петров.Россия, Индия и Китай обсудят попытки США столкнуть между собой страны БРИКС// «Экономика сегодня».22 Ноября 2017. https://rueconomics.ru/290339-rossiya-indiya-i-kitai-obsudyat-popytki-ssha-stolknut-mezhdu-soboi-strany-briks.

② [Россия]Ростислав Ищенко, обозреватель МИА "Россия сегодня". ШОС на пути к евразийскому единству//РИА Новости.10.06.2017.https://ria.ru/authors/20170610/1496258007.html.

③ [Россия]Андрей Кортунов, Иван Тимофеев,Внешняя политика России: взгляд в 2018 год. Резюме//РСМД,18 декабря 2017. http://russiancouncil.ru/activity/digest/longreads/vneshnyaya-politika-rossii-vzglyad-v-2018-god/.

的目标。[①] 正是在乌兹别克斯坦的推动下，上海合作组织青岛峰会通过了《上海合作组织成员国元首致青年共同寄语》，呼吁国际社会合力打击吸收青年参与恐怖主义、分裂主义、极端主义团伙活动的企图，防止上海合作组织区域的年轻人被引诱参与破坏性活动，帮助正在成长的一代对有人企图向其灌输的恐怖主义和其他激进思想形成免疫力。[②] 由于吉尔吉斯斯坦和塔吉克斯坦都是小国，借助上海合作组织的集体威力，共同打击恐怖主义和跨国有组织犯罪团伙也是其实际需求，两国均视上海合作组织为它们“自己的组织”，对其钟爱并不亚于中俄两国。2018年6月，吉尔吉斯斯坦总统热恩别科夫在接受中国媒体采访时表示，无论对吉尔吉斯斯坦，还是上海合作组织其他成员国而言，自上海合作组织成立以来，安全合作都是优先方向之一。尽管印巴从未联合举行过反恐演习，也未同时参加过任何多边反恐行动，但是，双方却很早就决定派兵参加上海合作组织成员国举行的“和平使命—2018”联合军事演习，以加强同其他成员国的反恐合作。两国还表示将进一步参加上海合作组织框架下的其他防务和安全合作。

（三）趋同的价值观仍是深化政治安全合作的保障

从地缘政治角度讲，上海合作组织成员国在构建公正、合理的多极化世界方面具有共同的利益，各方在维护世界和地区安全稳定、促进各国共同发展、推进国际关系民主化方面的立场一致。中俄、中亚成员国和印巴都是世界多极化格局的倡导者和拥护者。中国始终致力于促进各国共同发展与繁荣、推进国际关系民主化的努力。俄罗斯一直呼吁禁止滥用武力，严格遵守国际法基本准则，认为当今世界接连发生的打着人道主义幌子的武装冲突破坏了已存在多个世纪的国家主权原则，强调任何国家都无权将联合国的特权占为己有，尤其当涉及对主权国家动武时。[③] 中亚成员国更是赞成通过对话和平解决地区和国家间争端，反对以武力或威胁使用武力干涉主权国家内政，进而推翻一个国家的合法政权，在促进国际关系民主

① [哈萨克斯坦]奥利格·西多罗夫:《上海合作组织成员国的地缘政治利益与前景》，载《国际问题研究》2006年第3期。

② [Россия]Екатерина Постникова.«ШОС только выиграла от своего расширения»-Постпред России при секретариате Шанхайской организации сотрудничества Дмитрий Лукьянцев — о новых участниках, миротворцах и грядущем саммите в Циндао//Известия.21 мая 2018.

③ [Россия] Президент РФ Владимир Путин.Россия и меняющийся мир//Московские новости.27.02.2012.

化和构建多极世界等问题上的政治取向客观地与中俄一致或相近。[①] 正如哈萨克斯坦总统纳扎尔巴耶夫所称，凝聚上海合作组织的地缘政治因素“就在于它善于利用政治外交手段解决国际问题，以柔克刚、‘智慧’取胜，以审慎和循序渐进的方式实现既定目标，这就是上海合作组织的魅力所在。正是这一点使得上海合作组织成为一个强大的磁场，吸引着所有致力于开展平等和互利对话的国家和人民”。[②] 印度和巴基斯坦均坚定奉行独立自主的对外政策，支持全球化，主张多边主义和国际关系民主化。在2017年12月的上海合作组织索契总理会议和2018年6月的上海合作组织青岛峰会上，新老成员国均找到各方都能接受的折衷方案。经各方协商一致，最终将“确立人类命运共同体的共同理念”写入青岛宣言，成为八国最重要的政治共识和努力目标。

（四）“上海精神”继续是“凝识聚力”的纽带

在加拿大魁北克七国峰会不欢而散的背景下，“上海精神”的活力优势更加显现。上海合作组织青岛峰会不仅赢得广泛赞誉，作为东道主的中国还提出了应对各种挑战的相应举措。中国国家主席习近平指出，上海合作组织始终保持旺盛生命力和强劲合作动力的根本原因就在于它创造性地提出并始终践行“上海精神”，主张互信、互利、平等、协商、尊重多样文明、谋求共同发展。习近平主席提出的践行新型的“发展观、安全观、合作观、文明观、全球治理观”，以及构建新型国际关系和人类命运共同体倡议赋予了“上海精神”新的时代内涵，指明了上海合作组织的发展方向和奋斗目标。八国领导人批准的《〈上海合作组织成员国长期睦邻友好合作条约〉实施纲要（2018—2022年）》具有承前启后的重要意义，纲要将为丰富和提升“上海精神”内涵发挥相辅相成的作用。正如哈萨克斯坦总统纳扎尔巴耶夫所言，“成员国倡导的‘上海精神’是上海合作组织的根基”，“这一精神不仅是处理国与国关系的经验总结，而且对推动全球治理具有重要的现实意义”。[③] 白俄罗斯总统卢卡申科强调：“‘上海精神’是我

---

① 赵鸣文：《上海合作组织与中国的西部安全》，《中国周边安全环境评估及政策选择》，北京：世界知识出版社，2015年，第382页。

② 《哈萨克斯坦总统撰文谈上合组织成立十周年》，中新网，2011年6月8日。http://www.chinanews.com/gn/2011/06-08/3098153.shtml（上网时间：2018年4月10日）。

③ 《构建命运共同体 书写上合新篇章——写在上海合作组织青岛峰会闭幕之际》，新华社，2018年6月11日。http://www.gov.cn/xinwen/2018-06/11/content_5297727.htm。（上网时间：2018年6月12日）。

们共同的财富，上海合作组织是我们共同的家园。”中方围绕构建人类命运共同体提出的建议有利于各方携手应对新挑战，上海合作组织应为此作出更大贡献。[①]

（五）印中和印巴矛盾或将有效管控

尽管中印关系在印度加入上海合作组织前后出现较大波折，但是，也应该看到中印两国都有缓和关系的迫切愿望，“都希望印度洋地区局势稳定”。何况，即便媒体大肆炒作，可中国并未在巴基斯坦的瓜达尔港兴建军事基地。[②] 而且，就连一些西方学者也不认为中国在印度洋沿岸地区推进经济合作的主要目的在于构筑对印度的包围网。日本《读卖新闻》刊文称，中国推进基础设施建设的最大理由在于加强海上航路防卫和能源安全保障，只是客观结果达到了对印度形成包围网的效果。澳大利亚前驻印度大使约翰·麦卡锡认为，尽管“中印之间存在深刻的地缘政治矛盾，可是，两国的经济往来规模非常庞大。因此，不排除印度未来会参与到丝绸之路项目当中”。[③] 纵观印中关系发展史，虽然双方在一些问题上存在分歧甚至是很深的矛盾，但是，两国在多边国际舞台仍有过不少成功合作先例。就地区问题而言，印度和中国都反对外部势力介入，认为“亚洲的事务应由亚洲人自己来办”。[④] 就全球性问题来说，无论是2007年的联合国巴厘岛气候变化大会，还是2009年的联合国哥本哈根气候变化大会，印度都与中国和“基础四国”其他伙伴有过密切的配合，充分展示了印度希望与包括中国在内的广大发展中国家“集体发声”，“抱团”维护共同利益的决心和意愿。而且，印度在亚洲相互协作与信任措施会议（亚信）、金砖国家、金砖银行及亚洲基础设施投资银行等多边合作机制中与中俄以及中亚成员国的合作也十分顺畅。[⑤] 从实际情况来看，印度和巴基斯坦的“转正”不但没有给上海合作组织带来负面影响，反而促进了印度与中巴两国尤其是对华

---

① 《习近平主席上合组织青岛峰会重要讲话解读》，光明时政，2018年6月11日。http://politics.gmw.cn/2018-06/11/content_29224025.htm（上网时间：2018年6月12日）。

② [Россия]Владимир Скосырев.Пекин и Дели топят лед в Гималаях-Под угрозой американских санкций Китай нормализует отношения с соседями//Независимая газета.26.04.2018.

③ [Россия]Владимир Скосырев.Пакистан может стать колонией Китая-Пекин и Исламабад обеспечат безопасность на Шелковом пути//Независимая газета.19.06.2017.

④ [Россия]Петр Акопов. Война между Китаем и Индией была запрограммирована англичанами//ВЗГЛЯД.2 августа 2017 г.

⑤ Zhao Mingwen,” Shanghai Cooperation Organization:A New Stage, New Challenges,and A New Journey” ,*Foreign Affairs Journal,* Summer 2018.pp.63.

关系的加速回暖。莫迪总理不顾国内对“重置”对华政策的质疑声音，在上海合作组织峰会前专程赴华与中国国家主席习近平举行非正式会晤，彰显印度政府及莫迪总理本人对改善对华关系的极大诚意和坚定决心。在上海合作组织青岛峰会期间，莫迪总理重申，印方愿在两国领导人武汉非正式会晤基础上推动印中关系不断向前发展。印度作为新成员，愿在上海合作组织中发挥积极作用，支持中方成功举办青岛峰会。虽然印方对“一带一路”倡议仍存疑惑，然而，印方还是不反对在成员国领导人的宣言中保留成员国应加强相互间的“新建和升级国际交通线路中的路段，发展包括高铁在内的公路和铁路交通”等“互联互通”合作项目，并与其他成员国共同指出，有必要切实落实《上海合作组织成员国政府间国际道路运输便利化协定》，继续就制定《上海合作组织成员国公路发展规划》开展工作。

至于印巴关系，正如上海合作组织秘书长拉希德·阿利莫夫所言，从理论上讲，印巴借鉴前苏联国家和中国的边界谈判经验的这种可能性是存在的。[①] 印度前驻俄罗斯大使阿贾伊·马尔霍特拉也表示，印巴早就是一系列多边组织的老成员，两国的双边问题不会对上海合作组织产生负面影响。[②] 而且，印巴的上海合作组织观察员国地位已有12年，两国或多或少参与了上海合作组织的一些事务。巴基斯坦真纳大学政治与国际关系学者扎法尔·贾斯帕尔认为，和印度相比，巴基斯坦军事和经济体量都处于弱势，因此，巴基斯坦更希望通过沟通解决与印度的关系紧张问题。如果双边渠道不畅通，那么上海合作组织提供的多边渠道将是双方沟通的另一个途径。[③] 何况，印巴都有缓解双边关系的愿望，2017年9月，印度对俄罗斯与巴基斯坦在俄罗斯卡拉恰伊—切尔克斯共和国举行的军事演习没有作出激烈反应。因为印度认识到，如今俄罗斯、巴基斯坦和印度都是上海合作组织成员，其活动方向之一即是反恐合作。《印度战略》月刊编辑维奈·舒克拉表示，印方完全可以参加有印巴士兵参与的成员国联合反恐演

---

① [Россия]Рашид Алимов: ШОС не преследует цель ежегодного механического расширения своего состава//ТАСС.18 декабря 2017. http://tass.ru/opinions/interviews/4821092.

② [Россия]Эксперты прокомментировали вступление Индии в ШОС//РИА Новости.Нью-Дели, 9 июн 2017 года.https://ria.ru/world/20170609/1496222415.html

③ 胡晓明、张兴军、刘天：《上合平台为印巴提供合作机遇——专家解读印巴加入上合组织一周年》，载《参考消息》2018年6月7日，第11版。

习。[①] 12月，舆论普遍担心的印巴作为正式成员国首次参加上海合作组织成员国政府首脑（总理）索契会议的“口水战”并没有发生。[②] 为此，印度前驻吉尔吉斯斯坦大使，欧亚事务著名专家蓬乔克·斯托丹教授认为，“上海合作组织可促使印巴紧张关系逐步解冻，因为北京热衷于稳定的南亚关系”。另外，在上海合作组织框架下共同参加多边会议、反恐活动以及军事演习等形式多样的合作将改变地区政治气候，会“对印巴关系产生积极影响”。[③]

（六）俄罗斯不愿看到印中不睦削弱上海合作组织影响力

虽然俄罗斯积极推动印度加入上海合作组织的进程，但是，莫斯科也不希望新德里与北京的矛盾将其拖入尴尬境地。还是在印中洞朗边境冲突爆发前，俄罗斯就试图把印中两国国防部长召集在莫斯科会晤，以从中斡旋两国的紧张关系。因为北京和新德里都是俄罗斯的战略伙伴，莫斯科对印中关系的改善乐见其成。[④] 俄罗斯对迎合中印任何一方都不感兴趣，同两国的关系对俄罗斯都意义重大。从俄罗斯角度看，中印争端没有一个是根本性和无法消除的原则问题。相反，如果同心协力，两国完全可以构建对自己有利的新世界秩序。而在俄中印“三角”中发挥欧亚大国独特作用的俄罗斯也会受益。[⑤] 而且，俄罗斯学者谢尔盖·卡拉加诺夫明确表示，中国是俄罗斯最亲近的邻国，发展俄印关系不取决于俄中关系。俄罗斯在印中关系问题上不会选边站队，不会为支持印度或中国而将自己的利益置于风险之下。印中关系对立是错误的，越早解决这个问题越好。[⑥] 俄罗斯国际事务理事会在年终报告中也强调，俄罗斯要防止中印在亚洲和印度洋爆发对抗。2018年4月，“今日俄罗斯”国际通讯社政治观察家德米特

---

① [Россия]Владимир Скосырев.В России высадился пакистанский десант-Вашингтон вынуждает Исламабад искать нового союзника//Независимая газета.27.09.2017.

② [Россия]Владимир Скосырев.Спор Индии и Пакистана грозит ослабить ШОС-Доминирующая роль Китая в организации оказалась под угрозой//Независимая газета.01.12.2017.

③ 西玛·森古普塔：《上合组织扩大可能改变世界格局》，载《香港亚洲时报在线》2017年6月5日。

④ [Россия]Владимир Скосырев.Пекин и Дели топят лед в Гималаях-Под угрозой американских санкций Китай нормализует отношения с соседями//Независимая газета.26.04.2018.

⑤ [Россия]Петр Акопов.Россия выиграет, помирив Индию и Китай//Взгляд.1 июня 2017.

⑥ [Россия]Сергеем Карагановым, советником президента РФ Владимира Путина по экономическим вопросам и внешней политике, обсудил с Индрани Багчи (Indrani Bagchi) //Россия в глобальной политике.7 марта 2018.

里·科瑟列夫欣喜地表示，几个月前，某些人还在坐等印中在喜马拉雅地区陷入边境冲突，永远反目成仇，以彻底打乱莫斯科在亚洲方向上的整个外交部署。如今，和平正缓缓降临冲突区域，以对俄罗斯最有利的形式化解了上述困扰。[①]

（七）国际社会会逐渐改变对上海合作组织的偏颇认知

自上海合作组织成立以来，其倡导的“上海精神”和新安全观越来越被更多国家和国际组织机构认可和崇尚，也使上海合作组织从最初被西方一度担心的会变成“东方北约”和独立于西方的反美组织，逐渐发展成为被国际社会普遍看好的一个探讨新安全观和构建和谐地区及国际新秩序的重要平台，为不同文明和宗教信仰的国家和组织寻求共识、实现共同利益找到的一条新路径，在维护地区稳定和打击“三股势力”方面发挥的作用日益被国际社会认可。2002年8月，美国将上海合作组织打击的“东突厥斯坦伊斯兰运动”（东伊运）列入恐怖组织名单。9月，在联合国安理会通过冻结“东突厥斯坦伊斯兰运动”资产、旅行限制和武器禁运等制裁决议，将“东伊运”正式列入恐怖组织名单后，美国随即冻结了“东伊运”在美国的资金，切断其与其他恐怖组织的资金来源。时任俄罗斯总统上海合作组织事务特别代表列昂尼德·莫伊谢耶夫认为，上海合作组织最重要的成就即是国际社会普遍对上海合作组织在中亚地区发挥作用的认可，这反映在联合国通过的有关承认上海合作组织是保障中亚局势稳定的重要组织的专门决议。2011年9月和2015年1月，上海合作组织成员国先后联名向第66届和第69届联大提交了作为联合国官方文件的《国际信息安全行为准则》和准则的更新草案，引起国际社会广泛关注，推动了信息和网络空间国际规则制定进程。[②] 2016年4月，上海合作组织领导人在联合国召开的关于世界毒品问题特别会议的发言再次被作为大会正式文件分发各国代表。由此可见，上海合作组织已成为一面和平发展的旗帜，有着极高威望的多边综合性合作组织，其影响大大超出地区范围。历史和现今的欧亚大

---

① [Россия]Дмитрий Косырев, политический обозреватель МИА "Россия сегодня". Москва, Пекин и Дели: перезагрузка альянса//РИА Новости.24.04.2018.https://ria.ru/analytics/20180424/1519302477.html.

② 《中国、俄罗斯等上合组织成员国向联合国提交“信息安全国际行为准则”更新草案》，新华网，2015年1月10日。http://www.xinhuanet.com/2015-01/10/c_1113944827.htm（上网时间：2018年4月20日）。

陆或许有过，或目前依然存在着这样或那样较有影响的地区性国际组织，但都很少有像上海合作组织这样被更多不同意识形态和制度各异的国家所青睐。

（八）上海合作组织从青岛再出发

2018年6月，扩员后的上海合作组织成员国元首理事会首次会议在中国青岛举行。青岛峰会达成的共识更加丰富了成员国包括政治安全等领域的合作内涵。八国领导人批准《上海合作组织成员国打击恐怖主义、分裂主义和极端主义2019年至2021年合作纲要》和《2018—2023年上海合作组织成员国禁毒战略》及其落实行动计划，并责成各自相关部门就建立地区禁毒常设机构事宜继续进行积极磋商。与会各方积极评价接收印度和巴基斯坦加入上海合作组织的重要意义。中国国家主席习近平在主旨发言时指出，中方愿同各成员国一道，本着积极务实、友好合作的精神，全面落实本次会议的共识，携手创造上海合作组织更加光明的美好未来。印度驻华大使班浩然表示，上海合作组织青岛峰会及其议题正给世界秩序带来“多边主义”和“多极化”的全新思考和启发。上海合作组织青岛峰会和它所代表的多极化向世界传达了一个信息：即使是政体和意识形态存在差异的大国之间也可通过共同努力实现和平相处。上海合作组织秘书长阿利莫夫确信,《上海合作组织成员国元首理事会青岛宣言》将有助于成员国在加强相互信任、推进互利合作方面打开崭新局面。联合国常务副秘书长阿明娜认为，上海合作组织青岛峰会是多边主义的再出发。承前启后、继往开来，青岛峰会已成为上海合作组织发展进程中的重要里程碑。展望未来，有理由相信，上海合作组织将在维护和加强地区安全与稳定，促进地区共同发展，建立公平、合理的新世界秩序中发挥更大作用，发展前景越来越好。

（赵鸣文）

第二节 上海合作组织区域经济合作面临的挑战和前景

上海合作组织区域经济合作虽然取得了一系列成果，但经济合作这一功能并没有得到充分发挥。多年以来，一些内外部消极因素阻碍着经济合作的深入发展。但不可否认的是，尽管存在一些问题，但由于区域形势总体稳定，各成员国发展意愿迫切，以及扩员给上海合作组织发展带来的动力，上海合作组织区域经济合作将迎来新的机遇期，前景广阔。

一、区域经济合作存在的主要障碍

（一）成员国贸易便利化仍有不足

虽然上海合作组织各成员国在推动贸易投资便利化方面达成共识，并开始付诸实施，但在海关程序、标准一致化、商务流动和监管环境等四大领域仍存在着各种各样的壁垒，[①] 各方相关政策差异较大。比如在标准一致化方面，独联体国家基本继承苏联标准，与中国技术标准存在明显差异。中国企业进入俄罗斯及中亚国家市场时，需要进行法律和标准的收集、翻译、比对、调整本产品指标等。再比如，在审批、物流、通关、资金汇回等方面，上海合作组织各成员国要求不一，每经过一个国家就需重新工作，费时费力。[②] 俄、中亚国家劳务签证手续复杂且时间长，也在一定程度上阻碍企业投资和解决技术问题。此外，在营商环境方面，独联体国家经济结构单一、市场经济体制不健全，公共服务体系滞后、政府职能部门效率低、权力寻租和官僚腐败等问题依然突出，极大影响投资合作的开展。根据世界经济论坛发布的《2016年全球贸易便利化报告》，上海合作组织成员中，只有中国排在中上等，位列136个国家中第61位，其他国家都排在90位以后，处在中下等甚至是更后面。[③]

---

① 龚新蜀、刘庆岩：《上海合作组织框架下经济合作制约因素及原因分析》，载《重庆工商大学学报》第26卷第3期，第24页。

② 张宁：《上海合作组织自贸区的可能性分析》，载《辽宁大学学报（哲学社会科学版）》，2017年7月第4期，第142页。

③ 《2016年全球便利化报告》，http://www3.weforum.org/docs/WEF_GETR_2016_report.pdf（上网时间：2018年4月18日）。

（二）各成员国发展参差不齐及利益分歧

上海合作组织各成员国均属于发展中国家，各成员国之间的经济实力存在着较大差距。中、俄、印在总体经济实力上，即国内生产总值和外贸进出口总额上在上海合作组织内部是大块头，而其他国家在上述指标上差距甚大（见表2）。其中吉、塔两国属于最低收入国家，即最不发达国家。各成员国间经济实力失衡，战略规划各异，对区域经济合作提出的目标与要求差异也很大。此外，中俄关于上海合作组织经济合作发展定位、方向、道路也存有分歧，渐成区域经济一体化反向拉动力。上述两个根本性原因造成了十余年来上海合作组织经济合作的困境，即成员国美好的经济合作愿景与现实操作不符，出现了区域经济合作举措的形式化、区域经济合作双边化、经济合作项目化等现象。

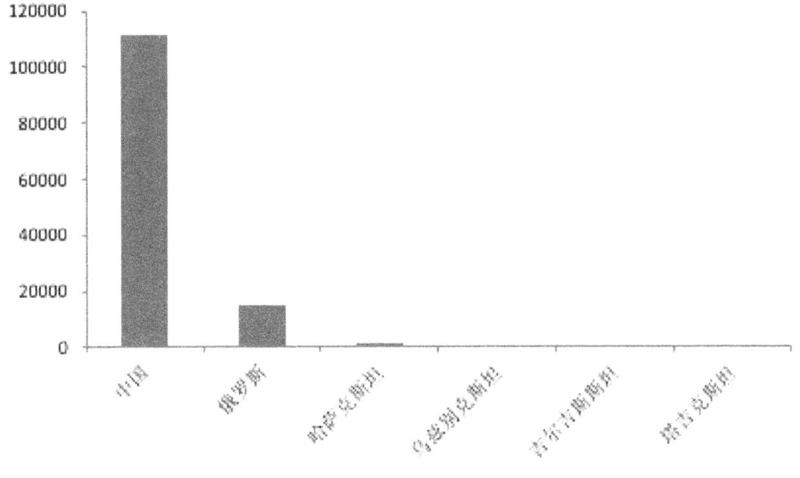

图1 2016年上海合作组织成员国GDP对比图（单位：亿美元）

数据来源：世界银行数据库，https://data.worldbank.org.cn/

表1 上海合作组织国家2015—2017年度全球竞争力排名一览表

	2015	2016	2017
中国	28	28	27
俄罗斯	53	43	38
哈萨克斯坦	50	53	57
乌兹别克斯坦	—	—	—
吉尔吉斯斯坦	108	111	102
塔吉克斯坦	91	77	79

数据来源：世界经济论坛网站，2015—2016、2016—2017、2017—2018年度全球竞争力报告。

（三）经济合作领域不平衡

一直以来，上海合作组织各成员国倾向于资源性行业合作,已实施了多个双边、多边能源合作项目。相对而言，农业、加工制造业、服务业等非资源领域合作项目较少。合作领域比例失衡，制约了区域经济合作规模的进一步扩大，迫切需要寻找并培育区域经济合作新的增长点。同时，各成员国经济结构转型对区域经济合作提出了新要求，包括减少资源领域合作，大力发展非资源领域及高科技产业合作等。毋庸置疑，近年来在各国的努力下，上海合作组织非资源领域合作取得了较大进展，但还未完全扭转经济合作领域失衡局面。因此，进一步缩小资源与非资源领域合作的差距是上海合作组织区域经济合作需要解决的新问题。

（四）多个次区域经济合作机制未能形成合力，有时相互掣肘

上海合作组织区域内并存多个次区域组织，如欧亚经济联盟、独联体、欧亚运输走廊、突厥语国家合作委员会和中西亚经济合作组织等。其中，俄罗斯主导的欧亚经济联盟统一对外关税及产业政策使上海合作组织内部出现了“圈中套圈”的局面，一定程度上压缩了该组织深化经济合作的空间并延缓了制度化进程。[①] 同时，美国、欧盟、日本纷纷在该地区提出各自的区域经济合作方案。如美国先后提出“丝绸之路战略法案”、“大中亚”计划、“新丝绸之路计划”；欧盟通过“欧盟与中亚新伙伴关系战略”、《欧盟与中亚关系》等计划，与中亚国家积极开展了在经贸、教育、投资、

① 王志远、石岚：《上海合作组织经济合作的主要障碍与对策分析》，载《新疆师范大学学报》2013年第6期，第46页。

环境保护和水资源等领域的合作；日本2004年启动“中亚+日本机制”，并通过大量援助和投资加强其对中亚地区的影响力。上述计划、机制一定程度对上海合作组织区域经济合作构成了压力，产生了竞争，分散了哈、吉、塔等成员国对上海合作组织经济合作的“注意力”。

二、区域经济合作迎来机遇期

虽然上海合作组织经济合作中存在一些问题，但积极因素远大于消极因素，随着印巴新成员的加入，上海合作组织有望迎来新的发展机遇期。

（一）区域内政治形势稳定

第一，俄罗斯及中亚各国对“颜色革命”始终保持警惕，进一步加快了国内政治制度建设，牢牢掌控着国内局势，国内稳定可期。俄罗斯威权政治体制稳固，普京在2018年总统大选中获胜，未来六年内俄罗斯政治形势将继续保持稳定。乌、吉两国也成功进行了政权交接。米尔济约耶夫当选乌国总统后，对内进行了一系列改革，缓和了国内积累多年的矛盾，稳定了社会形势，巩固了执政基础。哈总统纳扎尔巴耶夫地位巩固，加紧布局未来政权架构。

第二，中亚国家对中俄两国的经济、安全倚重正在上升。中俄在该地区的影响力上升，而美西方对中亚国家政策有所调整，总体影响力降低，这有助于减少域外力量对中亚内部事务的干预。

第三，中亚国家关系缓和。乌兹别克斯坦主动改善了与吉、塔两国的关系，在国际组织协助下划定了与吉部分边界，开放了与塔国边界，恢复了塔什干与杜尚别的定期直航。中亚地区长期存在的水资源争夺、环境问题、领土边界等矛盾明显缓和。

第四，虽然中亚地区面临着宗教极端分子回流及阿富汗问题外溢的威胁，但中亚各国均高度关注恐怖活动的发展走向，并加大了对恐怖、极端分子的打击力度，未来一段时期中亚地区安全形势总体可控。

（二）区域内经济形势好转

区域内经济形势好转势头明显，这将有利于推动区域经济合作进一步展开。首先，俄罗斯及中亚国家经济回升。由于国际油价回升及俄罗斯自身采取的反危机措施，2018年1—5月俄罗斯经济继续维持复苏态势，

GDP同比增长1.3%。[①] 俄央行预测，2018年俄经济将增长2%。世界银行对2018—2020年俄经济年均增长率预估为2%左右。俄罗斯经济复苏也带动了中亚国家经济增长。2018年1—6月哈萨克斯坦经济增长4.1%，乌兹别克斯坦经济增长4.9%，塔吉克斯坦和吉尔吉斯斯坦则分别增长7.2%和0.1%[②]，预计未来2—3年这一增长态势还将持续。2018年1—4月，印度、巴基斯坦GDP分别同比增长7.7%和5.8%，亦保持上升势头。同时，各成员国求稳定、谋发展愿望迫切，均制定了一系列中长期经济发展战略，为吸引外资、扩大相互贸易创造了有利条件，也为拓展区域经济合作提供更为广阔的空间。其次，上海合作组织所有成员国有望在近期全部成为世界贸易组织成员。目前，除乌兹别克斯坦以外，上海合作组织其他成员国皆加入了世贸组织。而乌兹别克斯坦表示将加速入世谈判进程，争取早日加入。这样，世贸组织多边贸易体系将为区域经济合作提供新的制度性保障。各成员国严格履行和兑现入世承诺，加快推进本国贸易与投资自由化进程，继而有利于提高区域贸易投资自由化与便利化水平，极大改善区域内经贸合作环境。

（三）成员国的合作意愿明显增强

未来一段时期，受国际能源价格难以回到高位及西方对俄经济制裁未解除的影响，俄罗斯及中亚国家经济很难高速增长。为破解这一困局，俄罗斯及中亚国家将经济建设作为国家发展第一要务，对加强上海合作组织框架内多边经贸合作的意愿大为提升，这为深化区域经济合作提供了强大的内在动力。同时，上海合作组织成员国的理念和发展战略发生了重要变化，经济合作制度化提到重要位置，各国已意识到打破“规则壁垒”、打通“贸易经络”已是当务之急。

值得一提的是，俄罗斯与乌兹别克斯坦对待上海合作组织区域经济合作的态度出现变化，由过去的消极转变为积极。乌克兰危机以来，西方对俄罗斯制裁不断加码，迫使俄罗斯更加注重同东方的合作，融入亚洲的诉求上升，对上海合作组织区域经济合作的态度也有了很大转变，由淡漠转向积极，希望通过上海合作组织经济合作为国内发展创造条件，并提升自身国际影响力。乌新任总统上台后，其内外政策具有开放性特点，对上海

---

① http://www.gks.ru/bgd/free/B18_00/Main.htm（上网时间：2018年4月17日）。

② 哈、吉、乌、塔统计局网站（上网时间：2018年4月17日）。

合作组织区域经济合作明显积极了很多。

此外，上海合作组织观察员国和对话伙伴国多为发展中国家，产业结构单一，基础设施发展水平相对较低，迫切需要吸引外资，助力国家经济发展。中国提出的“一带一路”倡议，恰恰以基础设施、互联互通、扩大产能合作以及打造金融平台为重点合作方向，也为拓展上海合作组织区域经济合作提供了难得的机遇。①

（四）扩员后区域经济合作潜力进一步提升

1. 上海合作组织国际影响力扩大。印、巴的加入使上海合作组织成员国地域范围延展至南亚，总面积近3400万平方公里，占欧亚大陆面积的约70%，总人口大幅增长至31亿，占世界的44%；GDP总量超过15万亿美元，占全球总量五分之一，② 上海合作组织经济实力和影响力进一步增强。同时，印、巴是南亚地区重要国家，经济发展潜力巨大，与组织其他成员国经贸交往有地缘优势，两国的加入为推进上海合作组织务实合作带来更多选项。

2. 有助于建设高效完备的互联互通体系。印、巴加入后，上海合作组织将不仅仅是路上丝绸之路经济带建设的重要平台，还将连接海上丝绸之路，延伸至南亚和印度洋重要港口，联动亚欧两大市场，③ 同时覆盖“一带一路”的四条重要经济走廊，即中蒙俄、新亚欧大陆桥、中国—中亚—西亚、中巴经济走廊。这将有助于能源、通讯、交通等地区基础设施建设项目的有效实施，形成更加完备便利的区域互联互通网络。

3. 为多边经贸合作增添动力。第一，合作领域增多。印度作为新兴经济体，经济发展较快，信息技术、医药等行业发达，人才储备丰富，同时也是能源进口大国，将为区域经济合作带来新血液和新动力。第二，有利于推进区域贸易投资便利化。印、巴均为世贸组织成员国，在一定程度上能遵守贸易投资自由化规则。中巴自由贸易区早在2007年就已建成，将对上海合作组织自由贸易便利化进程起到示范作用。第三，融资平台增

---

① 《商务部副部长钱克明：共同推进上海合作组织区域经济合作》，载《中国外资》2016年第11期，第22页。

② 张健荣：“上合首次扩员印巴‘转正’意义非凡”，环球网，2017年6月9日，http://opinion.huanqiu.com/plrd/2017-06/10811223.html（上网时间：2018年4月20日）。

③ “中国商务部长谈印、巴正式加入上合：区域经济合作将面临三大机遇”，中国新闻网，2017年6月10日，http://www.chinanews.com/gj/2017/06-10/8246999.shtml（上网时间：2018年4月20日）。

多。企业和地方的合作更为活跃，一些重大的多边项目有望落实。[①]

（五）“一带一路”助力区域经济合作

自“一带一路”倡议提出以来，已经在交通、能源、金融、产能等领域取得早期收获，这些领域也是上海合作组织区域经济合作的重点领域，在一定程度上促进上海合作组织经济合作进入快车道。2017年5月14—15日，“一带一路”国际合作高峰论坛成功召开，为未来一段时期“一带一路”的建设指明了方向，也为今后上海合作组织区域经济合作注入新活力，将带动上海合作组织贸易便利化及合作伙伴多元化，加快区域基础设施建设，推进区域一体化进程。同时，上海合作组织也是“一带一路”与欧亚经济联盟对接的主要平台，一方面有利于深化中俄双边务实合作，另一方面可推动中俄两国在上海合作组织框架内的战略协作，增强上海合作组织的凝聚力。

总之，当前上海合作组织正处于新的发展阶段，应牢牢把握战略机遇期，秉持互利共赢、和平合作之原则，坚定不移地推进务实合作，使区域经济合作向更深层次方向发展。（韩璐）

① 孙壮志等：《上海合作组织扩员与成员国间的经济合作》，载《欧亚经济》2017年第5期，第25页。

第三节 上海合作组织人文合作面临的挑战与前景

上海合作组织各国在人文合作方面都非常积极，前景广阔。但由于各国经济体量、发展水平、历史背景不同，各国的诉求也有差别。特别是在涉及水资源的环境合作、涉及市场准入的文化产品等问题上。上海合作组织人文合作需要将政府支持与市场引导、旅游与文物保护、卫生与医院合作等结合起来，使更多人有受益感和获得感。

一、上海合作组织人文合作面临的困难

1. 产业结构、发展水平不同，对文化产业的认知差异。中国对文化产业十分重视，正力争将文化产业打造成经济新亮点，影视、游戏、动漫、演出、数字化、文化旅游全面推进。中国政府先后推出了《国务院关于加快发展对外文化贸易的意见》（2014年）、《关于推动特色文化产业发展的指导意见》（2016年）、《文化部“十三五”时期文化产业发展规划》（2017年）等文件，提出到2020年，文化产业要成为国民经济支柱性产业。2016年11月，国务院出台《“十三五”国家战略性新兴产业发展规划》，提出“文化科技深度融合、相关产业相互渗透”理念，将数字创意产业列入战略性新兴产业，发展包括交互娱乐引擎、文化资源数字化、互动影视、超感影院、混合现实娱乐、智慧博物馆等新行业。2016年俄罗斯出台了《2030年前俄罗斯联邦国家文化政策战略》，目标是形成明确而统一的国家文化政策价值导向，保障国家文化安全，保护文化遗产和文化资源，强化俄罗斯公民的文化教育。[①] 但多数上海合作组织国家经济是处于工业化或“再工业化”阶段，对发展文化产业心有余而力不足。这也是为什么举行了上海合作组织文化产业论坛后再无“新动静”的原因。

2. 上海合作组织各国处于不同的文化建设阶段。上海合作组织国家中，尽管所有的成员国都有悠久的历史，但情况各异。中国历史悠久，文明延续五千年。俄罗斯文明史虽不及其他国家长，但在近代创造出了灿烂

---

① 李琳：《俄罗斯联邦国家文化战略解析》，中国共产党新闻网，http://theory.people.com.cn/n1/2016/0426/c143844-28306119.html（上网时间：2016年4月26日）。

的文化，地区影响力巨大。印度历史文化悠久，自马其顿亚历山大帝国时与中亚就有联系。在上海合作组织内，这些国家有与生俱来的文化自信，希望全面推动人文各领域的合作，同时增强本国文化的影响力，属于“输出”型国家。中亚各国也有悠久的历史，但苏联解体后，中亚各国着力挖掘本国的文化传统、历史古迹，处于“文化独立”阶段。如塔吉克斯坦总统将姓氏从拉赫蒙诺夫改成拉赫蒙，乌兹别克斯坦文字拉丁化，哈萨克斯坦重新梳理“哈萨克汗国”历史。这些国家属于文化“重塑”阶段，重在强化本国的历史文化传统。虽然各国也主张兼收并蓄，但前提是不影响其文化独立进程。

3. 政府主导为主，社会参与度、市场化水平较低，专业人才缺乏。上海合作组织人文活动中，卫生防疫、紧急救灾、科技合作政府占据绝对主导地位，而文化、旅游、环境保护、遗产挖掘和保护，也以官方和半官方为主，社会团体、民间组织的参与度不够。对上海合作组织人文合作的宣传力度、宣传手段也不够多。最为重要的是人才欠缺，特别是懂媒体、精策划、会营销、善管理的文化交流复合型人才稀缺，人文合作与市场的结合度不够。

二、上海合作组织人文合作的前景

上海合作组织人文合作的前景广阔，主要理由有：

1. 人文合作意义重大，备受重视。人文合作对上海合作组织成员国增进互信，化解隔阂，提高命运共同体意识具有特殊的意义，因此受到各成员国的高度重视和大力支持。在历次的元首联合宣言和政府首脑联合公报中，都对加强人文领域合作进行专门论述。如，青岛宣言提出，“成员国将继续在文化、教育、科技、卫生、旅游、民族手工艺、环保、青年交流、媒体、体育等领域开展富有成效的多边和双边合作，促进文化互鉴、民心相通”。

2. 已形成一整套机制确保人文合作有序开展。为推动人文合作，上海合作组织已经建立了成熟的人文合作机制，可确保人文合作有序开展。这里，既有峰会、总理会议为合作定方向，也有部长级会议制定行业行动计划，还有司局级的工作组，负责起草和落实达成的文件。上海合作组织人文合作已经是一个有机的运转系统。

3. 在绝大多数人文合作领域各方利益高度契合，深化人文合作符合各方诉求。特别是在教育、卫生防疫、紧急救灾、科技、旅游等领域利益契合度最高，合作也顺畅。这些领域的合作诉求不会因国家大小、资源禀赋、文化背景的差异而有所变化，所有成员国都非常需要交流合作，中小国家甚至更期待。

4. 不少领域互补性很强。如，在旅游方面，上海合作组织各国互为近邻，山水相连，开展旅游合作有“近水楼台”优势，而且各国历史渊源很深，有千年丝路相连。中国还是世界最大游客输出国，旅游合作互补性强，具有很大发展潜力。在教育方面，各国各有优势，如，印度优势在金融、IT等方面，俄罗斯优势在数学、物理学、生物学、地质学、化学等方面。中国在2018年QS大学排名中，有11所大学进入世界百强，位居上海合作组织国家的首位。其他方面的互补性也很强，如中俄在杂技方面各有所长，可取长补短。

5. 上海合作组织成员国中，有经济实力的大国甘心付出，保证了人文合作不断推进。上海合作组织中，中俄两大国深知人文交流的重要性，一直不遗余力提倡议、推合作。如科技部长会议以及《上海合作组织科技伙伴计划》倡议来自中方，首届部长级会议也是在中国举办的。首届媒体高峰会、首届政党论坛、首届人民论坛是中国发起的。2010年中国举办第七次文化部长会议，时隔一年，2012年接着又举办了第九次会议。上海合作组织救灾部门领导人会议、旅游部门领导人会议、上海合作组织妇女论坛则最早发起于俄罗斯。相信，印巴加入后，作为新兴力量，两国会成为新倡议的发起者，为人文合作带来新动力。

三、上海合作组织应在以下领域深耕

1. 旅游与文化遗产保护相结合。旅游业是经济与文化交融在一起的领域，不仅可以增加交流，增强认知，增进了解，还可以带动就业。而历史古迹、文化遗产则是最重要的旅游资源。上海合作组织成员国共有联合国教科文组织名录中的世界遗产128处，占名录总数的12%。目前，发展旅游业是所有上海合作组织成员国的重点，有很强的合作动力。上海合作组织应把发展旅游业与文化遗产保护、民族手工艺、传统饮食文化等相结合，使之成为一个有机的整体。在上海合作组织框架下，应进一步简化签证制度，完善服务基础设施，推出有竞争力的联合旅游产品，使之成为各国经济的“亮点”。

2. 医疗卫生与医院合作相结合。医疗卫生、防疫合作是人文合作中受益面最广的领域，可以说人人获益。但这种受益往往是间接的，普通民众的感受度不高。深化医院之间的合作，为居民提供更好的医疗服务，则更贴近百姓。因此，卫生防疫与医院合作相结合，可增强民众的获得感。

3. 政府支持与市场引导相结合。上海合作组织各国的发展阶段决定了上海合作组织文化合作仍应以政府支持为主。但要使文化合作覆盖面更广，受益人群更多，就需要逐步引入市场元素，进一步提升文化产业合作。鉴于各国文化产业并不发达，在上海合作组织框架下，应加强文化基础设施建设合作，特别是提升数字化、网络化能力；加大在人才培养上的合作，特别是创意人才、管理人才、技术人才、营销人才的培养。市场开发上考虑更容易市场化的领域，如影视、出版、印刷、动漫、游戏、演艺等。

4. 欣赏"异域风情"与挖掘文化共性相结合。中国与上海合作组织国家文化背景、历史传统有差别，异域风情是吸引观众眼球的亮点，但我们彼此的文化、价值观相同点也很多，如丝绸之路就是双方的历史纽带，佛教就是印度、中亚与中国的纽带。发现文化的共同点可增进各国人民之间的亲切感和认同感。上海合作组织应成立"上海合作组织文化中心"，以共同研究各国文化、传统和风俗。

5. 文化交流与企业业务相结合。随着经济合作的深入，相互"走出去"的企业不断增多。一方面，这些企业需要通过文化合作宣传企业形象，如"俄罗斯怀旧经典歌舞晚会"就是由俄罗斯铝业公司赞助的。上海合作组织秘书处的不少活动得到中方企业的赞助。另一方面，企业处于民心沟通的前沿，更贴近当地百姓。一个好的投资企业例子，胜过讲一百个故事。强化上海合作组织框架下文化合作，需要争取更多的企业参与进来。

6. 媒体合作应成为新重点。人文合作的核心目标是增进相互了解、相互认同，构建"上海合作组织大家庭"意识。尽管所有人文合作都能促进民心相通，但对增进相互认同、相互了解最有帮助，影响最持久的是媒体。上海合作组织青岛峰会文件多处谈及信息空间，上述信息空间应包括打造"上海合作组织新闻媒体传播统一空间"，新闻、评论增加相互引用比重，而不是总引自西方媒体。

（李自国）

第四节　上海合作组织教育合作面临的挑战和前景

一、困难与挑战

其一，体系对接障碍。上海合作组织的成员国中，原苏联加盟共和国之间的国家教育体系相对接近，而我国在教育体系、学制学历、教学模式上都与之存在较大差异；同时，各成员国受经济、历史等各种因素影响，教育发展水平并不均衡，在教育合作项目对接过程中，存在很多技术上的困难。此外，中国与上海合作组织其他国家的文化差异，也令合作面临不小的挑战。

其二，内生动力不足。各国发展国际教育的对象主要为欧美发达国家，从而引进先进教育观念和管理模式，提升本国教育水平，如上海合作组织成员国俄罗斯、哈萨克斯坦等国都是“欧洲高等教育区”的成员国。鉴于此，上海合作组织成员国之间发展教育合作的内生动力存在客观上的不足。

其三，合作质量仍待提升。上海合作组织大学经过10年发展虽初具规模，但仍在成长探索期，其教育合作的内涵深化、层次扩展、资源整合、扩容扩员、制度建设仍待完善。区域教育合作的持久性有赖于合作的含金量、先进性和科学性。对此，年轻的上海合作组织教育领域合作仍有很长的路要走。

二、发展机遇和前景

1. 潜力巨大，空间广阔。其一，上海合作组织拥有8个成员国、4个观察员国、6个对话伙伴国，合计31亿人口，是全球面积最大、人口最多的区域合作组织，可以为上海合作组织发展不断输送人才。其二，上海合作组织大学的组织模式是非实体化教育网络，其发展的规模和速度所受的局限性相对较小。其三，它以教育合作为宗旨，对各国的教育体系没有深层次的改革要求（不同于欧洲的博洛尼亚进程），其发展的困难和障碍性相对较小。

2. 符合教育国际化发展大势。教育资源在全球范围内流动，教育活动在双边或多边框架下开展，是时代发展的潮流。无论是单一的两个民族国家之间的教育交流，还是跨洲际的大版块区域教育互动，国际教育合作已有多年实践和基础。如，欧洲在上个世纪末就启动了“欧洲高等教育区”进程。整合教育资源，搭建统一教育空间，协调教育体系，培养高层次人才是新时代下教育发展的潮流所向。上海合作组织启动区域教育一体化进程，发起成立上海合作组织大学，正是顺应了这一国际大趋势。

3. 各国高度重视，政策倾斜。上海合作组织各成员国都高度重视发展教育事业，对教育国际合作高度关注，政策倾斜力度较大，如哈萨克斯坦有鼓励留学的博尔沙克计划。随着各国经济多元化和转型升级，对高端人才的需求越来越多，上海合作组织框架下的教育合作，一方面可使各国学子更便利接触其他成员国的优势学科，另一方面也能通过深层次教育交流，引进和更新教育理念，促进各国教育事业的发展。

由上可见，上海合作组织发展教育一体化进程、搭建统一教育空间的愿景符合全球教育国际化潮流所向，与区域经济合作大势对高层次人才需求高度契合。各方教育体系和教育发展水平的差异仍是教育融合进程中亟待协调和破解的课题。12年的发展历程中，上海合作组织教育领域合作已形成了独创性的发展理念与实践经验，伴随其教育合作的内涵和层次进一步丰实，合作模式和举措不断创新，具有上海合作组织特色的高水平的国际教育合作平台来日可期。（程敏）

第五节　上海合作组织对外合作面临的挑战和前景

上海合作组织自成立以来奉行既定的对外开放原则，对外合作取得明显进展：初步建立起了多层次的、覆盖各类对本组织感兴趣国家和国际组织的对外交往机制，多边伙伴网络逐渐成型。上海合作组织的活动空间不断扩展，国际影响力迅速提升，已经成为维护欧亚地区安全、促进经济合作的一支重要力量。然而，作为一个年轻的地区性国际组织，上海合作组织在开展对外合作中还面临不少挑战和问题，必须统筹兼顾，精准施策，以确保组织对内对外合作平衡发展，相互促进，形成有效合力。

首先，上海合作组织在组织的区域定位上尚存在模糊不定状态。上海合作组织成立至今尚没有一个文件对组织的地理范围加以明确界定，导致组织在吸收新成员以及接纳观察员国、对话伙伴国时缺乏一个明晰可见的标准，甚至出现了吸收对话伙伴国趋于泛化的倾向。目前，印度、巴基斯坦已加入上海合作组织，这使组织的地域从中亚延伸到了南亚，那么，未来上海合作组织的区域定位是中亚地区还是欧亚地区抑或是更大的地区，对此必须现实、客观地确定组织的区域定位，否则，难以避免组织走向“论坛化”。从历史和现实看，扩员后的上海合作组织虽然从中亚扩展到南亚，但始终不能忘记初心，中亚地区应该继续成为成员国合作的中心地区，决不能使其边缘化。这是上海合作组织存在发展的根基，也是各方利益的汇合点，但同时也要面对现实，不能封闭保守，画地为牢，自缚手脚，上海合作组织的议题仍以中亚为主，但必须兼顾南亚，并以印巴加入为契机，努力促进中亚、南亚两大地区的融合发展，积极推动跨区域合作和互联互通新格局。与此同时，印巴加入上海合作组织是组织的首次扩员，需要认真总结其中的经验和不足之处，新老成员也需要一个磨合过程，尤其是新成员需要尽快熟悉组织的运行规则，组织原有的机制、制度亦要作出一定调整。在此背景下，上海合作组织内部需要一个调适和消化过程。也就是说，当前和今后一个时期，上海合作组织需要适当暂缓扩员进程，在扩员问题上采取更为谨慎的态度，以确保组织行稳致远。但这并不是要关闭扩员大门，在明确组织区域定位和基本完成新老成员磨合的基础上，上海合作组织肯定会继续扩大。从形势变化和现实需求看，下一步扩员对象最有可能从现有成员国尤其是中亚成员国周边选择。

其次，上海合作组织在对外交往中存在“交流多、合作浅”的状况。过去17年间，上海合作组织的主要关注点是组织内部的建章立制、成员国之间合作等问题，对外合作并未成为组织的工作重点。上海合作组织虽吸收了观察员国、对话伙伴国参加到组织的大家庭，但如何发挥各自优势和潜力，开展富有成效的合作尚属薄弱环节。同时，上海合作组织与不少国际组织建立了正式联系，签署了合作谅解备忘录，确定了双方共同感兴趣的合作领域，互派代表参加各自组织的各类会议，然而，双方合作还更多停留在信息的交流与对话，真正具有实质内容的合作尚未有效展开。未来，上海合作组织成员国应切实加强与观察员国、对话伙伴国的联系和合作，探索新的更为有效的合作模式，充实新的合作内容，制定具体可行的合作计划，充分发挥观察员国、对话伙伴国的积极性，相互取长补短，共同促进上海合作组织大家庭的建设，推进构建上海合作组织命运共同体。同时，上海合作组织与其他国家和国际组织可以制定更为具体的、可操作性强的合作交流计划，加大做好“软性”合作，即相关政策的协调、规则的对接等，切实提升合作的效率与质量，将双方已达成的共识和美好愿景落到实处，防止对外合作流于表面。

再次，与美西方国家及其组织的合作关系尚属阙如。从上海合作组织对外合作的对象可以看出，当前上海合作组织更加侧重与欧亚地区的国家及国际组织进行合作，而与美西方及其主导的国际组织交往不多。合作对象局限在欧亚地区，这当然是由上海合作组织所处的地域决定的，也是出于合作便利性的考虑，但也引发一些国家对组织的猜疑。虽然上海合作组织明确提出了奉行不结盟、不针对其他国家和地区以及对外开放原则，但不少西方国家仍将上海合作组织视为中俄主导的反西方集团，甚至是“东方北约”。未来，上海合作组织可将与美西方的对话与合作正式提上议事日程，并适时拓展对外合作对象，这不仅可降低外部对组织的猜忌，为组织发展营造有利的外部环境，也有利于组织国际影响力的进一步发挥。

从发展趋势上来看，上海合作组织对外合作的潜力巨大，前景看好，一是随着对外影响力不断提升，上海合作组织对外合作的空间呈现日益扩大之势。上海合作组织成立17年来一直处于不断发展壮大之中，印巴的加入把上海合作组织的国际影响力提高到了一个空前的程度，使之成为名副其实的欧亚大陆乃至全球最大的综合性国际地区组织，越来越多的国家要求加入上海合作组织大家庭中，越来越多的国际组织和机构表现出与上海合作组织扩大深化合作的强烈愿望，这为上海合作组织对外合作提供了更加广阔的空间。二是上海合作组织本身的发展也要求不断加强对外合作。2018年青岛峰会的一个显著特点是赋予了上海合作组织更加崇高的使命和任务，这就是确立了构建人类命运共同体这一共同理念，提出要推动国际秩序更加公正平衡。这是成员国基于共同需要达成的政治共识，为完善全球治理贡献了上海合作组织智慧，也为上海合作组织对外合作提供了强劲动力。三是面对当前单边主义、保护主义抬头的现实，上海合作组织高举多边主义大旗，坚决维护以世贸组织规则为核心的多边贸易体制，积极推进经济一体化进程，这也为上海合作组织拓展对外合作提供了难得的机遇，促动上海合作组织的对外合作更好更快地发展。（赵臻）

第六节 结语

当前，国际和地区形势正在发生深刻复杂的变化，上海合作组织处在一个大发展大变化的重要节点，面临转型升级、再续辉煌的重大契机。

一是作为上海合作组织中具有举足轻重作用的大国，中国开启新时代中国特色大国外交，提出了构建新型国际关系和构建人类命运共同体的战略目标，为上海合作组织指明了前进方向，赋予上海合作组织新的崇高使命，有助于上海合作组织实现理念升级。在2018年青岛峰会上，习近平主席提出了构建上海合作组织命运共同体的重大倡议，并系统阐述了发展观、安全观、合作观、文明观、全球治理观五大观念，为“上海精神”增添了新的时代内涵，成为构建上海合作组织命运共同体的重要指导思想。同时，中国提出并力推“一带一路”国际合作倡议，为破解上海合作组织区域经济合作难题提供了有效的“中国药方”，为上海合作组织发展注入新的强劲动力，有助于补足上海合作组织短板，激活成员国之间的经济合作，消解上海合作组织扩员压力，从而确保上海合作组织可持续发展。作为上海合作组织中最大的经济体，中国加强对上海合作组织的战略引领和主动塑造，为上海合作组织发展壮大提供了不竭的动力之源和坚实保障。青岛峰会期间，习近平主席宣布了中方支持上海合作组织合作的一系列重要举措，包括未来三年为各方培训2000名执法人员，提供3000个人力资源开发培训名额，在上海合作组织银联体框架内设立300亿人民币等值专项贷款，设立“中国—上海合作组织法律服务委员会，在青岛建设中国—上海合作组织地方经贸合作示范区等，彰显了中国对上海合作组织的责任担当和有力支撑。

二是作为上海合作组织双引擎之一的俄罗斯面临美西方持续施压，对上海合作组织的借重和依托有增无减。普京总统在新的任期立志振兴国内经济，也更加需要上海合作组织提供安全有利的外部环境。美国公开首次同时将中俄定性为战略竞争对手，这在客观上也会加速中俄进一步走近，为双方增强在上海合作组织中的合作平添助力，有助于形成更大更强合力共推上海合作组织合作迈向更高水平。

三是近年来中亚成员国关系明显改善，合作意愿显著增强，并在解决困扰各方多年的边界、水资源利用等问题上打破坚冰，初见成效，为推进上海合作组织整体合作营造了良好氛围。“丝绸之路经济带”与欧亚经济联盟的对接合作亦取得积极进展，中国与欧亚经济联盟经贸合作协议业已签署，为上海合作组织成员国之间的经济合作创造了有利前提。

四是印巴加入为上海合作组织增添新的活力，为中俄印搭建了新的重要互动合作平台，也为中亚地区提供新的广阔市场和出海通道，有助于推动中亚、南亚两大地区发挥各自优势，走向合作融合，形成跨区域大市场和互联互通新格局。

但同时也要看到，当前上海合作组织内外形势也在发生复杂变化，对上海合作组织前途命运构成一定挑战。

从外部环境看，2017年12月18日，特朗普出台任期内第一份《国家安全战略》，明确将中国和俄罗斯定性为“修正主义国家”和战略竞争对手，并出台实施所谓“印太战略”，采取一系列严厉措施加大对中俄围堵打压，如近期美国在台湾、中美贸易、南海等一系列敏感问题上接连挑战中国底线，尤其是在贸易问题上对中国极限施压，在乌克兰、叙利亚等问题上则对俄制裁打压不断。在上海合作组织区域，美国也在加大实施分化战略，美国出台阿富汗新战略，对印巴一拉一打，加剧印巴博弈争斗；[①]在伊核问题上，特朗普决然退出伊核协议，并加大对伊制裁，威胁对伊动武，导致地区局势充满变数和风险；美国在中亚地区继续推进“C5+1”多边对话机制和中南亚合作项目，加紧拉拢地区国家。美国在全球和地区层面动作频频，对中俄维护和保障上海合作组织地区战略稳定和上海合作组织强化内部凝聚力都构成挑战，导致上海合作组织地区形势趋于复杂化。同时，阿富汗问题久拖不决，伊斯兰国势力不断渗透，“三股势力”不时兴风作浪等始终对上海合作组织的安全与稳定构成严重威胁，成为上海合作组织上空挥之不去的浓重阴影。

从内部情况看，印巴加入对上海合作组织固有模式构成新的考验，一是组织的区域定位需要明确界定。印巴加入使上海合作组织地域延伸到了南亚，未来上海合作组织的区域定位是中亚地区还是欧亚地区，必须给予清晰的说明。未来上海合作组织发展的目标和方向也应该作出更为清晰的

---

① “Trump Sets U.S. Strategy for Afgan War”, http://www.nytimes.com/2018/08/21/word/asia/afganistan-troop-trump.html.

阐释。二是内部现有运行机制和法律需要作出调整。印巴的加入使成员国由6个增加到8个，如何弥合扩员后成员国之间增大的内部分歧、最大限度地消解扩员给组织内部协调和决策带来的压力，需要作出新的规划和设计。同时，现行法律体系也需要与时俱进，根据扩员后的新形势新要求作出必要修订和完善。三是组织的功能建设需要转型升级。如何在扩员后新的历史条件下统筹推进安全、经济、人文三大合作，切实提升组织合作效率和行动力，使之真正惠及各方，并避免“论坛化”，考验着上海合作组织的内部凝聚力与整合力。

总的来说，上海合作组织处在一个新的关键节点，虽面临一定的困难和挑战，但都是暂时、局部的，从发展来看，未来上海合作组织的机遇更大更多，不仅不会走下坡路，反而会驶入更快发展轨道，从而达到新的历史高点。

当前，上海合作组织正处于一个承前启后、继往开来的重要时刻。经历17年的发展，上海合作组织以自身生动的实践证明了其强大的生命力，未来上海合作组织仍有巨大的发展潜力和上升空间。从战略高度和长远角度考量，上海合作组织未来应与时俱进，根据国际和地区形势走向，立足本地区实际，坚定不移、不折不扣地加大贯彻落实既定方针政策，确保组织始终沿着正确的道路前行。

（一）确立明确清晰的发展方向和战略目标。上海合作组织是在冷战后创建的超越冷战思维的新型国际组织，应秉持“上海精神”，毫不动摇地始终坚持不结盟、不对抗、不针对第三方的基本原则，不搞封闭排外的小圈子，不打地缘博弈的小算盘，防止上海合作组织成为地缘政治工具，切实建立起结伴而不结盟、对话而不对抗的新型合作模式，推动构建相互尊重、公平正义、合作共赢的新型国际关系，合力构建上海合作组织命运共同体。同时，积极开展对外交流合作，在全球治理上承担更多更大责任，推动国际政治经济秩序朝着更加公正合理的方向发展，成为维护世界和平发展、完善全球治理的重要力量。

（二）明确区域性国际组织定位。上海合作组织在发展过程一直存在区域定位模糊的问题，一定程度上影响着组织的效率和威信，并导致组织出现某种“论坛化”倾向。必须对上海合作组织作出现实、客观的定位。扩员后的上海合作组织虽然从中亚扩展到南亚，但中亚地区始终应该继续成为成员国合作的中心地区，决不能因扩员而使其边缘化，这是上海合作组织存在发展的根基，也是各方利益的汇合点，但同时也要面对现实，不能封闭保守，自缚手脚。根据形势变化和现实需求，上海合作组织可以定位为以中亚地区为中心、以中亚周边为外延的欧亚地区组织，这将使上海合作组织具有明确的地区依托，也有利于防止上海合作组织泛化虚化。未来一个时期，上海合作组织的工作重心应放在加强内部建设、深化内部合作上，必须适当放缓继续扩员步伐。

（三）修订完善相关法律文件。《上海合作组织宪章》《上海合作组织睦邻友好合作条约》《打击恐怖主义、分裂主义和宗教激进主义公约》等构成了上海合作组织的基础性法律体系，其基本原则必须严格遵循，但也要根据形势发展和现实需要作出适当补充和修改，以使之更趋完善和有效。在诸如决策表决方式、违规惩戒制度、矛盾冲突调解机制等方面也应确立新的规定。同时，进一步修订完善扩员文件，确立严格、规范、长期、可操作的扩员制度。

（四）根据精干高效原则改革组织机构。全面评估现有机制，精简合并有关机构，谨慎增加新机制，避免摊子过大，形成空转。加强常设机构权责，根据扩员新情况，增加资金投入和人员编制，切实提高效率。

（五）突出重点坚定推进地区合作。安全上，以解决阿富汗问题为重点，坚决打击宗教极端势力，形成长期高压态势；积极践行“新安全观”，构筑可持续安全共同体。经济上，贯彻共商共建共享原则，积极推进“一带一路”，加大“一带一盟”合作和国别战略对接，以规则对接为主，稳步推进贸易投资便利化；以能源、交通为突破口，由易到难、由浅入深推进多边经济合作；加强与观察员国、对话伙伴国联系，共同探索合作新途径；推进中南亚互联互通，推动形成跨区域大市场。人文上，倡导互尊互信，包容互鉴，推动人员往来便利化，加大民间交流往来，增加教育、文化、科技合作，逐步实现“民心相通”。

（六）构筑新型国际关系。筑牢中俄双引擎，加强双方在上海合作组织中的战略协作，共同维护上海合作组织地区稳定和发展大局，防止域外势力干扰破坏；加强中俄印三方在上海合作组织中的立场协调，努力增信释疑，寻求合作最大公约数，最大限度地减少负面不利影响，努力实现良性互动；切实遵循大小国家一律平等和协商一致原则，尊重和兼顾中小国家的切身利益和诉求，打造大小国家平等相处、友好合作的样板。

总之，以完成首次扩员为标志，以青岛峰会为起点，上海合作组织开始了充满希望、大有可为的新征程，虽然前进的道路上难免曲折和羁绊，但代表先进理念的上海合作组织在成员国的共同努力下必将克服重重险阻，实现既定目标，为维护地区稳定、促进共同发展、完善全球治理作出更大贡献。

（邓浩）

附录一
上海合作组织大事记

Appendix I
Chronology of the SCO

2001年

6月14—15日 由中国、俄罗斯、哈萨克斯坦、吉尔吉斯斯坦、塔吉克斯坦组成的“上海五国”元首在上海举行会晤，乌兹别克斯坦以完全平等的身份加入“上海五国”。15日，六国元首签署《上海合作组织成立宣言》，上海合作组织正式成立。

9月13—14日 上海合作组织成员国总理首次会晤在阿拉木图举行。六国总理一致决定启动六国多边经贸合作进程，签署了《上海合作组织成员国政府间关于开展多边经济合作的基本目标和方向及贸易投资便利化进程的备忘录》。各方宣布正式建立上海合作组织框架内的总理定期会晤机制，并发表了新闻公报。

10月10—11日 上海合作组织在比什凯克举行“比什凯克小组”紧急会议。各方就当前阿富汗及中亚地区形势、加强打击“三股势力”合作等问题进行磋商并发表声明。

2002年

1月7日 上海合作组织成员国外长非例行会议在北京举行。六国外长就阿富汗局势、国际反恐斗争、打击本地区“三股势力”以及发挥上海合作组织作用等迫切问题深入交换意见，达成广泛共识。各方签署联合声明，集中阐述了六国在上述问题的共同立场和基本主张，并批准上海合作组织应急机制原则。

4月11—12日 上海合作组织文化部长首次会晤在北京举行。各方讨论了成员国之间文化交流与合作的现状和前景，以及成员国在文化交流与合作过程中应遵循的原则。会后部长们共同签署并发表《上海合作组织成员国文化部长联合声明》。

4月26日 上海合作组织成员国外交部长例行会议在莫斯科举行。六国外长讨论了即将举行的圣彼得堡元首峰会的准备工作，并就当前国际和地区形势及加强组织建设与合作等重大迫切问题深入交换意见，达成广泛共识。会后六国外长发表了新闻公报。

4月29—30日 上海合作组织紧急救灾部门负责人会议在圣彼得堡举行。各方讨论了本组织成员国在紧急救灾领域开展多边合作的具体步骤和进行紧急人道援助的立场，同意俄关于签订组织成员国紧急救灾互助协定的倡议，授权专家尽快制定协定草案，商定举行本组织成员国紧急救灾部门负责人和专家定期磋商。

5月15日 上海合作组织成员国国防部长首次会晤在上海举行。各方就如何落实六国元首达成的共识，国际和地区形势，打击恐怖主义、分裂主义和极端主义，进一步加强上海合作组织成员国在军事领域的合作等问题达成了广泛共识，同意保持和完善六国国防部长和军队总参谋部代表的定期会晤机制。

5月23日 上海合作组织成员国执法安全部门领导人例行会晤在阿斯塔纳举行。会议签署了《关于上海合作组织地区反恐怖机构的协定（草案）的决议》，通过《上海合作组织成员国关于地区反恐怖机构的协定》（草案），建议加快制定反恐机构协定后续文件，以尽快启动反恐怖机构。

5月28—29日 上海合作组织经贸部长首次会晤在上海举行。各方就六国区域经济合作和经贸部长会晤机制建设问题深入交换意见并达成共识，正式启动经贸部长会晤机制和贸易投资便利化谈判。会后各方签署《〈上海合作组织成员国政府间关于区域经济合作的基本目标和方向及启动贸易和投资便利化进程的备忘录〉的议定书》和《经贸部长首次会晤联合声明》。

6月7日 上海合作组织成员国元首理事会第二次会议在俄罗斯圣彼得堡举行。六国元首签署《上海合作组织宪章》《关于地区反恐怖机构的协定》《上海合作组织成员国元首宣言》等三个重要文件，为上海合作组织的机制化和法律化建设奠定了基础。

9月11日 上海合作组织成员国发表外长声明，阐明六国对当前反恐形势的看法及对打击“三股势力”和参与国际反恐合作的积极态度。

10月10—11日 中国与吉尔吉斯斯坦在中吉边界举行联合反恐军事演习。这是中国军队第一次与外国军队联合举行的实兵演习，也是在上海合作组织框架内中吉两国首次举行的双边联合军事演习。

10月30日—11月1日 上海合作组织成员国总检察长首次会议在上海举行。各方讨论了进一步扩大和深化六国安全合作的有效途径，并就司法合作方面共同感兴趣的问题交换了意见。会后各方发表联合声明，商定建立总检察长定期会晤机制。

11月20—21日 上海合作组织交通部长第一次会议在比什凯克举行。各方讨论了在上海合作组织框架内开展交通运输合作问题，确定交通运输合作的主要方向为消除交通运输壁垒、建立和完善国际交通运输走廊、大力发展过境运输。会议正式启动上海合作组织交通部长会议机制，商定下次会议在俄罗斯举行。会后各方发表了《联合声明》。

11月23日 上海合作组织成员国外长会议在莫斯科举行。各方讨论了上海合作组织自身建设和发展以及当前重大国际和地区问题，批准了国家协调员理事会关于下一步机制化建设工作的建议，并签署了《上海合作组织与其他国际组织及国家相互关系临时方案》。

2003年

1月20—23日 上海合作组织成员国国家协调员会议在阿斯塔纳举行。各方讨论了上海合作组织机制化建设、预算与会费分摊、今年组织高层活动计划等问题，达成广泛共识并签署了会议纪要。

2月28日—3月3日 上海合作组织成员国国家协调员会议在北京举行。会议重点讨论了上海合作组织2003年高层活动安排、秘书处和地区反恐机构筹建工作、组织预算等重要问题，并商谈了组织各机构条例草案内容。

3月26—28日 上海合作组织成员国国家协调员会议在吉尔吉斯斯坦乔蓬阿塔举行。各方着重商谈了上海合作组织2003年高层活动安排、常设机构筹建、预算与会费分摊以及对外交往等问题。

4月26—28日 上海合作组织国家协调员会议在阿拉木图举行。会议主要为5月底莫斯科峰会和4月底外长会议作准备，并商谈了上海合作组织机制化建设和财政预算制度等有关问题。

4月29日 上海合作组织成员国外长会议在阿拉木图举行。会议就组织机制化建设、安全经济等领域合作、对外交往及共同关心的重大国际地区问题深入交换意见。会后，六国外长共同签署一系列决议，通过关于规范上海合作组织各会晤机制和常设机构及组织财政预算问题的法律文件，组织会徽、会旗方案以及首任秘书长人选，决定提交5月底莫斯科峰会批准或签署。会议发表了新闻公报。

5月26—27日 上海合作组织国家协调员会议在莫斯科举行。会议敲定了莫斯科峰会政治文件——成员国元首宣言内容，核对了峰会将签署和批准的九份文件，并商定了有关文件和秘书长人选及组织徽标等五个峰会决议案。会议还进一步讨论了加快筹建秘书处和地区反恐机构和组织预算有关问题，商定下半年协调员理事会主要任务。

5月28—29日 上海合作组织成员国元首理事会第三次会议在莫斯科举行。六国元首讨论了在新形势下如何抓住机遇、应对挑战、加强协调、扩大合作、促进地区和平与发展等重大问题，并达成广泛共识。六国元首还签署了《上海合作组织成员国元首宣言》。

6月25—27日 上海合作组织国家协调员会议在杜尚别举行。会议主要任务是落实5月底莫斯科峰会精神，并就上海合作组织下半年主要活动、筹建常设机构、明年预算等重要问题交换了意见。

7月29—31日 上海合作组织国家协调员会议在阿拉木图举行。会议主要为9月上海合作组织成员国总理第二次会晤和六国外长非例行会议做准备，并继续商谈组织常设机构筹建等重要问题。

8月6—12日 上海合作组织成员国哈萨克斯坦、中国、吉尔吉斯、俄罗斯、塔吉克斯坦五国举行了首次多边联合反恐军事演习——“联合—2003”，在哈东部乌恰拉尔市和中国新建伊犁地区分两个阶段进行，约1300人参加。

9月3—4日 上海合作组织成员国总检察长第二次会议在比什凯克举行。会议讨论了各成员国在打击“三股势力”、非法倒卖枪支、贩毒及其他危险犯罪方面进行国际司法协助，建立交换打击跨国犯罪信息的直接联系、交往机制，以及成立检察官培训与进修中心等问题。各方商定下次会议于2004年在阿拉木图举行。

9月5日 上海合作组织成员国外长非例行会议在塔什干举行。各方讨论了上海合作组织机制化建设，以准备即将召开的六国总理会晤，以及国际、地区形势等问题，签署了关于修改《上海合作组织宪章》《打击恐怖主义、分裂主义和极端主义上海公约》《上海合作组织成员国关于地区反恐怖机构的协定》的议定书，并发表了联合公报。

9月5—6日 上海合作组织成员国经贸部长第二次会议在吉尔吉斯举行。各方就推进上海合作组织区域经济合作、准备即将举行的六国总理第二次会晤等问题广泛深入地交换了意见，通过了《上海合作组织成员国多边经贸合作纲要》，建议提交总理第二次会晤批准。

9月10日 上海合作组织成员国交通部长第二次会议在圣彼得堡举行。会议研究了制订多边公路运输协定、各成员国加入《欧洲综合运输重要干线协定》，以及进一步完善和发展成员国间现有公路运输线等问题。

9月19日 上海合作组织宪章生效。

9月23日 上海合作组织成员国总理第二次会议在北京举行。会议期间，六国总理着重讨论了上海合作组织经贸合作问题，并就组织内部建设等问题交换了意见。各方还签署了《上海合作组织成员国多边经贸合作纲要》《关于技术性启动上海合作组织常设机构的备忘录》《上海合作组织成员国总理会晤联合公报》等六个文件。

10月31日 上海合作组织地区反恐怖机构理事会第一次会议在塔什干举行。会议选举吉方代表出任反恐机构理事会首任主席，决定提名乌安全局副局长卡西莫夫担任反恐机构执委会首任主任，通过了反恐机构理事会程序规则和执委会配额岗位分配方案，并就加强反恐机构组织建设、开展合作及制定2004—2006年组织合作措施计划等问题交换了意见。

12月9—10日 上海合作组织国家协调员会议在杜尚别举行。会议讨论了上海合作组织常设机构正式启动和在北京举行六国外长非例行会议等问题，批准了上海合作组织常设机构编内人员合同范本和秘书处有关人事任命。

2004年

1月12—13日 上海合作组织国家协调员会议在北京举行。会议为1月15日外长非例行会议及秘书处成立仪式作了最后准备，初步讨论了6月塔什干峰会日期，研究了制定组织对外交往、法律、财务和地区反恐怖机构框架内有关文件等问题。

1月15日 上海合作组织成员国外长非例行会议在北京举行。会议讨论了去年莫斯科峰会以来上海合作组织发展、6月份塔什干峰会准备工作以及国际和地区形势等问题。六国外长签署了关于批准上海合作组织副秘书长人选和提请元首会议审议地区反恐怖机构执委会下任主任人选的决议，并发表了新闻公报。

上海合作组织秘书处举行正式成立仪式，东道国中国国务委员唐家璇，六成员国外长和国家协调员，联合国、欧盟、欧安组织、独联体等国际组织代表，部分驻华使节及东道国有关部门领导人应邀出席。

3月9—11日 上海合作组织成员国国家协调员理事会例行会议在北京举行。会议讨论了即将举行的莫斯科外长会议和塔什干峰会等活动的准备工作情况，审议了有关文件草案。张德广秘书长出席会议并通报了秘书处的工作进展情况及今年组织工作的有关设想。

4月23日 上海合作组织成员国外长会议在莫斯科举行。会议审议通过了塔什干峰会议题及有关文件草案，并就国际和地区形势交换了意见。各方指出，上海合作组织常设机构——设在北京的秘书处和设在塔什干的地区反恐怖机构已于今年年初启动，地区反恐怖机构理事会也已开始运作。会上通过了上海合作组织第一个年度（2004年）预算，批准了成员国多边经贸合作纲要，特权与豁免公约。

6月3—4日 上海合作组织成员国首次安全会议秘书会议在塔什干举行。会议主要研究了成员国合作打击“三股势力”、禁毒、应对大规模杀伤性武器的危险，以及其他威胁本地区和全球安全稳定的问题。会上决定正式建立上海合作组织成员国安全会议秘书会议机制。会议发表了新闻公报，通过了《上海合作组织成员国安全秘书会议规则》。

6月17日 上海合作组织成员国元首理事会第四次会议在乌兹别克斯坦首都塔什干举行。六国元首正式启动上海合作组织地区反恐怖机构，签署、批准了《塔什干宣言》、反毒合作协议等多份重要文件，并决定采取新举措，推进安全和经济方面的务实合作，建立成员国外交部间协作机制等。塔什干峰会标志着成立三年的上海合作组织正式结束初创阶段，进入了全面发展的新时期。会上，蒙古国被吸收为上海合作组织观察员。

9月23日 上海合作组织成员国总理第三次会议在吉尔吉斯斯坦首都比什凯克举行。与会领导人一致强调，恐怖主义、分裂主义、极端主义“三股势力”仍是本地区安全与稳定的主要威胁，要通过多边和双边合作坚决打击。与会各方重申，推进区域经济合作是上海合作组织工作的另一个重点，合作重点应放在能源、交通、电信和农业项目上。会议批准的多边经贸合作纲要落实措施计划涉及11个领域的127个项目。

11月1—2日 上海合作组织成员国第三次交通部长会议在塔吉克斯坦首都杜尚别举行。各方商定建立和完善上海合作组织区域内交通走廊，并建议在交通部长会议框架内建立经常性的“发展交通走廊工作组”和处理有关问题的临时工作组。各方认为有必要将上海合作组织经贸部长会议下的发展过境运输潜力工作组和交通部长会议的工作结合起来，以便更好地发展成员国的交通事业。

2005年

2月25日 上海合作组织成员国外交部长会议在阿斯塔纳举行。外长们讨论了夏季阿斯塔纳元首峰会的准备工作，强调进一步挖掘组织潜力，以应对地区安全与稳定面临的新威胁和新挑战，解决拓展政治、经济和文化领域多边合作的实际问题。各方重申了与联合国、其他国际组织和国家在平等和相互尊重的基础上积极开展合作的意愿。

3月30日 上海合作组织地区反恐怖机构理事会例行会议在塔什干举行。理事会强调恐怖主义、分裂主义和极端主义继续对本组织成员国的稳定与安全构成威胁，表示将共同努力进一步发展本组织成员国的反恐潜力，并联合起来打击“三股势力”。会议还就反恐机构目前的工作及进一步建立合作打击“三股势力”的法律基础做出了一系列决议。

3月30—31日 上海合作组织例行国家协调员会议在北京举行。会议审议并协商了阿斯塔纳元首峰会的准备工作，以及组织当前活动等一系列问题。会议讨论了上海合作组织开展对外交往，包括落实已获得的联合国大会观察员地位、上海合作组织与东盟和独联体建立合作关系等问题。会议前夕举行了建立上海合作组织实业家委员会和发展基金两个专家工作组会议。与会各方就上海合作组织未来建立上述机制的原则达成广泛共识。

4月12日 独联体执行委员会与上海合作组织秘书处在北京签署谅解备忘录，独联体成为第一个与上海合作组织以签署具有法律效力的文件来确立合作关系的国际组织。该文件规定了两组织常设机构在反恐、经贸、人文等领域进行合作的相关具体事宜，其中包括举行有关磋商、交换信息以及相互参加对方活动等。

4月21日 上海合作组织秘书处与东盟秘书处签署了谅解备忘录，确定了双方合作的基本领域和方向，包括反恐、打击毒品和武器走私、反洗钱和打击非法移民，指明了其他可能的合作领域——经济与金融、能源（包括水电和生物燃料）、旅游、环保及自然资源利用、社会发展等。

6月2日 上海合作组织安全会议秘书第二次会议在阿斯塔纳举行。会议主要讨论了成员国合作应对新挑战、新威胁，打击非法贩运武器、弹药、爆炸物，反洗钱等问题。各方就中亚局势交换了看法，并要求尽快制定恐怖组织和恐怖分子名单。

7月5日 上海合作组织成员国元首理事会第五次会议在哈萨克斯坦首都阿斯塔纳举行。六国元首签署了《上海合作组织成员国元首宣言》等重要文件，并决定给予巴基斯坦、伊朗、印度观察员地位。

8月18—25日 中俄两国举行代号为“和平使命—2005”的首次联合军事演习。中俄双方派出陆、海、空军和空降兵、海军陆战队，以及保障部（分）队参加演习，演习包括战略磋商、战役筹划和实施交战三个阶段，共近万人参加。

10月11日 上海合作组织成员国经贸部长例行会议在杜尚别举行。会议批准了多边经贸纲要落实措施计划的实施机制和专业工作组工作条例，听取了上海合作组织秘书处关于建立发展基金、实业家委员会和银联体合作机制的进展情况。

10月25日 上海合作组织实业家委员会理事会第一次会议在莫斯科召开。会议通过了《上海合作组织成员国实业家委员会章程》《大会规章》及《理事会规章》草案，决定将其提交上海合作组织实业家委员会成立大会批准。

10月26日 上海合作组织成员国总理第四次会议在莫斯科举行。与会领导人同意加强在基础设施建设、能源、通信、资金，以及文化、科技、旅游等领域的合作，同时继续加大对“三股势力”的打击力度。会议发表了《上海合作组织成员国政府首脑（总理）理事会会议联合公报》，并签署了《上海合作组织成员国政府间救灾互助协定》《上海合作组织银行间合作（联合体）协议》和《上海合作组织实业家委员会理事会首次会议纪要》等文件。

11月4日 上海合作组织与阿富汗签署关于建立联络组的议定书。

11月10—11日 首届欧亚经济论坛在西安举行。会议由上海合作组织、联合国亚太经社理事会和国家开发银行主办，博鳌亚洲论坛、联合国开发计划署协办，西安市人民政府和北京当代世界发展研究院共同承办，包括中国与中亚及俄罗斯等部分国家领导人、相关企业界人士及专家学者约600多人出席大会。与会代表主要就搭建中国中西部与中亚及俄罗斯相关地方政府合作平台等次区域合作的重大问题进行交流，并就如何进一步推进项目合作提出了许多建设性的倡议。

11月16日 上海合作组织银行联合体在莫斯科成立。上海合作组织银联体是俱乐部式的合作机构，不设法律实体，由成员国制定的开发性或商业性银行组成，根据市场原则对上海合作组织通过的区域合作项目组织银团贷款。

2006年

2月17日 “上海合作组织—阿富汗联络组”第一次会议在北京举行。

4月26日 上海合作组织国防部长会议在北京举行。各方就当前地区安全形势、加强成员国防务部门之间的合作等有关问题进行了讨论，并就实质问题达成一致意见。部长们强调了进一步扩大上海合作组织成员国防务部门对话与交流的重要性，决定继续强化成员国国防部长、军队总参谋部代表和国防部负责国际军事合作部门领导定期会议的机制。

5月22日 首届上海合作组织论坛在莫斯科国际关系学院举行。与会代表着重讨论通过了上海合作组织论坛规则，确定了论坛的主要目标和组织机构，制定了今后一年的工作计划，并就一些共同关心的问题进行了探讨。该论坛是成员国建立的多边学术机制和非政府专家咨询机构，由各成员国具有上海合作组织国家研究中心地位的权威研究机构组成，主要职能是为上海合作组织提供智力支持。

5月30日 上海合作组织成员国首次议长会晤在莫斯科举行。就推动上海合作组织发展、加强本组织成员国议会合作等问题深入交换了意见，并共同签署了《上海合作组织成员国首次议长会晤联合声明》。

6月14日 上海合作组织银行联合体理事会第二次会议在上海举行。吉尔吉斯斯坦储蓄结算银行加入了银行联合体。

6月15日 上海合作组织成员国元首理事会第六次会议在上海举行。六国元首围绕弘扬“上海精神”、深化务实合作、促进和平发展等主题，提出了上海合作组织发展的远景规划，签署了《上海合作组织五周年宣言》等重要文件，为上海合作组织的下一步发展确定了方向和任务。

8月24日 上海合作组织成员国经贸部长会议在塔什干举行。各方就区域内经贸和投资合作的现状与前景、《〈上海合作组织成员国多边经贸合作纲要〉实施措施计划》的落实情况交换了意见，就如何推动上海合作组织框架下实业家委员会和银行联合体的合作、扩大多边经贸合作的法律基础等有关问题进行了探讨。会议还成立了旨在促进能源、信息技术领域合作的专业工作组。

8月24—26日 中国和哈萨克斯坦联合举行代号为“天山—1号（2006）”的反恐演习，地点设在哈萨克斯坦的阿拉木图州和中国的新疆伊宁市。

9月15日 上海合作组织成员国总理第五次会议在塔吉克斯坦首都杜尚别举行。六国总理结合同年6月15日上海峰会达成的共识，研究了本组织成员国经济合作的优先方向，提出了六国在经贸、科技、社会、文化和其他领域合作的一系列具体措施。会后，成员国代表团团长签署了《上海合作组织成员国政府首脑（总理）理事会会议联合公报》。

9月22—23日 中国和塔吉克斯坦在塔吉克斯坦哈特隆州举行代号为“协作—2006”的首次联合反恐军事演习。

9月21—22日 上海合作组织成员国首次最高法院院长会议在上海举行。会议深入探讨了共同有效防范和惩治跨国犯罪的制度和措施，开展打击“三股势力”等领域的司法合作，并签署《上海合作组织成员国最高法院院长会议联合声明》。

10月18日 上海合作组织成员国首次教育部长会议在北京召开。会议主要落实了上海峰会和杜尚别政府首脑（总理）会议关于教育合作的事项，研究落实了《上海合作组织成员国政府间教育合作协定》，推进成员国多边教育合作。

11月21—22日 上海合作组织成员国第二次紧急救灾部门部长会议在北京举行。部长们介绍了在预防和消除灾害领域开展多边合作的经验和前景，商定要采取积极措施，切实落实2005年10月26日签署的《上海合作组织成员国政府间救灾互助协定》。会议通过了《上海合作组织成员国2007—2008年救灾合作行动方案》。

2007年

1月22—25日 上海合作组织成员国国家协调员理事会例行会议在北京举行。会议就筹备上海合作组织各领导机构会议，以及进一步开展政治、经济和人文等领域合作通过了决议。

3月13—16日 上海合作组织成员国国家协调员理事会例行会议在北京举行。会议讨论了上海合作组织2007年一系列活动的筹备问题，包括成员国元首理事会议，以及下一步开展政治、经济、人文领域合作等问题。

4月10—12日 上海合作组织成员国第二次最高法院院长会议在莫斯科举行。与会国最高法院院长签署了联合声明。中国最高法院院长肖扬在会上发表题为《适用公认的国际法准则和国际条约，为建设持久和平、共同繁荣的和谐世界提供司法保障》的演讲。会议围绕有关极端主义犯罪和毒品犯罪的审判实践等议题展开了交流和磋商。

4月24—25日 上海合作组织成员国文化部长例会在杜尚别举行。各方审核了2005—2006年度和2007—2008年度上海合作组织成员国多边合作计划的执行情况，一致同意采取必要措施及时落实列入计划的各个项目。各方表示，将积极推动上海合作组织框架内多边文化合作，并加强与观察员国协作。各方通过了《上海合作组织成员国政府间文化领域合作协定》草案，并建议在2007年8月上海合作组织比什凯克峰会期间签署。

5月14—16日 上海合作组织成员国国家协调员理事会例行会议在北京举行。会议的议题是筹备即将于2007年夏季在比什凯克举行的上海合作组织元首和外长会议。协调员们讨论了筹备会议的组织问题，以及拟提交元首和外长在会议上审议的文件清单。

5月25日 上海合作组织成员国第三次安全会议秘书会议在比什凯克举行。与会方就国际和地区安全的迫切问题以及上海合作组织活动的有关问题广泛交换了看法，对上海合作组织范围内的安全合作予以特别关注，表示将采取具体步骤提高该领域合作效率。各方还听取了制定活动于上海合作组织范围内的恐怖、分裂、极端组织统一名单，以及上海合作组织成员国特工及执法机关通缉进行或涉嫌恐怖、分裂、极端性质犯罪人员名单的情况。

6月15日 上海合作组织论坛第二次会议在阿拉木图举行。与会代表探讨了上海合作组织扩大的前景，成为上海合作组织成员的标准、观察员及对话伙伴地位的内容，上海合作组织同其他国际组织合作，以及与实业家委员会、能源俱乐部及银行联合体开展合作的主要方向等问题。

6月18—19日 上海合作组织成员国经贸部门高官会在北京举行。会议讨论了2006年9月15日杜尚别总理会议共识措施计划的落实情况，听取了海关合作、现代信息及通信技术、过境潜力专家工作组工作情况介绍，听取了上海合作组织实业家委员会、银行联合体及上海合作组织区域经济合作网站工作情况介绍。

6月27日 上海合作组织成员国国防部长会议在比什凯克举行。会议分析了国际和地区安全形势，研究了上海合作组织成员国武装力量联合反恐军事演习的准备情况，讨论了上海合作组织在防务安全领域进行合作的优先方向。会议发表了《上海合作组织成员国国防部长会议联合公报》，并签署了《上海合作组织成员国关于举行联合军事演习的协定》。

7月9日 上海合作组织成员国外长理事会例行会在比什凯克举行。外长们就即将举行的上海合作组织成员国元首峰会的一系列问题作出决议。各方还研究了落实2006年在上海举行的上海合作组织纪念峰会决议及任务的情况，并就上海合作组织未来发展交换了看法。

8月9—17日 上海合作组织成员国举行"和平使命—2007"联合反恐军事演习。演习在中国乌鲁木齐和俄罗斯车里雅宾斯克举行。

8月15日 上海合作组织银行联合体第三次会议在比什凯克举行。吉尔吉斯斯坦信贷储蓄公司、俄罗斯国有公司发展与外经银行、乌兹别克斯坦国家外经银行、哈萨克斯坦发展银行负责人通过了上述协议。俄罗斯外经银行与吉尔吉斯斯坦信贷储蓄公司、乌兹别克斯坦国家外经银行、哈萨克斯坦发展银行签订了3项协议。协议内容主要涉及国际金融和经验、投资信贷领域的经验交流等。

8月16日 上海合作组织银联体与实业家委员会签署合作协定。该文件确定了该组织两个主要经济机构间长期合作的方式，以及设立上海合作组织投资项目的统一基地等内容。

8月16日 上海合作组织成员国元首理事会第七次会议在吉尔吉斯斯坦首都比什凯克举行。六国元首签署了《上海合作组织成员国长期睦邻友好合作条约》，把成员国人民“世代友好，永保和平”的思想以法律形式确定下来。

10月5日 上海合作组织秘书长努尔加利耶夫与集体安全条约组织秘书长博尔久扎在杜尚别签署了上海合作组织秘书处与集体安全条约组织秘书处谅解备忘录。该文件确定了两组织秘书处及其他常设机构建立平等关系及开展建设性协作的具体领域，包括维护地区和国际安全与稳定，打击恐怖主义，打击非法贩运毒品，打击非法贩运武器，打击跨国有组织犯罪及其他共同感兴趣的领域。

10月24日 上海合作组织成员国经贸部长例行会议在阿斯塔纳举行。各方就上海合作组织框架内未来开展多边经济合作面临的迫切问题建设性地交换了看法。各方代表团长指出，本组织各国在经贸和投资领域积极开展合作，强调应切实落实上海合作组织成员国元首及总理理事会会议达成的各项共识，重点是落实多边经贸合作纲要落实措施计划。各方商定进一步加强遴选和实施示范项目专家工作组的工作，以及就进一步扩大上海合作组织框架内经贸和投资联系采取具体措施。

11月2日 上海合作组织成员国总理第六次会议在乌兹别克斯坦首都塔什干举行。与会领导人一致强调，深化和扩大务实合作、实现共同发展以及构建和谐地区是成员国的共同愿望和目标，也是上海合作组织不断发展的关键所在。各国总理就加强贸易、投资、交通、能源、电信、海关及人文等领域合作深入交换了意见，并在完善贸易投资环境、推动实施网络性项目和拓宽融资渠道等方面达成多项共识。成员国代表团团长签署了联合公报等文件，会议还签署了《上海合作组织成员国政府海关合作和互助协定》。

11月8—9日 第二届欧亚经济论坛在西安举办。中共中央政治局常委、全国政协主席贾庆林出席论坛开幕式并作主旨演讲。论坛主题为“加强务实合作，谋求共同发展”。各参会国共同签署《西安共识》，作为欧亚经济论坛首次公开发表的宣言性质的文件，成为欧亚经济论坛务实合作的里程碑。

12月11日 上海合作组织秘书处与经济合作组织秘书处在阿什哈巴德签署谅解备忘录。文件确认了双方在经贸、交通、能源、生态、旅游及其他共同关心的领域进行信息交流和开展相互合作。

2008年

1月26—27日 上海合作组织实业家委员会理事会会议在中国三亚举行。会议听取了有关卫生、环保、旅游领域项目的落实情况，及未来发展计划、保险领域合作前景、新航线开通合作前景等问题的报告。会议专门研究了上海合作组织框架内银行领域合作的前景与工作方向。与会各方还探讨了开展租赁、物流、边贸和建立联合企业、扶持中小企业的可行性等问题。

2月18—19日 上海合作组织现代信息和电信技术专业工作组的“上海合作组织信息高速公路”项目专家组会议在新疆乌鲁木齐召开。来自六个成员国的专家讨论了该项目所涉及的原则问题，一致同意加快“上海合作组织信息高速公路”项目计划研究，以尽早实施该项目。

2月18—20日 上海合作组织成员国经贸部长会议电子商务专家工作组第四次会议在北京举行。与会各方就利用电子数字签名开展上海合作组织成员国跨境电子商务问题交换了看法。各方听取了俄方关于开展跨境电子商务过程中推广防盗版服务必要性的报告，并对切实利用国际企业商业大会电子商务平台技术及上海合作组织区域经济合作网站资源推动成员国开展国际电子商务表示关注。

3月18—20日 上海合作组织成员国国家协调员理事会例行会议在北京举行。会议讨论了筹备上海合作组织杜尚别峰会及外长理事会会议的有关问题，研究了拟提交上述会议签署的文件草案。各方认真研究了在诸如交通、环保、等领域加强协作，同各国际组织加强联系，开展学术交流等问题，讨论了阿富汗等成员国关注的国际及地区局势。会后签署了会议纪要。

3月26日 上海合作组织成员国发展过境潜力专家工作组例行会议在塔什干举行。工作组隶属上海合作组织经贸部长会议，该机制由乌兹别克斯坦共和国倡议建立。会议研究了国际交通线路E40“伏尔加格勒—阿斯特拉罕—别涅乌—昆格勒”和“阿克塔乌—别涅乌”涉及路段修建项目等有关问题。与会人员通过了乌兹别克斯坦出口货物经“安集延—奥什—伊尔克什坦—喀什”一线自费尔干纳盆地运输中国的项目。

3月27日 上海合作组织地区反恐怖机构理事会第十一次会议在塔什干举行。会议通过了拟提交上海合作组织成员国元首理事会审议的地区反恐怖机构理事会2007年工作报告草案，就落实2008年工作计划提出了设想和建议。会议就落实中方关于落实中国2008年奥运会安保联合措施的建议进行了研究，制定了下一步行动协调措施。会议还通过了一系列涉及打击恐怖主义、分裂主义和极端主义的决议。

5月19日 上海合作组织论坛第三次会议在北京举行。上海合作组织成员国和观察员国学术界、使团，以及上海合作组织秘书处及其他机构代表与会。代表们就上海合作组织发展前景，深化成员国在安全、经济领域合作，加强教育领域交流等攸关上海合作组织未来发展的一系列问题展开了讨论。

5月19—21日 上海合作组织成员国最高法院院长第三次会议在阿斯塔纳举行，会议签署了联合声明。声明表示，各方将加强在环保和移民立法实践领域的合作。会议还一致通过了上海合作组织成员国最高法院院长会议工作章程。

6月23—25日 上海合作组织成员国文化部长会议在比什凯克市和乔蓬阿塔市举行。各方讨论了文化交流现状及前景，以及其他一些共同感兴趣的问题。各方批准了2007年8月16日成员国政府文化合作协定2009年至2011年落实计划，商定并批准了本组织成员国文化节条例范本。

7月25日 上海合作组织外长会议在杜尚别举行。外长们研究了即将在杜尚别召开的上海合作组织峰会的筹备情况。会议就当前重大国际和地区问题交换了意见，讨论了加强本地区安全与稳定的问题。外长们确认了深化与观察员国在共同关心领域的务实合作的必要性。与会各方还对阿富汗局势予以关注，表示重视发挥“上海合作组织—阿富汗”联络组的作用。

8月28日 上海合作组织成员国元首理事会第八次会议在塔吉克斯坦首都杜尚别举行。六国元首就上海合作组织发展和合作重点方向、相互关系准则、对外交往基本立场等达成新的重要共识。会议通过了《上海合作组织成员国元首杜尚别宣言》《上海合作组织对话伙伴条例》等重要文件。

9月24—25日 上海合作组织成员国经贸部长第七次会议在北京举行。各方同意将进一步推动解决上海合作组织区域经济合作的重要问题。各方审议并通过了重新修订的《〈上海合作组织成员国多边经贸合作纲要〉

落实措施计划》草案，商定将积极实施《多边经贸合作纲要》落实措施，优先重点落实交通、电信、现代技术、农业、能源等领域合作项目，为各方参与发展区域经济和投资合作创造良好条件。

10月23日 上海合作组织成员国教育部长会议在阿斯塔纳举行。各方讨论了进一步发展和深化教育领域多边合作的广泛问题。各方要求教育领域专家工作组根据已商定的合作优先领域制定2009—2010年教育领域合作协定实施清单草案。各方还签署了上海合作组织成员国教育部长关于批准上海合作组织大学的建立和运作及其实施计划意向备忘录。

10月30日 上海合作组织成员国总理第七次会议在哈萨克斯坦首都阿斯塔纳举行。与会领导人就各方关心的涉及本组织发展问题交换了意见。温家宝总理在发言中阐述了中方对有关政治、经贸、人文合作问题的意见和建议。会后，成员国代表团团长签署了联合公报。

12月16—17日 上海合作组织会成员国外交部代表在北京秘书处举行了本组织与欧盟、欧安组织和其他非本地区组织合作问题磋商。

2009年

1月17日 上海合作组织实业家委员会在中国深圳举行。会上讨论了有关上海合作组织实业家委员会切实落实《〈上海合作组织成员国多边经贸合作纲要〉落实措施计划》的问题。上海合作组织秘书长还就进一步发展保险、农业、租赁、跨境贸易、旅游、物流、合资企业、支持中小型企业等领域合作交换了意见，并介绍了上海合作组织框架内的经济合作前景。

2月17—18日 上海合作组织成员国农业专家会议在北京举行。各方代表就加强上海合作组织框架内农业多边合作和包括农工综合体在内的上海合作组织多边贸易和经济合作实施纲要的执行情况交换了意见。专家们还就为发展农产品贸易和建立上海合作组织农业信息平台创造有利条件交换了意见。

3月10—13日 上海合作组织成员国国家协调员会议在北京举行。会议讨论了上海合作组织当前和发展前景的广泛问题。

3月11—13日 上海合作组织文化专家工作组会议在北京举行。专家们研究了上海合作组织成员国2007—2008年多边文化合作在2008年的执行情况和下次在喀山举行的上海合作组织成员国文化部长会议的筹备情况。各方还讨论了2009年在文化领域合作以及其他方面共同关心的问题。

4月1日 上海合作组织成员国卫生部高官会议在北京举行。各方审议了上海合作组织成员国卫生领域多边合作计划草案，并讨论了成立卫生工作组等有关问题。各方还就在上海合作组织范围内防止和打击传染病蔓延交换了意见。

4月14—15日 上海合作组织成员国发展过境潜力工作组第五次会议在北京举行。会议过程中讨论了示范项目E—40公路哈萨克斯坦、乌兹别克斯坦和俄罗斯境内段的同步建设、改建和修复示范项目的落实情况，强调指出安集延—奥什—萨雷塔什—伊尔克什坦—喀什、布拉茨特沃—杜尚别—吉尔嘎塔尔—卡拉梅克—伊尔克什坦—喀什交通走廊公路路段建设、改建和修复工作，以及在喀什建设多式联运转运站的重要意义，推介了E—40公路沿线的国际物流中心；研究了工作组2009年至2010年工作计划草案及各方关心的其他问题。与会者还参观了北京市的新型陆路物流中心。

4月14—17日 上海合作组织成员国国家协调员理事会在北京举行。会议讨论了即将在2009年6月15日在叶卡捷琳堡举行的上海合作组织成员国峰会和外长理事会会议的筹备情况。拟定了在这些活动中将签署的文件草案，并讨论了有关当前工作的一些问题。

4月21—23日 上海合作组织成员国移民问题专家会议在北京举行。各方就上海合作组织成员国共同打击非法移民问题，包括制定多边文件交换了意见。

5月15日 上海合作组织成员国外长理事会例行会议在莫斯科举行。外长们在建设性的气氛中研究了在本组织框架内进一步加强合作的一系列迫切问题，并就重大国际问题和地区局势交换了意见。

5月18—19日 第四届上海合作组织论坛在乔蓬阿塔市举行。会议讨论了全球金融和经济危机及上海合作组织在建立新经济秩序、解决有效利用水资源和能源资源，以及阿富汗问题上的作用。

5月20日 上海合作组织成员国第四次安全会议秘书会议在莫斯科举行。会议就进一步加强相互协作，维护上海合作组织所在地区的安全和稳定及完善组织框架内的各项安全合作机制交换了意见，达成广泛共识。各方一致认为，现阶段的首要任务是加强磋商与沟通，完善各项安全合作机制，依靠集体的力量化解世界金融危机对国际、地区以及成员国的安全造成的消极影响，确保本地区的长治久安。

5月26—27日 上海合作组织成员国促进投资特别工作组第五次会议在北京举行。各方就上海合作组织成员国多边经贸合作纲要执行计划的落实情况交换了意见。专家们讨论了上海合作组织成员国投资汇编，以及建立和加强银行联合体和上海合作组织实业家委员会的合作，以加强具体投资项目的合作。

6月15—16日 上海合作组织成员国元首理事会第九次会议在叶卡捷琳堡举行。六国元首签署了《叶卡捷琳堡宣言》和《反恐怖主义公约》等重要文件。会议决定给予斯里兰卡和白俄罗斯对话伙伴国地位。

7月4日 第二届“上海合作组织科学技术合作论坛”在新西伯利亚举行（第一届于2008年6月在中国乌鲁木齐市举行）。上海合作组织成员国研究机构和组织参加。会议讨论了扩大和加强科学、创新、教育、经济和文化领域合作的前景，通过了《上海合作组织成员国科学院和高等教育学术机构在科学、技术和教育领域扩大互利合作的宣言》。

7月22—26日 “和平使命—2009”中俄联合反恐军事演习在俄罗斯哈巴罗夫斯克市和位于中国东北的沈阳军区洮南战术训练基地举行。这是中俄两军继“和平使命—2005”“和平使命—2007”之后，在上海合作组织框架下举行的又一次大规模反恐演习。

8月18—20日 上海合作组织成员国经贸部门高官委员会会议在北京召开。各方听取了海关合作、现代信息和电信技术、发展过境潜力、燃料能源综合体、电子商务、投资促进、技术法规、标准与合格评定专业工作组，以及上海合作组织实业家委员会和银行联合体的工作情况通报，并就已经修订的《上海合作组织成员国多边经贸合作纲要落实措施计划》的落实情况交换了意见。

9月9—10日 第四届上海合作组织成员国最高法院院长会议在乔蓬阿塔举行。与会代表围绕国际金融危机形势下的所有权保护和未成年人司法保护等议题展开了交流和磋商。会议就国际金融危机形势下所有权保护和未成年人司法保护领域的合作等问题发表了联合声明。

9月10日 上海合作组织成员国经贸部长第八次会议在比什凯克市举行。各代表团团长就多边经贸和投资合作、应对全球金融危机等问题交换了意见，并就在上海合作组织框架内开展和加强上述领域合作提出了建议。各方商定积极落实《〈上海合作组织成员国多边经贸合作纲要〉实施措施计划》，优先实施交通、电信、现代技术等领域的共同项目。各方指出，应按规定程序继续开展《上海合作组织发展基金（专门账户）组建和运行基本原则建议》（草案）的相关工作。

10月9—12日 上海合作组织成员国协调员理事会会议在北京举行，讨论了2009年10月14日即将在北京举行的上海合作组织政府首脑（总理）理事会会议的筹备工作。各方就有关本组织当前和未来工作的问题广泛交换了意见。

10月14日 上海合作组织成员国总理第八次会议在北京举行。各方研究、分析了当前国际政治经济形势及其带来的机遇和挑战，就深化本组织各领域务实合作、共同应对国际金融经济危机等问题深入交换了意见，达成广泛共识。

11月9—10日 上海合作组织国家行政学院院长论坛在北京举行。该次论坛是落实胡锦涛主席2009年6月在上海合作组织成员国元首理事会第九次会议上所提倡议的举措。论坛以“国际金融危机与政府管理创新”为主题，具有重要的现实意义。各方共同发表了《上海合作组织国家行政学院院长论坛联合声明》。

11月10日 上海合作组织成员国交通部长第四次会议在北京举行。部长们对本组织框架内的交通示范项目中吉乌公路、E40公路，以及塔乌公路等重要区域交通合作项目的落实情况表示满意。各方指出应制订本组织成员国公路协调发展规划，以加强公路运输合作，并确定铁路、民航运输领域今后互利合作的可能方向。

11月16—17日 第三届欧亚经济论坛在西安市举办。中共中央政治局常委、中华人民共和国副主席习近平出席论坛开幕式并发表主旨演讲。论坛主题为“携手合作，促进经济复苏”。来自20多个国家，包括上海合作组织成员国以及伊朗、蒙古国、日本、韩国、乌克兰、斯里兰卡、亚美尼亚、阿塞拜疆、比利时、尼泊尔等国政府机构、企业家和专业人士，以及一些国际和区域组织的1200多名代表出席论坛。

11月24—26日 上海合作组织成员国禁毒部门高官会议在北京举行。各方讨论了上海合作组织成员国打击非法贩毒合作的现状和前景，并一致认为，目前提高该领域合作的潜力巨大。各方还讨论了有关上海合作组织成员国禁毒专家工作组、完善禁毒合作的法律基础、执法和抑制毒品犯罪，以及前体管制、减少对毒品的需求等问题。

12月9日 上海合作组织成员国首次财长和央行行长会议在阿拉木图举行。各方就上海合作组织成员国在金融领域合作的迫切问题和合作前景交换了意见，并通过了联合声明。

12月15—16日 上海合作组织成员国农业部门高官第二次会议在北京举行。会议期间，各代表就加强上海合作组织框架内农业多边合作行动计划和上海合作组织成员国多边经贸合作纲要中农业项目的具体实施交换了意见。

2010年

1月19—21日 上海合作组织文化专家工作组会议在北京举行。会议讨论了上海合作组织文化合作问题和第七次上海合作组织文化部长会议的准备工作。各方代表还就共同关心的上海合作组织框架内文化领域合作等其他问题交换了意见。

3月26—29日 上海合作组织成员国文化部长第七次会议在中国三亚市召开。各方就上海合作组织框架内文化交流的现状和前景，开展文化产业方面的合作以及其他共同感兴趣的问题进行了讨论。各方表示将进一步促进上海合作组织框架内多边和双边关系的发展，增进人民之间的相互了解，保护文化多样性，相互尊重，传播上海合作组织国家文化传统和习俗的知识。

4月5日 上海合作组织成员国签署了《联合国秘书处与上海合作组织秘书处合作联合声明》，商定与联合国机构在维护安全、发展经济、推动社会和人文发展等方面加强合作。

4月21日 上海合作组织成员国救灾部门领导人第五次会议在塔什干举行。会议听取了各方关于上海合作组织成员国境内去年发生灾害的情况、经验教训以及针对类似情况采取的预防措施等问题的通报。

4月23日 上海合作组织第五次安全会议秘书会议在塔什干举行。会议就地区安全形势，成员国在打击三股势力、非法贩运毒品和网络恐怖主义等领域开展合作和完善协作机制等交换了意见。与会者还听取了上海合作组织地区反恐机构2009年工作报告。

5月14日 上海合作组织论坛第五次会议在杜尚别举行。与会各方就阿富汗问题和中亚地区安全问题、探索合理利用中亚水资源、加强成员国的经济合作、吸引观察员国和对话伙伴国参与运输和基础设施领域的合作、发展文化和国际合作，以及完善上海合作组织接收新成员条例等问题交换了意见。

5月11—14日 上海合作组织成员国科技部门领导人第一次会议在北京举行。各方讨论了在上海合作组织框架内开展多边科技合作及其发展前景问题。各方同意建立上海合作组织成员国科技部门领导人定期会议机制。为确保会议有效运作和协调多边科技合作，决定设立上海合作组织成员国科技常设工作组。

5月22日 上海合作组织成员国外长理事会例行会议在塔什干举行。为筹备将于2010年6月10—11日在塔什干举行的上海合作组织成员国元首理事会会议，各方代表研究了在本组织框架内进一步加强协作的一系列重大问题。各方还就重大国际地区问题、国际形势基本走向、巩固中亚稳定与安全、进一步提升上海合作组织的国际地位和影响力，以及扩大与其他多边组织的交往等问题交换了意见。

5月27—28日 第五届上海合作组织成员国最高法院院长会议在杜尚别举行。会议就加强性别平等的法律保护和严禁刑讯逼供的法律实施与完善等问题发表了联合声明。

6月10—11日 上海合作组织成员国元首理事会第十次会议在乌兹别克斯坦首都塔什干举行。会议发表了《上海合作组织成员国元首理事会第十次会议宣言》，批准了《上海合作组织接收新成员条例》和《上海合作组织程序规则》。成员国授权代表签署了《上海合作组织成员国政府间农业合作协定》和《上海合作组织成员国政府间合作打击犯罪协定》。

9月23—24日 上海合作组织成员国教育部长第三次会议在新西伯利亚举行。会议审议通过了2006年6月15日签署的政府间教育合作协定2011—2012年实施活动清单，以及教育领域合作常设专家工作组提交上海合作组织成员国教育部长的题为“上海合作组织成员国高等职业教育质量监控和保障”的报告。会议签署了成员国关于进一步共同行动成立上海合作组织大学的纪要。

9月24日 “和平使命—2010”上海合作组织联合反恐军事演习在哈萨克斯坦马特布拉克诸兵种合成训练中心举行。演习共动用兵力6000人，武器装备1500余件。成员国国防部门领导人现场观摩了实兵演练。

10月26日 上海合作组织成员国首次农业部长会议在北京召开。各国农业部长就加强上海合作组织框架内多边农业合作及其发展前景进行了探讨。各方签署了会议纪要，通过了上海合作组织成员国农业专家常设工作组条例。

11月18日 上海合作组织成员国首届卫生部长会议在阿斯塔纳举行。会议讨论了开展本组织成员国卫生领域多边合作和发展前景，签署了会议纪要，并通过了上海合作组织成员国卫生专家工作条例。

11月25日 上海合作组织成员国总理第九次会议在杜尚别举行。各国领导人积极评价上海合作组织一年来取得的成果，一致同意加大打击“三股势力”力度，切实维护本地区的安全与稳定；加强经济政策协调，促进贸易投资便利化，加快实施经济技术合作项目；深化救灾、教育、文化等领域合作，促进本地区可持续发展。会后，成员国总理签署了《上海合作组织成员国政府首脑（总理）理事会会议联合公报》等文件。

2011年

3月17日 上海合作组织成员国国防部长会议在阿斯塔纳举行。与会各方就当前国际和地区安全问题交换了意见，决定继续全面发展和拓宽上海合作组织成员国防务部门间的合作。批准了《上海合作组织成员国国防部2012—2013年合作计划》，并签署了联合公报。

3月30日 上海合作组织成员国禁毒部门领导人会议在阿斯塔纳举行。各方代表在友好和建设性气氛中商讨了进一步加强国际合作问题，并通报了2004年6月17日签署的《上海合作组织成员国关于合作打击非法贩运麻醉药品、精神药物及其前体的协议》在本国落实情况。会议的主要成果是商定了《2011—2016年上海合作组织成员国禁毒战略》草案。会议要求，上海合作组织成员国禁毒部门法律基础、缉毒执法、易制毒化学品管制、减少毒品需求四个专家工作组应进一步采取措施，深化务实合作。

4月28日 上海合作组织成员国第二次公安内务部会议在阿斯塔纳举行。部长们讨论了打击犯罪问题，就打击有组织犯罪、非法贩毒和非法移民进一步开展合作，在打击信息技术犯罪和违法使用互联网领域加强经验交流问题交换了意见。

4月29日 上海合作组织成员国第六次安全会议秘书会议在阿斯塔纳举行。为筹备上海合作组织10周年元首理事会会议，各方就上海合作组织地区安全局势，以及在打击恐怖主义、分裂主义和极端主义，打击非法贩卖毒品和武器领域深化合作问题交换了意见。各方指出阿富汗问题的解决直接关系到中亚地区的安全与稳定。仅靠武力无法解决，应首先解决阿富汗的社会经济问题。

5月13—14日 上海合作组织成员国外长理事会例行会议在阿拉木图举行。围绕筹备上海合作组织10周年成员国元首理事会会议，外长们研究了进一步提升上海合作组织在国际和地区架构中的作用和地位问题，就继续开展上海合作组织框架内各领域互利合作、巩固其作为有影响的国际组织的地位达成共识。外长们还就重大国际问题，以及国际和本地区形势发展的主要趋势深入交换了意见，讨论了本组织与其他多边组织开展合作的前景。

5月19日 上海合作组织成员国第八次文化部长会议在阿斯塔纳举行。会议讨论了上海合作组织框架内文化交流的现状与前景，各方还就合作保护非物质文化遗产、促进各国传统文化等问题交换了意见。

5月27—28日 上海合作组织论坛第六次会议在塔什干举行，会议由乌兹别克斯坦共和国总统战略研究所主办。来自上海合作组织成员国和观察员国的70余名专家、学者和外交官参加了会议。

6月14日 上海合作组织秘书处与联合国毒品和犯罪问题办公室签署谅解备忘录。

6月14—15日 上海合作组织成员国元首理事会第十一次会议在哈萨克斯坦首都阿斯塔纳举行。六国元首围绕回顾过去、展望未来、凝聚共识、巩固团结的主题，总结了过去的成就和发展经验，并在深入分析国际和地区形势发展的基础上签署《上海合作组织十周年阿斯塔纳宣言》，对上海合作组织未来10年的发展方向作出战略规划。

10月18日 上海合作组织成员国最高法院院长会议在塔什干举行。各国代表团团长在发言中高度评价上海合作组织成立十年来在维护地区稳定、促进共同发展方面取得的伟大成就，强调最高法院院长会议机制成立五年来在促进成员国最高法院间的相互交流、共同开展打击“三股势力”的司法领域合作、相互借鉴司法体系改革经验等方面发挥的显著作用。各方表示愿继续深化司法经验交流，加强在刑事和民事司法等具体领域的沟通合作，为地区安全稳定和区域经济一体化保驾护航。

11月7日 上海合作组织成员国总理第十次会议在俄罗斯圣彼得堡举行。成员国领导人签署了总理会议的联合公报，会议发表了《上海合作组织成员国政府首脑（总理）关于世界和上海合作组织地区经济形势的联合声明》等成果文件。

12月21日 上海合作组织成员国主管机关边防部门第一次会议在杭州召开。会议探讨了在上海合作组织框架下成员国主管机关边防部门的合作方向、范围和内容，并签署了会议纪要。

2012年

3月30日 上海合作组织地区安全问题副外长级磋商在北京举行。成员国、观察员国以及阿富汗代表与会。双方就共同关心的地区安全形势深入交换意见，一致认为应加强地区合作，以维护地区安全、稳定与发展。各方对阿富汗局势表示关注，指出上海合作组织将继续协助阿富汗人民为重建国家作出努力，支持阿富汗建设成为独立、和平和繁荣的国家。

4月12日 上海合作组织成员国安全会议秘书第七次会议在中国北京举行。与会各方围绕国际和地区安全形势的最新变化，结合筹备拟于2012年6月在北京举行的上海合作组织峰会，在一贯的友好和建设性气氛中就深化上海合作组织下一个10年安全合作交换了意见。

4月24日 上海合作组织第七次最高法院院长会议在北京召开。各方就深化上海合作组织成员国司法改革、刑事诉讼中的职权配置及法院与媒体的合作等问题交换了意见。会后，各方共同签署了《第七次上海合作组织成员国最高法院院长会议联合声明》。

4月24日 上海合作组织成员国国防部长会议在北京举行。与会各方就国际和地区形势、加强军事信任措施和防务安全合作等问题交换了意见。自2011年3月在哈萨克斯坦首都阿斯塔纳举行第一次成员国国防部长会议以来，成员国防务部门积极落实《上海合作组织成员国国防部2012—2013年合作计划》，取得了新的成果。各方对中方为推动成员国国防部防务安全论坛机制化付出的努力给予高度评价。

5月11日 上海合作组织成员国外长理事会例行会议在北京举行。外长们研究了进一步深化和完善本组织框架内各领域合作、提升上海合作组织在国际和地区事务中的作用等问题，并就国际和地区形势、扩大上海合作组织同其他国家和多边组织交往等问题深入交换了意见。

5月17日 上海合作组织第二次财长和央行行长会议在北京举行。与会各方就全球及区域经济形势、深化上海合作组织财金合作的重大问题交换了意见。各方讨论了组建上海合作组织发展基金（专门帐户）和上海合作组织开发银行的问题。各方商定，将继续积极开展双边及多边金融务实合作，并扩大成员国间双边本币结算，推动扩大合作，进一步促进区域贸易和投资发展，提高应对外来不利冲击和抵御风险的能力。

6月5日 上海合作组织实业家委员会理事会会议在北京举行。会议总结了2011—2012年的工作成果，讨论了开展交通领域的合作等问题。吉尔吉斯共和国实业家委员会主席沙尔舍基耶夫担任新一届上海合作组织实业家委员会理事会主席。

6月6—7日 上海合作组织成员国元首理事会第十二次会议在北京举行。国家主席胡锦涛作为主席国元首主持会议。与会领导人就深化成员国友好合作以及重大国际和地区问题深入交换意见，并对上海合作组织未来发展作出规划，达成新的重要共识。成员国元首签署了《上海合作组织成员国元首关于构建持久和平、共同繁荣地区的宣言》等10个文件。上海合作组织成员国元首一致同意接收阿富汗为上海合作组织观察员国、土耳其为上海合作组织对话伙伴国。

8月29—30日 上海合作组织成员国海关合作工作组第十八次会议在深圳召开。与会各方讨论了进一步加强海关合作、海关商品价值监管信息交换以及保护知识产权等问题。各方还就落实2008年10月30日签署的海关能源监管信息交换议定书交换了意见。

10月7—12日 上海合作组织成员国第四届教育部长会议暨第二届大学校长会议在比什凯克举行。各国教育部领导对十年来上海合作组织在教育领域的合作成就给予了充分肯定，指出教育合作推动了该地区在经济、社会及文化领域的全面均衡发展。

11月13日 上海合作组织第十一次经贸部长会议在比什凯克举行。与会者听取了上海合作组织秘书长伊马纳利耶夫关于本组织成员国的多边贸易和经济合作计划的实施情况、贸易和经济合作前景的报告，上海合作组织商务委员会与银联2011—2012年活动报告，讨论了上海合作组织区域经济合作等一系列议题。

12月4—5日 上海合作组织成员国总理第十一次会议在比什凯克举行。与会各方就世界和地区经济形势的广泛议题，发展上海合作组织框架内的经贸和人文合作的现实问题交换了意见，并就广泛议题达成重要共识。会议结束后上海合作组织成员国签署了多项重要文件，发表了《上海合作组织成员国政府首脑（总理）理事会会议联合公报》。

2013年

1月17日 上海合作组织实业家委员会理事会会议在北京召开。上海合作组织秘书长梅津采夫、副秘书长阿科什卡罗夫等出席。各方讨论了加强经贸领域合作的问题。会议通过了实业家委员会主要工作计划，确定了上海合作组织工商论坛议题。

2月27—28日 上海合作组织成员国科技专家工作组会议在北京秘书处召开。与会各方就上海合作组织框架内多边科技合作及其发展前景等问题交换了意见，讨论了上半年在哈萨克斯坦举行的上海合作组织成员国第二次科技部长会议的筹备情况。

4月9—12日 上海合作组织成员国国家协调员理事会例行会议在北京举行。参会各方就筹备上海合作组织成员国元首理事会会议、安全会议秘书会议和外交部长理事会会议等问题交换了意见，商定了2013年上半年主要活动和专家会工作计划。

4月18—19日 上海合作组织论坛第八次会议在北京举行。上海合作组织成员国、观察员国和对话伙伴国研究机构150多名代表参会。中国外交部副部长程国平、上海合作组织秘书长梅津采夫、中国国际问题研究所所长曲星等出席开幕式并致辞。

5月24日 上海合作组织记者俱乐部在上海合作组织秘书处成立。俄通社—塔斯社北京分社社长安德烈·基里洛夫当选记者俱乐部主席。来自中国、俄罗斯和哈萨克斯坦等国的记者出席俱乐部成立大会。与会人员讨论了记者俱乐部工作内容并制定了近期工作计划。

6月26日 上海合作组织成员国国防部长会议在比什凯克举行。会议总结了2012年4月国防部长北京会议召开以来取得的成果，就成员国防务部门间未来合作发展、国际和地区安全形势等问题交换了意见，批准了《上海合作组织成员国国防部2014—2015年合作计划》，并签署了《上海合作组织成员国国防部长会议联合公报》。

7月12—13日 上海合作组织成员国外交部长理事会例行会议在乔蓬阿塔举行。各方研究了进一步深化和完善本组织框架内全方位合作及提升上海合作组织在国际和地区事务中的作用等问题，并就重大国际问题和地区形势，以及加强上海合作组织与其他国家和多边组织交往问题充分交换了意见。

8月13—14日 上海合作组织成员国海关合作工作组第二十一次会议在萨尔马拉举行。各方讨论了知识产权保护、打击走私、开展成员国风险管理制度合作等问题，并协商了加强海关部门合作的文件草案。

9月5—6日 上海合作组织成员国司法部长会议在北京举行。各方在友好和建设性的气氛中就司法部长会议在实现上海合作组织目标和任务中的作用，以及在法律领域建立和深化合作等问题交换了意见。会议签署了《上海合作组织成员国司法部长会议联合声明》。

9月9日 上海合作组织成员国紧急救灾专家会议在圣彼得堡举行。各方就进一步加强上海合作组织框架内紧急救灾领域合作及其发展前景问题交换了意见，讨论并协商了上海合作组织紧急救灾部门领导人第七次会议议题、纪要，以及《〈上海合作组织成员国政府间紧急救灾互助协定〉2014—2015年落实措施计划》草案。

9月11日 上海合作组织成员国第二届科技部长会议在阿斯塔纳举行。各方在友好和建设性的气氛中讨论了关于开展上海合作组织框架内科技领域多边合作及其发展前景等问题。

9月13日 上海合作组织成员国元首理事会第十三次会议在吉尔吉斯斯坦首都比什凯克举行。与会元首共同签署并发表了《上海合作组织成员国元首比什凯克宣言》。峰会批准《〈上海合作组织成员国长期睦邻友好合作条约〉实施纲要（2013—2017）》。国家主席习近平发表题为《弘扬“上海精神”，促进共同发展》的重要讲话。中方在峰会上宣布已成立上海合作组织睦邻友好合作委员会。

10月21—22日 上海合作组织成员国经贸高官会在塔什干举行。各方研究了拟提交上海合作组织成员国经贸部长会议审议的文件草案，讨论了秘书处关于《上海合作组织成员国多边经贸合作纲要》和《2012—2016年上海合作组织进一步推动项目合作的措施清单》落实进展情况的报告草案。

11月13日 上海合作组织经贸部长会议框架内发展过境潜力工作组第七次会议在塔什干举行。各方研究了发展上海合作组织成员国交通基础设施和过境运输问题，商定将采取切实措施落实在专业工作组活动中遴选的交通合作项目。各方还就《上海合作组织成员国政府间国际道路运输便利化协定》草案交换了意见。会议结束后，各方签署了会议纪要和2014—2015年工作计划。

11月28—29日 上海合作组织成员国总理第十二次会议在塔什干举行。总理们就世界和地区经济发展的广泛议题，以及发展上海合作组织框架内的经贸和人文合作问题交换了意见，并发表了《上海合作组织成员国政府首脑（总理）理事会第十二次联合公报》。

12月17—20日 上海合作组织成员国国家协调员例行会议在北京举行。各方讨论了上海合作组织当前活动及筹备将在塔吉克斯坦举行的2014年上海合作组织成员国元首会议和外长会议等问题，并审议了上海合作组织2014年主要活动计划。

2014年

1月22日 上海合作组织地区安全问题副外长级磋商在莫斯科举行。各方就保障地区安全、重点打击国际恐怖主义、非法贩运毒品、有组织犯罪、网络犯罪以及应对其他跨国性威胁与挑战等问题交换了意见。各方强调，打击恐怖主义和阿富汗毒品经济是本地区持久和平与繁荣的必要条件，解决上述任务需要国际社会更多关注和协同努力。

3月11—14日 上海合作组织成员国国家协调员例行会议在北京举行。各方讨论了上海合作组织当前活动以及筹备将在杜尚别举行的元首峰会和外长会议等问题。会议研究了上海合作组织2014年主要活动计划和庆祝世界反法西斯战争胜利70周年活动计划草案，审议了一些部长会议专家筹备会工作成果。

4月1日 上海合作组织成员国国防部长会议在塔吉克斯坦胡占德市举行。各国国防部长就国际和地区安全问题，包括国际安全援助部队从阿富汗撤军的阿富汗议题交换了意见。各方讨论了将在中国举行的“和平使命—2014”联合反恐演习筹备情况。会后，各方签署了会议纪要，并通过了《上海合作组织成员国国防部长会议联合公报》。

5月20日 上海合作组织秘书处与亚洲相互协作与信任措施会议秘书处签署谅解备忘录。

6月10日 上海合作组织成员国文化部长第十一次会晤在塔吉克斯坦举行。各方肯定了上海合作组织文化专家工作组建设性的工作，表示将支持进一步发展本组织框架内的多边和双边文化关系，继续发展上海合作组织与观察员国和对话伙伴国之间的文化合作。

6月23—24日 上海合作组织论坛第九次会议在比什凯克举行。论坛主题为“上海合作组织区域经济发展面临的现代挑战”。与会代表就成员国在区域经济、文化教育以及金融和投资等领域的合作交换了意见。

7月30—31日 上海合作组织成员国外交部长理事会例行会议在杜尚别举行。外长们研究了进一步完善和发展本组织框架内各领域合作、提升上海合作组织在国家和地区事务中的作用和地位等广泛议题，还就世界和地区形势发展，重要国际问题，以及扩大上海合作组织与有关国家、其他国际组织和机构的联系等问题交换了意见。

8月24—29日 上海合作组织成员国“和平使命—2014”联合反恐军事演习在中国朱日和训练基地正式举行。俄罗斯、中国、哈萨克斯坦、塔吉克斯坦和吉尔吉斯斯坦共7000余名军人参加演习。

8月28日 上海合作组织成员国军队总参谋长第三次会议在北京举行。各方就国际和地区形势、成员国在军事领域的合作前景以及其他共同关心的问题交换了意见。与会代表对成员国在防务安全领域取得的合作成果表示满意，并表示将不断深化上海合作组织框架内的军事合作，共同维护本地区安全与稳定。

9月4日 上海合作组织成员国最高法院院长第九次会议在阿斯塔纳举行。各方就司法实践、法院判决相互承认与执行、法院工作优化及考评、法官管理体系建设、法官选拔与人名、司法公开与法院工作信息化等问题进行了深入交流，并就最高法院在打击恐怖主义中的作用进行了专题研讨。

9月10日 上海合作组织实业家委员会理事会会议在杜尚别举行。会议通过了上海合作组织实业家委员会2014年工作报告、各国实业家委员会下一阶段活动计划，并签署了《上海合作组织实业家委员会理事会会议纪要》。

9月11日 上海合作组织银联体理事会第十次会议在杜尚别举行。理事会成员指出，上海合作组织银联体与上海合作组织观察员国和对话伙伴国银行建立联系的工作已取得实际成果。各方讨论了银联体与实业家委员会合作，以及在上海合作组织银联体框架内落实联合经济项目、交流经验和干部培训等问题。会议签署了加强金融合作和促进区域发展活动计划。

9月12日 上海合作组织成员国元首理事会第十四次会议在塔吉克斯坦首都杜尚别举行。与会各方围绕进一步完善上海合作组织工作，发展上海合作组织区域内长期睦邻友好关系、维护地区安全、加强务实合作，以及当前重大国际和地区问题交换意见。中国国家主席习近平发表《凝心聚力精诚协作，推动上海合作组织再上新台阶》的讲话，提出四点主张。成员国元首签署并发表了《杜尚别宣言》《上海合作组织成员国政府间国际道路运输便利化协定》，批准了《给予上海合作组织成员国地位程序》和《关于申请国加入上海合作组织义务的备忘录范本》修订案等文件。

9月18—19日 上海合作组织成员国第二次司法部长会议在符拉迪沃斯托克举行。与会代表讨论了成员国司法部门在司法鉴定等领域的合作情况，就完善法治、为维护地区和平与稳定提供法律保障等问题交换了意见。

10月8日 上海合作组织成员国第五次教育部长会议在俄罗斯巴尔瑙尔市举行。各方就成员国教育发展情况交流了信息，一致同意继续交换有关部际和校际在教育领域开展现代化建设，举办教学与研究论坛、学术研讨会和专题研讨会的相关信息。各方对上海合作组织大学国际校办为大学活动所制定的法律法规文件、专业人才培养计划，以及在招生保障等方面所作的大量工作给予肯定。

10月8日 上海合作组织成员国总检察长会议在塔什干举行。各方就加强企业和未成年人合法权益保护及环境保护的检查监督问题进行了交流，并讨论了在成员国之间进行犯罪资产追回的立法和实践问题。

10月9日 上海合作组织成员国第三次农业部长会议在莫斯科举行。与会代表就上海合作组织成员国在农业领域可能开展的合作项目交换了意见，讨论了共同开展学术研究、运用农业创新技术、加强与观察员国和对话伙伴国在农业领域的合作等问题。各方签署了会议纪要，并审议通过了《〈上海合作组织政府间农业合作协定〉2015—2016年农业合作计划》。

12月14—15日 上海合作组织成员国第十三次总理会议在哈萨克斯坦举行。会议发表了《上海合作组织成员国政府首脑（总理）理事会第十三次会议联合公报》，李克强总理出席会议并提出三点建议：筑牢地区安全稳定屏障，打造区域合作新亮点，更加注重民生和人文交流合作。

2015年

1月20—22日 上海合作成员国国家协调员理事会会议在北京举行。会议讨论了2015年上海合作组织有关工作，上海合作组织乌法峰会和莫斯科外长会的筹备等问题，确定了上海合作组织2015年主要活动计划。

4月14日 上海合作组织成员国第十次安全会议秘书会议在莫斯科举行。与会各方就地区安全与稳定，进一步加强合作打击恐怖主义、分裂主义、极端主义、毒品走私和跨国有组织犯罪以及保障国际信息安全等问题交换了意见。

5月15日 上海合作组织成员国第七次交通部长会议在乌法举行。各方指出，未来的首要任务是实施共同受益的基础设施项目，确保扩大区域交通运输潜力，发展包括高速铁路运输，建立多式联运物流中心，采用先进的交通创新技术。应积极发挥与观察员国、对话伙伴国的合作潜力，并积极发展与国际金融机构的合作。

6月3日 上海合作组织成员国外交部长理事会例行会议在莫斯科举行。外长们讨论了上海合作组织的现状和未来发展前景，研究了完善组织的主要方向。会议通过了上海合作组织元首理事会关于启动接收印度和巴基斯坦加入上海合作组织程序的决议等草案，并提请上海合作组织成员国元首理事会批准阿利莫夫担任上海合作组织秘书长。

6月4日 上海合作组织安全与稳定问题高级别会议在莫斯科举行。会议讨论了在上海合作组织地区维护安全和稳定，打击国际恐怖主义、毒品贩运、跨国犯罪等问题，强调凝聚国际社会的共同力量应对上述及其他全球性威胁的重要意义。

6月30日 上海合作组织成员国国防部长会议在圣彼得堡举行。会议讨论了地区和国际安全问题，以及共同应对挑战和威胁的可行方法，并通过了上海合作组织成员国国防部2016—2017年合作计划等。

7月7日 上海合作组织成员国第二次卫生部长会议在莫斯科举行。各成员国卫生部门领导人主要探讨了加强保障地区居民健康安全领域的多边合作问题及其发展前景。各方同意，随着成员国一体化进程的不断加强，需要通过综合协调采取联合行动以保障居民健康安全。

7月10日 上海合作组织成员国元首理事会第十五次会议在俄罗斯乌法举行。会议的主题是规划组织未来发展，就本组织发展及国际和地区重要问题协调立场，东道国俄罗斯总统普京主持会议。中国国家主席习近平发表题为《团结互助，共迎挑战，推动上海合作组织实现新跨越》的重要讲话。共同签署并发表了乌法宣言。批准了包括《上海合作组织至2025年发展战略》在内的一系列文件，签署了《上海合作组织成员国边防合作协定》，通过关于上海合作组织启动接收印度、巴基斯坦加入上海合作组织程序等决议，发表了成员国元首关于世界反法西斯战争胜利70周年的声明、关于应对毒品问题的声明，以及会议新闻公报。

8月18—19日 上海合作组织成员国常设科技合作工作组例行会议在北京举行。会议讨论了《〈上海合作组织成员国政府间科技合作协定〉落实措施计划》草案和联合科技项目清单草案。

10月20—23日 上海合作组织成员国国家协调员理事会会议在北京召开。会议讨论了关于上海合作组织成员国政府首脑（总理）理事会会议的筹备情况，并审议了2016年的主要活动计划。

11月11—12日 上海合作组织成员国第八次紧急救灾部门领导人会议在成都举行。会议各方介绍了自2013年9月成员国第七次紧急救灾部门领导人会议召开以来本国和周边地区发生的重大紧急情况以及开展的救灾和应对工作，就进一步加强上海合作组织框架下紧急救灾领域合作交换了意见。

11月17—20日 上海合作组织成员国国家协调员会议在北京举行。会议期间，各方讨论了上海合作组织成员国政府首脑（总理）理事会会议的筹备情况，以及拟提交政府首脑审议和批准的文件草案，并研究了关于启动给与印度和巴基斯坦成为上海合作组织正式成员国的程序问题。

12月1—2日 上海合作组织成员国电子商务专门工作组第六次会议在北京举行。各方认真分析了《上海合作组织区域经济合作》网站运行情况，就在上海合作组织框架下开展电子商务领域的进一步合作交换了意见，并研究了工作组2016年工作计划草案。

12月14—15日 上海合作组织成员国政府首脑（总理）理事会第十四次会议在郑州举行。总理们就国际和地区经济发展的广泛议题交换了意见，讨论了深化上海合作组织经济和人文合作的前景与措施，表示愿进一步巩固成员国人民的相互理解与传统友谊。会后，发表了《上海合作组织成员国政府首脑（总理）理事会第十次会议联合公报》《上海合作组织成员国政府首脑（总理）关于区域经济合作的声明》等文件。

12月15日 上海合作组织秘书处与联合国亚洲及太平洋经济社会委员会秘书处签署谅解备忘录。

2016年

2月2日 上海合作组织成员国国家协调员理事会在北京举行。会议主要就2016年塔什干元首峰会的准备工作，以及成员国、观察员国和对话伙伴国在政治、经贸、人文交流等领域30多项问题的合作进行了协调。

4月13—14日 上海合作组织成员国安全会议秘书第十一次会议在塔什干举行。与会各方就上海合作组织区域内的安全与稳定形势交换了意见，就打击三股势力、非法贩运武器和毒品，以及应对其他挑战与威胁继续开展合作、完善协作机制等问题交换了意见。

5月23—24日 上海合作组织成员国外交部长理事会例行会议在塔什干举行。会后各方发表了新闻公报，表态支持中国在南海问题上的立场。

6月8日 上海合作组织成员国国防部长会议在阿斯塔纳举行。会议就当前国际和地区安全问题交换了意见，并讨论了“和平使命—2016”联合反恐军事演习准备工作进展情况。

6月22日 上海合作组织成员国第十三次文化部长会晤在塔什干举行。会议讨论了上海合作组织框架下文化艺术领域合作的发展情况，就上海合作组织成员国政府间文化合作协定和历届文化部长会晤达成共识的执行情况交换了意见。

6月23日 上海合作组织银行联合体理事会第十二次会议在塔什干举行。会议议程包括投资、共同项目融资、经验交流和人才培养等方面的合作，以及扩大本组织观察员国和对话伙伴国金融机构合作等问题。各方签署了《关于给予蒙古国开发银行上海合作组织银联体伙伴地位的决议》，并通过了会议纪要。

6月24日 上海合作组织成员国元首理事会第十六次会议在乌兹别克斯坦首都塔什干举行。与会各方就携手应对地区和国际新挑战、全面提升上海合作组织各领域合作水平以及上海合作组织未来发展等问题深入交换意见。习近平主席发表题为《弘扬上海精神，巩固团结互信，全面深化上海合作组织合作》的重要讲话。成员国元首发表《上海合作组织成立十五周年塔什干宣言》和新闻公报，批准《〈上海合作组织至2025年发展战略〉

2016—2020年落实行动计划》等文件，见证签署印度、巴基斯坦加入上海合作组织义务的备忘录，有关部门授权代表签署了《上海合作组织成员国旅游合作发展纲要》。

9月4日 上海合作组织成员国第三次科技部长会议在伊塞克湖州举行。与会各方讨论了关于开展上海合作组织框架内科技领域多边合作的问题，并就《上海合作组织成员国政府间科技合作协定》及其他相关协议的执行情况交换了意见。各方研究并同意《〈上海合作组织成员国科技合作协定〉落实措施计划（2016—2020）》和《上海合作组织科技伙伴计划》的草案，决定将上述文本提交2016年上海合作组织成员国政府首脑（总理）理事会审议。

9月29—30日 上海合作组织成员国第三次财长和央行行长会议在比什凯克召开，与会方通报了本国中期社会经济发展情况和加快经济增长的国家举措。各方讨论了建立上海合作组织开发银行和上海合作组织发展基金（专门账户）问题，并建议将《2017—2021年上海合作组织进一步推动项目合作的措施清单》中关于金融领域合作的章节提交2016年政府首脑（总理）理事会审议。

10月12日 上海合作组织成员国第十五次经贸部长会议在比什凯克召开。各方对进一步发展和深化上海合作组织区域经济合作问题进行了广泛研究，听取了各国代表团团长关于上海合作组织框架内经贸和投资合作现状和前景的介绍。会议批准了《上海合作组织成员国贸易便利化工作组章程》，并要求专业工作组为落实《上海合作组织成员国多边经贸合作纲要落实措施计划》积极开展工作。

10月20日 上海合作组织成员国第六次教育部长会议在杜尚别举行。各方对国家教育系统发展与现代化、合作优先方向以及履行关于落实上海合作组织成员国政府间教育合作协定的措施清单等问题交换了意见。会议审议了成员国关于建立和运行上海合作组织大学的政府间协议草案，讨论了教育领域合作的一系列重要问题。

10月28日 上海合作组织成员国第四次司法部长会议在阿拉木图举行。各方总结了第三次司法部长会议后成员国司法部门间的合作，并根据与会代表在加强成员国法制建设问题上达成的共识，就共同关心的问题加强交流与合作。

11月2—3日 上海合作组织成员国政府首脑（总理）理事会第十五

次会议在吉尔吉斯斯坦举行。会议发表了《上海合作组织成员国政府首脑（总理）理事会第十五次会议联合公报》。各国总理批准《上海合作组织成员国政府间科技合作协定2016—2020年落实措施计划》和《上海合作组织科技伙伴计划》，赞成高效落实《2017—2021年上海合作组织进一步推动项目合作的措施清单》，支持2014年9月12日在杜尚别签署的《上海合作组织成员国政府间国际道路运输便利化协定》尽快生效并予以落实，加紧制订《上海合作组织公路协调发展规划》草案。

11月29—30日 上海合作组织成员国第十四次总检察长会议在中国三亚市举行。各方讨论了总检察院在本组织框架下合作打击恐怖主义的作用等问题。重点关注深化和协调成员国检察机关反恐合作，建立有效预防和打击恐怖主义的机制。各方相互通报了本国反恐法律的修订，并就预防和打击恐怖主义，防范人员出境参与恐怖主义活动等交流了经验。

2017年

1月19—20日 上海合作组织银行联合体研讨会在三亚举行。银联体成员银行、对话伙伴银行、上海合作组织秘书处、亚洲基础设施开发银行、金砖国家新发展银行及中国丝绸之路基金负责人出席本次研讨会。与会者就银联体发展、金融合作交换意见，表示国家银行在保发展、促稳定方面发挥着重要作用。与会期间，上海合作组织副秘书长同中国国家开发银行行长郑之杰举行会见，就研讨会成果、上海合作组织秘书处同上海合作组织银联体下一步合作计划等问题交换了意见。

2月14—17日 上海合作组织国家协调员理事会会议在上海合作组织秘书处召开。会议就2017年上海合作组织成员国元首峰会，以及哈萨克斯坦担任2012—2017年主席国期间与其他系列重要活动有关的20多项议题进行讨论，并审议2017年上海合作组织主要活动计划。会议还对上海合作组织观察员团观察土库曼斯坦总统大选情况进行了总结。

3月15—16日 上海合作组织成员国第九次环保部门专家会议在阿斯塔纳举行。与会专家讨论了《上海合作组织成员国环保合作构想》草案，并就《2017—2021年上海合作组织进一步推动项目合作的措施清单》相关章节交换了意见。

4月8—9日 上海合作组织成员国第十二次安全会议秘书会议在阿斯塔纳举行。会议就成员国进一步加强共同打击恐怖主义、分裂主义、极端主义、跨国有组织犯罪、非法移民、非法贩运武器、麻醉品和精神药物的相关议题进行了讨论。会议签署了国际和地区现实问题一致立场议定书，确定了未来的工作目标，并为即将举行的阿斯塔纳元首理事会进行了筹备部署。

4月11—12日 上海合作组织成员国第二十八次经贸高官委员会会议在北京举行。会议研究了上海合作组织经贸领域主要国际法律文件——《上海合作组织至2025年发展年战略》《上海合作组织成员国多边经贸合作纲要》及《2017—2021年上海合作组织进一步推动项目合作的措施清单》的进度完成情况。会议分析了上海合作组织各领域合作专门工作组的工作情况，讨论了各方就进一步扩展上海合作组织经贸合作形式与机制的建议。

4月14日 上海合作组织成员国第七次禁毒部门领导人会议在阿斯塔纳举行。与会各方对联合国毒品与犯罪问题办公室和上海合作组织开展主题为“联合国与上海合作组织禁毒：共同威胁与共同行动”的活动措施表示欢迎。会上，各方就上海合作组织成员国毒品形式、禁毒国际合作前景以及加强上海合作组织成员国禁毒部门务实合作的措施交换了意见。

4月17—19日 上海合作组织成员国国家协调员理事会会议在阿斯塔纳举行。会议由哈萨克斯坦上海合作组织问题国家协调员阿·阿比舍夫主持。会议议程包括30多项议题，涉及在哈萨克斯坦首都举行的上海合作组织成员国外长理事会及元首峰会的筹备工作。

4月20—21日 上海合作组织成员国外交部长理事会例行会议在阿斯塔纳举行。会议通过了《上海合作组织成员国元首阿斯塔纳宣言》及《上海合作组织成员国元首理事会会议新闻公报》草案，会议就关于完成接收印度和巴基斯坦加入上海合作组织程序并给予成员国地位的问题提交上海合作组织成员国元首理事会审议。

5月11—12日 上海合作组织论坛第十二次例行会议在塔什干召开。来自上海合作组织成员国国家研究中心、上海合作组织观察员国和对话伙伴国科研中心、上海合作组织秘书处及地区反恐怖执行委员会等20多个代表团的100多位代表和专家出席会议。与会者就上海合作组织事务及进一步发展的现实问题，特别是就巩固安全，活跃经济、人文和交通运输领域合作方面的现实问题交换意见。会后，各方签署了会议纪要。

6月2日 上海合作组织成员国第十次文化部长会晤在阿斯塔纳举行。会议讨论了过去一个阶段上海合作组织框架下文化艺术领域合作的进展情况，就《上海合作组织成员国政府间文化合作协定》（2007年8月16日，比什凯克）和历届文化部长会晤达成共识的执行情况交换了意见。

6月7日 上海合作组织实业家委员会理事会会议在阿斯塔纳举行。印度和巴基斯坦代表作为嘉宾首次应邀出席会议。会议期间，各方讨论了实业家委员会当前工作相关问题，确定了上海合作组织扩员后的经贸和投资合作发展优先方向。会后各方签署了成果备忘录。

6月7日 上海合作组织成员国国防部长会议在阿斯塔纳举行。会议签署了《上海合作组织成员国防务部门关于研究、保护和推广军事历史文化遗产的意向议定书》，批准了《上海合作组织成员国国防部2018—2019年合作计划》。与会各方就当前国际和地区安全问题交换了意见。

6月8日 上海合作组织银行联合体理事会在阿斯塔纳召开。会议期间，举行了《上海合作组织银行联合体中期发展战略（2017—2020）》以及《上海合作组织银行联合体与中国丝路基金伙伴关系基础备忘录》的签约仪式。会后签署了成果备忘录。

6月9日 上海合作组织元首理事会第十七次会议在哈萨克斯坦首都阿斯塔纳举行。与会各方围绕上海合作组织发展现状、任务和前景，以及国际和地区重大问题等交换意见，达成广泛共识。成员国元首签署并发表了《阿斯塔纳宣言》，发表了《新闻公报》《上海合作组织成员国元首关于共同打击国际恐怖主义的声明》，签署了《上海合作组织反极端主义公约》，批准了给予印度、巴基斯坦上海合作组织成员国地位等7份决议。

8月22—25日 上海合作组织成员国国家协调员理事会会议在扬州召开。本次会议是自2017年6月上海合作组织成员国阿斯塔纳峰会上印度和巴基斯坦正式成为成员国后的第一次高层会晤。会议就2017年下半年在俄罗斯召开的上海合作组织政府首脑（总理）理事会例行会议的筹备会议。会上还仔细研究了上海合作组织一系列实践活动，针对落实阿斯塔纳峰会各项决议提出具体的联合行动措施。

8月24—25日 上海合作组织成员国第九次紧急救灾部门领导人会议在乔蓬阿塔举行。会议就上海合作组织成员国境内发生的特大（重大）紧急情况及从中吸取的教训做了报告，并就上海合作组织内部防灾救灾领域未来合作前景交换了意见。会上讨论了2016—2017年联合行动取得的成果，批准了《2018—2019年落实〈上海合作组织成员国政府间救灾互动协定〉行动计划》。

9月17日 上海合作组织地区反恐怖机构理事会第三十一次例行会议在北京举行。会议审议了地区反恐怖机构理事会先前通过的决议的落实情况，批准了《关于上海合作组织成员国主管机关打击恐怖主义、分裂主义和极端主义组织招募成员的联合措施》和《上海合作组织地区反恐怖机构与负责打击恐怖主义、分裂主义和极端主义的国际组织提高合作效率的措施》。

9月20日 上海合作组织成员国外交部长理事会非例行会议于第72届联合国大会期间在纽约举行。与会各方就上海合作组织发展前景、国际和地区迫切问题，以及加强上海合作组织与联合国及其他多边组织协作、上海合作组织成员国在联合国及其他国际和地区组织框架内深化合作等问题交换了意见。

10月20日 上海合作组织成员国第五次司法部长会议在塔什干举行。会议就如何对上海合作组织各成员国的民事和刑事案件提供法律援助并开展合作等问题展开了广泛的讨论。与会者商定，为发展法律服务领域的信息技术，各方将继续开展信息交换工作。会议确定了司法鉴定和法律服务专家工作小组章程，并签署共同声明。

10月25—27日 上海合作组织成员国第十二次最高法院院长会议在塔什干举行。会议研究了上海合作组织成员国进一步改革司法和法律系统的措施，完善投资纠纷的法律，进一步提升上海合作组织成员国间民事、刑事司法协助合作的效率，在上海合作组织成员国内采取实际行动预防恐怖组织或激进组织吸收、招募青年人等议题。会议还就共同关心的司法领域重要问题及司法机关在各领域的合作前景进行了讨论。

11月1—2日 上海合作组织成员国第三十二次海关合作专门工作组会议在莫斯科举行。会议议题包括根据《2017—2021年上海合作组织框架内进一步推动项目合作的措施清单》和《〈上海合作组织至2025年发展战略〉2016—2020年落实行动计划》文件制定并起草相关文件。

11月15日 上海合作组织成员国第十六次经贸部长会议在莫斯科举行。会议审议了关于进一步发展区域经济合作的广泛议题，各方就上海合作组织区域经贸投资合作的现状与前景交换了意见。上海合作组织实业家委员会和上海合作组织银行联合体代表通报了2016—2017年工作情况和2018年优先工作方向。会后，代表团团长签署了会议纪要。

12月1日 上海合作组织政府首脑（总理）理事会第十六次会议在索契举行。会议讨论了当前国际和地区经济形势，以及在上海合作组织框架下开展经济和人文合作等广泛议题，并就提高上述领域合作效率商定具体措施。各方代表通过了《上海合作组织秘书处关于〈上海合作组织成员国多边经贸合作纲要〉落实情况的报告》，批准了上海合作组织2018年预算，并就上海合作组织常设机构的财务和组织问题签署决议。

2018年

4月5日 上海合作组织地区反恐怖机构理事会第三十二次会议在塔什干举行。会议总结了过去一个阶段地区反恐怖机构框架下的合作情况，通过了拟提交上海合作组织成员国元首理事会审议的《地区反恐怖机构2017年工作报告》《上海合作组织成员国打击恐怖主义、分裂主义和极端主义2019年至2021年合作纲要（草案）》等重要文件。

4月18—21日 上海合作组织成员国第四届科技部长会议在莫斯科召开。各方交换了各自国家科技发展政策信息，指出各方科技发展优先方向和机制具有一致性。各方商定利用这一重要条件，进一步深化和密切上海合作组织框架下科技合作。各方讨论了《〈上海合作组织成员国政府间科技合作协定〉落实措施计划（2016—2020）》以及《2017—2021年上海合作组织进一步推动项目合作的措施清单》中科技领域合作部分。

4月24日 上海合作组织成员国外交部长理事会例行会议在北京举行。外长们研究了上海合作组织在吸收印度和巴基斯坦加入的新形势下进一步发展的首要任务，并讨论了重大国际和地区问题。各方原则通过了《上海合作组织成员国元首理事会青岛宣言》及《上海合作组织成员国元首理事会会议新闻公报》草案。

4月24日 上海合作组织成员国国防部长会议在北京举行。各方表示支持本组织成员国防务部门进一步发展和完善合作，拓展新的合作领域，探索新的合作形势，强调落实《上海合作组织成员国国防部2018—2019年合作计划》的重要性。各方宣布成立上海合作组织成员国国防部长会议专家工作组，并将支持工作组各项工作，不断完善上海合作组织军事领域合作。

5月4—5日 上海合作组织论坛第十三次会议在阿斯塔纳召开。来自上海合作组织的120名代表和专家，上海合作组织各成员国21个国家研究中心的代表团，上海合作组织观察员国、对话伙伴国科学中心和上海合作组织地区反恐机构执委会的代表团出席了会议。各方就上海合作组织在新的地缘政治现实中和本组织进一步发展前景下的作用和意义广泛交换意见。

5月7—11日 上海合作组织成员国首届旅游部长会议在湖北武汉举行。会议审议并通过了《2019—2020年落实〈上海合作组织成员国旅游合作发展纲要〉联合行动计划》草案，并达成含草案在内的七项共识。

5月15—18日 上海合作组织成员国文化部长第十五次会晤在三亚举行。各方就如何加强和深化上海合作组织文化合作等问题展开探讨交流，签署了《上海合作组织成员国文化部长第十五次会晤纪要》，通过了《上海合作组织成员国政府间文化合作协定2018—2020年执行计划》和《上海合作组织成员国文化部长第十五次会晤新闻声明》。

5月17日 上海合作组织成员国禁毒部门领导人第八次会议在天津举行。会议积极评价2018年3月12日上海合作组织与联合国毒品与犯罪问题办公室在维也纳联合举办的《新威胁、共行动》第二次高级别会议；赞同各方商定的《上海合作组织预防麻醉药品和精神药品滥用构想》草案，支持按程序将其提交上海合作组织成员国元首理事会会议批准；支持各专家工作组加强在毒品案件情报交流、易制毒化学品管控、减少毒品需求和完善法律基础领域的合作；重申将坚定维护现行国际禁毒体制，维护联合国三大禁毒公约权威，反对毒品合法化。

5月21—22日 上海合作组织成员国安全会议秘书第十三次会议在北京举行。各方就上海合作组织地区安全与稳定方面的形势交换意见，讨论了上海合作组织成员国进一步开展合作打击恐怖主义、分裂主义和极端主义、非法贩运武器、毒品走私、跨国有组织犯罪及保障国际信息安全等问题。各方强调要合力构建共同、综合、可持续、合作、平等和不可分割的安全架构，探讨共同应对现代威胁和挑战，维护和平与稳定，确立人类命运共同体的共同理念。

5月25日 上海合作组织成员国最高法院院长第十三次会议在北京举行。与会代表围绕“深化上海合作组织框架内司法合作”这一主题，就法院信息化与智慧法院建设，打击暴恐、毒品、洗钱等犯罪涉及的法律适用问题和跨国司法合作，刑事诉讼非法证据排除规则与司法实践，跨境货物买卖合同的法律规则与司法实践，上海合作组织内国际司法合作机制的完善等具体议题交流、探讨，并达成共识。会后，各方发表了联合声明。

6月1日 上海合作组织首届媒体峰会在北京举行。出席会议的上海合作组织成员国、观察员国、对话伙伴等16个国家的110多家媒体，就共同加强上海合作组织框架内新闻媒体交流与合作充分交换意见，形成广泛共识。与会媒体代表发表了《上海合作组织首届媒体峰会关于加强媒体交流合作的倡议》，决定以上海合作组织青岛峰会为契机，推动媒体交流合作迈上新台阶，并签署了一系列媒体交流合作协议和备忘录。

6月6日　上海合作组织实业家委员会理事会会议在北京举行。与会人员讨论了与上海合作组织实业家委员会当前活动相关的若干问题，并拟定了近期合作重点。上海合作组织秘书长提议成立上海合作组织实业家委员会青年联盟，并为上海合作组织成员国的年轻人举办各种形式的企业家活动。会后，各方签署了会议纪要。

6月9—10日　上海合作组织元首理事会第十八次会议在中国青岛举行。与会各国领导人就当前重大国际和地区问题及深化上海合作组织各领域合作深入交换意见，达成广泛共识。习近平主席发表题为《弘扬“上海精神”，构建命运共同体》的重要讲话。成员国元首签署并发表了《青岛宣言》，发表了《新闻公报》《上海合作组织成员国元首致青年共同寄语》《上海合作组织成员国元首在上海合作组织地区共同应对流行病威胁的声明》《上海合作组织成员国元首关于贸易便利化的联合声明》，批准了《〈上海合作组织成员国长期睦邻友好合作条约〉实施纲要（2018—2022年）》《上海合作组织成员国打击恐怖主义、分裂主义和极端主义2019年至2022年合作纲要》等12份决议。峰会期间，各方授权代表还签署了《2019—2020年落实〈上海合作组织成员国旅游合作发展纲要〉联合行动计划》《上海合作组织成员国经贸部门间促进中小微企业合作的谅解备忘录》。

（李莹莹）

附录二

上海合作组织重要文件

Appendix II
Important Documents of the SCO

打击恐怖主义、分裂主义和极端主义上海公约[①]

哈萨克斯坦共和国、中华人民共和国、吉尔吉斯斯坦、俄罗斯联邦、塔吉克斯坦共和国和乌兹别克斯坦共和国（以下简称“各方”），

遵循联合国宪章，特别是有关维护国际和平与安全和发展国家间友好关系与合作的宗旨和原则；

认识到恐怖主义、分裂主义和极端主义对国际和平与安全，发展国家间友好关系和实现人的基本权利和自由构成威胁；

认为上述现象对各方的领土完整和国家安全以及政治、经济和社会稳定构成严重威胁；

遵循一九九八年七月三日阿拉木图联合声明、一九九九年八月二十五日比什凯克声明和二〇〇〇年七月五日杜尚别声明及二〇〇一年六月十五日《“上海合作组织”成立宣言》的原则；

确信本公约确定的恐怖主义、分裂主义和极端主义，无论其动机如何，在任何情况下不得为其开脱罪责，从事此类行为的人员应被绳之以法；

深信在本公约框架内进行共同努力是打击恐怖主义、分裂主义和极端主义的有效方式；

达成协议如下：

---

① 打击恐怖主义、分裂主义和极端主义上海公约_中国人大网 http://www.npc.gov.cn/wxzl/wxzl/2001-12/12/content_281315.htm.（上网时间：2018年10月18日）。

第一条

一、为本公约的目的，所使用的专门名词系指：

（一）恐怖主义是指：

1. 为本公约附件（以下简称“附件”）所列条约之一所认定并经其定义为犯罪的任何行为；

2. 致使平民或武装冲突情况下未积极参与军事行动的任何其他人员死亡或对其造成重大人身伤害、对物质目标造成重大损失的任何其他行为，以及组织、策划、共谋、教唆上述活动的行为，而此类行为因其性质或背景可认定为恐吓居民、破坏公共安全或强制政权机关或国际组织以实施或不实施某种行为，并且是依各方国内法应追究刑事责任的任何行为。

（二）分裂主义是指旨在破坏国家领土完整，包括把国家领土的一部分分裂出去或分解国家而使用暴力，以及策划、准备、共谋和教唆从事上述活动的行为，并且是依据各方国内法应追究刑事责任的任何行为。

（三）极端主义是指旨在使用暴力夺取政权、执掌政权或改变国家宪法体制，通过暴力手段侵犯公共安全，包括为达到上述目的组织或参加非法武装团伙，并且依各方国内法应追究刑事责任的任何行为。

二、本条不妨碍载有或可能载有比本条所使用专门名词适用范围更广规定的任何国际条约或各方的国内法。

第二条

一、各方根据本公约及其所承担的其他国际义务，以及考虑到各自国内法，在预防、查明和惩治本公约第一条第一款所指行为的方面进行合作。

二、各方应将本公约第一条第一款所指行为视为可相互引渡的犯罪行为。

三、在实施本公约时，对涉及与引渡和刑事司法协助有关的事项，各方根据其参加的国际条约并考虑到各方国内法开展合作。

第三条

各方应采取必要措施，包括适当时制定国内立法，以使本公约第一条第一款所指行为在任何情况下不得仅由于政治、思想、意识形态、人种、民族、宗教及其他相似性质的原因而被开脱罪责，并使其受到与其性质相符的处罚。

第四条

一、一方在通知保存国完成为使本公约生效所必须的国内程序后六十天内，应将其负责执行本公约的中央主管机关名单通过外交途径书面提交保存国，保存国应周知其他各方。

二、各方中央主管机关就执行本公约规定的有关事项直接相互联系和协作。

三、如任何一方对其中央主管机关名单作出变更，应通知保存国，由保存国周知其他各方。

第五条

各方经协商一致，可就打击本公约第一条第一款所指行为的事项进行磋商、交换意见、协调立场，包括在国际组织和国际论坛从事上述活动。

第六条

各方中央主管机关根据本公约进行下列合作并相互提供协助：

（一）交流信息；

（二）执行关于进行快速侦查行动的请求；

（三）制定并采取协商一致的措施，以预防、查明和惩治本公约第一条第一款所指行为，并相互通报实施上述行动的结果；

（四）采取措施预防、查明和惩治在本国领土上针对其他各方实施的本公约第一条第一款所指行为；

（五）采取措施预防、查明和阻止向任何人员和组织提供用于实施本公约第一条第一款所指行为的资金、武器、弹药和其他协助；

（六）采取措施预防、查明、阻止、禁止并取缔训练从事本公约第一条第一款所指行为人员的活动；

（七）交换法律法规及其实施情况的材料；

（八）就预防、查明和惩治本公约第一条第一款所指行为交流经验；

（九）通过各种形式，培训、再培训各自专家并提高其专业素质；

（十）经各方相互协商，就其他合作形式达成协议，包括必要时，在惩治本公约第一条第一款所指行为及消除其后果方面提供实际帮助。如就此达成协议，缔结相应的议定书，该议定书构成本公约不可分割的一部分。

第七条

各方中央主管机关交换共同关心的情报，包括：

（一）准备实施及已经实施本公约第一条第一款所指行为的情报，已经查明及破获的企图实施上述行为的情报；

（二）对国家元首及其他国家领导人，外交代表机构、领事机构和国际组织的工作人员，其他受国际保护人员以及国事访问，国际和国家政治、体育等其他活动的参加者准备实施本公约第一条第一款所指行为的情报；

（三）准备、实施及以其他方式参与本公约第一条第一款所指行为的组织、团体和个人的情报，包括其目的、任务、联络和其他信息；

（四）为实施本公约第一条第一款所指行为，非法制造、获取、储存、转让、运输、贩卖和使用烈性有毒和爆炸物质、放射性材料、武器、引爆装置、枪支、弹药、核武器、化学武器、生物武器和其他大规模杀伤性武器，可用于制造上述武器的原料和设备的情报；

（五）已查明涉及或可能涉及本公约第一条第一款所指行为的资金来源的情报；

（六）实施本公约第一条第一款所指行为的形式、方法和手段的情报。

第八条

一、基于提供协助的请求，或经一方中央主管机关主动提供信息，各方中央主管机关在本公约范围内，在双边和多边基础上进行相互协作。

二、请求或信息以书面形式提出。在紧急情况下请求或信息可通过口头形式转达，但应在不晚于七十二小时内以书面形式确认，必要时，使用技术手段转交文本。如对请求或信息的真实性或内容产生疑问，可要求对其进一步确认或说明。

三、请求内容应包括：

（一）请求和被请求的中央主管机关的名称；

（二）对请求的目的和理由的说明；

（三）对请求协助的内容的说明；

（四）有利于及时和适当执行请求的其他信息；

（五）如有必要，标明密级。

四、以书面形式转交的请求或信息，应由提出请求的中央主管机关首长或其副职签字，或由该中央主管机关盖章确认。

五、请求和所附文件和信息由中央主管机关用本公约第十五条所规定的一种工作语言提出。

第九条

一、被请求的中央主管机关采取一切必要的措施以保障尽快和尽可能全面地执行请求，并在尽可能短的期限内通知结果。

二、如存在妨碍或严重延迟执行请求的情况，应立即将此通知提出请求的中央主管机关。

三、如执行请求超出被请求的中央主管机关的职权范围，它应将请求转给本国其他负责执行此请求的中央主管机关，并立即将此通知提出请求的中央主管机关。

四、为执行请求，被请求的中央主管机关可要求提供其认为必要的补充信息。

五、执行请求应适用被请求方法律。在不违背被请求方法律的基本原则或国际义务的情况下，根据提出请求的中央主管机关的请求，也可适用请求方法律。

六、如被请求的中央主管机关认为，执行请求可能有损其国家主权、安全、公共秩序或其他根本利益，或违背其国内法或国际义务，则可推迟或全部或部分拒绝执行请求。

七、如请求所涉行为按被请求方法律不构成犯罪，也可拒绝执行请求。

八、如根据本条第六款或第七款全部或部分拒绝执行请求或推迟其执行，应将此书面通知提出请求的中央主管机关。

第十条

为有效打击本公约第一条第一款所指行为，各方将签订单独协定和通过其他必要的文件，在比什凯克市建立各方的地区性反恐怖机构并保障其运行。

第十一条

一、为执行本公约，各方中央主管机关可建立紧急联系渠道和举行例行或特别会晤。

二、为落实本公约规定，各方必要时可相互提供技术和物资援助。

三、一方根据本公约从另一方获取的材料、专用器材、设备和器械，如事先未得到提供方的书面同意，不得转交。

四、对于各方中央主管机关在本公约范围内提供援助时使用的快速侦查行动方式、专门人员、专用器材和后勤保障材料性能等信息不得向外公布。

第十二条

各方中央主管机关可就实施本公约的程序细则相互签署协议。

第十三条

一、各方应对其得到的非公开或提供方不愿公开的信息和文件保密。这些信息和文件的密级由提供方确定。

二、根据本公约获得的执行请求的信息和结果，未经提供方书面同意，不得用于请求或提供目的以外的其他目的。

三、一方根据本公约从另一方获得的信息和文件，如事先未得到提供方的书面同意，不得转交。

第十四条

除非另有约定，各方自行承担与其执行本公约有关的费用。

第十五条

各方中央主管机关在本公约范围内开展合作时的工作语言为中文和俄文。

第十六条

本公约不限制各方就本公约内容及与其宗旨和目标不相抵触的事项签订其他国际条约的权利，并且不涉及各方根据其参加的其他国际协定所享有的权利和承担的义务。

第十七条

本公约解释或适用中出现的有争议的问题，由有关各方通过协商和谈判解决。

第十八条

一、本公约保存国为中华人民共和国。本公约正式副本将在签署后十五天内由保存国分送其他各方。

二、本公约自保存国收到哈萨克斯坦共和国、中华人民共和国、吉尔吉斯斯坦、俄罗斯联邦、塔吉克斯坦共和国和乌兹别克斯坦共和国最后一份关于其已完成为使本公约生效所需的国内程序的书面通知后第三十天起开始生效。

第十九条

一、本公约生效后，经所有各方同意，其他国家可以加入本公约。

二、本公约自申请加入国向本公约保存国递交其完成为使本公约生效所需的国内程序的通知书后第三十天起，对其生效。自该日起，申请加入国成为本公约一方。

第二十条

一、经所有各方同意，可对本公约文本进行修订和补充，并制定议定书，议定书构成本公约不可分割的一部分。

二、任何一方在向保存国发出书面的退出通知十二个月后，可以退出本公约。保存国应在收到一方退出通知的三十天内通知其他各方。

第二十一条

一、如果一方非附件所列某一条约的缔约国，则可在向保存国提交关于完成为使本公约生效所需国内程序的通知书时声明，在本公约适用于该方时，该条约被认为未列入该附件。此声明在通知保存国该条约对该方生效后失效。

二、当一方不再是附件所列的某一条约的缔约国时，应按照本条第一款的规定作出声明。

三、符合以下条件的条约可以补充到附件中：

（一）对所有国家开放的；

（二）已经生效的；

（三）至少三个本公约的缔约方已经批准、接受、核准或者加入的。

四、本公约生效后，任何一方可以建议对附件进行修订。上述建议应书面送交保存国。保存国应将所有符合本条第三款要求的建议周知其他各方，并征求它们关于是否接受所提修订建议的意见。

五、在保存国向各方分送修订建议的一百八十天后，除非三分之一的本公约缔约方书面通知保存国反对此项修订，否则所提修订建议即被认为获得通过，并从即日起对所有各方生效。

本公约于二〇〇一年六月十五日在上海签订，正本一份，用中文和俄文写成，两种文本同等作准。

哈萨克斯坦共和国代表：努尔苏丹·纳扎尔巴耶夫（签字）

中华人民共和国代表：江泽民（签字）

吉尔吉斯共和国代表：阿斯卡尔·阿卡耶夫（签字）

俄罗斯联邦代表：弗拉基米尔·普京（签字）

塔吉克斯坦共和国代表：埃莫马利·拉赫莫诺夫（签字）

乌兹别克斯坦共和国代表：伊斯拉姆·卡里莫夫（签字）

上海合作组织宪章[1]

第一条　宗旨和任务

本组织的基本宗旨和任务是：

加强成员国间的相互信任和睦邻友好；

发展多领域合作，维护和加强地区和平、安全与稳定，推动建立民主、公正、合理的国际政治经济新秩序；

共同打击一切形式的恐怖主义、分裂主义和极端主义，打击非法贩卖毒品、武器和其他跨国犯罪活动，以及非法移民；

鼓励开展政治、经贸、国防、执法、环保、文化、科技、教育、能源、交通、金融信贷及其他共同感兴趣领域的有效区域合作；

在平等伙伴关系基础上，通过联合行动，促进地区经济、社会、文化的全面均衡发展，不断提高各成员国人民的生活水平，改善生活条件；

在参与世界经济的进程中协调立场；

根据成员国的国际义务及国内法，促进保障人权及基本自由；

保持和发展与其他国家和国际组织的关系；

在防止和和平解决国际冲突中相互协助；

共同寻求21世纪出现的问题的解决办法。

第二条　原则

本组织成员国坚持以下原则：

---

① 上海合作组织宪章_中国人大网，http：//www.npc.gov.cn/wxzl/gongbao/2002_10/22/content_5301223.htm（登录时间：2018年10月25日）。

相互尊重国家主权、独立、领土完整及国家边界不可破坏，互不侵犯，不干涉内政，在国际关系中不使用武力或以武力相威胁，不谋求在毗邻地区的单方面军事优势；

所有成员国一律平等，在相互理解及尊重每一个成员国意见的基础上寻求共识；

在利益一致的领域逐步采取联合行动；

和平解决成员国间分歧；

本组织不针对其他国家和国际组织；

不采取有悖本组织利益的任何违法行为；

认真履行在本宪章及本组织框架内通过的其他文件中所承担的义务。

第三条　合作方向

本组织框架内合作的基本方向是：

维护地区和平，加强地区安全与信任；

就共同关心的国际问题，包括在国际组织和国际论坛上寻求共识；

研究并采取措施，共同打击恐怖主义、分裂主义和极端主义，打击非法贩卖毒品、武器和其他跨国犯罪活动，以及非法移民；

就裁军和军控问题进行协调；

支持和鼓励各种形式的区域经济合作，推动贸易和投资便利化，以逐步实现商品、资本、服务和技术的自由流通；

有效使用交通运输领域内的现有基础设施，完善成员国的过境潜力，发展能源体系；

保障合理利用自然资源，包括利用地区水资源，实施共同保护自然的专门计划和方案；

相互提供援助以预防自然和人为的紧急状态并消除其后果；

为发展本组织框架内的合作，相互交换司法信息；

扩大在科技、教育、卫生、文化、体育及旅游领域的相互协作；

本组织成员国可通过相互协商扩大合作领域。

第四条　机构

一、为落实本宪章宗旨和任务，组织框架内的机构包括：

国家元首会议；

政府首脑（总理）会议；

外交部长会议；

各部门领导人会议；

国家协调员理事会；

地区反恐怖机构；

秘书处。

二、除地区反恐怖机构外，本组织各机构的职能和工作程序由成员国元首会议批准的有关条例确定。

三、成员国元首会议可通过决定成立本组织其他机构。以制定本宪章议定书的方式成立新机构。该议定书生效程序与本宪章第二十一条规定的生效程序相同。

第五条　国家元首会议

国家元首会议是本组织最高机构。该会议确定本组织活动的优先领域和基本方向，决定其内部结构和运作，与其他国家及国际组织相互协作的原则问题，同时研究最迫切的国际问题。

元首会议例会每年举行一次。例会主办国元首担任国家元首会议主席。例会举办地按惯例根据本组织成员国国名俄文字母的排序确定。

第六条　政府首脑（总理）会议

政府首脑（总理）会议通过组织预算，研究并决定组织框架内发展各具体领域，特别是经济领域相互协作的主要问题。

政府首脑（总理）会议例会每年举行一次。例会主办国政府首脑（总理）担任会议主席。

例会举办地由成员国政府首脑（总理）预先商定。

第七条　外交部长会议

外交部长会议讨论组织当前活动问题，筹备国家元首会议和在组织框架内就国际问题进行磋商。必要时，外交部长会议可以本组织名义发表声明。

外交部长会议例会按惯例在每次国家元首会议前一个月举行。召开外交部长非例行会议需有至少两个成员国提出建议，并经其他所有成员国外交部长同意。例会和非例会地点通过相互协商确定。

国家元首会议例会主办国外交部长担任外交部长会议主席，任期自上次国家元首会议例会结束日起，至下次国家元首会议例会开始日止。

根据会议工作条例，外交部长会议主席对外代表组织。

第八条　各部门领导人会议

根据国家元首会议和国家政府首脑（总理）会议的决定，成员国各部门领导人定期召开会议，研究本组织框架内发展相关领域相互协作的具体问题。

会议主办国有关部门领导人担任会议主席。会议举办地点和时间预先商定。

为筹备和举办会议，经各成员国预先商定，可成立常设或临时专家工作小组，根据部门领导人会议确定的工作章程开展工作。专家小组由各成员国部门代表组成。

第九条　国家协调员理事会

国家协调员理事会是本组织日常活动的协调和管理机构。理事会为国家元首会议、政府首脑（总理）会议和外交部长会议作必要准备。国家协调员由各成员国根据各自国内规定和程序任命。

理事会至少每年举行三次会议。主办国家元首会议例会的成员国国家协调员担任会议主席，任期自上次国家元首会议例会结束日起，至下次国家元首会议例会开始日止。

根据国家协调员理事会工作条例，受外交部长会议主席委托，国家协调员理事会主席可对外代表组织。

第十条　地区反恐怖机构

2001年6月15日签署的《打击恐怖主义、分裂主义和极端主义上海公约》参加国的地区反恐怖机构是本组织常设机构，设在比什凯克市（吉尔吉斯共和国）。

该机构的基本任务和职能，其成立、经费原则及活动规则由成员国间签署的单独国际条约及通过的其他必要文件来规定。

第十一条　秘书处

秘书处是本组织常设行政机构。它承担本组织框架内开展活动的组织技术保障工作，并为组织年度预算方案提出建议。

秘书处由主任领导。主任由国家元首会议根据外交部长会议的推荐批准。

主任由各成员国公民按其国名俄文字母排序轮流担任，任期3年，不得连任。

副主任由外交部长会议根据国家协调员理事会的推荐批准，不得由已任命为主任的国家产生。

秘书处官员以定额原则为基础，由雇佣的成员国公民担任。

在执行公务时，秘书处主任、副主任和其他官员不应向任何成员国和（或）政府、组织或个人征求或领取指示。他们应避免采取任何可能影响其只对本组织负责的国际负责人地位的行动。

成员国应尊重秘书处主任、副主任和工作人员职责的国际性，在他们行使公务时不对其施加影响。

本组织秘书处设在北京市（中华人民共和国）。

第十二条　经费

本组织有自己的预算，根据成员国间的专门协定制定并执行。该协定还规定各成员国在分摊原则基础上给组织预算缴纳年度会费的比例。

根据上述协定，预算资金用于本组织常设机构的活动。成员国自行承担本国代表和专家参加组织活动的费用。

第十三条　成员

本组织对承诺遵守本宪章宗旨和原则及本组织框架内通过的其他国际条约和文件规定的本地区其他国家实行开放，接纳其为成员国。

本组织吸收新成员问题的决定由国家元首会议根据国家外交部长会议按有关国家向外交部长会议现任主席提交的正式申请所写的推荐报告作出。

如成员国违反本宪章规定和（或）经常不履行其按本组织框架内所签国际条约和文件承担的义务，可由国家元首会议根据外交部长会议报告作出决定，中止其成员国资格。如该国继续违反自己的义务，国家元首会议可做出将其开除出本组织的决定，开除日期由国家元首会议自己确定。

成员国都有权退出本组织。关于退出本宪章的正式通知应至少提前12个月提交保存国。参加本宪章及本组织框架内通过的其他文件期间所履行的义务，在该义务全面履行完之前与有关国家是联系在一起的。

第十四条　同其他国家及国际组织的相互关系

本组织可与其他国家和国际组织建立协作与对话关系，包括在某些合作方向。

本组织可向感兴趣的国家或国际组织提供对话伙伴国或观察员地位。提供该地位的条例和程序由成员国间的专门协定规定。

本宪章不影响各成员国参加的其他国际条约所规定的权利和义务。

第十五条　国际人格

本组织作为国际法主体，享有国际人格。在各成员国境内，拥有为实现其宗旨和任务所必需的法律行为能力。

本组织享有法人权利，可：

——签订条约；
——获得并处置动产或不动产；
——起诉和被诉；
——设立账户并开展资金业务。

第十六条　通过决议程序

本组织各机构的决议以不举行投票的协商方式通过，如在协商过程中无任一成员国反对（协商一致），决议被视为通过，但中止成员资格或将其开除出组织的决议除外，该决议按“除有关成员国一票外协商一致”原则通过。

任何成员国都可就所通过决议的个别方面和（或）具体问题阐述其观点，这不妨碍整个决议的通过。上述观点应写入会议纪要。

如某个成员国或几个成员国对其他成员国感兴趣的某些合作项目的实施不感兴趣，他们不参与并不妨碍有关成员国实施这些合作项目，同时也不妨碍上述国家在将来加入到这些项目中来。

第十七条　执行决议

本组织各机构的决议由成员国根据本国法律程序执行。

各成员国落实本宪章和本组织框架内其他现有条约及本组织各机构决议所规定义务的情况，由本组织各机构在其权力范围内进行监督。

第十八条　常驻代表

成员国根据本国国内规定及程序任命本国派驻组织秘书处常驻代表，该代表列入成员国驻北京大使馆的外交人员编制。

第十九条　特权和豁免权

本组织及其官员在所有成员国境内享有为行使和实现本组织职能和宗旨所必需的特权和豁免权。

本组织及其官员的特权和豁免权范围由单独国际条约确定。

第二十条　语言

本组织的官方和工作语言为汉语和俄语。

第二十一条　有效期和生效

本宪章有效期不确定。

本宪章需经所有签署国批准，并自第四份批准书交至保存国之日起第30天生效。

对签署本宪章并晚些批准的国家，本宪章自其将批准书交至保存国之日起生效。

本宪章生效后，对任何国家开放加入。

对申请加入国，本宪章自保存国收到其加入书之日起第30天生效。

第二十二条　解决争议

如在解释或适用本宪章时出现争议和分歧，成员国将通过磋商和协商加以解决。

第二十三条　修正和补充

经成员国相互协商，本宪章可以修正和补充。国家元首会议关于修正和补充的决定以作为本宪章不可分割部分的单独议定书方式固定下来，其生效程序与本宪章第二十一条规定的生效程序相同。

第二十四条　保留

凡与本组织的宗旨、目的和任务相抵触或其效果足以阻碍本组织任何机关履行职能的保留不得容许。凡经至少三分之二本组织成员国反对者，应视为抵触性或阻碍性的保留，且不具法律效力。

第二十五条　保存国

本宪章的保存国为中华人民共和国。

第二十六条　登记

本宪章需根据《联合国宪章》第102条在联合国秘书处登记。

本宪章于2002年6月7日在圣彼得堡市签署，正本一式一份，分别用中文和俄文写成，两种文本同等作准。

本宪章正本交由保存国保存，并由该国将核对无误的副本分发给所有签署国。

哈萨克斯坦共和国代表：努尔苏丹·纳扎尔巴耶夫（签字）
中华人民共和国代表：江泽民（签字）
吉尔吉斯共和国代表：阿斯卡尔·阿卡耶夫（签字）
俄罗斯联邦代表：弗拉基米尔·普京（签字）
塔吉克斯坦共和国代表：埃莫马利·拉赫莫诺夫（签字）
乌兹别克斯坦共和国代表：伊斯拉姆·卡里莫夫（签字）

上海合作组织成员国多边经贸合作纲要[①]

哈萨克斯坦共和国政府、中华人民共和国政府、吉尔吉斯斯坦政府、俄罗斯联邦政府、塔吉克斯坦共和国政府和乌兹别克斯坦共和国政府（以下称“上海合作组织成员国”或“各方”），致力于加强成员国间的相互信任、睦邻友好，发展多领域合作以保持和加强区域内和平、安全与稳定，促进建立公正合理的国际政治经济秩序，将在平等互利基础上建立经济关系。

《上海合作组织宪章》和《上海合作组织成员国政府间关于区域经济合作的基本目标和方向及启动贸易和投资便利化进程的备忘录》的条款是制定《上海合作组织成员国多边经贸合作纲要》（以下称《纲要》）的基础。

成员国将在完全平等、市场关系、相互尊重、互利、非歧视和开放性、循序渐进、通过相互协商建设性解决出现的问题以及兼顾各国利益的原则基础上发展和扩大合作。

将关注各国发展水平及其国际义务。

一、《纲要》的基本目标和任务

《纲要》旨在长期实施业已商定的一揽子举措，支持和鼓励上海合作组织成员国经贸合作，发展互利经济联系，使各国经济重点领域生产和投资合作取得进展，并在此基础上增加相互贸易额，以提高居民生活水平。

长期内（2020年前），上海合作组织成员国将致力于在互利基础上最

① 上海合作组织成员国多边经贸合作纲要 http://scochina.mfa.gov.cn/chn/zywj/t1492503.htm.（上网时间：2018年10月18日）。

大效益地利用区域资源，为贸易投资创造有利条件，以逐步实现货物、资本、服务和技术的自由流动。

为此，成员国将分阶段实施精心制订符合区域合作要求的措施，将进行必要的磋商以提出实现上海合作组织长期目标的具体建议。

中期内（2010年前），任务是共同努力制订稳定的、可预见和透明的规则和程序，在上海合作组织框架内实施贸易投资便利化，并以此为基础在《上海合作组织宪章》和上述《备忘录》规定的领域内将开展大规模多边经贸合作。鉴此，将制定共同规划和方案并建立优先发展方向支持体系以加强区域经济合作。

短期内将积极推动贸易投资便利化进程。将共同制定落实本《纲要》所必须的多边协议和各国法律措施清单，确定其制订顺序和办法；在现代化的组织和技术水平上建立和发展经贸投资的信息空间；确定共同感兴趣的经贸合作优先领域和示范合作项目并付诸实施。

为实现上述目标要完成以下任务：

协商共同立场，确定互利的经济和科技合作的途径；

在世界贸易组织框架内相互协作，支持正在加入世贸组织过程中的成员国；

根据各方本国法律，为保证经营主体生产活动的平等机会和保障而创造条件；

制订经济合作的共同专项规划和投资项目，促进建立良好的投资环境；

提高贸易和投资政策的透明度，就该领域法律法规进行信息交流；

发展本地区各国银行间合作和金融信贷关系；

就利用和进一步发展交通运输和通讯领域现有基础设施进行合作；

以公认的国际标准和规则为基础，在商品标准和合格评定方面开展合作；

完善海关程序；

在各方国际义务框架内逐步消除相互贸易中的关税和非关税壁垒。

二、合作的优先方向

根据《上海合作组织成员国政府间关于区域经济合作的基本目标和方

向及启动贸易和投资便利化进程的备忘录》，能源、交通运输、电信、农业、旅游、银行信贷领域、水利和环境保护领域，以及促进中小企业实体间的直接交流是合作的主要方向。

鉴此，将研究下列具体可能性：

开展在燃料和能源领域的合作，提高现有能源生产能力和能源网络的效益；

在开发石油和天然气新产地及其加工方面扩大互利合作；

加深上海合作组织成员国在地质勘探研究领域的合作，开发矿产和原料资源。

在使用现有运输基础设施领域开展合作，并对上海合作组织成员国境内运输和分拨服务市场的形成和运作所必须的运输体系进行现代化改造；

共同利用上海合作组织成员国的过境运输潜力；

在采用高级信息和电信技术、完善相应基础设施方面开展合作；

实施发展本地区农业及农产品加工业的共同项目；

就引导居民存款流向投资领域交流经验；

建立开展技术创新合作的法律基础和机制；

在区域内自然保护和保持生态平衡方面协调努力；

卫生领域的合作；

科学和新技术领域的合作；

教育领域的合作。

上海合作组织成员国将促进中小企业经营主体间的直接交流。

在开展经贸合作方面，上海合作组织成员国应就成员国与国际组织的合作问题，首先就世界贸易组织问题进行磋商。

在上海合作组织成员国间货物或服务的贸易中出现问题时，成员国将预先进行相互磋商。

三、《纲要》的实施机制

为实施本《纲要》，将制订出阶段性《措施》（《行动计划》），从完成未来短期、中期和长期任务的角度对《纲要》进行细化，并有计划地开始实施。

为进行《措施》方案相应部分制订的准备工作，根据需要，可成立由上海合作组织成员国有关部门组成的联合专家组。

《纲要》的实施将通过国家机构和经营主体（在签订条约和合同的基础上）执行《纲要》及其《措施》中规定的具体行动的方式予以完成。

经上海合作组织成员国协商可对《纲要》及其《措施》条款做出修改和补充。

上海合作组织秘书处和上海合作组织成员国经贸部长会议负责协调《纲要》及其《措施》的实施工作。

本《纲要》及其《措施》的实施进展情况应通报上海合作组织秘书处，秘书处每年度向上海合作组织成员国政府首脑（总理）会议提交（以书面形式）相关报告。

上海合作组织观察员条例[1]

根据二〇〇二年六月七日签署的《上海合作组织宪章》（以下简称“宪章”）第十四条之规定，上海合作组织（以下简称“本组织”或“组织”）观察员条例对向有关国家或政府间国际组织（论坛）（以下简称”国家或组织”）提供本组织观察员地位的程序作出规定。

一、希望获得本组织观察员地位（以下简称“观察员地位”）的国家或组织，需在尊重成员国主权、领土完整和平等，承认组织宗旨、原则及活动的基础上通过本组织秘书长向本组织国家元首理事会（以下简称“元首理事会”）提交由国家元首或组织负责人签署的申请。

二、本组织秘书长收到国家或组织希望获得观察员地位的申请后，通知本组织国家协调员理事会（以下简称“协调员理事会”）。必要时，本组织秘书长有权要求申请者提供补充材料。协调员理事会将该问题连同相关建议提交本组织外交部长理事会（以下简称“外长理事会”）审议。

三、外长理事会会议在审议希望获得观察员地位的申请时，可邀请相关国家或组织的正式代表参加。

四、给予（取消）观察员地位的决议由元首理事会根据外长理事会的建议通过。

五、本组织秘书长在一周内将元首理事会关于给予观察员地位的决议发给相关国家或组织，相关国家或组织在一个月内以书面方式向本组织秘书长通报收到该决议。

六、获得观察员地位的国家或组织可应邀参加本组织元首理事会和政府首脑（总理）理事会的公开会议。

七、获得观察员地位的国家或组织有权：

---

① 文件 | SCO http://chn.sectsco.org/documents/（上网时间：2018年10月16日）。

（一）列席本组织外长理事会和各部门领导人会议的公开会议；

（二）经会议主席事先同意，参加本组织各机构职能范围内问题的讨论，但无表决权。通过本组织秘书长、用本组织工作语言、就其感兴趣的属本组织职能范围内的问题散发书面声明；

（三）可获得宪章第四条规定的本组织各机构的文件和决议（如本组织有关机构不对其进行限制）。

八、观察员无权参与本组织文件的起草和签署。观察员不参与制定本组织各机构的决议，也不对该决议承担责任。

九、获得观察员地位的国家或组织若希参加本组织各机构的会议、在会上发言和（或）散发书面声明，应不晚于此会召开前10个工作日通报本组织秘书处。

观察员代表的级别应与本组织成员国代表级别相当。

上海合作组织长期睦邻友好合作条约①

遵循《联合国宪章》的宗旨和原则，公认的国际法原则和规则，以及2002年6月7日签署的《上海合作组织宪章》，坚信巩固和深化本组织成员国之间的睦邻、友好、合作关系符合成员国人民的根本利益，有利于本组织所在地区乃至全世界的和平与发展，认为全球化进程加深了国家间的相互依赖，使各国的安全与繁荣紧密相连，认为新的安全挑战与威胁具有全球性质，只有共同努力，遵循协商一致的合作原则与机制才能有效应对，认识到必须尊重当今世界文化文明的多样性，重申为促进建立公正合理的国际秩序，为本组织成员国持续发展创造良好条件，愿意扩大本组织内部及与所有相关国家和国际组织间的互利合作，重申本条约不针对任何其他国家和组织，缔约各方奉行开放原则，致力于使本组织所在地区成为和平、合作、繁荣、和谐的地区，愿促进国际关系民主化，在平等、相互尊重、互信互利、不以集团和意识形态划线的基础上建立新的全球安全架构，决心巩固本组织成员国的友好关系，使成员国人民的友谊世代相传，兹达成协议如下：

第一条

缔约各方根据公认的国际法原则和规则，在其感兴趣的领域发展长期睦邻、友好和合作关系。

---

① 上海合作组织成员国长期睦邻友好合作条约_中国人大网 http://www.npc.gov.cn/wxzl/gongbao/2008-12/24/content_1467393.htm.(上网时间：2018年10月18日)。

第二条

缔约各方遵循《联合国宪章》，公认的国际法原则和规则，以及2002年6月7日签署的《上海合作组织宪章》，以和平方式解决彼此间的分歧。

第三条

缔约各方相互尊重各自根据本国历史经验和国情选择政治、经济、社会和文化发展道路的权利。

第四条

一、缔约各方尊重国家主权和领土完整原则，采取措施禁止在本国境内从事任何违反该原则的活动。

二、缔约各方不参加任何针对其他缔约方的联盟或集团，不支持任何敌视其他缔约方的行动。

第五条

缔约各方恪守国界不可侵犯的原则，积极致力于加强边境地区军事领域信任，决心使相互间的边界成为永久和平与友好的边界。

第六条

出现威胁某一缔约方安全的情况时，该缔约方可在本组织框架内与其他缔约方举行磋商，以妥善应对出现的局势。

第七条

缔约各方致力于在本组织框架内维护和巩固国际和平与安全，在维护和提高联合国作用、维护全球和地区稳定、推进国际军控进程、防止大规模杀伤性武器及其运载工具扩散等方面加强协调与合作，并就这些问题定期举行磋商。

第八条

一、缔约各方根据本国法律，在遵守公认的国际法原则和规则以及所参加的国际条约的基础上，在打击恐怖主义、分裂主义和极端主义，非法贩运麻醉药品、精神药物及其前体，非法贩运武器，非法移民，以及其他跨国犯罪活动方面积极开展合作。

二、缔约各方根据本国法律，在遵守所参加的国际条约的基础上，加强在通缉、羁押、引渡和移交从事恐怖主义、分裂主义和极端主义活动，以及其他犯罪活动的嫌疑人、被告人或罪犯方面的协作。

三、缔约各方在国界保护、海关监督、劳务移民管理及金融、信息安全保障方面开展合作。

第九条

缔约各方积极推进执法机关和司法机关之间的交往与合作。

第十条

缔约各方国防部门间开展各种形式的合作。

第十一条

一、缔约各方根据各自承担的国际义务及本国法律，在促进实现人权和基本自由方面开展合作。

二、缔约各方根据各自承担的国际义务及本国法律，保障生活在其境内的其他缔约方公民的合法权益，并相互提供必要的法律协助。

第十二条

缔约各方相互承认并保护缔约一方位于缔约另一方境内的财产的合法权益。

第十三条

一、缔约各方在平等互利的基础上加强经济合作，为在本组织框架内发展贸易、促进投资和技术交流创造便利条件。

二、缔约各方在本国境内为其他缔约方的自然人和法人进行合法经济活动提供协助，包括为其创造法律条件，保护这些自然人和法人在其境内的合法权益。

第十四条

缔约各方在其加入的国际金融机构、经济组织和论坛内开展合作，并根据这些机构、组织和论坛的章程规定，对其他缔约方加入予以协助。

第十五条

缔约各方在工业、农业、金融、能源、交通、科技、新技术、信息、电信、航空航天及其他共同感兴趣的领域开展合作，促进实施各类区域性项目。

第十六条

一、缔约各方全力推动在立法方面的合作，经常交换关于已经制定、即将通过和现行法律文件的信息，在制定国际法律文件方面开展合作。

二、缔约各方鼓励各自立法机关及其代表间的交流与合作。

第十七条

缔约各方在保护环境、维护生态安全、合理利用自然资源方面开展合作，采取必要措施制定和实施上述领域的专门计划和项目。

第十八条

缔约各方在预防自然灾害和人为造成的重大事故及消除其后果方面相互合作和提供援助。

第十九条

一、缔约各方促进彼此间在文化、艺术、教育、科学、技术、卫生、旅游、体育及其他社会和人文领域的交流与合作。

二、缔约各方相互鼓励和支持文化、教育、科研机构建立直接联系，开展共同科研计划与项目，合作培养人才，互换留学生、学者和专家。

三、缔约各方为学习和研究其他缔约方语言、文化积极提供便利条件。

第二十条

本条约不影响缔约各方作为其他国际条约参加国的权利和义务。

第二十一条

为执行本条约，缔约各方可在共同感兴趣的具体领域签订国际条约。

第二十二条

如对解释或适用本条约出现争议，缔约各方通过磋商和谈判解决。

第二十三条

一、本条约需经缔约各方批准。

二、本条约无限期有效，自保存机关收到最后一份批准书之日起生效。

三、任何缔约方只要为本组织成员国，本条约即对其有效。任何缔约方如退出本组织，本条约自其退出之日起自动对其失效。

四、本条约生效后对任何被吸收为本组织新成员的国家开放。对新加入的国家，本条约自保存机关收到有关加入书之日起第30天对其生效。

第二十四条

经所有缔约方协商一致，可通过缔结单独议定书的形式对本条约予以修改和补充。

第二十五条

一、本条约的正本交予保存机关。

二、本条约的保存机关为本组织秘书处，在本条约签署后15日内由保存机关将核正无误的条约副本送交给缔约各方。

第二十六条

本条约需根据《联合国宪章》第102条规定在联合国秘书处登记。

本条约于二〇〇七年八月十六日在比什凯克签订，正本一份，用中文和俄文写成，两种文本同等作准。

哈萨克斯坦共和国代表：努·纳扎尔巴耶夫（签字）
中华人民共和国代表：胡锦涛（签字）
吉尔吉斯共和国代表：巴基耶夫（签字）
俄罗斯联邦代表：弗·普京（签字）
塔吉克斯坦共和国代表：埃·拉赫蒙（签字）
乌兹别克斯坦共和国代表：伊·卡里莫夫（签字）

上海合作组织对话伙伴条例[1]

根据2002年6月7日签署的《上海合作组织宪章》（以下简称“宪章”）第十四条之规定，上海合作组织（以下简称“本组织”或“组织”）对话伙伴条例对对话伙伴的法律地位、以及给予相关国家或政府间国际组织（以下简称“国家或组织”）对话伙伴地位的方式和程序作出规定。

第一条 总则

一、对话伙伴地位给予赞同本组织宗旨和原则、愿与本组织建立平等互利伙伴关系的国家或组织。

二、对话伙伴地位给予同本组织在《宪章》和本组织其他国际条约所规定的具体领域开展合作的国家或组织。

第二条 对话伙伴的法律地位

一、对话伙伴地位给予的程序

（一）希望获得对话伙伴地位的国家或组织，应向本组织秘书长提交由该国家外交部长或该组织执行机构负责人签署的给予其对话伙伴地位的申请。

申请中应写明该国家或组织希与本组织开展合作的领域。

（二）本组织秘书长将收到的此类申请通知本组织成员国国家协调员理事会（以下简称“国家协调员理事会”）。国家协调员理事会将该问题及相关建议提交本组织成员国外交部长理事会（以下简称“外长理事会”）

---

① 文件 | SCO http://chn.sectsco.org/documents/（上网时间：2018年10月16日）。

审议。

（三）外长理事会会议对给予对话伙伴地位的申请进行审议。必要时，会议可邀请相关国家或组织的正式代表参加。

（四）给予对话伙伴地位的决议由本组织成员国元首理事会（以下简称“元首理事会”）根据外长理事会的建议通过。

（五）给予对话伙伴地位，以本组织与国家或组织签署给予该国家或组织对话伙伴地位备忘录（以下简称“备忘录”）的方式实现。备忘录中应写明该国家或组织将与本组织开展合作的领域。

二、对话伙伴的权利

（一）对话伙伴有权参加下列活动：

1. 备忘录中规定的合作领域的本组织成员国部门领导人会议；

2. 工作组会议、高官委员会会议和本组织成员国为与对话伙伴在合作领域开展合作建立的其他机制的会议；

3. 与对话伙伴开展合作相关的学术和专家会议（论坛、国际会议、研讨会）、文化日、汇演、展览、竞赛、体育比赛及其他活动。

（二）对话伙伴在参加本条例第二条第二款第一项规定的活动时，有权就属于合作内容的问题发言，获得向参加活动者散发的文件和材料（如这些文件和材料无散发限制），经本组织成员国同意散发自己的文件和材料。

（三）根据对话伙伴的意愿，经本组织成员国同意，本条例第二条第二款第二项所述的对话伙伴正式代表的发言或文件，可以连同本次活动的其他材料一并在本组织有关网站发布。

三、与对话伙伴合作的方式

（一）根据本组织成员国与对话伙伴达成的协议，双方可采用“本组织成员国+对话伙伴”的形式举行部长级会晤或其他授权代表会晤。

会晤结果形成纪要，由本组织成员国和对话伙伴的相关代表签署。

（二）通过本组织秘书处和（或）地区反恐怖机构（以下简称“反恐怖机构”）执委会长期向对话伙伴发送本条例第二条第二款第一项中所述活动的公开文件的副本。

对话伙伴有权向本组织秘书处索要并获得《宪章》第四条所述的本组织机构的文件和决议，但以上述文件和决议无散发限制为限。

（三）对话伙伴无权参与准备和签署本组织文件。对话伙伴不参加本组织各机构决议的制订，也不对决议负责。在参加本条例第二条第二款第一项规定的活动时，对话伙伴就备忘录中列举的合作问题享有发言权。

（四）对话伙伴可通过正式公函与本组织秘书处和（或）反恐怖机构执委会保持经常性联系。

第三条　财务问题

一、对话伙伴参加本组织框架内活动的费用全部自理。

二、对话伙伴出资参与举办本组织框架内的展览、文化日、汇演、竞赛、体育比赛和其他此类活动的财务问题在备忘录中作出规定。

三、对对话伙伴参与的本组织框架内多边合作项目进行专家评估的费用，以及各方商定的用于其他目的的费用，按照备忘录中的规定处理。

四、使用本组织框架内非政府机构用于对话伙伴的费用，按照该机构法律文件的规定处理。

对话伙伴出资参与落实本组织框架内的经济合作项目，由根据个案另行签署的相关文件作出规定。

第四条　对话伙伴地位的终止

一、对话伙伴如有意放弃对话伙伴地位，应通知本组织秘书长。如备忘录中无另行规定，对话伙伴地位自本组织秘书长收到通知之日起终止。

二、拥有对话伙伴地位的国家或组织如有违背本组织、本组织各机构决议或《宪章》规定的原则的行为，可根据元首理事会决议取消该国家或组织的对话伙伴地位，本组织亦将单方面终止备忘录。

本组织秘书长应将通过的上述决议通知相关国家或组织。

第五条　最后条款

一、本条例自元首理事会批准之日起生效。

二、根据元首理事会决议，可对本条例进行修改和（或）补充。相关决议自签署之日起生效。

上海合作组织反恐怖主义公约[①]

上海合作组织成员国，

深表关切恐怖主义日益猖獗，威胁世界和平与安全、国家领土完整、国与国之间友好关系发展以及人的基本权利和自由，

遵循《联合国宪章》及二〇〇二年六月七日签署的《上海合作组织宪章》的宗旨和原则，

完善二〇〇一年六月十五日签署的《打击恐怖主义、分裂主义和极端主义上海公约》和二〇〇五年七月五日签署的《上海合作组织成员国合作打击恐怖主义、分裂主义和极端主义构想》，

承认本公约所涵盖的犯罪，不论在任何情况下实施，均无正当性可言，对实施和（或）参与实施犯罪的自然人和法人应追究其责任，

考虑到恐怖主义内涵、行为规模和性质发生的变化及加强反对恐怖主义合作的重要性，

认为必须加大反对恐怖主义的力度，重申预防和打击恐怖主义的一切措施，遵守法律至上和民主价值、人的基本权利和自由原则以及国际法准则，

认识到只有共同努力才能有效预防和打击恐怖主义，

达成协议如下：

第一条

本公约旨在提高反恐怖主义合作的效率。

---

① 上海合作组织反恐怖主义公约（中文本）_中国人大网 http://www.npc.gov.cn/wxzl/gongbao/2015-02/27/content_1932688.htm .（上网时间：2018年10月16日）。

第二条

一、出于本公约之目的，下列术语和概念系指：

（一）“各方”指本公约缔约国；

（二）“恐怖主义”指通过实施或威胁实施暴力和（或）其他犯罪活动，危害国家、社会与个人利益，影响政权机关或国际组织决策，使人们产生恐惧的暴力意识形态和实践；

（三）“恐怖主义行为”指为影响政权机关或国际组织决策，实现政治、宗教、意识形态及其他目的而实施的恐吓居民、危害人员生命和健康，造成巨大财产损失或生态灾难及其他严重后果等行为，以及为上述目的而威胁实施上述活动的行为；

（四）“恐怖主义组织”指：

1.为实施本公约所涵盖的犯罪而成立的和（或）实施本公约所涵盖的犯罪的犯罪团伙、非法武装、匪帮和黑社会组织；

2.以其名义、按其指示或为其利益策划、组织、准备和实施本公约所涵盖的犯罪的法人；

（五）“法人”指依据各方国内法的规定建立并开展活动的组织。

二、本条不妨碍任何国际条约或任何一方的国内法规定或可能规定比本条应用范围更广的术语和概念。

第三条

查明、防范和侦查本公约所涵盖的犯罪涉及至少两方司法管辖权时，适用本公约。

第四条

根据本公约行使权利和履行义务时，各方应遵循国家主权平等、领土完整和互不干涉内政的原则。

第五条

一、下列情况下，有关方应采取必要的措施，确定对本公约所涵盖的犯罪的司法管辖权：

（一）犯罪发生在该方境内；

（二）犯罪发生在悬挂该方国旗的船舶上，或是发生在根据该方法律注册的航空器上；

（三）犯罪由该方公民实施。

二、各方可在下列情况下对本公约所涵盖的犯罪确定各自的司法管辖权：

（一）旨在或导致在该方境内或针对该方公民实施恐怖主义行为的犯罪；

（二）针对该方境外目标，包括外交和领事机构馆舍而发生的旨在或导致实施恐怖主义行为的犯罪；

（三）企图强迫该方实施或不实施某种行为而发生的旨在或导致实施恐怖主义行为的犯罪；

（四）在该方境内常住的无国籍人士实施的犯罪；

（五）犯罪行为发生在该方经营的船舶上。

三、如果犯罪嫌疑人在一方境内且该方不将其引渡给其他方，该方应采取必要措施确定其对本公约所涵盖犯罪的司法管辖权。

四、本公约不排除按照国内法行使的任何刑事管辖权。

五、如果至少两方提出对本公约所涵盖的犯罪拥有司法管辖权，必要时，有关方可协商解决。

第六条

一、本公约规定的合作由各方确定的主管机关执行。

二、在各方提供关于批准或加入公约的通知文件时，各方应向公约保存机构提供本国负责执行本公约的主管机关名单，由公约保存机构告知其他各方。如主管机关变化，应立即通知公约保存机构，再由公约保存机构通报其他各方。

三、各方主管机关可就本公约规定的问题在职权范围内直接开展相互协作。为执行本公约，各方主管机关的地方部门和其他部门可按主管机关规定的程序建立直接联络。

四、各方主管机关基于提供协助的请求，或通过一方主管机关主动通报信息的方式，开展双边和多边合作。

五、相互协作可以通过外交渠道、国际刑警组织或上海合作组织地区反恐怖机构执委会进行。

第七条

一、为防止出现紧张形势而引发本公约所涵盖的犯罪，各方鼓励不同宗教和不同文化之间开展对话，必要时吸收非政府组织和其他社会团体参与，但必须遵守本国法律。

二、各方按照本国法律体系的基本原则，制定和实施反对恐怖主义的国内措施。这些措施可以包括：

（一）定期评估反对恐怖主义的法律文件及实际措施的有效性；

（二）与有关国际和地区组织合作制定并实施反对恐怖主义的措施，包括举行打击恐怖主义行为的演习；

（三）设立机构，协调各方有关机关反对恐怖主义的行动；

（四）提高反对恐怖主义执法及其他机关人员的职业素质，并为其提供必要的财政、物资和其他保障；

（五）对协助国家机关反对本公约所涵盖的犯罪、查明预备或实施本公约所涵盖的犯罪的人员给予奖励；

（六）通过立法规定，实行防范恐怖主义行为的限制措施；

（七）完善对自然人及设施的保护，包括提高执法机关及相关法人的合作效率，制定和推行旨在加强保护自然人和设施的标准；

（八）对受害者、证人等刑事诉讼参与人以及必要情况下的其他涉及反恐的人员进行保护；

（九）制定并采用认定自然人和法人参与实施本公约所涵盖犯罪的标准；

（十）保障法人有足够能力协助国家防范和查明在其设施内准备或实施本公约所涵盖的犯罪；

（十一）推动非政府组织、团体和个人参与反对恐怖主义，在全社会营造反对恐怖主义的氛围；

（十二）向公众宣传恐怖主义的危险、负面影响以及实施本公约所涵盖的犯罪应承担的责任；

（十三）为公民提供保障，使其可以通过匿名等方式向国家机关报告任何涉嫌本公约所涵盖犯罪的情况。

三、各方可采取比本公约更严厉的反对恐怖主义的措施。

第八条

各方应根据本国法律体系的基本原则，通过必要的立法及其他措施，防范和打击恐怖主义融资活动，包括：

（一）登记客户情况资料、金融交易数据并予以保存；

（二）向其各自授权的机关提供可疑的、经济上缺乏合理性的交易信息；

（三）根据执法机关或各方确定的其他机关的指令，暂时中止非法的、可疑的或经济上缺乏合理性的金融交易；

（四）应法院、检察院、侦查机关和各方授权的其他机关的请求，提供有关情况和文件。

第九条

一、各方应采取必要的立法措施，将故意实施的下列行为认定为刑事犯罪：

（一）恐怖主义行为；

（二）各方均参加的国际反恐公约认定为犯罪的行为；

（三）成立并利用法人机构策划、组织、预备和实施本款第一、二项，第四至十项所指的犯罪，或为此成立犯罪团伙、非法武装、匪帮、黑社会组织等；

（四）公开煽动或公开怂恿恐怖主义，即为唆使实施本款第一至三项，第五至十项所指的犯罪而传播某些言论，或公开呼吁支持和效仿恐怖主义；

（五）招募他人或用其他方式使其参与预备或实施本款第一至四项，

第六至十项所指的犯罪；

（六）训练人员，以便实施或协助实施本款第一至五项，第七至十项所指的犯罪；

（七）参加恐怖主义组织；

（八）资助恐怖主义，即募集资金或提供金融服务以资助组织、准备和实施本款第一至七项，第九至十项所指的犯罪，或向恐怖主义组织活动提供资金或金融服务；

（九）为他人提供用于实施本款第一至八项，第十项所指犯罪的武器、爆炸物品或者其他工具；

（十）为涉嫌或被指控实施本款第一至九项所指犯罪的嫌疑人提供掩护、资助，帮助其逃跑，以及为其提供伪证。

二、各方可根据本国法律认定以下行为应受刑事处罚：故意窝藏、转移、收购或代为销售本条第一款规定的犯罪的嫌疑人和被告人的财产。

三、无论恐怖主义行为是否已实际发生，或被招募和（或）被训练的个人是否意识到本人行为的恐怖主义性质，不影响本条第一款第三至十项所指犯罪的构成。

四、各方还应采取必要的立法措施，将同谋、预备实施本条第一款所认定的犯罪及犯罪未遂认定为应受刑事处罚的行为。

第十条

一、各方应根据本国法律原则采取必要的立法及其他措施，禁止本国境内的法人参与本公约所涵盖的任何犯罪。

二、各方应采取必要的措施，规定法人参与本公约所涵盖的犯罪应负的责任。

三、在遵守各方法律原则的条件下，可以追究法人的刑事责任、民事责任或行政责任。

四、确定法人的责任时，不应免除参与法人实施本公约所涵盖犯罪的自然人的刑事责任。

五、各方确保采取下列措施，追究参与实施本公约所涵盖犯罪的法人的责任：

（一）警告；
（二）罚款；
（三）没收法人财产；
（四）暂时中止法人的活动；
（五）禁止法人的某些活动；
（六）取缔法人。

六、如法人策划、组织、准备和实施本公约所涵盖的犯罪行为，各方应采取法律措施，认定法人组织为恐怖组织，并根据法院判决或各方国内法律授权的其他机关的决定对其予以取缔。如通过控制法人行使其权利和义务的人员策划、组织、准备和实施本公约所涵盖的犯罪，也可采取这样的措施。

七、本条规定适用于参与本公约所涵盖的犯罪的外国法人在各方境内的下设机构（代表处、分支机构）。

第十一条

一、各方将本公约所涵盖的犯罪视为可适用引渡、移管和司法协助的犯罪。

二、本公约所涵盖的犯罪，均应视为任何已签订的各方之间的引渡条约中可以引渡的犯罪。各方有义务在今后签署的条约中承认这些犯罪是可以引渡的犯罪。

三、如果某方以条约作为引渡条件，在收到与其未签订引渡条约的其他方的引渡请求后，被请求方应视本公约为引渡本公约所涵盖犯罪的法律依据。执行引渡时，应遵守被请求方国内法规定的条件。

四、不以条约为引渡条件的各方，应将本公约所涵盖犯罪视为可以引渡的犯罪，并遵守被请求方国内法规定的条件。

五、当涉及引渡和提供司法协助时，应当遵守双重犯罪的原则。无论被请求方法律是否将有关行为界定为请求方法律所规定的犯罪，或是否使用请求方法律所用的术语对其进行表述，只要被请求提供司法协助或引渡的行为，根据双方国内法均被认定应受到刑事处罚，这一原则即可认为已得到遵守。

六、本公约所涵盖的犯罪，无论在何地实际发生，只要根据本公约第五条规定属于某一方司法管辖范围，即视为在其境内实施的犯罪而适用引渡。

七、法人涉嫌实施的本公约所涵盖的犯罪及其应承担的法律责任，根据各方国内法确定。

八、按照现行条约或双方商定，根据判刑国或被判刑人国籍国的请求，对因犯有本公约所涵盖犯罪的被判刑人，经其本人同意，可移交其国籍国继续服刑。

九、如犯有本公约所涵盖犯罪的人在被请求方境内，而该方仅以此人是其公民不予引渡，则应根据该方掌握的证据和有关材料，包括请求方提供的刑事案件材料，依照被请求方法律进行刑事诉讼。

第十二条

一、为预防和打击恐怖主义，各方主管机关可主动或根据请求相互提供涉及本公约有关问题的情报（文件、材料、其他信息）。

二、未经被请求方主管机关事先书面同意，请求方主管机关不得将本条第一款中的情报转交其他方。

三、除非请求方主管机关与相关方另有约定，各方主管机关不得泄露请求事宜及其内容，只能用于执行请求；各方主管机关应对被请求方转交的信息保密，只能在调查、法院审理或执行请求规定的程序范围内使用。

第十三条

一、请求的执行应遵循本公约和被请求方的法律。

二、如被请求方与请求方法律没有不同规定，在执行请求时可以适用请求方的法律。适用请求方的法律不应损害被请求方的主权和国家安全。

第十四条

一、请求以书面形式提交，应包括：

（一）请求方和被请求方的主管机关名称；

（二）请求的事项和理由；

（三）案件情况，包括开展立案审查、侦查或法院审理的案情说明（犯罪时间、地点和情节）；

（四）有关法律法规的文本，如不能提供，应阐明相关法律法规条款，或者说明可在请求方境内依法采取的被请求措施或与其效果相同的其他措施；

（五）如有必要，标明密级。

二、关于对法人采取处罚措施的请求，除本条第一款所列举的内容外，还应包括：

（一）关于法人名称、所在地及其注册地址的信息、该法人组织代表的资料；

（二）处罚措施；

（三）请求方希望被请求方遵循的具体程序；

（四）关于可能被查封和没收的财产的信息（其所在地、与犯罪的关系以及其他人对该财产拥有合法权益的任何信息）；

（五）请求方法院判决书或其他主管机关所作决定的核对无误的副本，以及判决和决定的理由；

（六）请求方依据的事实，供被请求方依照本国法律作出执行决定。

三、如请求审讯嫌疑人或被告人，则应当附上核对无误的刑事案件材料的副本。

四、如无其他约定，被请求方在收到请求之日起30日内通知请求方：

（一）关于针对请求所采取的行动及结果；

（二）关于阻碍执行或严重延迟执行的任何情况。

五、请求方应尽快通知被请求方：

（一）关于法院改判或关于对法人的制裁措施的判决和决定全部或部分失效的情况；

（二）关于造成根据本公约所采取的行动失去依据的情况变化。

六、一方根据同一判决，如向多方申请对法人采取处罚措施，应通知与执行该判决有关的其他各方。

第十五条

各方主管机关可执行下列请求：

（一）为追究刑事责任或为执行法院判决的引渡；

（二）立案审查；

（三）采取如下诉讼行为：

1.鉴定；

2.审讯犯罪嫌疑人、被告，询问证人、被害人和其他人；

3.搜查、扣押；

4.移交物证；

5.查封财产；

6.送达文书；

7.职责内的其他行动；

（四）保全证据；

（五）对法人采取处罚措施；

（六）确定涉嫌实施本公约涵盖犯罪的自然人的所在地；

（七）确定被没收财产的所在地；

（八）本公约适用范围内所包括的其他情形。

第十六条

一、请求书由请求方主管机关首长或代理其职责的负责人签署，并（或）加盖带国徽的印章。

二、在紧急情况下，请求可以口头形式提出。但请求及其附带文件应在72小时之内以书面形式确认，必要时可通过技术手段转交文本。

三、如被请求方怀疑请求或请求的附带文件及其内容的真实性，可要求请求方予以补充确认或说明。

四、如根据本公约提出的请求数量较多，且涉及的情况相同，被请求方可自行决定执行请求的先后顺序。

五、如果请求的执行不属于被请求方主管机关的权限，该主管机关应将请求尽快转送本国其他负责执行机关，并立即通知请求方的主管机关。

六、被请求方主管机关可要求提供执行请求所需的补充信息。

第十七条

一、被请求方主管机关可以推迟对请求采取措施，如这些措施可能妨碍被请求方主管机关实施的立案审查、侦查或法院审理。

二、如果执行请求有损主权和国家安全或者违背国内法律，被请求方主管机关可以拒绝执行请求。

三、在拒绝或推迟执行请求之前，被请求方主管机关视情与请求方主管机关进行协商。

四、如推迟或拒绝执行请求，被请求方主管机关应立即通知请求方，并说明原因。

第十八条

一、如对涉嫌或被指控实施本公约所涵盖犯罪的人员进行刑事调查的请求方确定犯罪嫌疑人已进入被请求方境内，经被请求方主管机关同意，可派人进入被请求方境内参与对涉嫌或被指控实施犯罪人立案审查和侦查。

二、派遣到被请求国的请求方主管机关人员应当根据被请求方法律和双方共同加入的国际条约的规定参与在被请求方境内进行的立案审查和侦查。

三、在请求方根据本公约第十四至十八条的规定提出请求的基础上，被请求方决定接受请求方人员参与立案审查和侦查行动的办法。

四、在派人参与立案审查和侦查的请求中还应注明：

（一）所派人员的资料；

（二）派遣目的、立案审查和侦查行动的清单及其实施办法和期限；

（三）在使用交通工具时，交通工具种类、数量和车牌号；

（四）其他必要信息。

五、被请求方收到请求后，在5日内作出决定，并立即通知请求方主管机关。此决定可以附带一定的条件。

六、如果请求方提出的请求未包括本条第四款所述内容或者信息不完整，被请求方主管机关有权要求提供补充材料。

七、按规定到被请求方境内的请求方主管机关人员，应根据被请求方法律及有关驻留和执行公务的约定，在被请求方境内履行职责。

八、在被请求方境内参与被请求方主管机关进行的立案审查和侦查的请求方主管机关人员有义务：

（一）遵守被请求方的法律及有关机关提出的合法要求；

（二）向被请求方提供获取的信息。

九、被请求方一旦提出要求，请求方应立即停止参与在被请求方境内进行的立案审查和侦查行动。

十、双方可就本条规定另行签署协议。

第十九条

被请求方主管机关根据本国法律执行请求过程中获取的证据，在请求方境内具有同样的证据效力。

第二十条

一、在执行没收参与实施本公约所涵盖犯罪的自然人或法人财产的决定时，被请求方承认请求方对第三方权利作出的司法判决。

二、如出现下列情形之一，可以拒绝承认：

（一）第三方没有足够的条件主张自己的权利；

（二）第三方有充分理由主张自己的权利；

（三）判决与被请求方的判决相抵触；

（四）判决与被请求方法律相抵触；

（五）判决有违被请求方国内法规定的排他性司法管辖条款。

第二十一条

一、根据本公约提交的文件免除各种形式的认证手续。

二、在一方境内按照规定格式出具的，或经主管机关或授权人员在其职责范围内确认，并盖有带国徽印章的文书，其他各方在本国境内应予接受，无须任何专门的证明文件。

三、在一方境内被视为正式的文件，在其他各方境内具有正式文件的公信证明力。

第二十二条

一、各方主管机关可就本公约所涉及的问题通过外交渠道或其他方式，也可通过另一方主管机关将正式文件送达该方境内的自然人和法人。

二、各方主管机关应相互协助，将正式文件送达自然人和法人。

第二十三条

各方应在本国境内采取必要措施，防止向参与实施本公约所涵盖犯罪而被一方通缉的人员提供证明难民地位的文件。

第二十四条

一、为追究参与实施本公约所涵盖犯罪的法人的责任，一方应根据另一方请求采取以下必要措施：

（一）查封可能被依法没收的财产；

（二）暂时中止（冻结）金融交易；

（三）暂时中止法人的部分活动（广播、电视，出版发行包括电子媒体在内的大众媒体）。

二、本条第一款措施应当根据被请求方国内法和本公约实施。

三、被请求方终止本公约规定的措施之前，应保障请求方有权提出坚持执行该措施的理由。

第二十五条

一、在请求对参与本公约所涵盖犯罪的法人（包括其分支机构）采取处罚措施时，如该法人在被请求方境内，或者在被请求方境内拥有财产或从事活动，被请求方应当：

（一）执行请求方关于要求采取处罚措施的法院判决或其他主管机关

的决定；或者

（二）根据请求方判决书中提供的事实和结论，及请求采取的处罚措施，按照本国法律进行审理。

二、对法人的处罚措施应当根据被请求方法律执行。

第二十六条

为确保没收进行，各方应根据国内法采取以下措施：

（一）查封、扣押、冻结为了实施本公约所涵盖任何犯罪而企图使用（或已使用）的、或资助实施本公约所涵盖任何犯罪的钱款、有价证券、贵重物品、武器及其组成部分（配件）、弹药、爆炸物或其他财产；

（二）如无法查封、扣押、冻结本条所述财产，应确保收缴与之价值相当的钱款。

第二十七条

一、根据本公约提出的没收自然人或法人财产的请求，不影响被请求方执行本方关于没收同一自然人或法人财产的决定的权利。

二、根据请求没收的财产总值不能超出没收决定标明的数额。如果某一方断定可能超出，双方应进行协商，避免发生这样的结果。

三、满足债权人的要求后，根据本公约应予取缔的法人的剩余财产也应予没收。

四、被请求方应根据本国法律对被没收财产进行管理，并确保其完整无缺。

五、经相关方商定，被没收的财产或其等值钱款，可以全部或部分移交给作出没收决定的一方。

第二十八条

如无另行商定，各方各自承担履行本公约所产生的费用。

第二十九条

一、如对根据本公约合作中因不合法行为或不作为造成的损失起诉要求赔偿，各有关方应当相互协商，确定分摊赔付上述损失的金额。

二、被提起赔偿损失诉讼的一方应通知其他有关各方。

第三十条

本公约不限制各方就本公约所涵盖的不违背其宗旨和目的的问题缔结其他国际条约，不影响各方参加其他国际条约所承担的权利和义务。

第三十一条

一、本公约无限期有效。

二、本公约须经各缔约国批准。批准书应交存公约保存机构。本公约自第4份批准书交存公约保存机构之日起第30日生效。

三、在第4份批准书交存后批准本公约的国家，本公约自该国向公约保存机构交存批准书后第30日起对其生效。

四、本公约保存机构为上海合作组织秘书处。

第三十二条

一、赞成本公约各项条款的其他国家，经上海合作组织成员国同意并向公约保存机构交存加入书，可加入本公约。

二、对于加入国，本公约自公约保存机构收到加入书之日起第30日生效。

第三十三条

根据《联合国宪章》第一百零二条规定，本公约应在联合国秘书处登记。

第三十四条

各方可以签订单独议定书，对本公约进行修改和补充，议定书构成本公约不可分割的组成部分。任何一方均可向公约保存机构提交进行修改和补充的书面建议，公约保存机构应立即将该建议提交其他各方审议。

第三十五条

任何一方可退出该公约，但需要在退出之日前至少6个月向公约保存机构发出书面退出通知。公约保存机构在收到退出通知后，30日内将此通知其他各方。

第三十六条

如对本公约条款的适用或解释出现争议，有关各方应通过协商和谈判解决。

第三十七条

一、各方在本公约框架下开展合作所使用的工作语言为汉语和俄语。

二、本公约正本交公约保存机构保存，公约保存机构应将核对无误的副本送交各方。

本公约于二〇〇九年六月十六日在叶卡捷琳堡签订，一式一份，用中文和俄文写成，两种文本同等作准。

哈萨克斯坦共和国代表：努尔苏丹·阿比舍维奇·纳扎尔巴耶夫

（签字）

中华人民共和国代表：胡锦涛（签字）

吉尔吉斯共和国代表：库尔曼别克·巴基耶夫（签字）

俄罗斯联邦代表：德米特里·阿纳托利耶维奇·梅德韦杰夫（签字）

塔吉克斯坦共和国代表：埃莫马利·拉赫蒙（签字）

乌兹别克斯坦共和国代表：伊斯拉姆·阿卜杜加尼耶维奇·卡里莫夫

（签字）

上海合作组织接收新成员条例[①]

根据2002年6月7日通过的《上海合作组织宪章》（以下简称“《宪章》”）第十三条，本《上海合作组织接收新成员条例》规定了有关国家加入上海合作组织（以下简称“上海合作组织”或“本组织”）的标准、条件和机制。

总　则

一、上海合作组织对承诺遵守《宪章》宗旨、原则以及本组织框架内通过的国际条约和文件的本地区其他有关国家开放。

二、有意愿加入上海合作组织的国家（以下简称“申请国”）应符合以下标准和条件：

地属欧亚地区；

与本组织所有成员国建立外交关系；

具有本组织观察员国或对话伙伴地位；

与本组织成员国保持积极的经贸与人文交往；

所承担的国际安全义务不应与本组织框架内通过的相关国际条约和其他文件冲突；

不与一国或数国存在武装冲突；

自觉履行《联合国宪章》规定的义务，遵守公认的国际法准则；

未受联合国安理会制裁

加入机制

一、申请国向本组织成员国国家元首理事会（以下简称“元首理事

① 文件 | SCO http://chn.sectsco.org/documents/（上网时间：2018年10月16日）。

会”）轮值主席提交请求给予其本组织成员地位的正式申请。该申请由申请国元首签署并通过本组织成员国外交部长理事会（以下简称“外长理事会”）轮值主席提交。

外长理事会轮值主席收到申请后向本组织各成员国外长通报，经商各成员国外长同意后，将申请交由本组织成员国国家协调员理事会（以下简称“国家协调员理事会”）和本组织秘书处（以下简称“秘书处”）研究。国家协调员理事会在秘书处的协助下对申请国是否符合成员国标准做出结论，并按规定程序提交外长理事会审议。

外长理事会会议审议接收本组织新成员申请时，可邀请申请国外长出席。

二、元首理事会根据外长理事会建议，通过关于启动接收本组织新成员程序的决议。

元首理事会轮值主席向申请国元首通报已通过的决议。

三、决议是制订《关于申请国加入上海合作组织义务的备忘录》（以下简称“《备忘录》”）的基础。国家协调员理事会在秘书处协助下，与申请国共同制订《备忘录》。《备忘录》包括以下内容：

申请国有义务遵守《宪章》的宗旨和原则，以及本组织框架内通过的国际条约和文件；

申请国有义务加入本组织框架内现行有效的国际条约，上述条约清单、加入顺序和加入期限；

申请国成为成员国涉及的组织和财务问题，包括在本组织预算中承担的额度、在本组织常设机构中占有的编制。

《备忘录》由申请国外长（或其他授权代表）和经国家元首理事会授权的本组织秘书长签署。

四、自申请国与本组织签署《备忘录》之日起，申请国有权：

列席本组织元首理事会、政府首脑（总理）理事会、外长理事会、部门领导人会议大范围会谈，以及专家组、工作组会议和各类磋商，但无表决权；

列席本组织地区反恐怖机构理事会及其专家组公开会议议题的讨论，列席地区反恐怖机构举行的公开活动，但均无表决权；

获得《宪章》第四条规定的未被本组织相关机构所限制散发的本组织各机构文件和决议；

五、完全履行《备忘录》规定的义务后，申请国应正式通知本组织秘书长。秘书处将此周知本组织各成员国，并起草相应的结论报告草案，由国家协调员理事会审议后提交外长理事会批准。

关于完成接收本组织新成员程序并给予申请国本组织成员国地位的决议由元首理事会根据外长理事会的建议作出。

六、如申请国未履行《备忘录》中规定的义务，元首理事会可根据外长理事会建议，作出暂停或终止接收本组织新成员程序的决议。

最后条款

本条例自元首理事会决议批准之日起生效。

根据元首理事会决议可对本条例进行修改和（或）补充。有关决议自通过之日起生效。

上海合作组织成员国政府间国际道路运输便利化协定[①]

上海合作组织成员国政府（以下简称当事各方），渴望加强各国间的互信、友谊与平等合作，在2002年6月7日《上海合作组织宪章》确定的目标和原则指导下，认识到提供可靠高效国际道路运输服务对发展各国对外贸易联系的重要性，希望以现有经验和相关国际条约为基础，进一步改善国际道路客货运输的条件，达成协定如下：

第一条

本协定的主要目的为：

便利国际道路运输；协调当事各方对于发展国际道路运输的努力；简化和协调当事各方与国际道路运输有关的文件、程序和要求。

第二条

本协定使用的定义解释如下："国际道路运输"：用车辆越过当事各方中至少一方国界和（或）穿越至少一方国家领土的货物或旅客运输；"承运人"：在当事一方国家境内登记，且被该当事方本国法律允许从事国际道路运输的自然人或法人；"驾驶人"：获得当事一方国家主管机关许可，驾驶车辆的自然人；"驾驶证"：当事一方国家主管机关颁发的准许驾驶人驾驶车辆的许可证；"许可证"：由当事一方国家主管机关颁发的允许在另一当事方境内登记的车辆在本当事方境内从事国际道路运输的文件；"特别

① 文件 | SCO http://chn.sectsco.org/documents/（上网时间：2018年10月16日）。

许可证”：当事一方根据本国法律颁发的允许另一当事方承运人运载超重、大尺寸或危险货物的车辆在本国境内行驶的一次性许可证；“车辆”：运送旅客的：客车，即设计并用于运送旅客的包括司机在内9座以上机动车，如果运输发生地当事方本国法律不禁止使用行李挂车，则在这些当事方境内还可拖带行李挂车；

运送货物的：设计并用于运送货物的机动车辆，包括货车、带拖挂的货车、机动牵引车、带半拖挂的机动牵引车。

第三条

一、当事各方应给予承运人使用在任何一当事方国家境内登记的车辆开展本协定所定义的国际道路运输的权利。

二、在当事一方国家境内登记的承运人不得用车辆从事起、终点均在另一当事方境内的客货运输。

第四条

一、根据本协定，国际道路运输应按照附件一规定的线路和国境口岸进行。上述规定不影响当事各方国家参加的不限定或规定了其他线路和国境口岸的双边和多边国际道路运输国际协定的适用。

二、有关增加和修正线路和（或）国境口岸的问题，经线路所经过的和（或）口岸所在国当事方协商一致后，可在根据本协定第17条成立的国际道路运输便利化联合委员会（以下简称“联委会”）框架内审议。

第五条

根据附件二规定的许可证开展国际道路运输。当事各方国家参加的双边或多边国际条约中规定无需许可证就可从事国际道路运输的情况除外。

第六条

一、从事国际道路运输的车辆外廓尺寸、重量，包括轴荷和其他指标应符合运输发生地所在当事方法律规定。

二、如车辆的外廓尺寸或重量在空驶或承载货物时超过运输发生地当事方境内实行的标准，承运人应提前取得该当事方国家主管机关依法颁发的特别许可证。

第七条

一、根据本协定从事运输时，当事一方对另一当事方国家承运人运输到本国境内的下列物品相互免征海关关税、税费:（一）装载于厂商按发动机燃油供应系统技术和设计组件安装的车辆油箱内的燃油，和装载于厂商制造的作为车辆取暖或冷却设备部件的挂车和半挂车油箱内的燃油;（二）运输车辆工作所必需数量的润滑油;（三）从事国际道路运输车辆发生故障时用于修理的备件和工具。

二、本条第一款第（三）项所述未使用的备件和工具应再出口。替换下的部件应再出口，或按照海关销毁制度处置，或根据当事方法律关于部件更换的海关制度进行处置。

第八条

一、当事各方对其他当事方国家承运人在本协定框架内从事国际道路运输，相互免征与拥有或使用车辆有关的、以及与使用或养护道路有关的税费。

二、上述规定不包括按非歧视原则应予征收的收费公路、桥梁、隧道的通行费。

第九条

根据本协定从事国际道路运输应持有效的、车辆所有者对运输发生地当事方境内第三方损失承担民事责任的保险证明。

第十条

一、车辆驾驶人应随身携带由本国主管机关核发的对从事国际道路运输所使用车辆类型有效的驾驶证和该车辆的登记文件。上述文件应附有经公证的中文或俄文翻译件。

二、用于国际道路运输的车辆应有登记号牌和其登记国的识别标志。

三、若货车、机动牵引车和客车（如果运输发生地当事方国内法不禁止客车拖带行李挂车），有当事一方的登记号牌和识别标志，其所随的挂车和半挂车可以有其他国家的登记号牌和识别标志。

四、每一当事方国家承认其他当事方国家主管机关颁发的有效的驾驶证、车辆登记文件和登记号牌。

第十一条

许可证和根据本协定要求的其他证件应由驾驶人随身携带并在当事各方国家有关监管部门要求时出示。

第十二条

从事国际道路运输的承运人和车辆驾驶员应遵守本协定以及运输发生地所在当事方国家的包括道路交通规则在内的法律。如违反，将根据违法行为发生地所在国的法律承担责任。

第十三条

一、危险货物的运输按照当事各方国家参加的国际条约，以及该运输发生地当事方国家法律进行。

二、如根据本条第一款所述条约或法律，危险货物运输需要特别许可证，承运人应在运输开始前获得运输发生地主管机关的特别许可证。

三、当事各方主管机关在联委会框架内根据其本国法律交换危险货物清单及其运输条件的信息。

第十四条

一、当事各方拟简化国际道路运输过程中的签证发放、边防、海关、运输、动植物检疫手续和程序。有关简化手续和程序的具体措施制定单独的协议。

二、在联委会框架下，各方通过协调和简化国际道路运输文件、程序和要求的途径，探讨完善国际道路运输条件的措施。

三、当事各方在加入和适用国际道路运输便利化国际公约方面给予相互协助。

第十五条

一、当事各方采取必要措施探讨制订和实施有关发展连接当事各方国家境内的道路运输通道的共同投资项目的可能性。

二、当事各方参加制订和实施有关发展连接当事各方国家境内的道路运输通道的基础设施共同规划和项目。

第十六条

一、自本协定生效之日起60日内，当事各方通过协定保存机关交换执行本协定的国家主管机关清单。

二、当事各方国家主管机关应交换各自国际道路运输领域的法律以及其他信息，包括在联委会框架内等。

第十七条

一、当事各方国家主管机关应于本协定生效后6个月内，成立联委会。

二、联委会的任务、职责范围、功能、组成和与联委会活动有关的其他问题应根据附件三规定。

第十八条

一、本协定所提及的附件一至附件三构成本协定不可分割的组成部分。

第十九条

本协定及其附件一至附件三未规定的问题将根据国际道路运输发生地当事方法律和当事方国家参加的国际条约予以规定。

第二十条

一、本协定不影响当事方国家参加的其他国际条约为其规定的权利和义务。

二、当事各方国家之间双边或多边国际条约规定的更加便利的国际道路运输条件保持原有效力。

第二十一条

本协定无限期有效，自保存机关收到当事各方完成本协定生效所必需的国内程序的最后一份书面确认之日30天后生效。

第二十二条

任一当事方可退出本协定，但需至少提前6个月向保存机关提交退出本协定的书面通知。

第二十三条

一、本协定生效后，对愿加入本协定的国家开放，通过向保存机关提交加入文书的方式进行。

二、对于已成为上海合作组织成员国的加入国而言，本协定在保存机关收到加入文件30天后生效。

对于非上海合作组织成员国的加入国而言，本协定在保存机关收到加入文件30天后生效。该加入文件应在得到上海合作组织成员国同意其加入的最后一份书面确认后发出。

第二十四条

经当事各方协商一致后可对本协定进行修正和补充，并形成构成本协定不可分割的组成部分的单独议定书。

第二十五条

本协定及其附件任何条款均不可作保留。

第二十六条

当事各方之间对本协定条款的解释或适用产生的争议将通过谈判和磋商解决。

第二十七条

上海合作组织秘书处为本协定的保存机关，将向当事各方发送本协定核正无误的副本。

本协定于2014年9月12日在杜尚别签订，正本一份，分别用中文和俄文写成，两种文本同等作准。

哈萨克斯坦共和国政府代表

中华人民共和国政府代表

吉尔吉斯共和国政府代表

俄罗斯联邦政府代表

塔吉克斯坦共和国政府代表

乌兹别克斯坦共和国政府代表

《上海合作组织成员国政府间国际道路运输便利化协定》附件1 国际道路运输线路和国境口岸

第一条

在上海合作组织成员国国际道路运输便利化协定框架下，国际道路运输沿下列线路并通过下述国境口岸进行：

（一）巴尔瑙尔—维谢罗雅尔斯克（俄罗斯联邦）/阿乌恩（哈萨克斯坦共和国）—谢米—巴克特（哈萨克斯坦共和国）/巴克图（中华人民共和国）—塔城—奎屯—乌鲁木齐

不晚于2020年前开通上述线路。

（二）圣彼得堡—奥伦堡—萨加尔琴（俄罗斯联邦）/斋桑（哈萨克斯坦共和国）—阿克托别—克孜洛尔达—奇姆肯特—塔拉兹—阿拉木图—霍尔果斯（哈萨克斯坦共和国）/霍尔果斯（中华人民共和国）—乌鲁木齐—连云港

不晚于2020年前开通上述线路。

（三）乌鲁木齐—喀什—卡拉苏（中华人民共和国）/阔勒买（塔吉克斯坦共和国）—穆尔加布—霍洛格—杜尚别（瓦赫达）霍洛格—杜尚别（瓦赫达）

路段将在不晚于2018年前开通。

（四）乌鲁木齐—霍尔果斯（中华人民共和国）/霍尔果斯（哈萨克斯坦共和国）—阿拉木图—塔拉兹—奇姆肯特—阔内斯巴耶瓦（哈萨克斯坦共和国）/雅尔拉玛（乌兹别克斯坦共和国）—齐纳兹

不晚于2020年前开通上述线路。

（五）坎特—阿克提列克（吉尔吉斯共和国）/卡拉苏（哈萨克斯坦）—塔拉兹—奇姆肯特—克孜洛尔达—阿克托别—斋桑（哈萨克斯坦）/萨尔加琴（俄罗斯）—奥伦堡—圣彼得堡

不晚于2020年前开通上述线路。

（六）阿特巴什—吐尔尕特（吉尔吉斯共和国）/吐尔尕特（中华人民共和国）—喀什—乌鲁木齐—连云港

不晚于2020年前开通上述线路。

第二条

任一当事方在其境内发生紧急情况影响其国家安全或运输安全情况下，可以暂时中止本附件的全部或部分线路和/或国境口岸的使用。该当事方应将该暂时中止尽快通知其他当事方和国际道路运输便利化联合委员会，并须在情况恢复正常后尽快结束暂时中止。

《上海合作组织成员国政府间国际道路运输便利化协定》附件2 国际道路运输许可证

第一条

在上海合作组织成员国政府间国际道路运输便利化协定框架下（以下简称“协定”），本协定当事各方承认所附许可证样本用于从事沿附件一所商定线路进行的货物运输。该许可证一个公历年内一次往返有效。各当事方授权各自国家主管机关通过国际道路运输便利化联合委员会（以下称“联委会”）修改上述许可证样式，制定并批准用于其他类型国际道路运输的许可证样式。

第二条

许可证配额将在联委会框架内确定。

第三条

当事各方将委托联委会根据配额代表各方印刷空白许可证并发放给各方。

第四条

当事各方将确定本国发放许可证的机构并向联委会及其他各当事方通报。

第五条

每一当事方应根据本协定条款和相关国家的法律通过其授权的国家许可证发证机关签发许可证给在其领土登记的承运人。

第六条

许可证应填写完整，不得修改。有关返程运输的信息可在返程运输时填写。

第七条

许可证在许可证内标明的一个公历年内有效直至车辆返回到该许可证签发当事方领土，但无论如何不应晚于次年一月三十一日。

第八条

许可证应只供其上列名的承运人使用，不得转让给第三方使用。

第九条

在使用伪造许可证或转让给第三方情况下，发现此情况的监督主管机关应立即收缴伪造的或转让给第三方的许可证，并转交给本国的国家许可证发证机关。如后者不是收缴的许可证所载明的发证机关，其应将所述许可证转交给其名字列在许可证上的国家许可证发证机关。

第十条

如许可证遗失，承运人应尽快向本国许可证发证机关报告。许可证发证机关在收到承运人关于许可证遗失的信息后应立即通报联委会及其他国家许可证发证机关，并指明遗失的许可证号码第十一条许可证使用线路所经过国家使用的上海合作组织一种（多种）官方语言填写。

国际道路运输许可证

Разрешение на международную автомобильную перево

编号：(国家代码)
Серия №.: (Код страны) 00000000

00000000

本许可证根据《上海合作组织成员国政府间国际道路运输便利化协定》签发。
Настоящее разрешение выдано в соответствии с Соглашением между Правительствами государств-членов Шанхайской организации сотрудничества о создании благоприятных условий для международных автомобильных перевозок

年度：(年份)
Год: (указать год)

签发机关印章、负责人签字
Подпись и печать органа, выдающего разрешения

（当事方主管机关负责人签字
当事方主管机关印）
（Подпись и штамп уполномоченного органа Стороны）

时间： 地点：
Дата: Место:

承运人名称及地址 именование и адрес ревозчика		
2.货车/拖车牌号/国家 Номерной (регистрационный)знак грузового автомобиля/тягача №/страна	3.货车/拖车型号/自重(公斤) Модель и вес (кг) грузового автомобиля/тягача	4.挂车牌号/国家/自重(公斤) Номерной (регистрационный)знак/страна/вес (кг) прицепа/полуприцепа
货物(品名)概述及毛重（公斤） аткое (наименование) исание груза и вес груза брутто	（1）去程： Туда: （2）返程： Обратно:	
将使用的线路 Используемые ршруты	(1)线路号 Маршрут №.: (2)起自 из: 止至 в:	
	(1)出境 Выезд	(2)入境 Въезд
本国口岸查验机关检查签章 метка о прохождении нтроля и подпись/печать нтрольного органа страны правления	时间： Дата: 地点： Место：	时间： Дата: 地点： Место：

	入境 Въезд	出境 Выезд
8.过境/抵达国口岸查验机关检查签章 Отметка о прохождении контроля и подпись/печать контрольного органа страны назначения/транзита	时间： Дата: 地点： Место:	时间： Дата: 地点： Место:
9.过境/抵达国口岸查验机关检查签章 Отметка о прохождении контроля и подпись/печать контрольного органа страны назначения/транзита	时间： Дата: 地点： Место:	时间： Дата: 地点： Место:
10.过境/抵达国口岸查验机关检查签章 Отметка о прохождении контроля и подпись/печать контрольного органа страны назначения/транзита	时间： Дата: 地点： Место:	时间： Дата: 地点： Место:
11.过境/抵达国口岸查验机关检查签章 Отметка о прохождении контроля и подпись/печать контрольного органа страны назначения/транзита	时间： Дата: 地点： Место:	时间： Дата: 地点： Место:
12.过境/抵达国口岸查验机关检查签章 Отметка о прохождении контроля и подпись/печать контрольного органа страны назначения/транзита	时间： Дата: 地点： Место:	时间： Дата: 地点： Место:

编号(国家代码)：Серия №: (Код страны) 00000000

	入境 Въезд	出境 Выезд
3.过境/抵达国口岸查验机关检查签章 Отметка о прохождении контроля и подпись/печать контрольного органа страны назначения/транзита	时间： Дата: 地点： Место：	时间： Дата: 地点： Место：
4.过境/抵达国口岸查验机关检查签章 Отметка о прохождении контроля и подпись/печать контрольного органа страны назначения/транзита	时间： Дата: 地点： Место:	时间： Дата: 地点： Место：
5.过境/抵达国口岸查验机关检查签章 Отметка о прохождении контроля и подпись/печать контрольного органа страны назначения/транзита	时间： Дата: 地点： Место:	时间： Дата: 地点： Место：
6.过境/抵达国口岸查验机关检查签章 Отметка о прохождении контроля и подпись/печать контрольного органа страны назначения/транзита	时间： Дата: 地点： Место:	时间： Дата: 地点： Место：
7.过境/抵达国口岸查验机关检查签章 Отметка о прохождении контроля и подпись/печать контрольного органа страны назначения/транзита	时间： Дата: 地点： Место:	时间： Дата: 地点： Место：

许

1、本许可证适用于沿下述任一线路或部分线路和通过任一国境口岸的货物运输

(商定 的线路和国境口岸）

注：上述指定的线路和国境口岸不影响部分上述国家参加的不限定或规定了

2、本许可证不得用于在一国境内的两点间的道路运输。

3、本许可证只供列名的承运人使用，不得转让给第三者使用。

4、许可证应填写完整，不得修改。有关返程运输的信息可在返程运输时填写。

5、使用伪造许可证将依法追究责任。

6、许可证在许可证内标明的一个公历年内有效直至车辆返回到该许可证签发当

7、本许可证必须随车携带，并由司机根据监管机构的要求出示。

8、承运人在当事各方国土上应遵守当地国家法律。

Инструкция по

1.Настоящее разрешение применяется для перевозок грузов по любому из след государственные границы:

(Согласованные маршруты и пункты пропуска через государственн

Примечание: Перечисленные выше маршруты и пункты пропуска через госу многосторонних договоров, участницами которых являются некоторые из в автомобильных перевозок без ограничения маршрутами и пунктами пропус пропуска через государственные границы.

2.Настоящее разрешение не может использоваться для перевозки между двумя

3.Настоящее разрешение выдано указанному в нем перевозчику и не может бы

4. Разрешение заполняется полностью и без исправлений. Информация об об

5.Использование поддельного разрешения влечёт ответственность в соответств

6. Настоящее разрешение должно быть использовано в пределах календарно действительным до возвращения транспортного средства на территорию государства Стороны, где разрешение было выдано, но в любом случае не позднее, чем 31 января следующего года.

7.Настоящее разрешение должно находиться на борту автотранспортного сре Водителем по требованию компентентных контролирующих органов.

8. Перевозчики обязаны соблюдать национальное законодательство государс

说明

境口岸的双边和多边国际道路运输协定的适用。

无论如何不应晚于次年一月三十一日。

нию разрешения

тов или части маршрутов и через любые из следующих пунктов пропуска через

раницы не затрагивают применение положений двусторонних или
стран, предусматривающих возможность осуществления международных
арственные границы или по другим маршрутам и через другие пункты

ерритории одной страны
етьему лицу.
ке может бытьвнесена в разрешение   при обратной перевозке.
ельством.
ного в разрешении, и остаётся

вляться

территории которого осуществляется перевозка.

《上海合作组织成员国政府间国际道路运输便利化协定》附件3 国际道路运输便利化联委会职责范围

第一条

国际道路运输便利化联委会（以下简称联委会）的主要任务是监督执行上海合作组织成员国国际道路运输便利化协定（以下简称“协定”）并确保其有效实施。

第二条

联委会的职责与功能为:（一）监督并协调活动，使得协调一致、循序渐进地执行本协定之规定，并解决本协定实施过程中出现的问题;（二）审议修正和（或）补充适用于本协定的线路和（或）国境口岸以供当事各方进一步批准;（三）协商决定国际道路运输许可证有关事项，其中包括：许可证配额和确定配额的方法；许可证内容、式样、印发方式和使用方法的变更;（四）分析许可证的实际使用情况并编制许可证制度运行情况的报告;（五）协助当事各方国家主管机关交换各国有关国际道路运输的法律、法规和变更情况的信息以及其他信息;（六）根据当事各方法律交换危险货物清单及其运输条件的信息;（七）提出完善国际道路运输条件的建议;（八）对协定当事各方加入和适用国际道路运输便利化国际公约予以协助;（九）研究有关实施连接当事方国家境内的道路运输通道的共同投资项目的建议;（十）协商与本协定有关的其他问题。

第三条

联委会应由每一当事方国家一位代表和一位副代表组成。

第四条

当事各方应按俄语字母顺序轮流担任联委会主席方，任期一年。

第五条

联委会会议应由当事方国家代表和/或副代表、由国家代表根据会议议程邀请的当事方国家的有关机构代表、上海合作组织秘书处和由联委会主席经与联委会成员协商邀请的有关国际组织代表参加。

第六条

联委会会议应采用协商一致原则以纪要形式做出决定。会议纪要原件应保存在本协定保存机关。

第七条

联委会会议每年举行一次。应当事一方请求并得到其他当事方同意，可以举行特别会议。

第八条

例行年度会议通常应在联委会时任主席方国家举行。特别会议举行的时间和地点将由各当事方事先商定。

第九条

联委会会议应使用上海合作组织官方语言。

上海合作组织至2025年发展战略[①]

2015年7月10日，上海合作组织成员国元首理事会批准了第1号决议原文如下：

上海合作组织（以下简称上海合作组织或本组织）是现代国际关系体系中具有影响力的参与者，有雄厚的条约法律基础，多边协作机制运行顺畅，与赞同上海合作组织原则和理念的国家、国际组织和机构建立了伙伴关系。

现已具备条件将上海合作组织提升至崭新水平，提高其在政治、安全、经济领域合作效率，深化人文合作，加大其对地区事务和全球治理的参与力度。

上述任务的全面性表明有必要制定《上海合作组织至2025年发展战略》（以下简称《战略》），以确定本组织今后的发展方向和规模。《战略》根据2014年9月12日杜尚别上海合作组织成员国元首理事会第3号决议《关于上海合作组织至2025年发展战略草案》，并参考2012年上海合作组织成员国元首理事会北京会议批准的《上海合作组织中期发展战略规划》条款制定，以《上海合作组织宪章》《上海合作组织成员国长期睦邻友好合作条约》为基础。

《战略》对国际和地区局势走势作出预测，对上海合作组织工作及其在地区和世界发挥的作用做了评估，也考虑了与其他国际关系主体间的关系。

成员国将根据《战略》以及本组织各领域条约法律文件于2015—2025年在组织框架内开展务实合作。

① 文件 | SCO http://chn.sectsco.org/documents/（上网时间：2018年10月16日）。

国际和地区发展形势

当代世界正在发生深刻变化，其根本趋势是全球发展潜力逐步向东方转移。

和平、发展、平等互利合作、建设共同和平与繁荣社会的潮流更加强劲。同时，全球挑战和威胁层出不穷，不确定性和不可预测因素增多，各种地区冲突和局部冲突此起彼伏。

伴随着多中心世界格局的形成、全球治理中地区治理能力提升以及发展中国家地位的加强，未来10年将成为国际关系的快速变革时期。全球化和技术进步将加强国家间的相互依存。

国家安全与繁荣之间的相互联系进一步增强。一系列威胁和挑战需要制定集体应对措施，不能以他国安全为代价保障自身安全。在此条件下，当务之急是所有国家遵守平等和不可分割安全的普遍原则，该原则同等适用于欧洲大西洋、欧亚和亚太地区。

世界经济在全球性危机后呈复苏态势，但仍面临风险。复苏速度不均衡、不稳定，面临新的下行风险。高失业率和需求下降仍是稳定发展的严重障碍。由于国际大宗商品价格大幅波动，世界经济出现更多不确定因素。世界主要经济体在克服危机后果方面缺乏应有协作，各国货币信贷政策协调不够，使局势更趋复杂。

安全威胁进一步相互交织，信息空间的斗争加剧，环境不断恶化。滋生宗教间和宗教内部矛盾的极端主义思潮仍然存在，引发国内政局动荡和国际关系紧张。

对国家生活造成综合性和多方面影响、威胁国家安全、具有跨国跨地区或全球性后果、直接或间接对一国或多国造成损失的突发事件是严峻的课题。

在此情况下，维护世界和平、促进共同发展依然是重大而紧迫的任务。以国际法至上、不使用和威胁使用武力、尊重领土完整、国家主权和独立、开放与平等互利合作为基础，在本地区建立共同、综合、包容、透明、不可分割与可靠的安全和稳定增长架构的必要性日益凸显。因此，包括上海合作组织在内的地区组织的作用不断上升。

在复杂的全球和地区形势下，上海合作组织正步入发展的重要时期，需要认真制定长期战略，最大限度利用本组织竞争优势和潜力应对面临的威胁和挑战。

目标和任务

成员国重申遵循《上海合作组织宪章》的目标和任务，认为今后一段时期的共同目标是：

加强成员国互信与友好睦邻关系；

加强上海合作组织作为全面有效地区组织的地位；

维护地区安全，应对成员国面临的安全威胁与挑战，包括预防和消除突发事件；

深化经贸、投资合作以及优先领域的合作项目，促进成员国可持续发展，提高人民生活水平；

扩大人文联系，包括科技、卫生、环保、教育领域，开展人员交流；

根据《上海合作组织宪章》及上海合作组织其他法律文件，坚持落实上海合作组织开放原则；

提高上海合作组织国际威望，加强同联合国及其专门机构，以及独联体、集安条约组织、东盟、经合组织、亚信及其他国际组织和机构的联系；

加强上海合作组织机制建设，包括提升成员国常驻秘书处和地区反恐怖机构代表作用。

为此，成员国将集中力量完成以下任务：

把上海合作组织地区建成和平、稳定发展、经济增长、互信、睦邻友好和繁荣的地区；

完善上海合作组织，使其成为综合性地区组织，但不谋求建立拥有超国家管理机构的军事政治联盟或经济集团；

在上海合作组织框架下为发展贸易投资合作创造有利条件，包括制定和落实共同的基础设施项目，加强在上海合作组织实业家委员会和银联体参与下的务实合作；

成员国就丝绸之路经济带倡议形成共识，将其作为创造有利条件推动上海合作组织地区经济合作的手段之一；

建立不可分割的安全空间，促进与联合国及其他国际和地区组织开展各领域合作，包括在安全领域合作打击传统威胁和新威胁；

完善组织的条约法律基础；

不断提高组织各合作机制的效率；

加强同上海合作组织观察员国、对话伙伴的务实合作。

原则和理念

上海合作组织成员国履行《上海合作组织宪章》《打击恐怖主义、分裂主义和极端主义上海公约》《上海合作组织成员国长期睦邻友好合作条约》及其他文件规定的义务。

上海合作组织框架内合作的特点是“互信、互利、平等、协商、尊重多样文明，谋求共同发展”。这些被称作“上海精神”的原则今后仍然是上海合作组织成员国关系的基础。

成员国将在涉及主权、安全、发展等核心利益问题上相互大力支持。不参加任何针对上海合作组织成员国的联盟或组织，不支持任何敌视某一成员国的行动，禁止在本国境内的任何违反相互尊重国家主权和领土完整原则的活动。

成员国平等是上海合作组织活动的一贯原则，其具体体现是通过协商一致原则作出决定，将根据《上海合作组织宪章》继续贯彻这一原则。在务实合作方面，成员国将充分利用在相关国家间开展协作机遇。

成员国将在开展建设性对话、遵循国际法准则的基础上，通过政治外交手段解决分歧。

上海合作组织活动将一如既往地不针对第三国和国家间组织。成员国将遵守《上海合作组织宪章》中关于不采取有悖本组织利益的任何违法行为的原则。

成员国尊重根据本国历史经验和国情选择政治、经济、社会和文化发展道路的权利，推动不同文明交流对话、和平共处、和谐与进步，遵循不干涉内政、相互尊重主权和领土完整原则，反对在未得到联合国安理会同意的情况下采取单边施压。

政治协作

成员国将深化所有级别的政治对话，继续定期举行元首理事会、政府首脑（总理）理事会、外长理事会、安全会议秘书会议。

上海合作组织愿在联合国发挥中心协调作用的条件下，为推动建设和完善以集体原则、国际法治、相互尊重、不干涉内政、互信、互利、平等和伙伴关系为基础的民主、公正和合理的国际秩序作出贡献。

上海合作组织愿建设性参与建立兼顾所有国家合法利益的全球和地区安全有效架构，加强相互协作和平解决和预防国际争端。

成员国将继续共同努力维护国际安全和稳定，维护和平，加强地区信任。成员国将在尊重国际法和照顾各自国家利益基础上，在国际事务中相互支持，交换信息，确定共同立场。

成员国愿继续在联合国和其他共同参加的国际组织和多边机制内就共同关心的广泛问题保持一致立场，及时对直接影响上海合作组织地区稳定与安全的国际事件作出反应。

上海合作组织不接受在解决迫切的国际和地区问题时采取意识形态化和对抗的立场，其活动仍然是复杂多变世界中，非集团多边组织有效维护国际安全的榜样。上海合作组织对同世界各国和国际组织合作巩固国际和地区安全、促进经济社会持续发展、扩大文化和人文交流持开放态度。

成员国将一如既往地支持通过政治和外交手段解决国际地区问题和冲突。

成员国将在裁军、军控、核不扩散、和平利用核能，以及通过政治外交途径应对防扩散机制面临的地区挑战等方面开展协作，并支持国际社会的相关努力。成员国将努力巩固防止大规模杀伤性武器扩散和军控机制，包括严格遵守和强化《不扩散核武器条约》（1968年），推动《全面禁止核试验条约》（1996年）生效，扩大《关于禁止发展、生产、储存和使用化学武器及销毁此种武器的公约》（1993年）及《禁止细菌（生物）及毒素武器的发展、生产及储存以及销毁这类武器的公约》（1972年）的普遍性。

成员国主张《中亚无核武器条约议定书》尽快对各方生效，支持缔结为无核武器国家提供安全保证的国际多边法律文件，呼吁所有核大国放弃在其他国家境内部署自己的核武器。

成员国支持和平利用外空，反对在外空部署武器并推动起草具有法律约束力的条约，推动制定并自愿履行外空活动透明与信任措施。

成员国将对国际经济关系中的问题进行协商，努力建立考虑所有参与方现实利益、确保所有国家平等享受全球化成果的更加公正的国际金融秩序。

成员国将在人权领域开展协作，采取共同步骤应对国际论坛上人权问题的政治化和对抗气氛，遵循平等合作原则、尊重当代世界文化和文明多样性，推动国际社会同等重视包括发展权在内的各类人权。

成员国将在尊重各国主权原则的基础上，根据成员国法律和国际条约开展法律、司法协助方面的合作。

安全合作

成员国决心践行共同、综合、合作、可持续安全理念，建立不可分割的安全空间，同国际和地区组织、论坛相配合，共同应对新威胁新挑战。

成员国将继续进一步扩展合作，以及时有效应对本地区安全面临的威胁和挑战。

上海合作组织在维护地区安全与稳定方面的优先任务仍然是打击恐怖主义、分裂主义、极端主义，打击非法贩运毒品、武器、弹药和爆炸品、核及放射性材料以及其他大规模杀伤性武器相关物品、跨国有组织犯罪，维护国际信息安全，巩固边界安全，共同打击非法移民、贩卖人口、洗钱、经济犯罪和腐败。成员国将定期交换情报并共同分析地区形势，举行主管机关双、多边教学及科研活动。大力完善应对威胁和挑战快速反应机制，包括充分发挥《上海合作组织关于应对威胁地区和平、安全与稳定事态的政治外交措施及机制条例》潜力。

成员国将全面支持联合国框架下的国际反恐合作，包括落实《联合国全球反恐战略》。

吸收上海合作组织观察员国和对话伙伴共同参与，深化同有关国家和国际组织的交流是加强本组织安全合作的重要手段。

成员国将在现有法律文件基础上定期通过打击恐怖主义、分裂主义、极端主义的专门纲要，包括采取系列措施预防、发现、消除“三股势力”，合作调查、抓捕、引渡、移交“三股势力”嫌疑人、犯罪分子及被判刑人员，开展联合侦查行动，相互提供技术和物质援助。

成员国将着重在打击国际恐怖组织方面开展合作，包括打击煽动成员国公民加入恐怖主义、分裂主义、极端主义组织，同相关国际组织或地区机构合作，查明和阻断接受恐怖主义训练并随国际恐怖组织参加第三国境内武装冲突的人员流动渠道，查明接受过培训或同国际恐怖组织一道参加武装冲突后返回上海合作组织成员国的人员。

成员国将共同防止极端和分裂思想扩散，首先是在青年人中的扩散，联合开展对宗教极端思想、侵略性民族主义、排斥不同民族和种族、排外思想、法西斯主义和沙文主义的预防工作。为此，成员国将商签反极端主义公约。除执法机关协作外，还将特别重视凝聚教育机构、媒体、科研中心、宗教团体、非政府组织的力量。

成员国将进一步加强本组织地区反恐怖机构打击恐怖主义、分裂主义和极端主义工作。

成员国将依据落实2004年《上海合作组织成员国关于合作打击非法贩运麻醉药品、精神药物及其前体的协议》以及《2011—2016年上海合作组织成员国禁毒战略》的经验，继续加强在禁毒方面的合作。重点是开展打击非法贩运毒品及易制毒化学品的联合行动，提高执法部门人员水平，提供技术设备支持，深化减少毒品需求的合作，举行教学及科研实践活动。

成员国将制定禁毒专项计划，在监测、铲除非法种植毒品原植物方法、技术方面加强研究和交流，开展禁毒宣传。这些工作应考虑列入上海合作组织成员国下阶段禁毒战略及其落实行动计划。

反洗钱是上海合作组织的重要工作方向。本组织拟加大同反洗钱金融行动特别工作组、欧亚反洗钱与反恐融资小组的合作。

成员国尊重边界不可侵犯原则，不在周边地区谋求单边军事优势，为把共同边界打造成和平和友谊地带积极开展合作。

为预防并应对成员国面临的政治、经济和社会安全威胁，上海合作组织致力于建立共同维护信息空间安全的有效机制。

成员国将根据2009年签署的《保障国际信息安全政府间合作协定》等法律文书，加强网络监管合作，遏制“三股势力”利用互联网从事破坏本地区和各国安全稳定的活动。为此，成员国将健全打击网络恐怖主义、应对网络威胁的合作机制。

上海合作组织将致力于在联合国通过《信息安全国际行为准则》，在此基础上继续与国际社会其他成员一道，在信息通信技术领域建立统一的国际调控机制，开展包括提高成员国专家技能等方向的合作。

当前，保护民众和领土免受突发事件威胁日益重要。为此，成员国将根据2005年签署的上海合作组织成员国政府间救灾互助协定，在预防和消除因自然或人为因素造成的突发事件方面开展协作。

成员国认为，打击非法移民是共同维护安全的重要方向之一。成员国将采取措施，制定在该领域开展有效合作的法律文件。

成员国将为国际社会和联合国保障经济、金融、能源、粮食等各领域安全的共同努力做出贡献。

成员国将采取切实措施，确保共同使用的交通、通信、能源领域基础设施安全稳定运营。

经贸合作

经济合作是维护上海合作组织地区稳定的重要因素，也是本组织实现长期稳定的手段之一。开展该领域合作有助于促进成员国经济发展，提高人民生活水平。

上海合作组织将促进各成员国和谐发展，以维护本地区经济平衡增长。

成员国将采取旨在进一步扩大上海合作组织地区经贸互利合作的协调措施，包括建立有利的投资和营商环境，支持实业倡议，落实优先领域合作项目，发展基础设施。

成员国将采取协调措施，在互利共赢基础上开展产能合作。

成员国将在融入世界经济进程中相互支持，力争把全球化和国际经济危机对本国经济造成的消极影响降至最低。

成员国将采取切实措施落实上海合作组织框架下的经济和投资项目。成员国将根据需要更新多边经贸合作纲要落实措施计划，制定下一阶段推动上海合作组织项目合作措施清单。

为落实领导人业已达成的共识，为本组织项目融资提供保障，成员国将继续就建立上海合作组织开发银行和上海合作组织发展基金（专门账户）开展工作。

成员国支持上海合作组织实业家委员会和银联体积极参与上海合作组织地区经贸合作项目的遴选和落实，首先是在经济创新领域。

成员国欢迎观察员国、对话伙伴政府机构和实业界参与项目合作。

成员国将加强金融领域合作，交流经验和信息，努力为发展本组织金融服务市场、吸引投资、完善支付结算及其他金融业务创造有利条件。

成员国将继续完善现有经贸合作机制，提高协调能力，包括借鉴国际先进经验。

成员国将促进创新领域互利合作，包括开展中小企业合作，实施边境和跨区域合作项目，建立合资企业。

为交流先进经验、开展企业家合作，成员国将继续联合举办企业家论坛、展览、研讨会，以促进成员国中小企业同科研机构合作，落实创新技术成果。

成员国将采取措施推动2014年签署的《上海合作组织成员国政府间国际道路运输便利化协定》尽快生效并切实落实该协定。

成员国将采取措施发挥上海合作组织跨境运输潜力，构建地区跨境交通和运输走廊。合作的重要方向是促进基础设施和物流现代化，包括扩大上海合作组织地区国际物流中心网和构建交通干线沿线的产业集群。

成员国将在能源领域开展各类互利合作，包括可再生与替代能源利用。

在发展地区信息通信技术方面，成员国将遵守公认的、国际电信联盟批准的标准，以及电信服务的兼容性和广泛性原则。

为实施2013年签署的《上海合作组织成员国政府间科技合作协定》，成员国将优先制定共同感兴趣的创新合作计划和项目，完善条约法律基础，包括制定和执行上海合作组织科技伙伴计划。成员国将开展科技创新对话、科技成果交流。

成员国将加强在先进环保技术、可再生和清洁能源、节能等领域的合作，以促进可持续发展。

农业是成员国合作的优先方向之一。农产品生产与加工的高科技联合项目、在粮食等农业领域运用创新科技将被给予特殊关注。为开展农工综合体领域的先进经验和技术交流，将共同举行论坛、展览、学术实践性课程、研讨会、科研等活动。

海关领域是重要合作方向。合作包括：保护知识产权，交换跨境货物和运输工具信息，在发展和应用风险管理系统方面开展合作，打击违反海关法活动，按照职业教育和干部进修等规划培训海关人员。

文化人文合作

成员国将努力为发展科技、教育、文化、卫生、旅游合作、深化社会团体与民间交往创造有利条件。

成员国将不断通过双边和多边方式扩大教育、科研机构的联系，实施共同感兴趣的科研项目和规划。

落实2007年签署的《上海合作组织成员国政府间文化合作协定》将得到特别重视。

成员国将在上海合作组织地区文化与自然遗产研究与保护方面开展合作，包括“丝绸之路”历史沿线，防止盗窃文化珍品及其非法进出境、建立古文物清单和数据库、培训文物保护专家、艺术品复原、科技与艺术鉴定、博物馆规划、非物质文化遗产研究、民俗学、现代艺术与媒体文化、电影、戏剧、艺术经济学和艺术社会学及文化政策研究方面开展合作。

作为多民族、多宗教社会，成员国重视维护国内不同民族和宗教间的和谐，巩固各民族、宗教和谐共存的悠久传统，开展有观察员国、对话伙伴参与的跨文明对话。

在上海合作组织框架内开展卫生合作的迫切性不断上升，包括在传染病防治、流行病监测、营造预防慢性非传染性疾病的良好环境以及妇幼保健等方面开展合作。成员国将在医药制品药物制剂、医疗产品的安全性和有效性方面进行协作。成员国专家学者将就医学技术研发、成果转移以及先进临床医疗经验进行交流。

卫生领域合作提升至相应水平将有利于保障上海合作组织地区的生物安全。

进一步增加旅游团组、提升旅游服务品质是旅游业的主要任务。为此，成员国将交流国家旅游政策和经验，扩大主管机关和行业组织之间的联系，举办旅游展会，开辟新的旅游线路，定期交换旅游市场、旅游资源信息。

成员国将在旅游部门领导人会议框架内开展协作，制定该领域合作文件。

成员国重视环保、生态安全、应对气候变化消极后果领域合作，将继续制定上海合作组织成员国环保合作构想及行动计划草案，举办成员国环境部长会议，为交流环保信息、经验与成果创造条件。

成员国将开展非政府组织、非商业机构及民间的人文交流。在上海合作组织内建立睦邻友好合作委员会或具有类似职能的机制将有助于上述交流。

上海合作组织论坛这一多边公共性的专家咨询机制旨在为上海合作组织活动提供学术支持，发展上海合作组织成员国、观察员国和对话伙伴科研和政治研究中心的相互合作。论坛将继续发挥重要作用，并将提高其活动的实际成果。

新闻领域

上海合作组织新闻工作的一项重要任务是，在成员国公民心目中，以及国际和本地区塑造良好的正面的形象。这有助于拉近成员国及其人民间距离，加强他们之间的睦邻与信任。

成员国将促进媒体间的联系与交流，定期向媒体提供上海合作组织日常工作、政治、经济、人文成就的最新消息，并向国际媒体介绍上海合作组织的活动。

开放和伙伴关系政策

上海合作组织对于感兴趣且符合上海合作组织法律文件规定标准和条件的国家是开放的，有关文件包括《上海合作组织接收新成员条例》《关于申请国加入上海合作组织义务的备忘录范本》。

成员国认为，只有汇集整个地区的力量，才能对本地区安全稳定挑战作出有效反应，积极推动上海合作组织区域的经济和人文合作。

上海合作组织扩员反映了本组织宪章中规定的开放性原则。新成员加入上海合作组织进程将以申请国严格遵守和履行本组织条约法律规定的义务为基础。成员国可在必要时同申请国举行双边磋商，就彼此关切达成谅解。

观察员国和对话伙伴的参与是上海合作组织工作的重要组成部分。获得观察员国地位的国家将继续受邀参加成员国元首理事会、政府首脑（总理）理事会和各部门领导人会议等公开会议。将积极邀请对话伙伴参加共同感兴趣且合作备忘录中规定领域的部级和专家会议。

观察员国和对话伙伴同上海合作组织成员国主管部门开展打击恐怖主义、分裂主义、极端主义、非法贩运毒品及其他形式的跨国有组织犯罪方面的合作有助于加强安全领域协作。

以灵活形式参与上海合作组织合作项目有助于观察员国和对话伙伴参加经贸和文化、人文合作。

同时，本组织将完善同观察员国和对话伙伴的定期磋商机制，以加强与这些国家的关系，提高各领域协作的实际成果。

上海合作组织深化与观察员国和对话伙伴合作，将为今后上海合作组织地区巩固和平安全、发展互利合作的伙伴关系体系创造前提条件。

国际合作

本组织将努力扩大国际联系，以进一步提高在新的国际和地区格局中的作用，增强国际威望。

在2010年签署的《上海合作组织秘书处和联合国秘书处合作联合声明》基础上，首先就维护国际和平安全、促进发展等问题同联合国开展协作具有优先意义。打击恐怖主义、非法贩运毒品、落实《联合国全球反恐战略》、在上海合作组织《信息安全国际行为准则》草案基础上就维护国际信息安全开展工作，将是优先合作方向。

成员国确信，联合国应该在国际事务中发挥中心协调作用，支持提高其机制效率，包括对安理会进行改革，以保证对当前面临的挑战、变化的政治和经济现实作出相应反应，维护国际和平与安全。成员国认为，联合国安理会改革应增加其代表性和效率，通过最广泛协商，寻求“一揽子”解决方案，维护联合国会员国团结，不应人为设定时限，强行推动尚未获得会员国广泛支持的方案。

上海合作组织将加强同联合国毒品和犯罪问题办公室的协作关系。在经贸领域，首先是发展交通基础设施、为国际道路运输创造便利条件方面，联合国亚太经社会仍将是上海合作组织的重要伙伴。

上海合作组织愿与联合国其他部门、专门机构和机制建立正式关系，并开展务实合作。

上海合作组织作为国际组织，将根据《联合国宪章》第八章和《上海合作组织宪章》，为维护地区和平安全稳定继续发挥积极作用。

上海合作组织与一些国际和地区组织建立了正式联系，成员国将进一步扩大与上述组织的对话、交流与协作。

同地区一体化组织建立联系、开展务实合作是上海合作组织对外政策的重要方面，包括签署合作文件。

成员国确信，坚定实施本战略将加强上海合作组织作为维护地区安全稳定、促进成员国经济合作、提高国民福祉的团结高效多领域国际组织的地位。至2025年，上海合作组织在国际和地区格局中的地位必将更加巩固，为建设民主的、多极化的国际关系体系做出积极贡献。